史料纂集

中臣祐範記　第三

八木書店

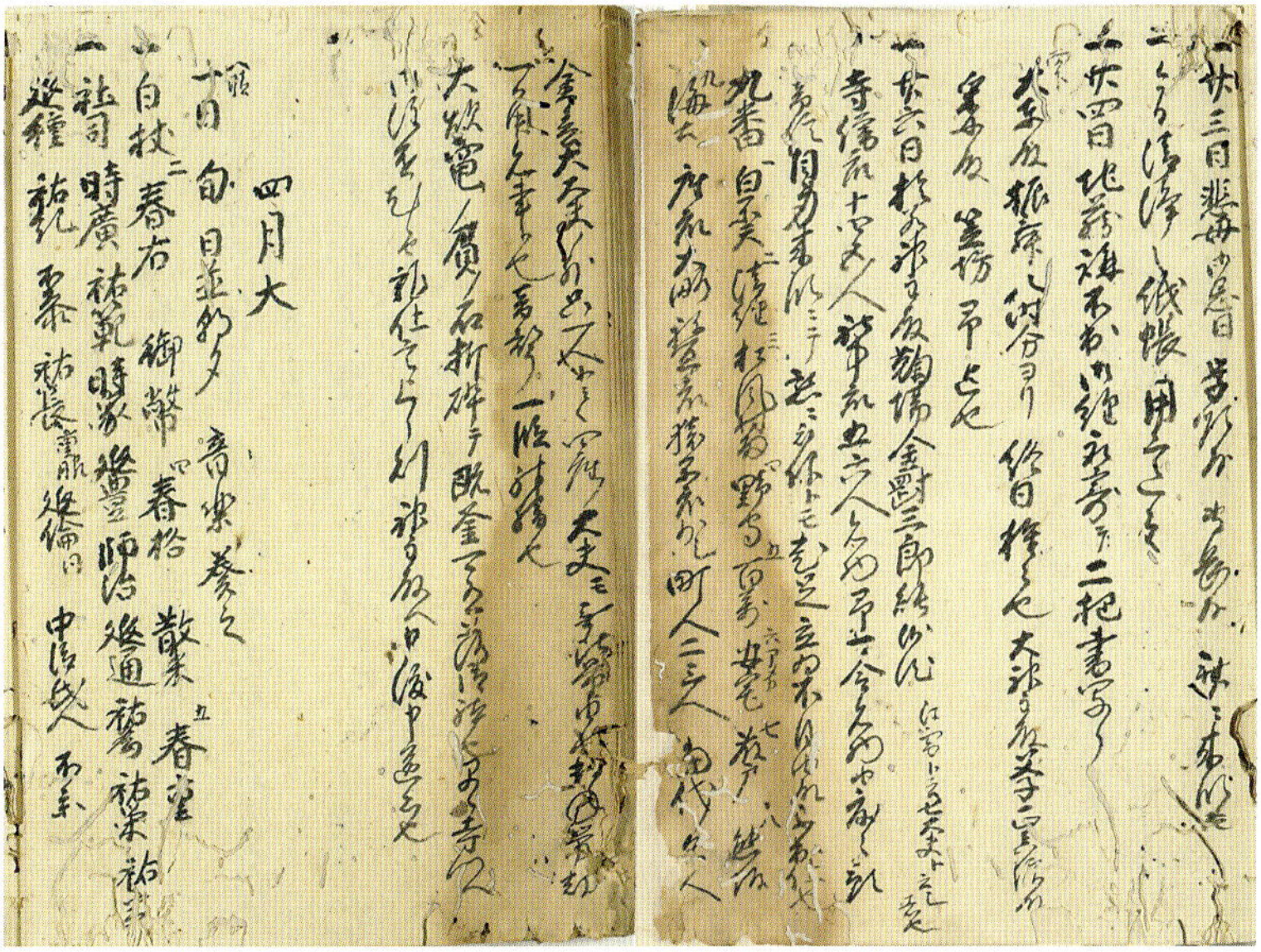

元和 4 年閏 3 月 26 日條（84 頁參照）　　畫像撮影：東京大學史料編纂所

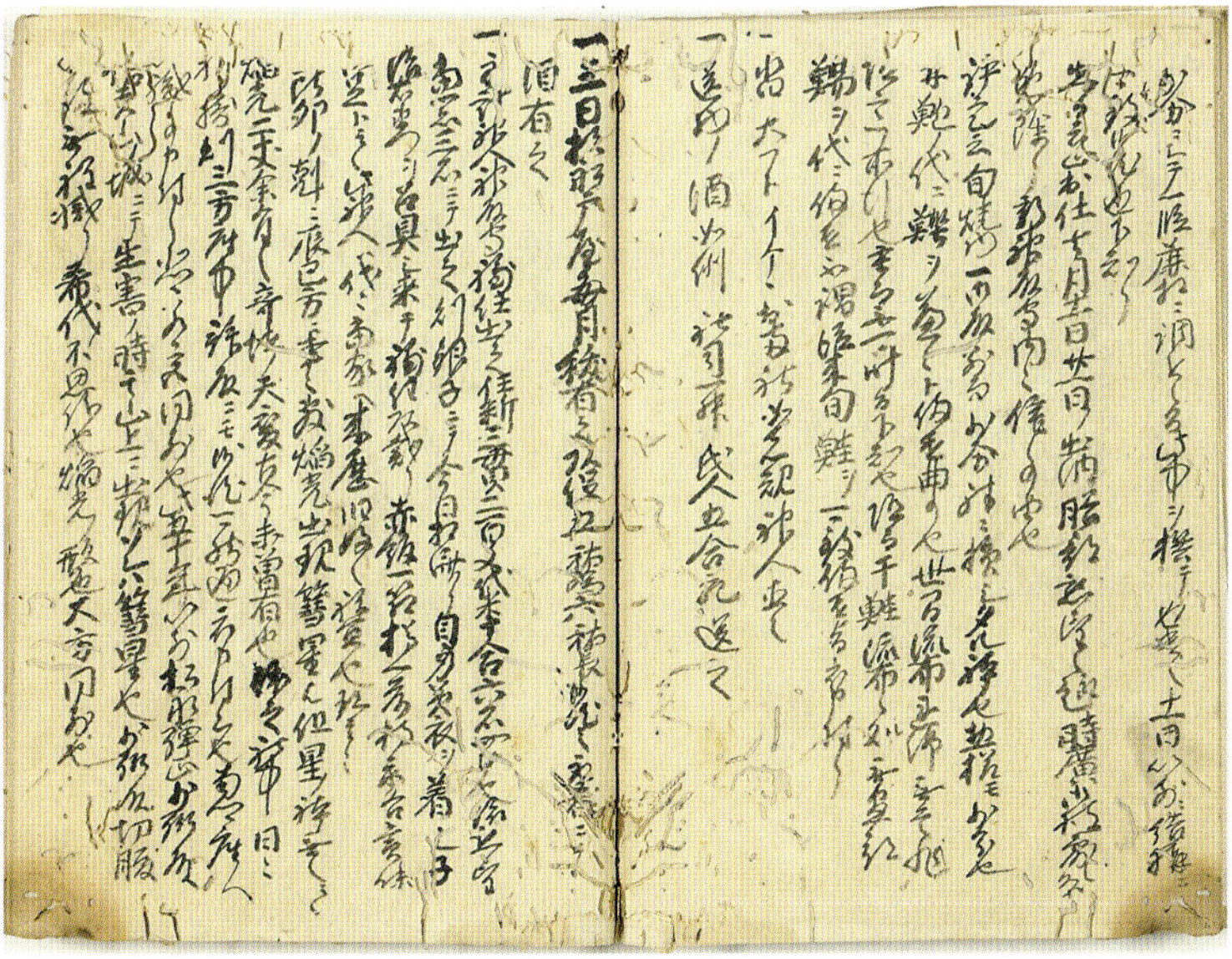

元和 4 年 10 月 3 日條（108 頁參照）　　畫像撮影：東京大學史料編纂所

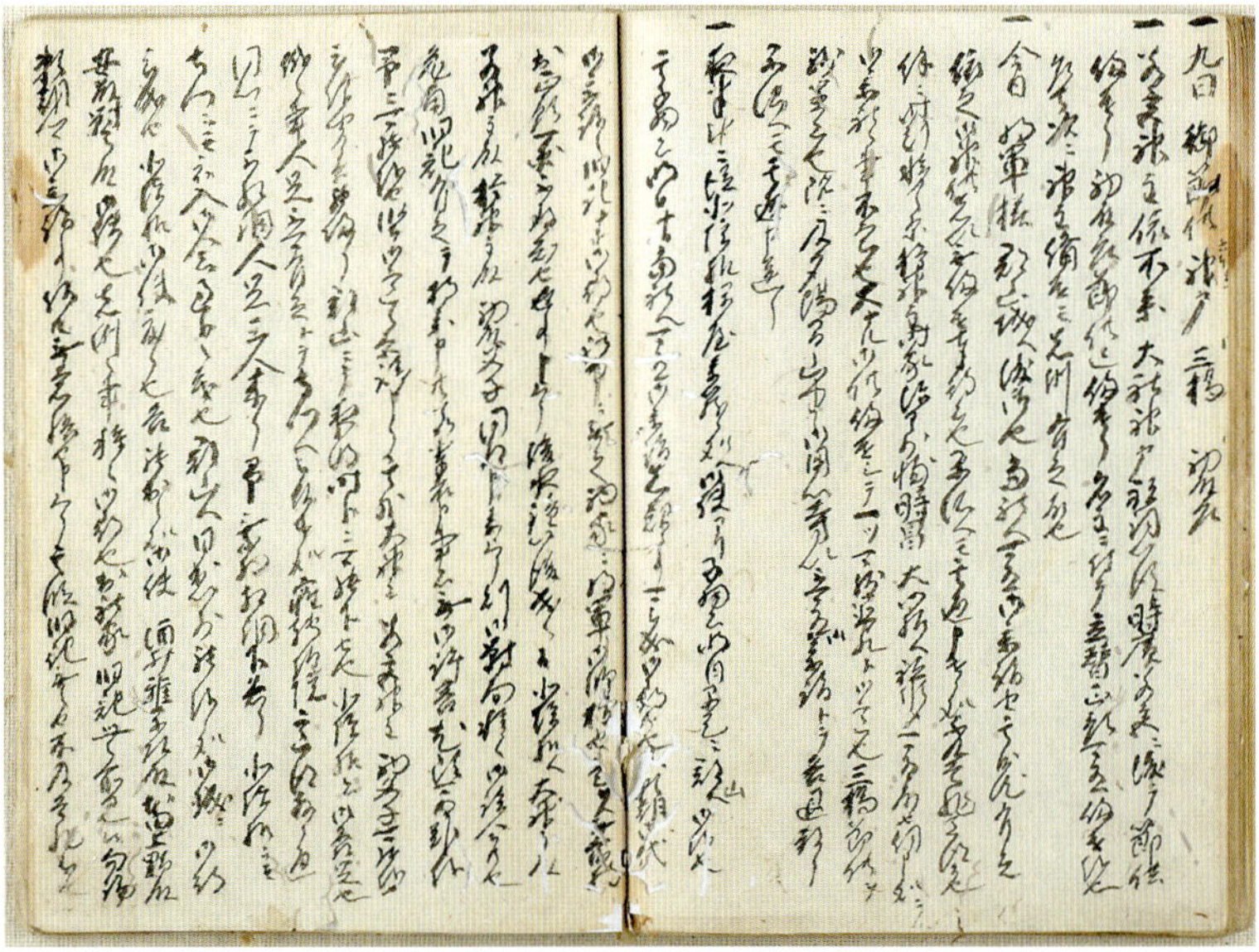

元和５年９月９日條（159～160 頁參照）

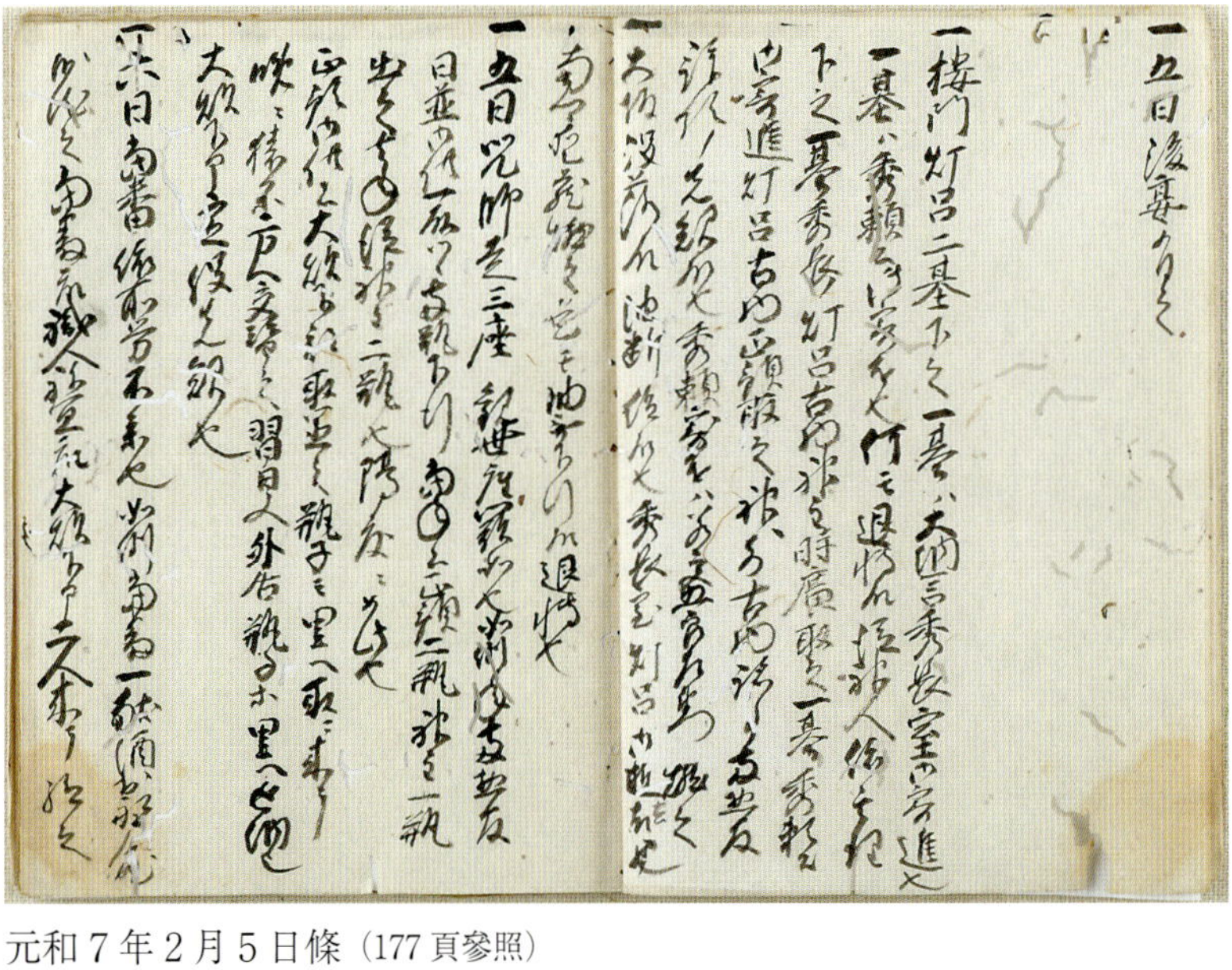

元和７年２月５日條（177 頁參照）

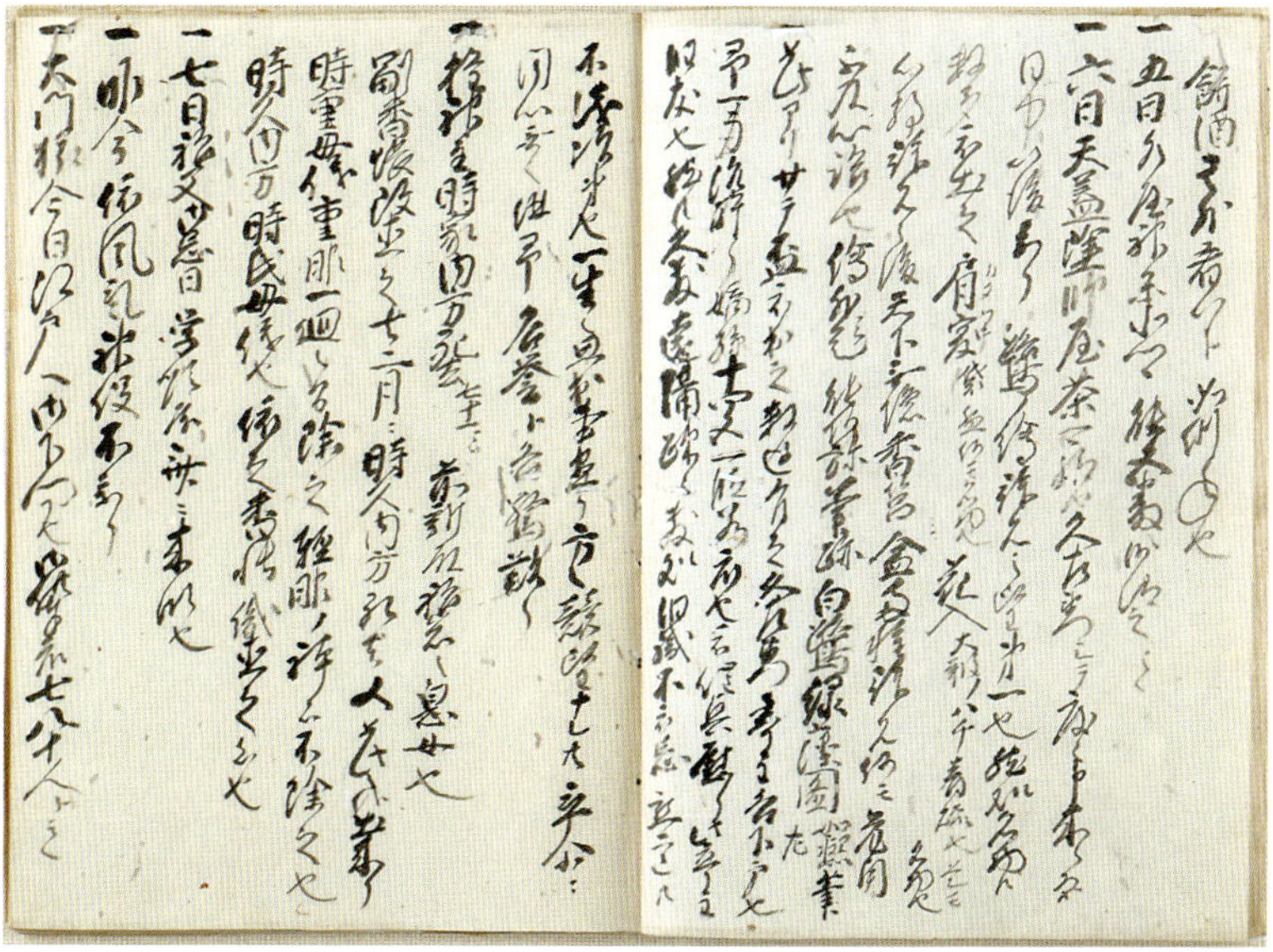

元和７年４月６日條（184頁參照）

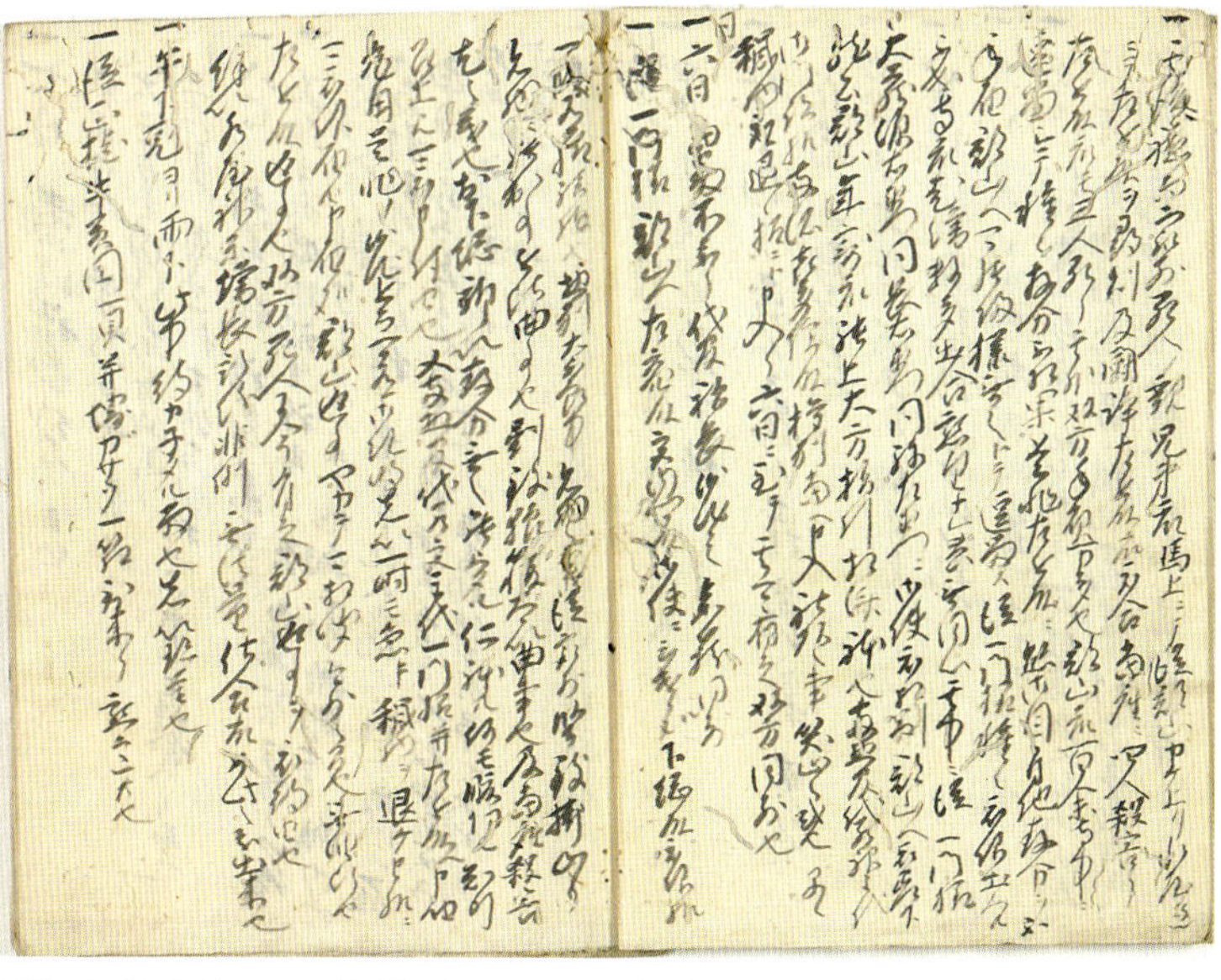

元和９年４月５・６日條（254～255頁參照） 畫像撮影：東京大學史料編纂所

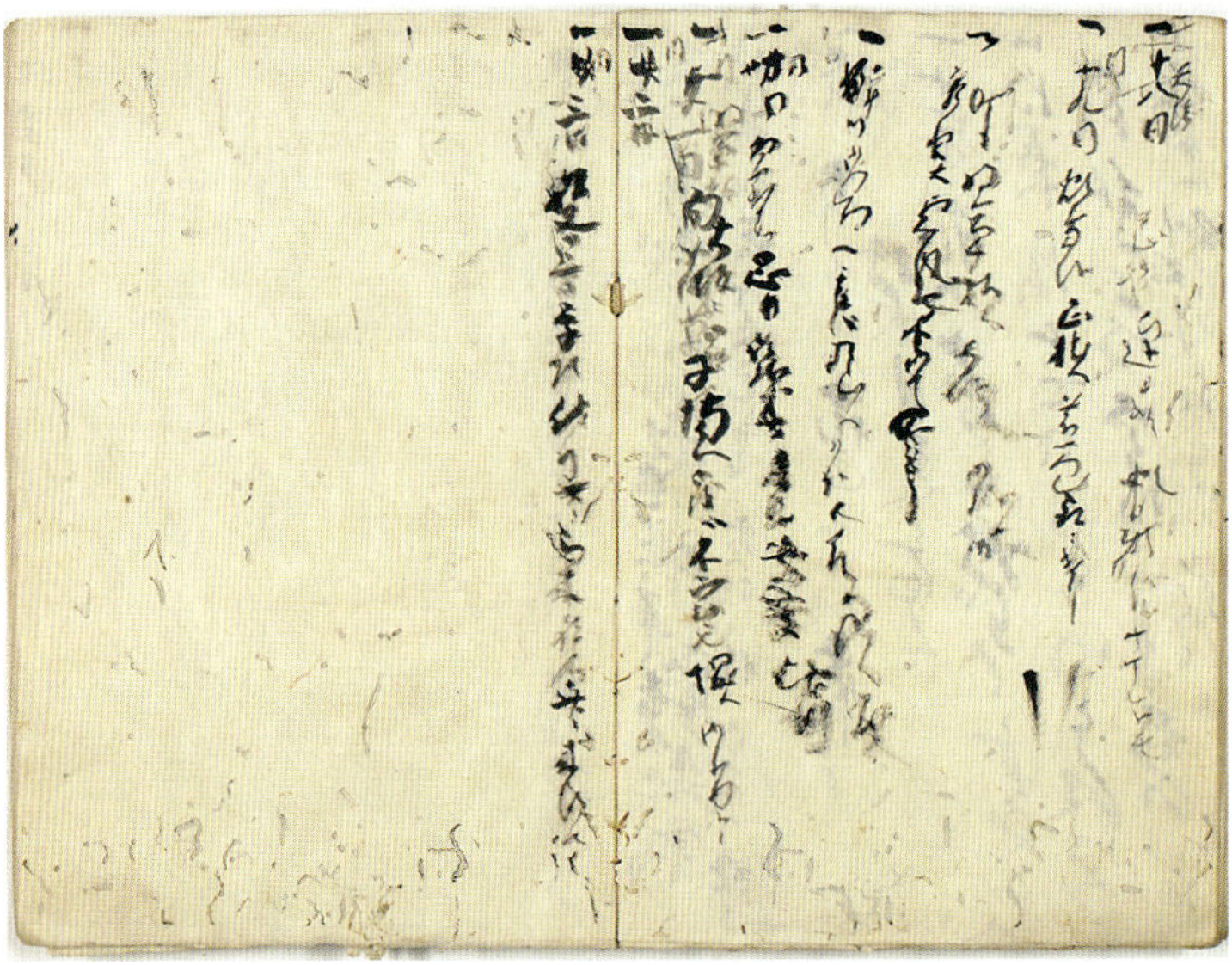

元和９年８月23日條（277頁參照）　　畫像撮影：東京大學史料編纂所

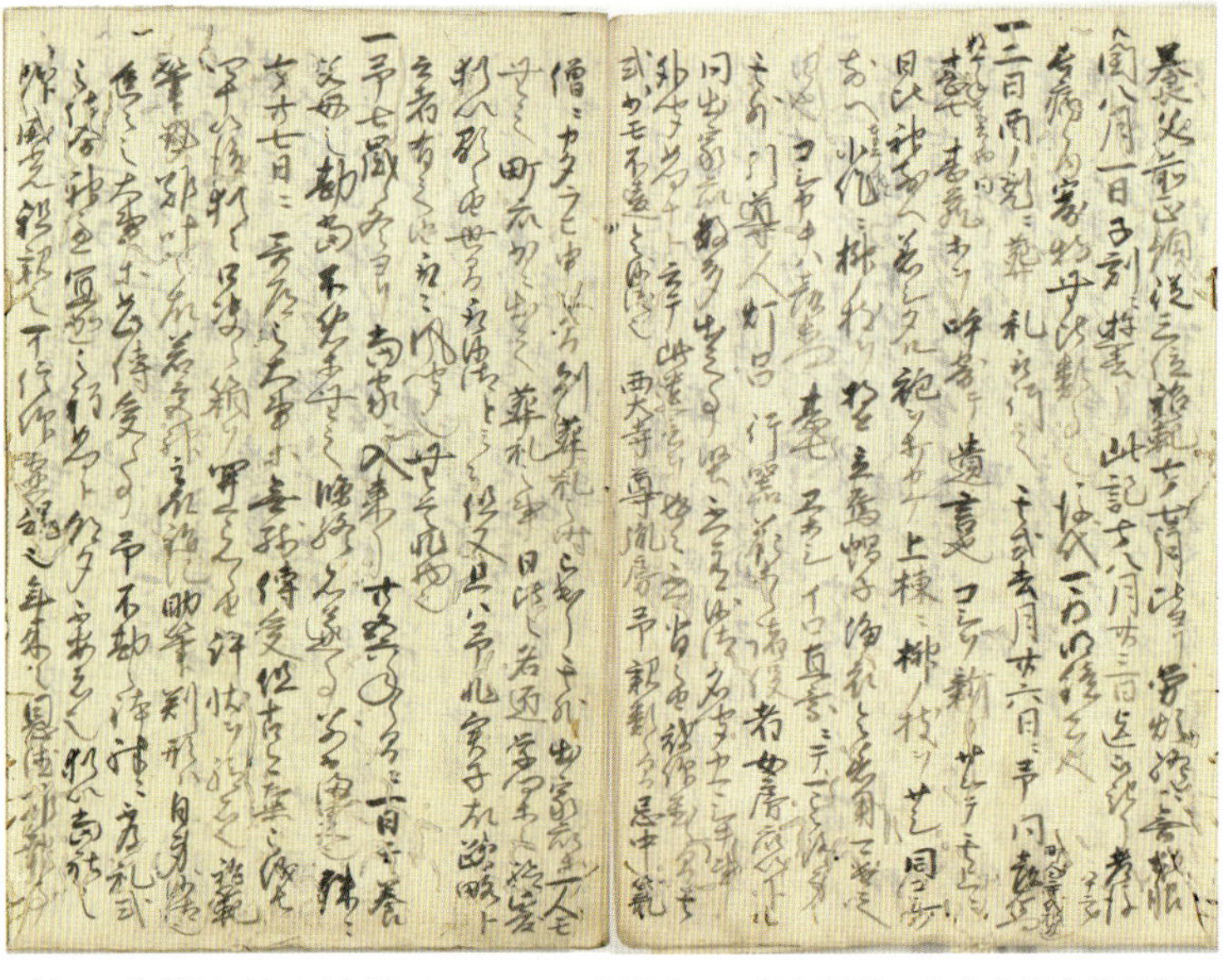

元和９年閏８月２日條（277〜278頁參照）　　畫像撮影：東京大學史料編纂所

凡例

一、史料纂集は、史學・文學をはじめ日本文化研究上必須のものでありながら、今日まで未刊に屬するところの古記録・古文書の類を中核とし、更に既刊の重要史料中、現段階に於いて全面的改訂が學術的見地より要請されるものをこれに加へ、集成公刊するものである。

一、本書は、奈良春日社の中臣姓の社家であり、正預を務めた東地井祐範の日竝記である。

一、本冊には、春日大社の所藏する元和五年・七年・八年の自筆本、辰市祐紀氏所藏の元和二年自筆本、舊社家藏の元和四年・九年の自筆本、國立公文書館所藏元和三年轉寫本を收録した。

一、本文には、讀點（、）および竝列點（・）を便宜加へた。

一、原本の缺損文字および判讀不能の文字は、字數を推算して□で示し、その字數が不明の場合は、［　　］で示した。

一、抹消文字は、その左傍に（ミ）を附して表し、判讀不能の抹消文字は、字數を推算して▨で示した。

一、文字の上にさらに別字を重ね書きした箇所は、上に書かれた文字を本文として採り、下の字が判讀可能な場合には、その左傍に、下の文字に相當する數の・を付し、×を冠してこれらの文字を傍註した。ただし、割り付けの都合上、・を省畧した場合もある。

一、字體については、原則として正體、若しくは現時通用の字體に改め統一を圖つたが、一部は原本の字體を存したものがある。その主なものは次の通りである。

哥〔歌〕・条〔條〕・兊〔呪〕・灯〔燈〕・着〔著〕・並〔竝〕・舛〔升〕

一、原本の用字が必ずしも正當でなくとも、當時一般に通用されてゐたもの、或いはそれと判るものは傍註を施さなかつた。その主なものは次の通りである。

秡〔祓〕・義〔儀・議〕・訴詔〔訴訟〕・尺〔釋〕・牛房〔牛蒡〕・苑豆〔豌豆〕・陵爾〔聊爾〕・燈呂〔燈籠〕・鈴〔錫〕

一、校訂註は、原本の文字を置き換へるべきものには〔　〕をもつて表記した。

一、參考又は說明のために附した傍注には（　）を附して區別し、月毎の初出に附した。

一、闕字はこれを採用せず、平出は改行した。

一、地名については、國郡を傍註した。御供の呼稱としての地名にも同様の傍註を付したが、本來各々の土地から御供が運上されていたものの、本史料の江戸時代初めには名跡のみとなり、御供名稱の土地と御供の奉仕の關係は失はれていたので、注意されたい。

一、上欄に、本文中の主要な事項を標出した。下段に相當するものには、＊印を附した。

一、本書の刊行に當たつて、春日大社、辰市祐紀氏はじめ舊社家各位、東京大學史料編纂所からは格別の便宜を與へられた。特に記して深甚の謝意を表する。

一、本書は、平成二十七年・二十八年に齋行された春日大社第六十次式年造替を記念し、その事業の一環として公刊するものである。

一、本書の校訂は、中臣祐範記研究會の大宮守友・川崎佐知子・神津朝夫・千鳥祐兼・幡鎌一弘・松村和歌子がこれを擔當した。

平成二十九年九月

目次

元和二年
正月……一
二月……四
三月……九
四月……一二
五月……一四
六月……一七
七月……二〇
八月……二三
九月……二六
十月……二八
十一月……二九
十二月……三二
元和三年
正月……三八
二月……四三
三月……四七
四月……四九
五月……五一
六月……五三
七月……五六
八月……六〇
九月……六四
十月……六七

十一月……六九
十二月……七一
元和四年
正月……七三
二月……七四
三月……七六
閏三月……八一
四月……八四
五月……八七
六月……九一
七月……九五
八月……一〇〇
九月……一〇四
十月……一〇七
十一月……一一一
十二月……一一八
元和五年
正月……一二六
二月……一三四
三月……一三九
四月……一四二
五月……一四四
六月……一四八
七月……一五二
八月……一五五
九月……一五八
十月……一六三
十一月……一六六
十二月……一六九
元和七年
正月……一七五
二月……一七七
三月……一七九
四月……一八二

五月……一八六
六月……一八九
七月……一九〇
八月……一九四
九月……一九六
十月……一九八
十一月……二〇〇
十二月……二〇二
元和八年
正月……二〇八
二月……二一二
三月……二一五
四月……二一七
五月……二二〇
六月……二二二
七月……二二五
八月……二二七
九月……二二九
十月……二三一
十一月……二三三
十二月……二三五
元和九年
正月……二三九
二月……二四四
三月……二四八
四月……二五二
五月……二五七
六月……二六二
七月……二六八
八月……二七三
閏八月……二七七
九月……二八〇
十月……二八一
十一月……二八二

目次

十二月……二八二
解題……二八五

中臣祐範記　第三

（改装表紙・辰市祐寛筆）

元和二年正預祐範《東地井》卿日並記

正五位下中臣連祐寛《辰市》

（縦二八・七糎、横二〇・六糎）

○巻頭より正月五日條迄を缺く、

*節供大田庄

*大宮神主祝儀

*船戸屋祝儀

*御强御供

*晝御神事

*節供西山庄出合

*白散

*當番始の酒

*拜殿番匠神樂

六日

一、當番祝儀、如例物社衆來臨也、酒肴如例、

職人幷大炊下部等給之、

一、日並朝夕・節供大田庄《大和國式上郡》、名主正預《東地井祐範》、音樂無之、

一、見參社司同前、中臣氏人同前、

大中臣氏人、時久《中西》・時重《中》・經長《正眞院》・師勝《西》・時昌《中東》・

家綱《奥》・師信《向井》、

一、大田一二拜領之、

一、御神供以後、神主殿《中東時廣》祝儀有之、飯ヲ用意、珍事

也、

七日　雪少下、

一、船戸屋早朝祝儀如例、

一、御强二度、支配、五六迄如例、

一、晝御神事、日並朝夕・西山《大和國添下郡》・出合、音樂無之、

一、神前之義不分明、依遠忌不參故也、

一、白散、御神供已後南郷常住《梅木春房》宿直人ニ持セテ、船

戸屋へ送之、

一、支配、西山三四・出合五六給之、

一、拜殿番匠神樂如例年、

八日

節供箸尾庄代
吐田庄代
*旬御供等備進
*音樂を奏す
見參社司

東大寺參詣
*一乘院尊政御參社
本宮登山
*妙德院祓
*金勝院祓
寺門へ嘉禮の書狀
*寺門より嘉禮の返事

一、日並朝夕・本六種(大和國廣瀬郡)箸尾庄節供代、名主時廣(中東)、・八種(大和國葛上郡)吐田庄節供代、去年九月九日延引分、名主祐紀(千鳥)、

一、社司、時廣・祐範(東地井)・時家(中)・延豊(上)、各束帯、師(西)治・延實(富田)・延通(大東)・祐爲(新)・延勝(上)・祐長(辰市)・祐榮(千鳥)、各衣冠、祐紀、中臣氏人、祐定(今西)、大中臣(氏人脱)、時久・時重・經長・師勝・時昌・家綱・師信・時氏(中西)、

一、本六種七八・八種七八コレハ去年九月九日延引分也、

一、本六種・八種、加任職兼帯分、當職給之、

一、北鄕方・若宮方各退出也、

一、當屋衆東大寺參詣、老足故無沙汰也、

九日

一、當番參懃、祐長・經長同道了、

一、如嘉例本宮登山、予老足、不叶也、

出立、餅・酒有之、

一、十日、當番參懃了、

一、如例寺門へ嘉禮被相付了、

一、十一日、旬・日並朝夕、音樂奏之、

一、白杖三永淳・御幣四利尚・散米守藤、

一、社司氏人參勤去八日同前、

一、旬菓子上野老・次串柿、今一種ノ代赤小豆切餅、

一、鹽引・干鮭備進、燒物鹽鯛一、

一、蓮ノ代昆布、

一、二ノ御殿旬樂所へ下行之、

一、丹生(大和國添上郡)御神供無備、去年致備進故歟、

一、旬御飯大菜桶一従雑仕上之、如例餅膳六枚二膳・四枚二膳下行之、

一、一門樣(一乘院尊政)御神供之砌御參社之条、各住吉社之邊致蹲踞者也、御奉幣以後神前へ祗候、祝師時廣若宮御奉幣以後、出仕ヲ待テ御神供備進之、

一、大門樣(大乘院信尊)ハ依御風氣、御社參御延引ノ由被仰出了、

一、如例年、早朝、妙德院(堯恩房)秡沙汰之、日中以後、金勝院ノ秡ハ祐長遣之、

一、從寺門嘉禮之返事有之、

*節供松本庄
正預祝儀
御田植
大宮神主千壽萬歳
*一乘院尊政へ御禮
心經會
*喜多院空慶へ祇候
*窪轉經院へ禮
爆竹用意
注連燒
曉天御粥
*船戸屋にて恆例祈禱祓
*月次連歌頭役祐範

一、未剋ヨリ大雪也、
一、十二日、如例年當職祝儀、餅・肴其外菓子以下、
大酒也、社中、若宮神主殿父子(千鳥祐紀・祐榮)・正眞院殿父子(經長・經忠)・今西殿(祐定)・富田殿(延實)・形(刑)部少輔殿(西師勝)・治部少輔(中東時昌)殿・縫殿(上延勝)・向井殿(師信)、奥殿(家綱)ハ神役トテ無來臨也、
職人禰宜不殘來者也、
一、町衆如例年大略來臨也、
一、十三日、御田植有之、
一、如例年神主殿千壽萬歳、日中飯惣社參會也、
一、心經會有之、
一、十五日御粥下行、赤小豆五舛八合・大豆壹舛同・鹽十文ノ代十合二舛、米者舊冬年頭之御供米下行之内ニテ相濟了、
從早天雪、
一、十四日、爆竹用意之、注連燒マテ作之、
一、曉天御粥役、延實當番、・祐長正預代、各衣冠、時昌神主代、淨衣、支配、一二ノ御殿兩惣官(中東時廣・東地井祐範)、三延實、四祐長赤土器、・時昌白土器、兩人拜領之、

一、十五日、御節供、日並朝夕・松本(大和國添上郡)節供六本立、圓鏡無之、三ケ度、音樂無之、
一、社司參勤同前、但祐榮不參、中臣氏人不參、大中臣氏人、時久・時重・經長・師勝・時昌・師信・時氏、
一、松本節供・日並朝御供一膳大工方へ下行、神主方同前、社頭へ直ニ請ニ來者也、夕御供ハ此方へ取之、
一、日中已後、一門樣へ御禮ニ祇候、從惣社三種・樽二荷進上、予毎年煎餅百進上、祐紀・經長・祐長ハ樽一荷宛持參了、御盃被下之、
一、喜多院殿樣(空慶)へ各祇候了、スイ物ニテ御酒被下了、
一、窪轉經院(延宗房)へ各禮ニ同道了、スイ物其外種〻珍肴共馳走故、大御酒也、
一、十六日、恆例祓於船戸屋有之、頭役祐長九・祐榮十沙汰之、飯・酒其外種〻肴共、大御酒也、
一、十八日、月次連歌、頭役懃仕之、

大乘院信尊へ御禮
*一乘院尊政夢想連歌御興行
旬御供等備進
*地藏講
見參社司
*關高清連歌興行
*正知連歌興行
*旬御供等備進
加任職兼帶
大乘院信尊御參社

一、十九日、大門様へ御禮ニ祗候、一門様へ御成、御留守ゐ二申置了、兩種・一瓶、嘉例之御祝義也、
一、廿日、從大門様御使被下了、昨日致祗候、被成御祝着由也、忝次第也、中藏院爲禮御出也、
一、廿一日、旬・日並朝夕、音樂奏之、白杖永淳・御幣利尚・散米守藤、
一、見參社司、時廣・祐範・師治・延實・延通・祐爲・延勝・祐長、祐紀、不參、時家上洛、・延豊遠忌、・祐榮風氣、加任職闕、中臣氏人、祐定、大中臣氏人、時久・時重・經長・師勝・時昌・師信、
一、旬菓子上野老次・串柿、今一種ノ代赤小豆切餅、
一、鹽引・干鮭備進、燒物鹽鯛一、
一、蓮ノ代昆布、
一、加任職兼帶、旬御供四ノ御殿分取之、
一、大門様御參社、御神供備進半候故、車宿ニ被成御待、神供已後、神前へ御參也、祝師辰市祐長、衣冠ニテ沙汰之、
一、御幣紙十枚、當番祐爲へ遣之、
一、廿三日、悲母御忌日、學順房・專長房齋ニ來臨了、予ハ一門様夢想御連歌御興行ニ祗候了、
一、廿四日、地藏講、御經二把書寫之、如例豆腐スイ物ニテ酒有之、
一、廿五日、中筋才（關）次郎高清連歌興行、終日馳走事盡了、
一、廿六日、春長房・西坊齋ニ來臨也、
一、廿八日、正知さかひや（堺屋）三右衛門尉連歌興行、種々馳走、珍肴事盡了、

二月小

一、一日、旬・日並朝夕三度、音樂奏之、白杖春朝三﨟・御幣春賀四・散米貞春五、神殿守各欅襷引之、

見參社司
*巳祓
*春日講頭役辭退により中時家沙汰
*近年無用の馳走
*若宮神主一萬巻心經
*午日御酒
春日祭治定

一、社司、時廣(中東)・祐範(東地井)・時家(中)・延豐(上)・師治(西)・延實(富田)・
祐爲(新)・延勝(上)・祐長(辰市)・祐榮(千鳥)、祐紀(千鳥)、不參、延通(大東)遠
忌、加任職闕、中臣氏人、祐定(今西)、
大中臣氏人、時久(中西)・時重(中)・經長(正眞院)・時昌(中東)・家綱(奥)、
一、旬菓子上山芋次・串柿、今一種赤小豆切餅代ニ備進
之、
一、鹽引・干鮭備進、燒物鹽鯛一備進、
一、蓮ノ代昆布備進了、
一、評定云、旬菓子切餅代ニ備進、曲事也、此時分
野老當季之物流布之處、不致備進、不謂義也、
幷串柿以外少分之物躰調進、旁〻曲事之儀也、
乍去旬始之条、成敗之事被加遠慮、重而之事可
致覺悟通、以常住下知了、
一、御神供已後、於若宮神主(千鳥祐紀)館嘉例之一萬巻心經有
之、惣社參會、其外神人衆、結願以後、旬御供
肴ニテ酒有之、
一、二日、廻文有之、來七日春日祭治定也、上卿烏丸(光廣)殿、
一、四日、巳秡有之、其式祭記ニ載之、從今夜參籠
了、
一、四日、春日講有之、頭役之事、中西殿(時久)子息(時氏)可有
沙汰次第也、然共辭退之處ニ、次上首上殿(延豐)理運
也、是モ難成由達而理之条、其次時家次第之条、
可有懃仕由、先日惣社へ披露ニテ沙汰之、近年
各事外結構ニ御馳走故講演難調、頭役モ及辭退、
不可然義也、從此度有樣之御沙汰可然通及評定、
然處事外馳走、種〻珍物共事盡用意也、近比不
可然次第、尤無用ト云〻、予春日祭上役精進之
故不出仕、膳・鈴一雙被送之、一覽シテ驚目畢、
一、爲音信中殿(時家)へ兩種・一樽遣之、
一、五日、午ノ日御酒、正預(東地井祐範)代祐長參社了、其式祭
記ニアリ、
一、呪師走、日並御供朝夕・兩瓶子出之、大炊下部
爲役、御神供モ瓶子モ八講屋へ持出テ、猿樂渡

之、事終テ後、外居・瓶子等里ヘ持來ル、先規也、

呪師走三座
觀世座闕如

一、咒師走三座、觀世方闕如了、御神供半殿・一瓶大炊下部持來了、去年從當職御神供・兩瓶出之故也、今度ハ從神主(中東時廣)兩瓶・御供一殿分被出之、

當番酒

雨下、
一、六日、當番酒、如例年於船戸屋當番衆幷職人禰宜衆一獻有之、大炊ノ下部二人來了、一獻、肴以下如例、

御戸開
飛鳥田庄御供

天晴、
一、七日、戌刻、御戸開、四種飛鳥田、名主祐長、予上役懃仕、其式諸事祭ノ記ニ載之、

上卿烏丸光廣
父子御奉幣

一、曉天、上卿御參社、正三位權中納言藤原光廣烏丸殿、七日ノ夜御父子(烏丸光廣・光賢)御奉幣、御方ハ辨殿光賢(烏丸)、御宿大東館(延通)、奉幣ノ紙廿枚祝師延通ヨリ被送之、神事ノ次第祭ノ記具ニ書之、

*時刻過ぐる故
延引
*金春大夫社頭
能三番
*旬御供等備進
*見參社司

南大門能なし

一、六日、南大門ノ能無之、七日・八日門能有之、

中坊秀政より
能沙汰の使者

一、九日、雨、午剋ニ晴了、然者申剋ニ社頭ノ能可致沙汰由、中坊左近殿(秀政)ヨリ社務ヘ使者アリ、依之則參社了、猿樂モ盡〻參懃了、社務ハ依所勞不參、中坊ヨリ使者有テ、既及晩可爲如何之通也、下﨟分一﨟ヨリモ種〻問答、時刻無幾程可及晩、社頭ニハ篝火不叶、自然翁迄ニテ可相果事不可然由〇穿鑿之處、早雨降出候間、社中出仕之路次ヨリ立歸了、又中坊ヨリ使者、既時刻馳過候、今日者延引、明日可有沙汰由也、當一獻之頭役懃仕之、酒肴三十八所屋ニ用意之間、各參會賞翫之、是又先規連綿之条、藝能不及見物共、用意上者其式無異儀也、

一、十日、金春大夫(安照)社頭能沙汰了、三番アリ、酒頭上殿、沙汰如例、

一、十一日、旬・日並朝夕三度、音樂奏之、

一、白杖三〻春朝・御幣春賀・散米貞春、

一、社司、時廣・祐範・時家・延豐・師治・延實・延通・祐爲・延勝・祐長・祐榮、祐紀、中臣氏人、祐定、

*一獻の式あり
*加任職分旬送物なき故雜仕を糺明
*闕職へは送らずと禰宜衆言上
金剛大夫社頭能
*未補の職は社務兼帯
中坊秀政不參により延引

大中臣氏人、時久・時重・經長・師(×延)勝(西)・時昌・
家綱・師信(向井)・時氏(中西)、
一、旬菓子上野老次・串柿、今一種赤小豆切餅代ニ備進
之、
一、蓮ノ代昆布、
一、鹽引・干鮭備進、焼物鹽鯛一備進之、
一、評定云、旬菓子一種代ヲ以テ曲事也、去朔日ニ
種備進不謂、當時流布萬多也、三種可致調進、
以來於無沙汰者堅可被止出仕旨下知之處、今日
恣之仕合、太以不可然、既可被止出仕一決候處、
名主延通達而懇望之故、被加遠慮了、菓子不相
調時分者代ヲ以テ備進、不及是非也、時分柄如
此隨意之沙汰、曲事也、
一、金剛大夫(吉勝)社頭之能可致沙汰旨ニテ既參社、社家
へモ案内之条、各參社シテ及數刻、然共下臈分
一臈・中坊左近殿依不參時刻過故、雨降出故、
明日可有沙汰トテ各退散了、當酒頭經長順役、

其用意之条、任先例一獻、其式如例、酒肴濟々、
珍重々々、
一、今日旬送物饗不送之、則雜仕へ糺明之處ニ、闕
職之条不送由申、雜仕ヲ船戸屋へ召寄申付候處、
加任職無御座候間、不送申由也、其段不謂通糺
明之處ニ、是ハ送物有ヘカラサル由、出納・膳
部・禰宜衆モ申通言上之条、然者其趣申神人同
道シテ來レト申付處、則御供所へ立歸了、返事
如何ト申付處、來テ申様、最前申候へ共、其仁
躰不分明旨、一段虚言也、是非其申タル者可申
通堅下知候へ共、有名無實ノ申事正躰無之、加
任職未補候間ハ、當職兼帯シテ、番役其外諸役
懃仕之、依之御神供以下盡々當職へ給之、自餘
職モ同前、未補之間ハ社務兼之、
一、右之趣雜仕方糺明之處、我等ハ無案内故、神人
衆へ尋申候處ニ、是ハ可送事ニ非スト、九兵衛
被申故ト、既ニ白状也、追而九兵衛ヲ可致成敗

也、
一、九兵衛へ雑仕申分申付處ニ、左様ニハ不申候、其方舊記次第ニ可仕由雑仕ニ申候つる、一段虚説迷惑之由返事也、其後雑仕方モ糺明、自分無私曲通可申分歟ト存處ニ、一切不及指引之条、廿日祈禱候砌、惣社へ申談、可止出仕覺悟之處、權神主殿時家以内儀種〻侘事也、聊以不申儀ヲ、雑仕無實ヲ申事致迷惑、能〻被聞召分可被下候、以誓紙可申分通、達而懇望之条、權神主殿被仰儀候条、惣社へ之披露ハ先以加遠慮了、

*祈禱結番

一、廿日、於船戸屋祈禱有之、頭役延通五・祐爲六、取肴ニテ酒有之、

徳川家康御不例につき船戸屋にて祈禱

一、駿河大御所様(徳川家康)御不例以外之儀也、先〻御驗氣之由也、依之御祈禱沙汰之、

今度大御所様御不例之儀付、從明日五ケ日之間、可有御祈禱候、各可被得其意候、恐〻謹言、

二月十八日　　神主時廣

謹上正預殿幷權官・兩氏人御中

追而、若宮神主殿同可有御存知候哉、重而謹言、

定　大御所様御不例御祈禱結番事

十九日、一番　時廣　祐紀　祐長　師勝
廿日、二〻　祐範　延實　祐榮　時昌
廿一日、三〻　時家　延通　時久　家綱
廿二日、四〻　延豊　祐爲　時重　師信
廿三日、五〻　師治　延勝　經長　時氏

右守結番之旨、自明日十九日至廿三日、各可有參勤者也、仍所錄狀如例、

元和二年二月十八日

一、服者・遠他行・童形除之、先規也、

*旬御供等備進

一、廿一日、旬・日並朝夕三度、音樂奏之、
一、三〻白杖春朝・御幣春賀・散米貞春、

*見參社司

一、社司、時廣・祐範・時家・延豊・延實・延通・祐爲・延勝・祐長・祐榮、祐紀、不參、師治、

*旬御供等備進
*見參社司
兼帯加任預職へ送物
地藏講
*伏兎以下曲事
宗治連歌興行
*嘉例節供祝儀

加任職闕、中臣氏人不參、
大中臣氏人、時久・時重・經長・師勝・時昌・
家綱・師信、
一、旬菓子上野老・次山芋・次串柹、
一、昆布ヲ蓮ノ代ニ備進、
一、鹽引・干鮭備進、燒物鹽鯛一備進之、
一、加任預職闕、正預兼帯送物之事、先日雜仕恣之
申分糺明之處、今日盡ゝ送之、去春日祭ノ送物、
宵・曉二坏、去十一日分・當旬之分合四坏送之、
存分之仕合、追而猶可有糺明也、
一、廿三日、悲母御忌日、學順房・專長房齋ニ來臨
了、
一、廿四日、地藏講、御經二把書寫之、
一、廿六日、春長房・西坊齋ニ來臨、
一、廿七日、(竹田)宗治連歌興行、終日馳走、珍物共也、
一、廿八日、來三日奄治(大和國山邊郡)節供本式、諸下行如例年相
濟了、

三月大

一、一日、旬・日並朝夕三度、音樂奏之、
一、白杖二ゝ永伊・御幣三ゝ永淳・散米四利尙、
一、見參社司、(中東)時廣・(東地井)祐範・(中)時家・(上)延豐・(西)師治・(富田)延
實・(大東)延通・(新)祐爲・(上)延勝・(辰市)祐長・(千鳥)祐榮、(千鳥)祐紀、加
任職闕、中臣氏人、(今西)祐定、
大中臣氏人、(中西)時久・(中)時重・(正眞院)經長・(西)師勝・(中東)時昌・
(奥)家綱・(向井)師信・(中西)時氏、
一、旬菓子上野老・次山芋・次串柹、
一、鹽引・干鮭備進、燒物鹽鯛一、
一、蓮ノ代昆布、去年洪水以來蓮稀也、
一、評定云、伏兎・曲・梅枝以下陵爾ニ調進、曲事
也、以來可致覺悟通下知了、當旬物樣一段可然
調進了、一御殿何モ麁品之由也、樂所へ下行故
如此歟、輕重之儀私曲之沙汰、不可然旨下知了、
一、如嘉例節供祝儀ニ夕飯用意了、(中東時廣・時昌)大神主殿父子・

若神主殿父子(千鳥祐紀・祐榮)・正眞院殿父子(經長・經忠)・今西殿(祐定)御出也、

若神主殿・正眞院殿・今西殿女房衆モ申入了、

一、三日、日並朝夕・四種西殿庄(大和國宇陀郡)節供代、七本立 名主神主、(中東時廣)・福智庄(大和國添上郡)名主祐長、六本立・奄治庄(大和國山邊郡)名主正預、(東地井祐範)五度、音樂奏之、一ノ御殿

日並朝夕樂所へ下行之、

一、社司氏人去朔日同前、

一、福智一二・奄治三四・西殿庄五六拜領之、

一、御神供已後、如例職人禰宜夕飯ニ來了、社中、

富田殿(延實)・正眞院殿(經長)・縫殿(上延勝)御出也、奥殿(家綱)ハ御用ト

テ無來也、

一、四日、如嘉例神主殿中飯、惣社參會也、

一、五日、一門樣(一乘院尊政)ニテ和漢御興行、依仰發句申上了、

折一合・兩樽持參了、

一、六日、當番參懃了、參籠者祐長沙汰之、

一、七日、祐父(東地井)御忌日、學順房・專長房齋ニ來臨也、

一、九日、高安重政連歌興行、難去申故出座了、當

*親の三十三年追善

節供西殿庄代福智庄奄治庄

*旬御供等備進

職人禰宜夕飯

大宮神主嘉例中飯

*南鄕左近免除

一乘院尊政和漢聯句御興行

*船戸屋にて每月祈禱祓

*玄仲玄陳玄的來臨

高安重政連歌興行

番役并參籠經長雇者也、祐長モ出座了、終日馳

走事盡了、親ノ卅三年追善故、音曲大小鼓歷ミ

也、金剛大夫(長能)・當金剛新太郎(吉勝)・大藏大夫(氏紀)、其外

達者衆滿座已後罷出、種ミ催興了、

一、十日、高安爲禮銀《スヽ》ノ鉢一持參了、

一、十一《三》日、旬《四》・日並朝夕三度、音樂奏之、

一、白杖永淳・御幣利尙・散米守藤、

一、社司氏人去三日同前、但時氏不參了、

一、旬菓子野老・山芋・串柿、蓮備進了、

一、鹽引・干鮭、燒物鹽鯛一備進也、

一、二ノ御殿旬樂所へ下行也、

一、去月廿四日、日並朝御供燒物一段少物備進曲事

トテ、被止出仕南鄕左近、懇望之条免除了、

一、十五日、於舟戸屋每月祈禱有之、頭役七延勝・

八正預沙汰之、加任職闕、取肴ニテ酒アリ、

一、十七日、京都衆玄仲(里村)カンナへ一・玄陳(里村)筆五對・玄(里村)

的唐紙廿五枚、爲見舞來臨也、御酒濟ミ催之、

大乗院信尊より両種樽拝領

一、従大門様（大乗院信尊）因幡殿（福智院長舜）為御使、両種コンニヤク三十・サウメン五十把、御樽〇二荷拝領之、因幡殿自分ニ美濃紙一束、（×同）御子息（福智院永舜）扇五本、桐山善七殿扇十本被持了、大御酒也、

月次連歌頭役千鳥祐紀

一、十八日、月次、頭役若神主（千鳥祐紀）殿沙汰之、

登山花見

一、十九日、各依興行登山、花見沙汰之、一種一瓶也、時廣・祐紀・延通・經長・祐長・祐榮・祐定・經忠（正眞院）・光淸等也、當座一首アリ、晩ニ經長粥振舞也、

當座一首

旬御供等備進

一、廿一日、旬・日並朝夕・四種音樂田、四度、音樂奏之、

見參社司

白杖永淳三・御幣利尚四・散米德仲六、
社司、時廣・祐範・時家・延豐・師治・延實・延通・祐爲・祐長・祐榮、不參、延勝隨意、祐紀煩、加任職闕、中臣氏人、祐定、
大中臣氏人、時久・時重・經長・師勝・時昌・家綱、

一、若宮神主（千鳥祐紀）不參之由、以常住樓門ヘ披露了、
一、本社旬祝詞以後、時廣若宮ヘ渡テ旬備進之、
一、旬菓子野老・山芋・串柿、
一、蓮備進之、
一、鹽引・干鮭、燒物鹽鯛一備進之、

*音樂田御供備進

一、音樂田御供去年三月ニ秋迄ト致侘事、終ニ無備進限沙汰也、然ニ此度難調通再三侘事也、然共去年無沙汰一段曲事也、當年又如此之存分一向不謂間、是非可致備進由申付了、内々ハ各來月迄延引可有遠慮由沙汰也、其段於當職無同心者也、依之備進了、
一、音樂田御供九十給之、恆例引續也、
一、廿三日、悲母御忌日、學順房・專長房齋ニ來臨了、

*地藏講

一、廿四日、地藏講、頭役、御經一把書寫之、

*牡丹花見

一、同日、如例年、野田禰宜衆牡丹見沙汰之、從日

中晩迄也、

景次連歌興行

一、廿五日、景次(十六屋)興行、終日濟〻也、

四月小

旬御供等備進

天晴、
一、一日、旬・日並朝夕三度、音樂奏之、

一、白杖春朝三・御幣春賀四・散米貞春五、

見參社司

一、社司、時廣(中東)・祐範(東地井)・時家(中)・延豐(上)・師治(西)・延實(富田)・延通(大東)・祐爲(新)・延勝(上)・祐長(辰市)・祐榮(千鳥)、祐紀(千鳥)、中臣氏人、祐定(今西)、
大中臣氏人、時久(中西)・時重(中)・經長(正眞院)・師勝(西)・時昌(中東)・家綱(奥)・師信(向井)・時氏(中西)、

一、旬菓子山芋・串柿、今一種赤小豆切餅代ニ備進之、

一、鹽引・干鮭、燒物鹽鯛一備進之、

一、蓮ノ代昆布、蓮用意申候へ共損シタル由、出納案內候条、代ニテ備進之、

戒重御供延引

一、戒重(大和國式上郡)ノ御供先段可致備進由下知了、然共當分難調之条、來秋迄被成遠慮候様ニト以常住披露了、久無沙汰曲事之由種〻及評定、乍去達而侘事之条、御延引可然通申宥了、來秋備進之事堅可申付由申理、各同心也、

一、旬餅以外軟《ヤワラカ》ニテ備進難成躰也、來旬於同前者不可然通雜仕ニ被加下知了、

*拜殿水屋神樂

一、二日、拜殿水屋神樂懃仕之、午剋ヨリ大雨下、

*船戸屋にて毎月祈禱祓

*若宮座沙汰

一、三日、於舟戸屋毎月秡有之、頭役九祐長、・十祐榮、酒肴濟〻也、水屋神樂、若宮座沙汰之、於神前當番衆酒濟〻有之、雨晴、當年ハ今日モ藝能有之、

*北鄕方能六番

一、四日、水屋神樂、北鄕方、能六番沙汰ト云〻、

*南鄕方能六番

*水屋以下宮司上分

一、五日、水屋神樂、南鄕方、能六番沙汰ト云〻、水屋・榎本・紀伊社上分、宮司ノ神人ヨリ如例送之、

一、六日、當番參懃、參籠者祐長懃仕之、

一、七日、祐父(東地井)御忌日、學順房・專長房齋ニ來臨也、

徳川家康御不例の祈禱祓
*喜多院空慶駿河より御歸寺
*家康御對面
祈禱祓五ヶ日
旬御供等備進
*家康太政大臣に御轉任
*禁裏へ黄金千枚進上
見參社司
*家康御他界
*旬御供等備進
*見參社司

一、八日、大御所(徳川家康)様御不例爲御祈禱、於渡屋秡有之、頭役時廣沙汰之、酒肴濟ゝ有之、
一、九日、同御祈禱五ケ日之間、御祈沙汰之、社司氏人以結番淨衣ヲ着シテ社參、致祈念者也、
一、十一日、旬・日並朝夕、音樂奏之、
一、白杖《三》春朝・御幣春賀・散米貞春、
一、社司、時廣・祐範・時家・延豊・師治・延實・祐爲・延勝・祐長・祐榮、祐紀、不參、延通參宮、加任職闕、中臣氏人、祐定、大中臣氏人、時久・時重・經長・師勝・時昌・師信・時氏、
一、旬菓子《上》山芋・串柿《次》、今一種赤小豆切餅ヲ代ニ備進之、
一、鹽干《引》ゝ・干鮭備進、燒物鹽鯛㆒備進之、
一、蓮ノ代昆布、兼日出納蓮無之由及案内了、
一、下知云、近盤旬・日次共ニ、カマス色ノ損シタヲ備進曲事也、重而可致覺悟通、出納ニ被申付了、
一、喜多院(空慶)様一昨日從駿河御歸寺、大御所様度ゝ御對面、御煩無御異儀由也、乍去落居如何ト各機遣也、諸大名ニモ可致歸國由被仰付了、
一、大御所(徳川)家康三月下旬太政大臣ニ御轉任、勅使廣橋(兼勝)殿・三条(實條)西殿、禁裏(後水尾天皇)様へ黄金千枚進上、勅使へ金百枚、五十枚ツヽ拜領之、
一、十七日、家康御他界、七十五、天下無異儀、當將軍(徳川秀忠)様諸大名モ奉仰之、
一、廿一日、旬・日並朝夕三度、音樂奏之、寺門下行依無沙汰、申下剋ヨリ備進之、
一、白杖《三》春朝・御幣《四》春賀・散米《五》貞春、
一、社司、時廣・祐範・時家・延豊・師治・延實・延通・祐爲・祐長・祐榮、祐紀、不參、延勝煩、加任職闕、中臣氏人、祐定、大中臣氏人、時久・時重・經長・師勝・時昌・家綱・師信、

*大雨風により東御廊に著座
地藏講
月次連歌頭役大東延通
*安居花机
*嘉例節供祝儀
旬御供等備進
*一乘院尊政御他界
見參社司
*學問儒道風雅等諸道の達者

一、旬菓子一種闕如了、
一、鹽引備進、干鮭ノ代鯣、燒物鹽鯛一、
一、蓮ノ代昆布、
一、廿三日、悲母御忌日、專長房齋ニ來臨也、
一、廿四日、地藏講、御經二把書寫之、
一、廿五日、月次有之、延通頭役、
一、廿九日、酉剋ヨリ雨終夜不止、此中不降、萬民安堵也、

五月大

一、旬・日並朝夕三度、音樂奏之、大雨下、
一、白杖永淳・御幣守藤・散米德仲、
一、社司、時廣(中東)・祐範(東地井)・時家(中)・延豐(上)・師治(西)・延實(富田)・延通(大東)・祐爲(新)・祐長(辰市)・祐榮(千鳥)、祐紀(千鳥)、不參、延勝(上)煩、加任職闕、中臣氏人、祐定(今西)、大中臣氏人、時久(中西)・經長(正眞院)・師勝(西)・時昌(中東)・家綱(奥)、
一、旬菓ニ山芋・串柿、今一種赤小豆切餅代ニ備進之、
一、鹽引備進、干鮭代鯣、燒物鹽鯛一、
一、豆腐ノ代苑豆、昆布ノ代竹子、
一、大雨風、樓門出仕不叶、任先例東ノ御廊ニ着座、西上座也、布障子ヲ開テ出入先規也、然共當分安居花机有之故、北ノ障子口ヨリ出入了、神人沓役如樓門直之、
一、如嘉例節供祝儀トシテ夕飯沙汰之、大神主殿父子(中東時廣・時昌)・若神主殿父子(千鳥祐紀・祐榮)・正眞院殿父子(經長・經忠)・今西殿(祐定)、若神主殿・正眞院殿・今西殿女房衆各御出也、
一、三日、於京都一乘院樣尊政、五十五、御他界、此中御所勞、寮(療)治不叶者也、寺社ノ力落シ也、御學問ノ事不及申、儒道・風雅其外諸道ノ御達者也、予年來被成御許容、切々致祗候、忝儀共、別而愁歎不殘次第也、
一、來五日奄治(大和國山邊郡)節供本式、諸下行相濟了、如例年無相違也、

法雲院酒樽を送る

一、三日、於正眞院（經長）殿酒宴アリ、去一日嘉例法雲院ヨリ大樽一ッ被送之、積藏院ヘモ同前也、肴種〻、亭主振舞アリ、

節供西殿庄代神戸奄治庄

一、天晴、五日、御節供、日並朝夕・四本立八種（大和國宇陀郡）西殿庄節供代、名主神主方、（中東時廣）・六本立神戸名主時廣、・六本立奄治本式、名主祐範、

一、社司去朔日同前、中臣氏人、祐定・（大東）延種、大中臣氏人、時久・經長・師勝・家綱・（向井）師信、

*上延勝死去

一、二ノ御殿日並朝夕樂所ヘ下行了、

*旬御供等備進

一、支配、神戸二二・奄治三四・八種五六拜領之、

*見參社司

一、御神供已後、如例職人禰宜衆夕飯有之、社中、（延實）富田殿・正眞院殿父子御出也、（家綱）奥殿御用トテ無來臨也、（上延勝）縫殿煩故無御出也、

大宮神主嘉例日中飯

一、六日、如例大（中東時廣）神主殿日中飯アリ、物社參會也、

一、當番參社、參籠者祐長勲仕之、

四恩院千部論

一、從今日如例年、於四恩院千部論有之、

登廊血氣につき祓を遂ぐ

一、七日、當番參勲、雨降故御廊ヨリ出仕、然者登廊血氣アリ、各被見付之、於神前常住召出、早〻血ヲ洗除テ秡可遂之旨下知了、其間先者御神供不可奉出由申付了、則常住來テ云、盡〻清淨ニ洗之、秡遂之由言上之間、御神供可奉出通下知了、

一、（東地井祐父）父御忌日、專長房齋ニ來臨、學順房ハ他行、無來臨也、

一、九日、延勝死去、廿七、久病也、痰也、種〻療治不叶、

一、十一日、旬・日並朝夕三度、音樂奏之、

一、白杖三永淳・御幣四利尙・五散米守藤、社司、時廣・祐範・時家・師治・延實・延通・祐爲・祐長・祐榮、祐紀、不參、延豐穢中、權官兩職闕、中臣氏人、祐定、大中臣氏人、經長・師勝・時昌・家綱・師信、

一、旬菓子上山芋・次串柿・次枇杷、

一、豆腐代竹子、蓮ノ代竹子、

一、鹽引ノ代鮑、干鮭ノ代鰑、燒物鹽鯛一備進之、

妙德院秡
北郷神殿守一﨟利秀死去
木手
船戸屋にて恆例祈禱秡
月次連歌頭役正眞院經長
實榮得業一周忌追善連歌
*一乘院尊政御葬送
*火屋
*見物群集
旬御供等備進
見參社司
*權預職死闕

一、從若宮旬御供被出了、十一二給之、
一、十三日、妙德院（堯恩房）秡懃仕之、十一日ヲ予失念故也、終日振舞有之、雨中別而懇志共也、禰宜與右衛門被召寄了、
一、今日、北郷一﨟利秀、八十三歟、死去了、
一、十五日、御供雜仕へ下行、去奄治ノ木手也、
一、十六日、恆例秡於舟戸屋有之、頭役氏人時久・（中）時重・經長三人、
小ツケ・酒濟〻也、
一、十八日、月次、經長頭役也、
一、十九日、實榮得業一周忌、爲追善連歌興行畢、火上三昧ニ被入、哀ナル事也、發句、
消かへる玉かあら野にとふ螢
一、廿一日、旬・日並朝夕、音樂奏之、
一、白杖永伊一﨟・御幣永淳二〻・散米利尙、
一、社司、時廣・祐範・時家・師治・延實・祐爲・祐長・祐榮、祐紀、不參、延通煩、・延豐穢、加任職・權預職闕、中臣氏、〔人脱〕祐定・延種、大中臣氏人、時久・經長・師勝・時昌・師信・（中西）時氏・（正眞院）經忠、
一、旬菓子山芋上・串柿次・枇杷次、
一、鹽引備進、干鮭〔代脱〕鰑、燒物鱧ノ鮓一ナミ牛、
一、豆腐ノ代竹子、蓮ノ代竹子、
一、朝御供ニフキ二坏備進曲事也、當時白瓜萬多之条、從明日白瓜ヲ可致備進通、出納ニ下知也、
一、燒物之事、鮎種〻致調法候、然共此中大雨故無御座候条、鮓ヲ代ニ可致備進由、兼日ニ出納及案内了、鹽鯛モ無之由也、
一、一乘院樣御葬送今日有之、火屋以下惣樣結構也、
　　奈良中其外田舍衆見物群集、無是非由也、
一、廿三日、悲母御忌日、學順房・專長房齋ニ來臨也、
一、權預職延勝死闕、祐定次第理運也、然共加任預去年五月祐員（辰市）闕、延倫（富田）可有轉任處ニ、至于今延

転任次第滞る
正預両職兼帯

引、依之次第轉任相滯、長者宣無到來、依之兩職兼帶之、從今日御神供調進申者也、御供米八

出納殿番を申付く

合舛ニ八斗六升貳合下行也、出納殿番ハ正預出(東地井祐範)納三郎右衛門・久助ニ申付了、兩職御神供正預

＊旬御供等備進

取之、

＊見參社司

南郷二﨟神殿守春磯死去

一、二﨟神殿守春磯死去、七十九、去年冬比ヨリ煩也、膈氣也、

一、新神殿守宗介(春久)爲祝儀鈴持參了、

一、二﨟職爲禮春朝子鈴持參、一禮也、卽躰者此中中風氣煩故不來、則予藥與之、少驗也、

地藏講

一、廿四日、地藏講、御經ニ把書寫之、

一乘院尊政御葬送
西大寺長老引導
東大寺興福寺諸寺諸山供奉

一、廿五日、一乘院樣御葬送、萬民群集、不及是非也、引導西大寺(大和國添下郡)長老也、東大寺・興福寺・諸寺諸山不殘供奉也、

闕高清連歌興行

一、廿八日、爲祈禱(闕)高清(才次郎)連歌興行、終日珍物馳走事盡了、

六月大

一日、天晴、旬・日並朝夕、音樂奏之、

一、白杖春賀三・御幣貞春四・散米春右五、

一、社司、祐範(東地井)・時家(中)・師治(西)・延實(富田)・延通(大東)・祐爲(新)・祐長(辰市)・祐榮(千鳥)、祐紀(千鳥)、不參、時廣(中東)當病、・延豐(上)輕服、權預・加任職闕、中臣氏人、祐定(今西)・延種(大東)、大中臣氏人、時久(中西)・經長(正眞院)・時昌(中東)・家綱(奥)・師信(向井)・時氏(中西)・時仍(奥)、

一、旬菓子楊桃上・山芋次・枇杷次、

一、鹽引備進、干鮭ノ代鰑、燒物鮎鮓十三備進之、

一、豆腐代白瓜、蓮ノ代昆布、

一、神主(中東時廣)不參之条、音樂催之事、南郷職事懃仕之、

一、下知云、朝御供ニ瓜ニ坏備進曲事也、從明日茄子可致備進旨也、

一、夕御供ニフキ一坏備進曲事也、是モ從明日不可叶通下知也、フキハ五月末ニモ不叶、勿論六月

ニハ一向不用者也、
一、高天木津屋兩種アワノヒラキ・カウノ物、・樽一荷送之、各於船戸屋賞翫之、毎度之音信奇特也、一段ノ吉酒也、
一、神殿守新補宗介春久補任、早朝卽躰來テ頂戴了、
一、三日、毎月秡於船戸屋沙汰之、頭役當職、酒肴有之、
一、六日、當番參懃、參籠者祐長、渡屋ニ籠了、
一、七日、祐父（東地井）御忌日、學順房・專長房齋ニ來臨也、
一、學順房嘉例之辨才天三木トテ、鈴一雙被持了、
一、正眞院（經長）殿如例年辨才天供物三木頂戴、依抑留晩マテ遊覽、御酒濟〻也、
一、九日、臨時四種備進、名主經長、
一、彌左衞門春朝ニ﨟職補任出之、任料一圓用捨了、則爲禮兩種白瓜十・ハマ（モ）二、・諸白一樽・赤飯一箱持參、祐長ヘ油煙、甚七以下ニハ扇遣之、今度中風煩出、予藥ヲ與之、本服了、

*旬御供等備進
高天木津屋酒肴を送る
*見參社司
春久を神殿守に新補
船戸屋にて毎月祈禱祓
嘉例辨才天
*旬餠曲事
春朝を神殿守二﨟に補任
*辰市祐長室著帶祝儀

一、十一日、旬・日並朝夕、音樂奏之、
一、白杖三春賀・御幣四貞春・散米五春右、
一、社司、時廣・祐範・時家・師治・延實・延通・祐爲・祐長、祐紀、不參、延豐輕服、・祐榮煩、加任職・權預職闕、中臣氏人、祐定、大中臣氏人、時重（中）・經長・師勝（西）・時昌・師信、
一、旬菓子楊桃上次・山芋次・桃、豆腐ノ代白瓜、蓮ノ代昆布、
一、鹽引備進、干鮭代鰑、燒物鮎鮓十三備進了、
一、旬餠以外柔ニテ備進難成躰也、度〻下知之處、陵爾之沙汰曲事也、重而於同前者臨期ニ別ニ熟調ヲ可申付、可致其覺悟由、雜仕ニ下知了、膳部衆ニモ如此之物躰不可有調進通、再三下知之處ニ、無其詮、以來於無沙汰者可被處科怠由、被申付者也、
一、十二日、吉日之条、御方（辰市祐長室）着帶之祝儀有之、大神（中東時）主殿（廣・時昌）父子・正眞院殿・今西（祐定）殿來臨、若神主殿（千鳥祐紀）ハ

*中時家千鳥祐紀上洛

喜多院空慶權別當御著任

*橫入御不審

寺務修南院光助

*旬御供等備進

社家交名持參

*見參社司

寺務權別當見參に祇候

加任預富田延倫新預今西祐定へ長者宣到來

上洛、藤德殿(千鳥祐榮)煩故無御出也、女房衆各申入了、從若大神主殿(中東時廣)ヨリ兩種ハモ・白瓜、・樽一荷被持了、從若神主殿樽一荷、正眞院殿兩種ハモ・白瓜、鈴一雙、今西殿鈴一雙、晩マテ振舞沙汰了、

一、十五日、喜多院(空慶)樣權別當ノ御禮ニ、兩種・樽一荷持參了、

一、寺務修南院(光助)殿・權別當喜多院殿見參、明日十六日ヨリ可被付由、兼日蒙仰了、社家者中日ニ祇候事先例也、其通申入了、交名之儀者方各別ニ記進事先規之条、其折節持參可申由返事、不依參不參、交名者書付進上申者也、

一、十一〔七〕日、中日、寺務・權別當見參ニ各祇候了、御一獻如例三獻也、臺公卿肴事〻敷ト云〻、予難去用所有テ不參也、

一、十八日、加任預延倫(富田)・新預祐定長者宣被相付了、立文、則返事沙汰之、加任預職去年五月以來延引、被申樣不相屆故如此也、今度權神主殿時家・若宮神主殿祐紀上洛ニテ相調了、京都之御糺明道理至極也、最前ニ從此方被申上樣一向之儀也、併先規以下無案內故也、最前ニ被申入者、橫入ノ樣ニ被申入故、御不審尤也、今度社家昇進次第先規之趣、具ニ被理申テ、關白樣(二條昭實)ニモ御意得由也、

一、廿一日、旬・日並朝夕三度、音樂奏之、

一、白杖二〻春朝・御幣春賀・散米春右、

一、社司、時廣・祐範・時家・師治・延實・延通・祐爲・祐長・祐榮、祐紀、不參、延豐輕服、・延倫未拜賀、・祐定同、中臣氏人、延種(大東)、大中臣氏人、時重・經長・師勝・時昌・師信、

一、旬菓子桃・アコタ瓜、今一種赤小豆切餅代ニ備進之、

一、鹽引備進、干鮭代鰑、燒物鮎鮓十三備進也、

一、豆腐ノ代白瓜、蓮ノ代昆布、

一、下知云、旬ボガヰ小ニテ盛物上ツリニテ、備進

難治也、幷カウタテ（紙立）是又聊爾之調進故、何モカタフイテ、備進難成式也、土器ヲモ善悪ヲ撰ヒ、カウタテモ結構ニ可仕通、出納・膳部ニ被加下知了、

一、廿三日、悲母御正忌日、學順房・専長房齋ニ無來臨、法花同音ニ他行也、

一、廿四日、地藏講、御經二把書寫了、

一、廿五日、一門様ヘ御禮ニ祗候了、兩種麵廿把・粽十把、・樽二荷持參了、左京入道殿（中沼元知）取合、御對面、御盃拜領了、十宮様（庶愛）也、九才、御容顏不及是非也、

一、晦日、從拜殿惣一殿（東地井祐範室）ヘ來ル茅輪ニ入了、

一、大神主殿ニテ鮎振舞アリ、松南院殿（勝）父子（琳順房・長順房）來臨也、

七月小

一、一日、旬・日並朝夕三度、音樂奏之、

一、白杖永淳二〻・御幣利尚三・散米守藤四〻、

一、時廣（中東）・祐範（東地井）・時家（中）・師治（西）・延實（富田）・延通（大東）・祐爲（新）・

地藏講

*旬御供聊爾

十宮御對面

拜殿より惣一へ茅輪來る

旬御供等備進

見參社司

*三十八所屋にて毎月祈禱祓

祐長（辰市）・祐榮（千鳥）、祐紀（千鳥）、不參、延豐（上）輕服、・延倫（富田）未拜賀、・祐定（今西）同、中臣氏人、延種（大東）、

大中臣氏人、時久（中西）・時重（中）・經長（正眞院）・師勝（西）・時昌（中東）・師信（向井）・時氏（中西）、

一、旬菓子桃・アコタ瓜、今一種ノ代赤小豆切餅、

一、豆腐（代脱）白瓜、蓮ノ代昆布、

一、鹽引代鮑、干鮭代鰑、焼物鮎鮓十三備進之、

一、旬カウタテ（紙立）聊爾ニ調進故、盛物備進難治之条、堅固ニ沙汰可申通、先段下知候處、今日猶以無正躰、依之御神供備進難儀也、來旬於同前者可被止出仕旨、膳部ニ下知了、

一、朝御供團子此比以外少分之沙汰曲事、以來結構ニ可致調通、雜仕下知了、

一、御神供以後八時分、嘉例節供祝儀夕飯沙汰了、大神主殿（中東時廣・時昌）父子・若神主殿（千鳥祐紀・祐榮）父子・正眞院殿（經長・經忠）父子・今西殿（祐定）、其外女房衆各御出也、

一、三日、於三十八所屋毎月祈禱アリ、頭役祐紀、

曉天索餅
*生見玉
*旬御供等備進
節供西殿庄代
神戸大庄小庄
*盛物紙立無沙汰
職人禰宜衆夕飯
*膳部の出仕を止む

取肴ニテ酒有之、
一、六日、當番參勤、參籠者祐長、渡屋ニ籠了、
一、曉天索餅役、兩惣官(中東時廣・東地井祐範)代時昌(中東時廣)神主代、氏人、・祐長(東地井祐範)正預代、社司、衣冠、
兩人迄也、
索餅支配、一二ノ御殿兩惣官・三祐長・四時昌
拜領也、
一、七日、祐父(東地井)御忌日、學順房・專長房齋ニ來臨也、
一、御節供如例、日並朝夕・四種西殿庄(大和國宇陀郡)節供代、名主神主方、六本立・神戸名主神主、七本立・大庄名主祐長、八本立・小庄同、一ノ御殿ハカリ、音樂奏之、
一、社司朔日同前、氏人、時久・時氏・延種不參、
一、社司祐長煩故、俄ニ不參了、
一、一ノ御殿日並朝夕樂所ヘ下行也、
一、神戸一二・大(×小)庄三四・四種西殿庄五六拜領也、
一、御神供以後、如例職人禰宜衆夕飯ニ來了、社中ハ富田殿(延實)・正眞院殿父子迄也、奥殿(家綱)ハ此中煩故、社參モ無之也、
一、若根一圓無之、方〻苦勞、節供大庄・小庄同前、

然者方〻致調法相調之由、六日ニ注進了、今日何モ備進、見事也、珍重〻〻、
一、十日、正眞院殿(經長)嘉例生見玉振舞、夕飯八時分種〻、晩迄馳走也、
一、十一日、旬・日並朝夕三度、音樂奏之、
一、白杖二永淳・御幣利尚・散米五德仲、
一、社司去七日同前、中臣氏人、延種、
大中臣氏人、時重・經長・師勝・時昌・家綱(奥)・
師信、
一、旬菓子桃上・アコタ瓜、今一種赤小豆ᄋ切餠、
一、豆腐代白瓜、若根備進之、
一、鹽引代鮑、干鮭代鰑、燒物鮎鮓十三備進了、
一、評定云、先段被仰付候旬盛物カウタケ(テ)無沙汰故、備進每度難儀之条、結構ニ致調進、御神供無爲可然通下知之處、今日同前之沙汰、曲事次第也、度〻下知不致承引義、太以緩怠之条、膳部被止出仕了、幷旬餠一段柔カニテ、是又備進難成躰

也、重而於同前者、臨期ニ成共可改直由、能々可致覺悟旨雜仕ニ下知了、膳部モ如此之物躰請取於調進躰者、可有成敗由、同下知了、

一、南市甚藏ト云仁於社頭禰宜衆ヘ酒盛、南門ノ東ノ脇ニテ沙汰之、毎度也、社中ヘモ兩種アミ物・カウノ物・樽一荷送之、於渡屋各參會也、

一、當家嘉例生見玉沙汰了、八時分ヨリ參會、夕飯、後段迄有之、今西殿・中東殿（時廣・時昌）父子・若神主殿父子・正眞院殿父子・形（刑）部少輔殿（西師勝）・向井殿（師信）（・今西殿、）奥殿者無來臨之条、膳・鈴一雙送之、奥殿者此中若（千鳥祐紀）神主殿・正眞院殿（經長）ト不和之子細有テ參會無之、若神主殿・正眞院殿・今西殿女房衆各御來臨也、

一、十四日、嘉例振舞、大神主殿（中東時廣）御出也、以外風雨也、晩ニ止了、

一、十五日、御節供、日並朝夕・節供六本立乙木庄（大和國山邊郡）名主正預、音樂無之、

一、社司十一日同前、但祐榮不參、中臣氏人不參也、

大中臣氏人、時重・經長・師勝・時昌・師信、

一、大神主殿嘉例之振舞、夕飯有之、

一、十八日、月次、祐長頭役、鮎木津（山城國相樂郡）ヨリ召寄振舞有之、

一、廿日、大神主殿母儀七年忌追善有之、日中飯ニ參了、

一、廿一日、旬・日並朝夕三度、音樂奏之、

一、白杖二永淳・御幣三利尙・散米五德仲、

一、社司、時廣・祐範・時家・延實・延通・祐爲・祐榮、祐紀、

不參、延豐輕服・師治他行・祐長煩、・延倫未拜賀・祐定同、中臣氏人不參、

大中臣上氏人次、時重・經長・師勝・時昌・師信、

一、菓子山芋・桃、今一種ノ代赤小豆切餅、

一、鹽引代鮑、干鮭ノ代鰑、燒物鮎鮓十一備進了、

一、先度高立（紙立）之儀ニ被止出仕膳部、依侘事免除了、

一、廿二日、下臈分衆山廻リ有之、子細者、當山中狩

*月次連歌頭役辰市祐長

*南市甚藏酒肴を送る

*中東時廣母七年忌

*旬御供等備進

*見參社司

節供乙木庄

*膳部免除

*下臈分衆山廻り

*當山中狩人幷山木盜伐防禦

社中若衆神人町人山廻り
＊見參社司
地藏講
月次連歌頭役辰市祐長
＊職人禰宜衆祝儀
＊下女前垂を井戸へ落す
旬御供等備進

人幷山木盗材(伐)之事、此比以外故爲防禦也、社中若衆皆〻被出了、三方神人等同前也、町人ハ一町ヨリ五人ツヽ、出之、春日山被廻之、乍去何事モ無之、無届之沙汰也、人數ハ三千人可有之ト云〻、弓・鑓・太刀・鐵炮以下思〻帶之、

一、廿三日、從下﨟分仕丁二人使トシテ、昨日ハ社中各〻御出、近比之御神奉公也、於寺門一段祝着申候、以來モ猶以御我執尤之由也、

一、祐父(東地井)御忌日、學順房・專長房齋ニ來臨了、

一、廿四日、地藏講、御經一把書寫之、

一、廿五日、月次連歌、祐長頭役、町衆モアリ、勝(琳)南院(順房)殿始而出座也、

一、廿六日、春長房・西坊如例齋ニ來臨也、

八月大

一、一日、旬・日並朝夕三度、音樂奏之、

一、白杖(二〻)春朝・御幣(三)春賀・散米貞春、

一、社司、時廣(中東)・祐範(東地井)・時家(中)・師治(西)・延實(富田)・延通(大東)・祐爲(新)・祐長(辰市)・祐紀(千鳥)、不參、延豐(上)輕服、・祐榮(千鳥)煩、・延倫(富田)未拜賀、・祐定(今西)同、中臣氏人、延種(大東)、大中臣氏人、時重(中)・經長(正眞院)・師勝(西)・時昌(中東)・家綱(奥)・師信(向井)、

一、旬菓子柿(上)・桃(次)、今一種ノ代赤小豆切餠、

一、豆腐ノ代白瓜、若根備進之、

一、鹽引ノ代鮑、干鮭ノ代鰑、燒物鮎鮓十一備進了、

一、柿麁品兼日案内也、常ヨリモ加增シテ備進了、

一、末社司三人不參之条、若宮ヘ不渡、則以兩常住(大宮金市)(代・梅木春房)牒送了、

一、如嘉例、職人禰宜五六人來了、鮓ニテ酒給之、

一、六日、當番參社了、參籠者祐長、渡屋ニ參籠了、

一、七日、祐父(東地井)御忌日、學順房・專長房齋ニ來臨也、

一、俄ニ火ヲ替了、子細者、去七月盆之比、下女前垂ヲ井ヘ落入、只今申故也、火ヲ替髮洗了、祐長モ予モ參籠不成故、經長雇之畢、

一、八日、井水替之、從今夜祐長參籠了、
一、九日、十日、當番神役參懃也、
雨下、
一、十一日、旬・日並朝夕三度、音樂奏之、
一、白杖〔三〕春賀・御幣〔四〕貞春・散米〔六〕春久、
一、社司、時廣・祐範・時家・延豐・師治・延實・
延通・祐爲・祐長、祐紀、不參、祐榮煩、・延
倫未拜賀、・祐定同、中臣氏人不參、
大中臣氏人、時重・經長・師勝・時昌・師信、
一、旬菓子柹、殘二種ノ代赤白切餅備進、梨子ハ當
年一圓無流布、桃ハ時分過テ可然物躰無之由、
兼日出納及案内了、
一、蓮・若根備進了、
一、鹽引ノ代鮑、干鮭代鯣、燒物鮎鮓十一備進之、
一、末ノ社司三人不參之条、若宮へ不渡、則以常住
牒送了、
一、以外風雨候故、樓門着座不成故、東御廊ニ出仕、
布障子ヲ開テ出入了、祝詞ハ如例樓門ノ鳥井東

井水を替ふ
*奥坊にて月次連歌
旬御供等備進
*彼岸講
見參社司
*月次連歌頭役祐範
*旬御供等備進
*見參社司
風雨故東御廊に出仕
布障子
*樂所松明遲々を申來る

ノ方ニテ懃仕之、神人沓如例直之、
一、十五日、月次連哥於奥坊(新藥師寺)有之、頭役宣右、
一、十七日、中日、彼岸講、於新館(祐爲)有之、予・祐長
不出仕也、
一、十八日、月次、頭役沙汰之、社中衆迄也、
一、廿一日、旬・日並朝夕、寺門下行無沙汰故、從
酉下剋備進之、
白杖〔二ヽ〕春朝・御幣(マヽ)　・散米、(マヽ)
一、社司、時廣・祐範・時家・延豐・師治・延實・
延通・祐爲・祐長・祐榮、祐紀、不參、延倫・
祐定、兩人未拜賀、中臣氏人、延種(大東)、
大中臣氏人、時重・經長・師勝・時昌・家綱・
師信、
一、旬菓子柹〔上〕・〔次〕柘榴、今一種ノ代赤小豆切餅、
一、鹽引ノ代鮑、干鮭代鯣、燒物鮎鮓十一備進之、
一、豆腐・蓮備進之、
一、及晩故、從樂所松明之事申來、則以常住出納ニ

神殿守一人參勤
＊地藏講
＊正眞院經長辰市祐長江戸下向
次座二人所役勤仕
＊御代替御禮
一臈隨意は曲事
誓紙を求む
＊入目惣官馳走
新補春右神役闕如曲事
＊出立飯

下知之處、以之外遲〻故音樂不吹之、漸〻燃之テ音樂奏之、

一、早〻職事來テ云、今日神殿守只一人之由注進、其子細者、一臈春兄老足、行歩難成トテ不參、二臈春朝參懃、三臈春賀觸穢、四臈貞春毎日瘧病、五臈春右勸進能トテ他行、六臈春久遠忌、然間一臈可致參懃由以職事雖申付、行歩難堪非私曲由、達而致難澁故、不及了簡、次座二人召上テ所役懃仕之、神殿守三人無クテハ不叶事先規也、只一人參懃之段新儀、先代未聞也、

一、評定云、神殿守中現病以下者不及叮簡、一臈ハ隨意ニ他行仕由也、去朔日ニモ社參、然共神役ニハ不相隨曲事也、所詮於無私曲者、誓紙ヲ致沙汰正預(東地井祐範)迄可上之、幷春右者神殿守ニ昇進仕テ、致遠他行、御神役闕如一段曲事也、重而致隨意社役於闕如者、堅可被加成敗也、所詮恣之所行ナラハ、神殿守職改易シテ、次座ヲ可有昇進之条、可致其覺悟通堅以下知了、惣別南北共ニ神役無無沙汰參懃可仕旨、同下知了、

一、廿三日、悲母御忌日、專長房齋ニ來臨也、學順房他行、

一、廿四日、地藏講、御經一把書寫了、

一、廿五日、大神主殿(中東時廣)夕飯、正眞院殿(經長)・左馬助(辰市祐長)へ餞也、

一、廿六日、正眞院・左馬助江戸へ下向、御代替御禮諸寺諸社有之、當社之御禮無之者不可然由、喜多院(空慶)樣度〻雖被仰聞、入目難調故、罷越事難成通申候へ共、是非此度御禮可然由御意見也、於如此者兔角不及申、內〻惣樣へモ談合之處ニ、御才覺尤也、先當分入目爲惣官馳走賴入、以來隨分念ヲ入可有返辨由被申候条、兩惣官(中東時廣・東地井祐範)中合相調了、前〻モ度〻馳走モ被捨置故、引替モ不成通申故也、先相調珍重也、廿六日早天、發足、出立飯若神主殿(千鳥祐紀)振舞也、各賀茂(山城國相樂郡)迄送也、其外出

鈴鹿關

寺門五師衆と平の寺僧申事

*神殿守一﨟神役闕如につき侘事

徳川秀忠へ訴訟

船戸屋にて毎月祈禱祓

旬御供等備進

*氷室祭につき樂所幕を貸す

見參社司

納衆等酒迗沙汰也、今日者伊賀上野(伊賀國阿拜郡)ニ一宿、明日者鈴鹿關(伊勢國鈴鹿郡)迄也、喜院様(喜多院空慶)ハ従京都御越、關ニテ可被待合由也、□度寺門五師衆ト平之寺僧ト申事出來、其故者、五師中餘ニ恣之仕合、過分之知行ヲ取納テ、御神供日〻及違亂、寺社之修造モ被捨置段、不謂子細ヲ將軍様(徳川秀忠)ヘ訴訟也、依之五師モ去廿三日ニ江戸ヘ下向、其外寺僧追〻被罷越者也、笑止千萬、時刻如何ト機遣也、

一、廿八日、毎月祈禱、於船戸屋有之、頭役一時家・二延豊、取肴ニテ酒アリ、

九月小

天晴、

一、一日、旬・日並朝夕三度、音樂奏之、

一、白杖永伊(一〻)・御幣永淳(二〻)・散米利尚(三〻)、

一、社司、時廣(中東)・祐範(東地井)・時家(中)・延豊(上)・師治(西)・延實(富田)・延通(大東)・祐榮(千鳥)、祐紀(千鳥)、不參、祐爲(新)當病、・祐長(辰市)東國下向、・延倫(富田)未拜賀、・祐定(今西)同、中臣氏人、延種(大東)、

大中臣氏人、時重(中)・時昌(中東)・家綱(奥)・師信(向井)・時氏(中西)・經忠(正眞院)、

一、□(旬)菓子上柿・次柘榴、今一種代赤小豆切餅、

一、鹽引代鮑、干鮭代鯣、焼物鮎鮓十三備進之、

一、權神主時家披露云、去旬御下知候南郷神殿守一﨟不參曲事也、但行歩一圓不叶者其通以誓紙可申理旨下知也、雖然誓紙之段致迷惑、向後者社役隨分不可致闕如、誓紙之事被成御免テ可被下通也、以來神役ニ可致參懃於侘事者、先以可被遠慮旨也、惣別以常住樓門ヘ可致披露儀勿論也、權神主披露口モ不謂、先規如何、及評定、取合之助言ハ何モ可有之儀也、不可然次第也、

一、從樂所以寺侍申云、今日氷室御神事也、舞樂致懃仕間之儀、神前幕可致借用由也、神事之義不可有相違通返事也、則許可畢、

一、如嘉例爲祝義、夕飯振舞沙汰了、來儀之衆每度同前也、

關東下向祈禱

一、五日、正眞院（經長）・左馬助（辰市祐長）關東下向祈禱トテ、千座秡幷九米ニ持來、洗米・三木トテ鈴一雙古酒持參、使彌左衞門（南鄕）・修理（同）・左近左衞門（北鄕）也、則三木頂戴了、人數書五十餘也、於御供所沙汰之ト云々、

一、六日、當番參懃、舟戸屋ニ參籠了、副役師信雇申者也、

一、七日、祐父（東地井）御忌日、奥坊（新藥師寺）・學順房・專長房齋ニ來臨也、

節供小柳生庄三橋庄西殿庄

*職人禰宜衆夕飯

一、九日、御節供、日並朝夕・神戸六本立小柳生（大和國添上郡）、名主・神主（中東時廣）、・三橋（大和國添上郡）六本立名主・兩物官（中東時廣・東地井祐範）、・西殿庄六本立（大和國宇陀郡）名主神主方、音樂奏之、二ノ御殿日並朝夕樂所へ下行、

*旬御供等備進

一、社司去朔日、中臣氏人同前、大中臣氏人、時重・時昌・家綱・師信、

*瘣煩

一、支配、神戸一二・三橋三四・西殿庄五六、吐田庄（大和國葛上郡）ハ延引也、

三橋節供曲事

一、三橋餅以外麁品ニ沙汰、毎如此曲事之通度々下知候處、今日猶以麁品ニ沙汰故、出納持來テ理ヲ申之、於麁品者不可請取由、兼而出納ニ下知候間、度々申驚了、當日ニモ早々可渡通再三申遣候へ共、臨期ニ渡置可爲如何之由言上了、聊爾ニ用意メ及申事者難儀故、如此臨期ニ相渡雜仕所行限沙汰也、則兩職事屋へ召寄及度々下知候處、恣之所行曲事不及是非、於來年者於社中一角可有覺悟、其旨可存置通、雜仕ニ以職事申付了、

一、御神供已後、如例職人禰宜衆ニ夕飯ニ來了、社中、藤賀殿（正眞院經忠）・富田殿（延實）・奥殿（家綱）來臨也、

一、十日、如例於神主殿日中飯、惣社參會也、

一、十一日、旬・日並朝夕、音樂奏之、

一、社司氏人九日同前、

一、御神供役退出已後、瘣煩出了、從日中以後初夜時迄煩了、

十五日迄毎日發了、十六日影計也、十七日落了、

恆例祓
*毎月祓
旬御供等備進
*旬御供等備進
見參社司
*亥ノ子餅
*辰市祐長江戸より歸る

一、十六日、恆例秡、不參了、頭役末氏人沙汰也、
時昌・家綱・師信、
一、廿一日、旬、所勞故不參了、
一、廿五日、(高清)關才次郎興行連歌ニモ不出了、
一、廿九日、關才次郎爲見舞古酒兩樽、懇志也、

十月大

一、一日、旬・日並朝夕、音樂奏之、
一、白杖一ゝ春兄・御幣二ゝ春朝・散米三ゝ春賀、
一、社司、(中東)時廣・(東地井)祐範・(中)時家・(上)延豐・(西)師治・(富田)延實・(大東)延通・(新)祐爲・(千鳥)祐榮、(千鳥)祐紀、不參、(辰市)祐長江戸下向、・(富田)延倫未拜賀、・(今西)祐定同、中臣氏人、(大東)延種、
大中臣氏人、(中西)時久・(中)時重・(中東)時昌・(奥)家綱・(向井)師信、
一、旬菓子上柿・次柘榴、今一種赤小豆切餅ヲ代、
一、鹽引代鮑、干鮭備進、燒物鹽鯛一備進之、
一、蓮ノ代昆布、蓮種ゝ雖致調法無之由、兼日出納
注進了、

一、朝御供燒物以外麁品也、從明日結構ニ可仕通下
知了、
一、三日、毎月秡アリ、頭役三四、依所勞不參了、
一、六日、當番參懃了、副役氏人師信雇申者也、
當參籠時昌沙汰之、遮而御心付也、愚所勞故也、
一、七日、(東地井祐父)父老御忌日、學順房・專長房齋ニ來臨也、
一、八日、九日、十日、神役懃仕之、
一、十一日、旬・日並朝夕三度、音樂奏之、
一、白杖二春朝・御幣三春賀・散米春右、
一、社司氏人去朔日同前、
一、旬菓子上柿・次柘榴、今一種赤小豆切餅代ニ備進之、
一、鹽引代鮑、干鮭備進、燒物鹽鯛一、
一、評定云、旬御汁ノ魚三切黑ク色損シタル備進曲
事也、重而不可叶由下知了、
一、鹽引代鮑無盡期調進不謂、以來不可叶通下知了、
一、十四日、亥ノ子餅沙汰之、
一、十六日、(辰市祐長)左馬助從江戸歸了、予煩以外ニテ大略

高安重政祐範煩を演說

*樂所羯鼓撥調進を學侶へ訴ふ

寺門公事訴訟

正眞院經長西師勝江戸より歸宅

酒井忠世馳走

旬御供等備進

*地藏講

*禪舜房十七年忌

見參社司

*旬御供等備進

*見參社司

可及大事由、高安猿樂(重政)下向シテ演說故、驚テ罷上通也、少癒氣指出ヲ事〻敷申聞了、正眞院(經長)・刑部(西師勝)少輔ハ御暇出サルニ依テ跡ニ被殘了、

一、寺門公事モ無一途無用ノ及訴詔、雙方難儀也、

一、廿日、正眞院殿・形(刑)部少輔殿歸宅了、去廿六日ニ御暇出了、銀子拾枚ツヽ、拜領、左馬助マテ被下了、酒井雅樂頭(忠世)殿御馳走共也、

一、廿一日、旬・日並朝夕三度、音樂奏之、

一、白杖(二)春朝・御幣(三)春賀・散米(六)春久、

一、社司、時廣・祐範・時家・延豐・師治・延實・延通・祐爲・祐長・祐榮、祐紀、不參、延倫未拜賀、・祐定同、中臣氏人不參、

大中臣氏人、時重・經長(正眞院)・師勝(西)・時昌・家綱・師信・時氏(中西)、

一、旬菓子柿(上)・柘榴(次)、今一種赤小豆切餅代ニ備進之、

一、蓮ノ代昆布備進、

一、鹽引・干鮭、燒物鹽鯛一備進之、

一、下知云、干鯛盛物以外麁品也、幷檜葉ノ鮑何モ聊爾ニ調進曲事也、以來於同前者可有科怠旨也、

一、從(×葉)樂所羯鼓ノ撥以外損シ無正躰間、來旬以前可有調進由、學侶へ被仰屆、可然由也、則持來了、折タルヲツキタル躰也、

一、廿三日、悲母御忌日、學順房・專長房齋ニ來臨也、

一、廿四日、地藏講、御經一把書寫之、

一、廿五日、禪舜房法印權大都(僧脱)十七年忌、奧坊(新藥師寺)雇中、羅漢供沙汰之、出家衆四五人齋沙汰之、聊布施遣之、兄弟皆他界、一人殘世、哀〻〻、

十一月大

一、一日、旬・日並朝夕三度、音樂奏之、

一、白杖(二)永淳・御幣利尙・散米守藤、

一、社司、時廣(中東)・祐範(東地井)・時家(中)・延豐(上)・師治(西)・延實(富田)・延通(大東)・祐爲(新)・祐長(辰市)・祐榮(千鳥)、祐紀(千鳥)、不參、延倫(富田)未

*舞曲狂言

拜賀、・祐定(今西)同、中臣氏人、延種(大東)、
大中臣氏人、時久(中西)・時重(中)・經長(正眞院)・師勝(西)・時昌(中東)・
家綱(奥)・時氏(中西)、
一、旬菓子上柿次・柘榴、今一種ノ代赤小豆切餠、
一、鹽引・干鮭備進、燒物鹽鯛一、
一、蓮ノ代昆布、

*新預今西祐定拜賀を遂ぐ船戸屋にて毎月祈禱祓

一、三日、於船戸屋毎月祈禱アリ、頭役五延通・六
祐爲、取肴ニテ酒有之、
一、六日、當番參懃、參籠ハ祐長渡屋ニ籠了、

千鳥祐榮元服

一、若宮(千鳥祐紀)神主殿子息祐榮(千鳥)元服、御供已前沙汰之、加
冠ノ事從前日承候条、大神主殿(中東時廣)幸祖父之儀也、
可然由達而理申候へ共、當方之儀是非可懃仕通

加冠祐範

再三被仰条、同心也、其式無異儀、從是兩種
豆腐十丁・鯛一懸、・諸白兩樽持參了、三獻之祝義、珍重
々々、聽而預返禮、兩種コフ・鯛、・樽一荷・杉原一

*加任預富田延倫拜賀を遂ぐ

束被持了、日中飯惣社へ振舞也、終日種々馳走、
結構之肴以下事盡了、日中以後ヨリ亂舞、金剛

次郎大夫(交野)・金春彌太郎(大藏虎時)來テ舞曲・狂言數返也、
其外禰宜藝能衆其興ヲ盡了、
一、七日、昨日爲返禮、祐榮へ引合十帖送之、自他
無用之機遣不可然通申定故也、
一、祐父(東地井)御忌日、學順房・專長房齋ニ來臨了、
一、八日、今西新預祐定量形、被遂拜賀、從卅八所
屋出立了、御幣役三﨟神殿守春賀、大宮祝師神
主時廣、若宮神主祐紀、御幣役氏人時重、沓役イケヽ(藺下下)也、
青侍、行列役祐長、一獻三度如例、其外饅頭引
之、臺公卿肴美麗也、從是兩種・樽一荷遣之、
腰指一圓用捨了、
一、九日、今西殿拜賀成就爲禮樽一荷被持、若神主(千鳥祐紀)
殿同道也、後宴トテ振舞有之、予用所故不參、
膳被送之、
一、十日、加任預延倫拜賀被遂之、從三十八所屋出
立之、其式如例、三獻、タウフ・雜煮餠・鯛、

美麗肴濟〻也、従是兩種・樽一荷遣之、順祿一圓用捨了、晩ニ拜賀無爲祝着トテ禮ニ御出也、
一樽・タウフ五丁被持也、向井殿(師信)同道也、
一、十一日、大雨風故不參了、神前之儀不記之、

巳祓

一、十四日、巳秡、祐長爲代官沙汰之、予不參也、

午日御酒

一、十五日、冬至、午ノ日御酒、祐長參懃了、

春日祭上卿日野資勝

一、十七日、申、上卿日野大納言殿資勝御參向、御宿大東(延通)也、
一、祭無爲執行、天氣快然也、
一、上役依故障不懃仕、權官一﨟神宮預延豐沙汰之、精進料從兩惣官(中東時廣・東地井祐範)十合貳斗宛遣之、先規也、

旬御供等備進

一、廿一日、雨下、旬・日並朝夕三度、音樂奏之、
一、白杖永淳・御幣利尙・散米守藤、

見參社司

一、社司、時廣・祐範・時家・延豐・延實・延通・祐爲・祐長・祐榮、祐紀、不參、師治遠忌、・延倫・祐定、中臣氏人不參、大中臣氏人、時重・經長・師勝・時昌・家綱・師(向井)信、
一、旬菓子山芋上・柿次・柘榴次、
一、蓮ノ代昆布、
一、鹽引・干鮭備進、燒物鹽鯛一備進之、
一、依雨下神前笠役北郷職事沙汰之、笠者從神主出(中東時廣)之、何モ先規也、

*南郷才次郎免除

*誓紙にて侘事

一、去旬ニ對神主殿緩怠之子細有之故、南郷才次郎被止出仕、然共祭禮近〻間、達而致懇望候条、免除了、以誓紙侘事申ト云〻、
一、廿三日、悲母御忌日、專長房齋ニ來臨、學順房ハ他行也、

*田樂頭屋惣珠院酒肴を送る

一、廿五日、田樂頭屋從惣珠院惣社へ赤飯・豆腐・コンニヤク・酒被遣之、於奥館(家綱)各參會、賞翫之、

*祭酒

一、野田ノ三郎右衞門祭酒トテ鈴一雙持參、則數返酒宴也、例年如此也、

*夜宮御神幸

一、廿六日、夜宮、曉天、御神幸無事、天氣快然候、老足故不致供奉也、

渡物
御供の糁
*内陣道具
田樂御幣支配
金春座後日能三番
忍辱山智恩院炎上
忍辱山西坊死去
*旬例の如し
眞言衆法流斷絶
清浄僧
*大雨風船戸屋等破損
旅殿を壊つ
職人衆人足を出す
*船戸屋にて毎月祈禱祓

一、廿七日、渡物以下一切無申事、無爲ニ遂行、天氣一段晴天、珍重〻〻、

一、廿八日、於若宮神主殿嘉例御供ノ糁《コナカキ》アリ、御酒濟〻也、

一、田樂御幣八本支配、金ノ御幣二本兩惣官一本宛、銀二本若宮神主、權神主(中時家)一本宛、相殘七﨟迄一本宛拜領之、八九十ヘハ三綱ノ御幣一本宛給之、若宮神主館ニテ支配之、連日天氣、吉兆〻〻、

一、後日能三番沙汰之、金春座計ト云〻、

一、廿七日、巳刻、忍辱山(大和國添上郡)智恩院炎上、久敷寺、惜哉、

一、廿八日、忍辱山西坊死去、眞言衆法流斷絶歟、於彼寺清浄僧只一人、彌〻不可有法度、年來知音、驚入次第、但七十餘ト云〻、

一、廿九日、旅殿壞之、人足職人衆出之、殿番二人・庭主典一人・膳一人・紀伊社宮司一人・榎本一人・水屋一人・南郷常住(梅木春房)一人・酒殿一人・雑司一人近年一人出之、不謂義也、・職事一人近年自身出テ奉公了、從當職下行、日並御供一殿・酒三升、此外無之、

一、内陣ノ道具若宮神主給之、スチカイノ木以下十七本ト舊記アリ、近年不定歟、諸事陵爾成故也、□屋根松葉雑司へ下行、年頭節供之薪也、依之別ニ無下行也、□(旅)殿ノ廻柴垣ハ木守給之ト云〻、□馬ノ埒中門ノ間ノ柴ノ戸雑司へ下行、但是者國替以來斷絶云〻、

十二月小

一、一日、旬如例、大雨風故不參之条、神前之式不記之、以外大風ニテ、人〻舍宅破損了、船戸屋中門屋根吹破了、其外築地ノ覆板垣破損了、先如形修之、社頭物樣之事無異儀也、諸屋何モ不依大小損了、

一、三日、毎月祈禱秡於船戸有之、頭役七祐長(辰市)・八

辰市祐長女子誕生
産所若宮神主別屋
*拝殿清明免除
*煤拂
*先祖追善
旬御供等備進
見參社司
*大炊煤拂
*辰市祐長檀那衆御禮に上洛

祐榮(千鳥)、取肴・酒有之、
一、今日、丑剋、御方(辰市祐長室)産平安、女子誕生、親子共ニ息災也、珍重〻〻、
一、産所者若宮神主(千鳥祐紀)殿別屋也、依嘉例彼所借用也、大小之雜事盡〻從此方申付了、
一、六日、當番參懃、參籠者祐長沙汰之、渡屋ニ籠了、
一、七日、祐父(東地井)御忌日、學順房他行、專長房煩ニテ無來臨也、曉天雪降了、
一、八日、九日、十日、當番參懃了、
一、少雨下、十一日、旬・日並朝夕、音樂奏之、
一、白杖二春朝・御幣三春賀・散米五春右、
一、社司、時廣(中東)・祐範(東地井)・時家(中)・延豐(上)・師治(西)・延通(大東)・祐爲(新)・祐長・祐榮・祐定(今西)、祐紀(千鳥)、不參、延實(富田)・延倫(富田)、中臣氏人不參、
大中臣氏人、時久(中西)・時重(中)・經長(正眞院)・師勝(西)・時昌(中東)・家綱(奧)・師信(向井)、

一、□□(一、旬)菓子山芋上・串柿次・柘榴次、
□□(一、鹽)引・干鮭備進、燒物鹽鯛一備進之、
一、蓮ノ代昆布備進了、
一、若宮五郎左衞門(拝殿清明)權神主(中時家)ニ對メ慮外有之故、去朔日被止出仕、依懇望免除也、子細、致無禮背法度故ト云〻、
一、十三日、當家煤拂、如例年也、
一、十五日、如例年先祖爲追善法花同音、出家衆八人、羅漢供沙汰之、辰巳坊(白毫寺)・同御小僧申入了、
御齋中飯、御出衆、大神主(中東時廣)殿・正眞院(經長・經忠)殿父子・藤德殿(千鳥祐榮)・今西殿(祐定)、若神主(千鳥祐紀)殿ハ他行、奧殿(家綱)へハ膳送之、
若神主殿・正眞院殿・今西殿御女房衆モ申入了、
一、同日、大炊煤拂、下行、朝御供一膳、酒直五四十八文ノ代十合九升六合下行也、夕御供者此方へ取之、
大神主殿下行同前也、
一、十六日、祐長上洛、御壇(檀)那衆へ爲御禮也、二條(昭實)

九條忠榮御許容なし

*年頭八ケ日神供につき下知旬御供等備進

*年頭下行

見參社司

*大宮神主館社司集會

*雜仕歲末

煤拂

*樂所疊薄緣

*神前替物

樣・一條樣(兼遐)、九條樣(忠榮)者此中無御許容、子細不知也、種〻御理雖申上、于今無御同心也、

一、少雨下、廿一日、旬・日並朝夕三度、音樂奏之、白杖春朝二・御幣春賀三・散米春右五、

一、社司、祐範・時家・延豐・師治・延通・祐爲・祐長・祐榮、祐紀、不參、時廣・延實・延倫・祐定、中臣氏人不參、大中臣氏人、時重・經長・師勝・時昌・家綱・師信、

一、旬菓子上山芋・次串柿、今一種赤小豆切餠代ニ備進之、

一、蓮ノ代昆布、

一、鹽引・干鮭備進、燒物鹽鯛一備進了、

〔一、〕□□□煤拂、如例氏人沙汰之、

〔一、旬〕□□幷朝夕之御飯以外見苦調進、惡米之故歟、從明日如此之沙汰不可叶、結構ニ可致沙汰由、雜司ニ下知了、

一、年頭八ケ日御神供無越度樣可致調進旨、出納・膳部幷兩惣官(中東時廣・東地井祐範)出納何ヘモ下知了、神殿守幷手知代以下不可有遲參通、同下知了、

一、廿二日、年頭下行、出納幷雜仕諸下行相濟了、

一、廿三日、悲母御忌日、學順房・專長房齋ニ來臨了、

覺情上人御正忌日、奧坊(新藥師寺)齋ニ申入了、

一、當家餠用意、廿三曉天ヨリ廿四日午剋過マテ沙汰之、大雪降了、

一、廿三日、於神主館(中東時廣)社司集會有之、年頭御神供如例年也、豆腐スイ物ニテ酒アリ、

一、廿六日、雜仕歲末、圓鏡二面・酒六舛二瓶、如例使ニ十文給之、左馬助(辰市祐長)圓鏡一面、酒無之ト云〻、

一、廿七日、樂所疊紫緣一帖・白緣薄二帖用意之、差賃八十文ノ代米十合一斗六升下行也、

一、廿八日、神前御灯呂綱絹紫、一丈三尺五寸三ワ

リニシテ、若宮御分マテ沙汰之、中部ノ布四丈五寸若宮迄也、張絹生絹四尺五寸・フノリ一帖・杉原十三枚、南鄉常住（梅木春房）ニ渡了、宿へ請ニ來者也、御廊障子爲修覆紙遣之、

一、樂所疊・薄縁等新調ニ取替テ、古物宿直人參籠所へ持來之、

鍛冶歳末

一、鍛冶歳末、鐵輪一・火箸二箭宿直人ニ持セテ南鄉常住參籠へ付之、大晦ノ晩也、

神前古物支配

（一）□若宮御灯呂綱古物幷中部布御棚拭ホト切テ、相殘參籠所へ持參也、南鄉常住役也、大宮分御灯呂綱・中部布共古物常住拜領也、

歳暮

一、廿八日、歳暮トシテ圓鏡一面・一瓶持參、酒給之、

年頭神供油下行

一、年頭御神供方油九升長合、出納ニ下行相濟了、二日・（三）日所々灯明油長合ニ一升下行了、大晦・一日ハ從神主下行也、

（辰市祐寛筆識語）
「右舊記者正預三位祐範（東地井）卿御日並也、正眞院家藏之處、申請、如斯表紙附之、尤元和貳年之記也、
于時享保十六年四月廿日
正五位■（下）中臣連祐（辰市祐寛）（花押）」

（押紙・異筆）
「中臣連祐範──祐長（辰市）
祐言（東地井）──祐用（辰市）──祐義（辰市）
祐範職、正預、位、從三位、
正預從三位中臣連祐範生質有德仁、於今ニ一社之龜鑑ニ仕ル、
元和九年閏八月朔日卒去、八拾貳歲、
當年百ケ年ニ當ル、
喜多院空實ヨリ古今傳受之仁躰也、
祐用（辰市）兼而存生之內ゟ里村家へ御發句を乞、連哥興行有之之由、所存候處、去々年不幸ニ死去、其意を繼候て、
此度祐義御發句願入候、宜御前書被成被下樣御

願頼入候、」

*年頭書上

（改装表紙は略す）
（轉寫本表紙）

元和三丁巳年正預祐範（東地井）記寫

（縦二七・五糎、横一九・六糎）

（原表紙寫）

〔白散〕□□神主拜領之年也、着到紙調進、（中東時廣）神主方也、

元和□□三年丁巳記

□事當職番也、

正預從三位祐範（東地井）（花押影）七□□□（十六歳）

〔長者殿下二條〕□□□□□□殿昭《アキ》｜《實》公　南曹　竹屋殿（光長）廣橋殿息（總光）
〔寺務修南院〕□□□□□權僧正 □也、光助　權別當　喜多院殿權僧正空慶
〔窪轉經院〕□□□□□〔延〕宗房　三學院顯實房
明王院尊識房　〔妙德院〕□□□堯恩房
摩尼珠院賢勝房
兩惣官
神主從三位時廣（中東）　正預從三位祐範（東地井）　若宮神主祐紀（千鳥）
權官
權神主時家（中）　神宮預延豐（上）
新權神主師治（西）　權預延實（富田）
〔次〕□預延通（大東）　權預祐爲（新）
權預祐長（辰市）　權預祐榮（千鳥）
〔加任預延〕□□□□倫（富田）　新預祐定（今西）
〔中〕□臣氏人
〔延種〕□□　延高（上）延豐子也、實者時久（中西）子息也、爲養子、
〔大中臣〕□□□氏人

□一二ノ御殿ヨリ出之者也、
□面・樽一、如例年持參了、新左衞門(酒殿春孝)舊冬老
母□之、
□臨時四種名主延通(大東)、・神戸、五度、音樂奏之、
□門ヲ入テ、住吉社邊ヨリ裾引之、神前ニ
□起座、南門ヲ出テ若宮ニ參テ拜屋ニ着座
□シテ、起座シテ榎本ノ社ニ參テ、慶賀門
ヲ入テ□座畢、
□南北常住(梅木春房・大宮守通代)八丈引之、兩惣官卅枚宛、權官十
枚宛、□□□(氏人三)枚、不參之躰モ給之、
一、□(白)一〻杖永伊・御幣永淳・散米利尚、各襷褌引之、
一、社司、神主時廣(中東)・正預祐範(東地井)・權神主時家(中)・新權
神主師治(西)・權預延實(富田)・次預延通・權預祐爲(新)・權
預祐長(辰市)・權預祐榮(千鳥)・加任預延倫(富田)・新預祐定(今西)、若
宮神主祐紀(千鳥)、各束帶、不參、延豊(上)、中臣氏人、延種(大東)
淨衣、童形、
大中臣氏人、左京亮時久(中西)・宮内少輔時重(中)・大膳

*臨時四種節供
*神戸等備進
*神拜次第
*八丈紙を配る
*見參社司
船戸屋一獻
音樂を奏す

□□□□(左京亮時久)　□□少輔時重(宮内)(中)
大膳亮經長(正眞院)　刑部少輔師勝(西)
□□□□□(治部少輔時昌)　□部少輔家綱(民)(奥)
中務少輔師信(向井)　散位時氏(中西)
□□同、(經忠)　時房(中東)同、　□□(時仍)□□(童形、)
□□□□守(南郷神殿)
□□□殿守(北郷神)
□□(春兄)　□□(春朝)　春賀　貞春(二月四日死去、七十七、)　春右　春久　春格《タチ》(新補)
□□(永伊)　□(永)淳　利尚　守藤　德仲　基慶
□(南)郷常住春房(梅木)　北郷常住守通(大宮)
若宮常住上番宗名(和上谷)　下番春種(若宮)
元和三年丁巳、天下太平、寺社繁昌、珍重〻〻、
元日
□舟戸屋一獻、餅・酒如例年從當職調之、
□從兩惣官(中東時廣・東地井祐範)二度、臨時一度、三ケ度音樂奏之
故、□也、三度迄者音樂奏スル故也、

*書御神事
*節供藤井庄

亮經久（長）・□□□（刑部少）輔師勝（西）・治部少輔時昌（中東）・民部少輔家綱（正眞院）・□□□□（中務少輔）師信（向井）、各狩衣、・散位時氏（中西）浄衣、・時仍（奥）（奥）童形、・經忠（正眞院）同、・時房（中東）同、

□□裾引之、備進以後懸之、御廊ヘ入テ懸之、

□□（次）串柹・（次）小柑子、

□□進、燒物鹽鯛一備進之、

*縫初祝義

□□ヘ下行之、

□□四種九十、箸尾庄（大和國廣瀨郡）引繼也、

神供御飯落御

□□飯ミクシ落御了、其故者立板一段□□テ調進故也、則御飯ヲ旬ノ圓盤ニ□□調進了、勸修坊沙汰曲事也、雜掌幷□□不紏明盛之、越度至極也、

*節供出合西殿庄

□□持參、神主殿番役也、

□□沓・イケ（薗下下）、・大フト（太）、神人直之、

二日

船戸屋一獻

一、舟戶屋一獻同前、

御强御供備進
*節供合場庄

一、御强御供二度、兩惣官分迄也、音樂無之、

一、晝御神事、日並朝夕・出合藤井庄（大和國山邊郡）、音樂奏之、

□□□□殿日並朝夕樂所ヘ下行、圓鏡ハ留之、神主取之、

□□□（三）四給之、

□□同前、中臣氏人同前也、

□□時仍・經忠・時房不參、

□□縫初之祝義アリ、餅・酒濟々也、

（三日）
□□

□□例、

□□音樂無之、

□□事、音樂奏之、

□□□（夕）・出合・西殿庄（大和國宇陀郡）節供本式、名主正預、

□□□御殿日並朝夕樂所ヘ下行、圓鏡ハ留之、正預取之、

一、支配、出合五六・西殿庄七八拜領之、

四日　午下剋雪下、

一、日並朝夕、合場（大和國山邊郡）節供本式名主祐定、音樂無之、

□□(一、社)司、時廣・祐範・延豐・師治、各束帶、延實・延通・祐爲・□□□(祐長・祐)榮・延倫・祐定、各衣冠、祐紀束帶、不參、時家上洛、

□□延種、

□□(二)元日同前、師信(向井)不參、上洛、

□□九十拜領之、

□□□(三)ケ日・七日ト供之、

□□旬御供正預出之、御供以前各頂戴之、

□□上首四人束帶、其外者衣冠也、

□□麁品也、殊更御飯・ニキリ伏兎・圓鏡以下□□被留出仕、年頭之儀、先以用捨也、來年□□リトモ可有成敗旨、雜掌ニ下知了、

□□幷圓鏡高坏ニ不備シテ條〻雜掌越度也、

□□高坏ニ備進也、八本立ナル故、圓鏡トニキリ伏兎□□木ニ備進之、

五日

一、日並朝夕・四種(大和國添上郡佐保田)新免庄、名主延豐、去年十一月延引分也、

見參社司

*仕丁神樂始

*當番祝儀酒肴

*節供大田庄

上首四人束帶其他衣冠

*大宮神主祝儀

*御强御供

延引分新免庄四種御供

*晝御神事

社司・兩氏人昨日同前、

一、恆例引繼、五六拜領之、新免庄恆例也、

一、仕丁神樂始、如例年沙汰之、

□日(六)

□□例年、豆腐スイ物ニテ御酒勸之、惣社□□御酒也、

□□大田節供(大和國式上郡)本式、正預、名主三度也、

□□大中臣氏人同、

□□延種・延高(上)、

□□拜領之、

□□主殿嘉例之祝儀有之、赤小豆餅、□□菓子柿・コフ、有之、御酒濟〻也、

□□(七日)

□□予遠忌、不參了、

□□祝儀如例、

□□(一、御)强御供二ケ度、無音樂、

一、晝御神事、

節供西山庄出合
白散供
*旬御供等備進
產所開
*見參社司
番匠神樂
節供箸尾庄吐田庄
本宮登山

一、日並朝夕・西山(大和國添下郡)・出合、白散供之、
一、西山三四・出合五六給之、
一、如例惣一殿(東地井祐範室)御出也、產所昨日開了、孫女(辰市藤福)□□臨
也、社參云〻、
□神樂如例、
□御社參、於當座一獻、正眞院殿(經長)沙汰了、
□□(八日)
□ヨリ大雨、
□箸尾庄本六種、・八種吐田庄(大和國葛上郡)去年九月九日延引分也、
□日同前、中臣氏人不參、
□同前、但時氏不參、
□八種七八、是ハ去年九月九日引續也、
□宮方退出也、
□參詣雨故延引也、
□日當職分鍛冶方へ下行也、來十一日ニ請來
了、當分出納ニ預置者也、
一、九日、本宮登山、如例出立酒肴從當家沙汰之、

一、十日、當番參懃之、
一、十一日、旬・日並朝夕三度、音樂奏之、
一、白杖二永淳・御幣三利尙・散米四守藤、
□時廣・祐範・時家・延豐・師治・延實・延
通・祐爲・祐長・□□□(祐榮・延)倫・祐定、祐紀、中臣
氏人、延種、
□□(久)・時重・經長・師勝・時昌・家綱・師
信・時氏、
□串柹、今一種赤小豆切餠代ニ備進了、
□進、燒物鹽鯛ニ備進之、
□進了、
□由兼日及案內了、
□無備進事、近比曲事也、春三ケ月之間備進
事、□日迄朝夕共ニ備進、殊此比流布物躰
也、致油斷□被止出仕旨評定尤也、然共年
頭之儀、可被加□知迄ニテ有用捨者也、
□□□(大乘)院様御參社、祝師辰市祐長懃仕之、

□□例、妙徳院（堯恩房）秡ニ參了、御神供以後、金勝院
へハ□□了、
□□菜桶ニ一坏進上、從當職餅六枚膳二膳・四
枚膳二膳、□□取肴（二脱）テ酒給之、
一、南郷方各退出也、
一、十二日、如例年當職祝儀沙汰之、若宮神主殿（千鳥祐紀・祐榮）父
子・正眞院殿（經長・經忠）父子・今西殿（祐定）・刑部少輔殿・治部少輔殿・向井（師信）
殿・富田殿（延實）子息（延倫）、延實煩故無來儀也、職人禰宜
衆大御酒也、
一、十三日、如例年神主殿千壽萬歳、中飯有之、惣
社參會、濟々振舞也、大御酒アリ、心經會有之、
□□爆竹《サキチヤウ》作之、
□□節供、日並朝夕・松本（大和國添上郡）節供三度、無音樂、
□□同前、中臣氏人不參、
□□同前、但家綱不參也、
□□並朝御供一膳大工へ下行、社頭へ□□方
同前、

□□延實當番衣冠、・祐長正預代衣冠、・時昌神主代氏人、
□□御殿兩惣官、三延實、四祐長・時昌□□
□□於渡屋有之、頭役時廣、酒飯□□
□□禮ニ祇候了、兩種山芋二把・煎餅百、・指樽一荷、
　□□對面、御盃拜領了、
〔一、喜多〕□□院樣參上了、御對面、スイ物ニテ御酒拜領
候、
一、窪轉經院（延宗房）へ參了、他行トテ無見參也、
一、十七日孫女破鏡祝儀沙汰之、中飯ヨリ晩迄也、中東殿（時廣・時昌）
父子・若宮神主殿父子・正眞院殿父子・今西殿、
若神主殿・正眞院殿・今西殿女房衆モ御出也、
□□月次、頭役延通沙汰之、
□□院死去、七十八、從往年舊友、別而令愁嘆者
也、
〔一、廿一日、旬・〕□□□□□日並朝夕三度、音樂奏之、
□□御幣三利尚・散米四守藤、
□□□（時）家・師治・延實・延通・祐爲・祐長・祐

妙徳院祓
金勝院祓
正預祝儀
*窪轉經院へ參る
*孫女破鏡祝儀
大宮神主千壽萬歳
心經會
爆竹を作る
*月次連歌頭役
大東延通
節供松本庄
*旬御供等備進
*見參社司

榮・祐定□□(延)□倫、中臣氏人、延種、
□□(時)□重・經長・師勝・時昌・師信、
□□次山芋・次串柿、蓮ノ代昆布、
□□燒物鹽鯛一備進了、
□□無沙汰不謂儀也、來朔日可致備進旨下知了、
□□沙汰之、事外振舞也、
□□日、學順房・專長房齋ニ來臨了、
□□(上)□洛了、(昭實)二條樣・(兼遐)一條樣へ可有參上也、
□□藏講、御經一把書寫之、嘉例之一獻有之、
□□(關)嘉例高清興行、珍物肴事■(盡)了、

二月小

一、一日、旬・日並朝夕三度、音樂奏之、
一、白杖(二)春朝・御幣(三)春賀・散米(五)春右、各襷襌曳之、
一、(社司)(中東)□□□時廣・(東地井)祐範・(中)時家・(上)延豐・(西)師治・(富田)延實・(新)祐爲・(辰市)祐長・(千鳥)祐榮・(富田)延倫□□(大東)延通遠忌、・(今西)祐定上洛、中臣氏人、(大東)延種、

二條家一條家へ參上
地藏講
關高清連歌興行
*若宮神主一萬卷心經
旬御供等備進
*南鄉神殿守貞春死去
見參社司
*呪師走金春一座
*神主正預御供下行

□□(時)(中西)□久・(中)時重・(正眞院)經長・(西)師勝・(中東)時昌・(向井)師信、
□□次串柿、今一種ノ代赤小豆切餅備進之、
□□ニ苦勞メ求出由出納申了、
□□燒物鹽鯛一備進、
□□候条、此度延引之事、可被成御遠慮由、以常仕披露了、
□□可致備進通下知候處、兼而不及理不調由只今言上之儀、□□可有備進旨下知了、
□□(若宮)(千鳥祐紀)□神主館一萬卷心經有之、
□□(頭)□役九延倫・十祐定、予・祐長不參、
□□(祐)□長同道、出座了、終日種〻馳走也、
□□延豐、七年無沙汰、仍當年懃仕之、予不出仕也、
□□御供、從兩惣官(中東時廣・東地井祐範)出之、南鄉九右衞門(貞春)神殿守死去、七十七、
□□(咒)□師走、金春一座沙汰之、御供一殿・一瓶子從神主(中東時廣)下行、去年從當職下行故也、正預方(東地井祐範)御

*櫟屋の櫟雪折
船戸屋にて當番酒
酒殿春孝死去
廣橋兼勝御社參
*午日御酒
*旬御供等備進
春日祭精進
*見參社司
社頭能なし
雪にて廻廊軒破損燈籠轉倒
若宮の杉雪折
*丹生御供延引
社頭奉行杣人召具す

供并瓶子以下、大炊ノ下部持出テ、猿樂へ相渡、習〔翌〕日ニ瓶子・行器里へ持來了、先規也、

一、六日、當番酒、於船戸屋有之、當番衆神人并大炊下部二人來了、南郷酒殿新左衛門〔春孝〕死去、五十三、

一、廣橋大納言殿〔兼勝〕、爲御社參御下向也、

一、七日、早ゝ、從廣橋殿早水殿〔速水良益〕爲御使、赤紙一束・扇十本給之、則御禮ニ參了、柑子一折・結樽一持參了、今日如例朝飯御振舞也、予春日祭精進、不參也、

一、大雪之条、不參也、祐長代官ニ參社了、

一、祐父〔東地井〕御忌日、學順房・專長房齋ニ來臨了、

一、八日、九日、社頭能無之、

一、九日、當番參懃、殘雪事ゝ敷躰也、

〔一、南〕□□門東方杉枝雪折、廻廊軒少破損了、灯呂十基餘顚倒了、若宮御內北ノ方杉枝雪折、ナキノ木打折テ、藤ト共ニ西へ顚倒ス、□□殿小社井垣少モ無損失了、社頭奉行杣人召具罷上候条、則□□申遣、盡ゝ切退了、櫟屋西方櫟枝雪折、然共枝ハ木ニ□□根へ打掩テ破損無之、

□□□〔神〕主時廣懃仕之、大雪、路次難治之故、不參了、

□□參懃、午ノ日御酒如例、其式先帖有之、具ニ不記之、

〔一、旬・日〕□□□並朝夕三度、音樂奏之、

〔一、白杖〕□□□春朝・御幣〔三〕春賀・散米〔四〕春右、

一、社司、時廣・祐範・時家・延豐・師治・延實・延通・祐爲・祐長・祐榮・祐定、祐紀〔千鳥〕、不參、延倫、中臣氏人、延種、大中臣氏人、時久・經長・師勝・時昌・家綱〔奧〕・師信、

一、旬菓子〔上〕野老・〔次〕山芋・〔次〕串柿、蓮ノ代昆布、

一、鹽引・干鮭備進、燒物鹽鯛一備進之、

一、丹生〔大和國添上郡〕御供當分難調之条、來秋迄御延引ト以常住披露、則被加用捨了、來秋必可致備進通下知了、

出納南郷方神殿守襷襷聊爾
*社頭能金剛大夫勤仕
*金春座闕如
*大藏大夫子死去
*同宿往反は三十日の穢
春日祭上卿三條西實條
*寶生大夫社頭能勤仕
*觀世座闕如
御戸開飛鳥田庄御供
見參社司
*小祭の饗
*柏御供

御遠慮忝由言上了、
一、朝御供焼物イトヨリ、以外少分之物躰備進曲事也、従明日可致奔走由下知了、
一、朝御供團子以外少分也、曲事也、以來可致結構旨雑仕ニ下知、并切餅此比以外麁品也、以來於同前者可有糺明通、膳部ニ被加下知了、
一、南郷方神殿守襷襷、去朔日新調先規也、然處従窪轉經院（延宗房）調進之布以外陵爾也、色モ黒ク、寸法モ二尺計不足也、依之臨期及申事、然共即時不調故、當分北郷方ゟ借用シテ、神役無爲ニ勤仕、則今日申屆處ニ、結構白布調進珍重也、此襷襷ハ出納申屆、請取テ、神殿守へ交替ト云々、古物之布者、神殿守衆支配〆拜領スト云々、
一、十二日、戊申、春日祭、上卿三條（實條）西殿、御宿時家館也、
一、戌剋御戸開、祭方御供飛鳥田四種、見參社司、時廣・祐範・延豊・師治・延實・延通・祐爲・祐長・祐榮・祐定、祐紀、中臣氏人不參、
□□時久・經長・師勝・時昌・家綱・師信、
□□明取之、松明ワリ木二束ツヽ、従兩惣官下行之、
□□勤仕、當職故障之間勤（不）勤仕故也、
□□御參社、予不參之間、其式不記之、
□□□（祐）定幼少之条、祐長助役沙汰之、
□□社頭ノ能金剛大夫（吉勝）勤仕、金春座闕如、其故ハ、大藏大夫子（氏紀）死去、彼死屋ト同宿往反故、一座ノ者卅日穢ニ成故也、社中へ度々及注進、甲ノ屋へ往反之者三十日ノ穢無紛、社頭へ參勤不可叶通返事了、無隱神事不致覺悟、一座ノ者觸穢越度至極也、
一、十四日、寶生大夫（重房）社頭之能勤仕之、觀世座闕如也、
一、小祭ノ饗、并酒・柏御供一膳從酒殿送之、宿所

*旬御供等備進

下﨟分使の神人宮内を罪科に處す

若宮神主寶生大夫に狂言花子を申付く

*見參社司

一社集會

*喜多院空慶御嗳

下﨟分の宮内罪科を承引せず

*乞能は社中取分

ニテ納之、

一、十五日、従下﨟分南郷清之丞(春祇)・若宮宮内(春種)罪科了、宮内ヲ成敗之子細者、先度寶生能之砌、若宮神主(千鳥祐紀)花子ノ狂言可致沙汰由被申付處、則沙汰之、其儀不謂之条、其使沙汰候宮内神人爲曲事被罪科、一向不謂旨種〻問答之處、一圓理不盡之沙汰也、然共宮内者及其時使之事無科条故、不及下知、折紙ヲ被返了、

一、十八日、於神主館一社集會有之、其子細者、先段宮内罪科ノ儀、若宮神主及披露、各評定云、物別神人等使者ニ召遣事萬事多之、不謂如此之理不盡之成敗、爲以來社法相破之条、此段一切不可有承引由一決、則別會五師・下﨟分へモ、此等趣以使節被申届了、喜多院(空慶)様へモ被申入了、幷中坊左近(秀政)殿へモ被申處、何モ従社中御届之趣尤候間、可有糺明由也、下﨟分折紙者被返置、宮内成敗之下知無之、

一、廿一日、旬・日並朝夕三度、音樂奏之、

一、□□□(白杖春)朝・御幣春賀・散米春六(マヽ)、□祐範・時家・延豊・師治・延實・延通・祐爲・祐長□祐定、祐紀、中臣氏人、延種、□時重・經長・師勝・時昌・家綱・師信、

一、旬菓□(子)野老次・山芋次・串柿、蓮ノ代昆布、

一、鹽引・干鮭備進、燒物鹽鯛一、

一、奉獻祐定幼少難成故、祐長助役了、

一、先段下﨟分ト社中申事、喜多院様御意見御嗳之儀也、宮内罪科之事無下知之旨成敗ニ不被成也、然者社中申分尤之儀也、宮内之事成敗ニ不成、依之免除候不及沙汰、社中法度モ不相破、下﨟分之儀者、喜多院様被相拘御意見故無異儀、向後者任先規従神前藝能乞申事、何ト成共社中取分次第トノ御意也、但常住神人従社中乞能如此候也、下﨟分へ一往可申也、是ハ社中下知ニモ非ス、常住自分之潤色ニ喜多院様御意見也、今

度者盡〻社中理運ニ落合珍重也、猿樂衆モ、從
神前依御所望致沙汰通、各同前申之、以來モ神
前之事難去之条、御所望次第ニ可仕候由、中坊
左近殿ヘモ寺門ヘモ申遣由也、

三月小

旬御供等備進

一、一日、旬・日並朝夕・臨時四種（名主延通(大東)）、四度、音
樂奏之、
一、白杖二永淳・御幣四守藤・散米六基慶、

*節供西殿庄代福智庄奄治庄見參社司

一、社司、時廣(中東)・祐範(東地井)・時家(中)・延豐(上)・師治(西)・延實(富田)・
延通・祐爲(新)・祐長(辰市)・祐榮(千鳥)・祐定(今西)、祐紀(千鳥)、不參、
延倫(富田)、中臣氏人不參、
□(大)中臣氏人、時久(中西)・時重(中)・經長(正眞院)・師勝(西)・時昌(中東)・
家綱(奥)・師信(向井)、
□□野老・串柹、今一種ノ代赤小豆切餅備進之、

*職人禰宜衆夕飯

□□干鮭備進、燒物鹽鯛一備進之、
□(一、)蓮備進之、

一、下知云、旬菓子一種代ヲ以テ備進曲事也、山芋
流布也、來旬者三種無闕如可致調進旨、出納ニ
下知了、幷串柹以外麁品之物躰備進曲事之通下
知也、
一、來節供幷奄治(大和國山邊郡)、出納ニ結構ニ可致調進由下知也、
神戸御飯立板陵爾ニ調進故、御飯每度非堅固、
備進難治候条、能〻念入テ可致調進旨、出納・
手知代ニ被加下知者也、
一、三日、御節供、日並朝夕・四種、西殿庄(大和國宇陀郡)節供代、六本立・神
戸福智庄(大和國添上郡)、六本立・奄治、
社司朔日同前、但延倫參社、中臣氏人不參、
大中臣氏人、時久・時重・經長・師勝・時昌・
家綱・師信・時氏(中西)、
一、一ノ御殿日並朝夕樂所ヘ下行、
一、神戸一二・奄治三四・西殿庄五六給之、
一、御神供已後、職人禰宜衆夕飯如例、社中、富田(延實)
殿・正眞院殿父子(經長・經忠)・奥殿(家綱)、

大宮神主嘉例中飯
＊日光山遷宮につき猿樂衆關東下向
＊旬御供等備進
徳川秀忠御見舞に智仁親王江戸御下向
＊見參社司
修南院光助駿河にて御他界
金勝院連歌興行
渡屋にて毎月祈禱
八講屋にて大般若經信讀
＊日光山遷宮へ三方樂人下向
奥坊にて月次連歌
月次連歌頭役中東時昌

一、四日、大神主(中東時廣)殿嘉例中飯、惣社各參會也、
一、六日、當番參勤了、參籠者祐長沙汰之、
一、七日、祐父(東地井)御忌日、學順房・専長房齋ニ來臨也、
一、八日、九日、十日、神役ニ參社了、
□□度八条様(智仁親王)、將軍様(徳川秀忠)爲御見廻江戸へ御下向、修(光助)南院殿御同道ニテ［　　］段仕合ニテ御上洛之處、於駿河去四日俄ニ御他界、［　　］興福寺御寺務也、寺之零落ト皆人愁嘆也、
□□(一、十)一日、大雨風故不參也、神前之儀不記之、
一、十二日、於智足(知)屋、金勝院連歌興行、社中衆六七人連衆也、
一、十四日、於渡屋毎月祈禱有之、頭役時廣、取肴ニテ酒アリ、
一、從今日、於八講屋恆例之信讀大般若有之、
一、十六日、於奥坊(新藥師寺)月次、頭役宗治(竹田)沙汰之、振舞共也、
一、十八日、月次、時昌頭役、珍肴、振舞共也、

一、今日、猿樂衆關東下向、來月日光山(下野國都賀郡)遷宮御沙汰故也、
一、廿一日、旬・日並朝夕三度、音樂奏之、
一、白杖二永淳・御四御(幣)守藤・散米德仲、
一、社司、時廣・祐範・時家・延豐・師治・延實・延通・祐爲・祐長・祐榮・祐定、不參、祐紀・延倫、中臣氏人、延種(大東)、
大中臣氏人、時久・時重・經長・師勝・時昌、
一、旬菓子上野老次・串柿、今一種ノ代赤小豆ノ切餅也、
一、鹽引・干鮭備進、燒物鹽鯛一、
一、蓮備進了、
一、當旬時刻早〻備進候樣ニト、兼日從樂人申來候条、出納・膳部・雜司以下ニ申付、辰ノ下剋ヨリ神殿守衆モ早〻可有參勤通、兼日下知了、子細者、來月十七日於日光山東照權現遷宮有之、其砌爲舞樂南都樂人十五人・京都樂人十五人・天王寺(攝津國東成郡)樂人十五人下向也、御公家衆モ［　　］御

叡山衆下向
南光坊天海遷宮役沙汰
吉田神主無念
*旬御供等備進
神號今出川晴季沙汰
*見參社司
地藏講
神殿守成

下向、叡山（近江國滋賀郡延暦寺）ノ衆不殘下向、南光坊（天海）遷宮役沙汰故也、□□建立、其供養有之ト云〻、盡〻南光坊執行也、此度□〔吉〕田神主（兼英）一圓不被存也、無念候次第也、神號萬多有之、乍去東照權現叶御意ト云〻、是者菊亭殿（今出川晴季）御沙汰由也、則宣命有之ト也、

一、廿三日、悲母御忌日、學順房・專長房齋ニ來臨也、

一、與介神殿守轉任、名乘春格《タツ》〔チ〕ト云〻、補任在之、任料銀六十文目ニテ懇望、當分四十文目上之、相殘廿文目秋迄延引懇望、正眞院（經長）殿請乞也、

一、廿四日、地藏講、御經二把書寫之、

一、廿五日、與介（春格）神殿守成トテ、南鄕座ヘハ豆飯・一獻酒アリ云〻、北鄕・若宮ヘモ御神供肴ニテ酒送之ト云〻、結構ナル臺公卿肴以下有之ト云〻、爲禮豆飯一箱・鈴持參了、見事公卿木色一膳持參了、

四月大

一、一日、天晴、旬・日並朝夕三度、音樂奏之、

一、白杖春朝二・御幣春賀三・散米春右四、

一、社司、時廣（中東）・祐範（東地井）・時家（中）・延豐（上）・師治（西）・延實（富田）・延通（大東）・祐爲（新）・祐長（辰市）・祐榮（千鳥）・延倫（富田）・祐定（今西）、不參、祐紀（千鳥）、中臣氏人、延種（大東）、大中臣氏人、時久（中西）・經長（正眞院）・師勝（西）・時昌（中東）・師信（向井）・時氏（中西）、

一、旬菓子山芋・串柹、今一種ノ代赤小豆切餠、蓮備進、

一、鹽引・干鮭備進、燒物鹽鯛一、

□□□〔一、若宮〕（千鳥祐紀）神主不參之間、大社旬備進以後、末社司・氏人經長□□若宮ヘ參テ旬備、祐定幼少之条、爲助役祐長召具、奉獻者祐定ヘ、朝夕御供・祝詞令懃仕テ後退出、夕御供ノ御罷ハ若宮氏人師勝沙汰之、旬祝詞以後退出モ先規也、隨意也、

水屋神樂拜殿方沙汰
一、二日、水屋神樂、從拜殿沙汰之、

船戶屋にて每月祈禱祓
一、當月祈禱於船戶屋沙汰之、頭役當職、取肴〔ニ脱〕テ酒申之、

鬮により北郷方能沙汰
一、今日、水屋神樂、若宮沙汰先規也、然共從今日能沙汰ニ付、鬮ヲ取相定、北郷今日ノ鬮ニ相當ト云々、乍去神前式者如先規也、

南郷方沙汰
水屋以下宮司上分
一、四日、南郷沙汰之、水屋・榎本・紀伊社宮司衆如先規上分上之、餠・酒・菓子以下如例年無相違也、

一、五日、若宮能有之、

一、六日、當番參勤、參籠者祐長沙汰之、

一、七日、祐父（東地井）御忌日、學順房・專長房齋ニ來臨也、

金勝院連歌興行
一、九日、於智（知）足坊金勝院興行、

一、十日、從金勝院、昨日爲禮樽一荷・杉原一束被送之、

大雨風、
一、十一日、雨故不參候条、神前之式不記之、

凶事風聞により祈禱祓
一、十四日、於渡屋祓アリ、寺中ニモ凶事共出來候

由及風聞間、寺社無爲之祈禱也、則三方神人中幷拜殿ヘモ沙汰可有之、被申渡者也、

□□ヨリ一七日之間御祈沙汰之、社司氏人平均ニ社參也、

□□七番ニ被織之、從神主（中東時廣）被認候者也、

□（二）十九日、御祈ニ參社、則御供役勤仕之、

＊旬御供等備進
一、廿一日、旬・日並朝夕三度、音樂奏之、白杖（二）春朝・御幣（三）春賀・散米（五）春久、

＊見參社司若宮方能
一、社司、時廣・祐範・時家・延豐・師治・延實・祐爲・祐長・祐榮・祐定、祐紀、不參、延通現病、・延倫隨意、中臣氏人、延種、大中臣氏人、時久・時重（中）・經長・師勝・時昌・家綱（奥）・時氏、

一、旬菓子串柿、今二種ノ代赤白ノ切餠備進、山芋無御座候也、出納及案內了、

一、鹽引・干鮭備進、燒物鹽鯛備進之、

一、蓮・竹ノ子備進了、

藤鳥居築地屋根破損

一、廿二日、晩ヨリ大雨風也、終夜不止也、

一、廿三日、常住注進云、依大風藤鳥井築地へ木落懸テ、屋根破損ト云〻、則寺門へ注進了、

一、祐父（東地井）御忌日、専長房齋ニ來臨也、學順房ハ不來、煩之由也、

地藏講

一、廿四日、地藏講、御經二把書寫了、

景次連歌興行
*法雲院參詣者へ酒を給ふ
*社中へ酒樽を送る

廿五日、十六ヤ景次興行、振舞濟〻也、翌日爲禮樽一荷、物一殿（東地井祐範室）へ帶一筋、祐長〔へ脱〕油煙持參了、

紹喜夢想二百韻連歌興行

一、廿七日、紹喜夢想二百韻興行、終日馳走、珍物事盡了、

□□□日、爲禮樽一荷持參了、

*嘉例節供振舞
*節供西殿庄代邑地庄奄治庄

五月小

旬御供等備進

一、一日、旬・日並朝夕三度、音樂奏之、

一、白杖永伊・一御幣永淳・二散米利尚、三

見參社司

一、社司、時廣（中東）・祐範（東地井）・時家（中）・延豐（上）・師治（西）・延實（富田）・延通（大東）・祐爲（新）・祐長（辰市）・祐榮（千鳥）・延倫（富田）・祐定（今西）、祐紀（千鳥）、

中臣氏人、延種（大東）、

大中臣氏人、時久（中西）・時重（中）・經長（正眞院）・師勝（西）・時昌（中東）・家綱（奥）・師信（向井）・時氏（中西）、

一、旬菓子串柿、今二種ノ代赤白ノ切餅備進之、

一、苑豆・竹子・蓮備進之、

一、鹽引・干鮭備進、燒物鹽鯛一、

一、如例年、從法雲院於社頭酒參詣者マテ給之、依之事〻敷群集也、社中へモ上下面〻ニ斗樽一宛被送之、

一、嘉例之節供振舞沙汰之、各來臨也、

天晴、

一、五日、御節供、日並朝夕・八種、西殿庄（大和國宇陀郡）節供代差、名主正預（東地井祐範）・神戸名主、

時廣、邑地（大和國添上郡）・奄治（大和國山邊郡）本式、名主祐範、

一、社司去朔日同前、但延通不參、所勞也、中臣氏人不參、

一、大中臣氏人朔日同前、

一、神戸、覆盆子無之ト云〻、以代備進之、

一、評定云、奄治御飯以外麁品也、幷粽無正躰、既ニ破レ碎ケ云々、結構之下行ニ恣之所行曲事也、從來年者不可申付通、雜仕ニ□□毎度雜仕沙汰次第、不及是非者也、

□□已後、如嘉例職人禰宜來臨也、社中衆如例也、

一、從今日、於木寺（璉城寺）勸進能有之、大夫者京都ヨリ下向女大夫ノ由、役者ニ禰宜衆四五十人罷出了、於當所勸進能出仕、此度始也、先代未聞、寺門へ及談合、中坊左近（秀政）殿取沙汰也、寺門棧敷モ用意了、女猿樂之能、寺僧見物之事限沙汰也、末世ニ成下故也、一日一番ツヽ、禰宜大藏沙汰之ト云々、此勸進能者白毫寺ヲ爲建立也、奈良中へ鼠戸錢被相懸了、雖無見物出之、彼是新儀共出來也、

一、諸事勸進能沙汰之時者、當社神人者鼠戸錢不出シテ理運ニ見物先規也、然處ニ今度者禁製（制）之由被申付了、然共從三方達而致訴詔故、如先例無異儀見物也、自然於同心者、今度役者ニ出仕候神人等爲座社（マヽ）可令違背通令一決、及訴詔了、依之左近殿同心ニテ無爲也、

一、六日、於神主（中東時廣）殿嘉例日中飯、惣社參會也、

一、當番參懃了、參籠者祐長沙汰之、

一、勸進能寺門衆見物之儀、最前ヨリ及其沙汰、然共老僧衆無同心故、無見物、棧敷モ無之、近比珍重〻〻、

一、社中大神主（中東時廣）殿・若神主（千鳥祐紀）殿其外各見物、予モ誘引、然共老足之間一切不罷出也、一段見事由風聞ヲ傳聞了、

〔一、十一日、〕□□□□旬・日並朝夕、音樂奏之、

〔一、白杖〕□□□永淳・御幣三利尙・散米守藤

一、社司、時廣・祐範・時家・延豐・師治・延實・祐爲・祐長・祐榮・延倫・祐定、不參、延通現病、祐紀餘醉、中臣氏人、延種、

*中坊秀政神人見物に同心
*大宮神主嘉例日中飯
嘉例職人禰宜衆來臨
璉城寺にて女大夫勸進能あり
禰宜役者出仕
*勸進能寺門衆見物なし
中坊秀政取沙汰
*社中衆見物
禰宜大藏
*旬御供等備進
白毫寺建立のため奈良中へ鼠戸錢を懸く
*見參社司
三方神人訴訟

西大寺長老死去
白毫寺辰巳坊死去
*地藏講
拜殿南圓堂御供備進
*闕高清連歌興行
旬御供等備進
*旬御供等備進

大中臣氏人、經長・師勝・時昌・師信・時氏、
一、旬菓子山芋・串柿、今一種ノ代赤小豆切餅、
一、苑豆・竹子備進、蓮ノ代昆布、
一、鹽引・干鮭備進、燒物鹽鯛一備進之、
一、若宮神主(千鳥祐紀)不參候条、大社旬祝詞以後、時廣末社司幷氏人同道シテ、若宮ヘ渡テ、旬備進也、
一、音樂催之事、南郷職事沙汰之、神主若宮ヘ被相渡故也、
一、十四日、西大寺(大和國添下郡)長老御死去、七十八ト云々、
一、十六日、白毫寺辰巳坊死去、七十九、今度寺爲再興勸進能取沙汰ニ氣力盡タル處ヘ、風氣相加テ卽時ニ及大事、惜哉、
一、十八日、拜殿南圓堂御供備進了、
一、廿一日、旬・日並朝夕・臨時四種(名主延通)、音樂奏之、
一、白杖(二)永淳・御幣(四)守藤・散米(五)德仲、
一、社司去十一日同前、但祐紀參社、中臣氏人、延種、
大中臣氏人、時久・時重・經長・師勝・師信・時氏、
一、旬菓子山芋(上)・串柿(次)・枇杷(次)、
一、竹子備進、蓮ノ代昆布、
一、□□干鮭備進、燒物鹽鯛一、
□□□(一、臨時)四種一二給之、
一、從關東京衆皆々御歸洛、當所樂人衆歸國也、人別四十石ツヽ拜領ト云々、
一、廿三日、悲母御忌日、專長房齋ニ來臨、學順房他行、
一、廿四日、地藏講、御經一把書寫了、
一、廿五日、嘉例之才次郎(闕高清)興行沙汰之、
一、此中炎干以外也、廿八日雨下、乍去不足也、

六月大

一、一日、旬・日並朝夕、音樂奏之、

一、白杖(二)春朝・御幣(四)春右・散米(五)春久、
一、社司、時廣(中東)・祐範(東地井)・延豊(上)・師治(西)・延實(富田)・祐爲(新)・祐長(辰市)・祐榮(千鳥)・延倫(富田)・祐定(今西)、祐紀(千鳥)、不參、時家(中)上洛、・延通(大東)所労、中臣氏人、延種(大東)、
大中臣氏人、時久(中西)・時重(中)・經長(正眞院)・師勝(西)・時昌(中東)・家綱(奥)・師信(向井)、
一、旬菓子山芋・枇杷、今一種赤小豆切餅代ニ備進了、
一、竹子備進、蓮ノ代昆布、蕙《ハイ》無之由〔蕙、以下同ジ〕、兼日出納案內了、世上ニハ流布也、併隨意之沙汰也、
一、鹽引・干鮭備進、燒物鮎鮓十一備進之、
一、今日、伏兔・梅枝以下以外麁品也、度々雖被加下知、同前之沙汰曲□□重而者無遠慮可被止出仕旨、膳部ニ下知也、幷朝夕共□□盛切餅一段陵爾ニ調進、曲事限沙汰也、從明日結構ニ可致調進、於同前者嚴重ニ可被處科怠旨、朝夕出納ニ下知了、

*高天木津屋酒肴を送る
見參社司
*久保利房源氏物語書寫
*船戸屋にて每月祈禱祓
*雨乞祈禱千座祓
*觀音經九巻法華經一巻書寫
*水屋川へ流す

一、高天木津屋兩種アミ物・カウノ物、・樽一荷送之、御供以後、於船戸屋各賞翫之、
一、二日、野田ノ筑後利房(久保)一會興行、源氏物語一筆ニ書寫之、成就之竟宴也、發句依所望、
　窓のうちに風のあつむる螢哉
人數、時廣・祐紀・經長・時昌・祐長・長舜・因幡殿(福智院)・守理・利忠・利房也、執筆、祐榮藤德殿也、終日馳走、珍肴事盡了、兼而堺(和泉國大鳥郡)・大坂へ人ヲ差越所ニ、調法ト云々、大御酒也、
一、三日、於船戸屋每月祈禱秡有之、頭役當職、取肴ニテ酒勸之、
一、五日、於船戸屋雨乞祈禱有之、秡千座、觀音經九巻頓書、導師奥坊(新藥師寺)、予別ニ法花一ノ巻口一把書寫之、水屋川へ流之、一獻、酒飯惣公物ニテ沙汰之、從神主(中東時廣)調進了、雨不下、笑止也、
一、六日、當番參懃、參籠者祐長沙汰之、
一、今日、申剋ヨリ雨少下、

辨才天十六味備進

旬御供等備進

*祈禱師今西家

*大乘院信尊へ參上

*道明寺干飯

*旬御供等備進

冷泉爲滿御奉幣

神前燈籠退けざるは曲事

一、七日、祐父(東地井)御忌日、學順房・專長房齋ニ來臨也、辨才天十六味備進、學順房嘉例トテ、鈴一雙被持了、七日ノ夜ヨリ八日雨下、萬民安堵了、在々田地毛付了、次第ニ少ツ、雨降了

一、十一日、旬・日並朝夕、音樂奏之、白杖二春朝・御幣四春右・散米六春格、

一、社司去朔日同前、但時家參懃、

一、兩氏人朔日同前、

一、旬菓子山芋・枇杷、今一種ノ代赤小豆切餅、

一、蓮ノ代昆布、蕙《ハイ》無之由、出納案內了、

一、鹽引・干鮭備進、燒物鮎鮓十一備進了、

一、フキ六月ニ備進、不謂義也、朝夕共ニ、從明日不可叶通下知了、茄子漸可有之、若調法難成者、白瓜二坏可致調進旨也、今日夕御供ニハ白瓜備進也、

一、權神主時家披露云、去四日冷泉殿(爲滿)御奉幣、今西(祐定)代官ニ參懃候處、兩社共ニ御灯呂不退之曲事、從今西者兼而灯呂可退之由被申付ト云々、然者常住無沙汰歟、被成糺明、以來之儀能々可被仰付通也、其段近比曲事也、公家御奉幣之事切々儀也、常住ニテモ灯呂主ニテモ無沙汰之仁躰可被止出仕、常住遂糺明可致注進旨、兩常住(大宮守通代・梅木春房)ニ下知了、

一、冷泉殿本來西殿壇(師治)(檀)那也、然處西殿冷泉殿ニ對メ被背御本意子細有之トテ、前ノ祐途(今西)時ヨリ祈禱師ニ御沙汰也、每度御下向之砌御宿也、

一、廿日、大門樣(大乘院信尊)爲御見廻參上、道明寺(河內國志紀郡)干飯三袋進上了、御對面、御盃、其外御肴種々、忝儀共也、

一、□□□(廿一日、)旬・日並朝夕三度、音樂奏之、

一、□□(白杖)春朝・御幣四春右・散米五春久、

一、社司去十一日同前、中臣氏人、延種、大中臣氏人、時久・時重・經長・師勝・時昌・師信・時氏(中西)、

一、旬菓上〔子脫〕桃次・枇杷次・アコタ瓜、

*寺務見參
*藝能五番大夫禰宜右近
*社中參上
*能六番
*權別當見參
*能亂舞
南市紹喜酒肴を送る
*拜殿より惣一へ御祓來る
東地井祐範母十三年忌
*大炊屋棚屋根造作
地藏講
*旬御供等備進
寺務喜多院空慶權別當松林院實性長者宣
*見參社司

一、鹽引・干鮭備進、焼物鮎鮓十三、
一、蓮ノ代昆布、
一、評定云、近曾朝夕共御飯一段損シタル飯、香氣有之物備進曲事、雜司所爲也、以來於同前者不可有備進、一圓可改直通下知、手知代神人モ左様物於致調進者可被止出仕、能々遂糺明、可致調進通下知了、夕御供出納殿番モ被加下知了、
一、南市紹喜、禰宜衆へ酒勸之、社中へモ兩種(テカイ・タウフ)樽一荷送之、御供已後、於船戸屋各參會ニテ、御酒濟々也、
一、廿三日、悲母十三年忌、法花同音、出家九人、羅漢供沙汰之、中東殿(時廣・時昌)父子・若神主殿(千鳥祐紀・祐榮)父子(經長・經忠)・正眞院殿父子・今西殿(祐定)中飯ニ申入了、若神主殿・今西殿・正眞院殿女房衆各御出也、
一、廿四日、地藏講、御經二把書寫了、
一、廿六日、寺務喜多院殿(空慶)・權別當松林院殿(實性)長者宣之事、京都之義依御違亂延引也、子細者不知、今日相調到來ト云々、寺務見參、從今日被相付者也、藝能五番アリ、大夫禰宜右近也、
一、廿七日、社中各參上了、今日モ能六番有ト云々、美麗臺公卿五□□有リト云々、御一獻ハ如例、晩御振舞濟々也、予老足故不參也、
一、從今□(日)權別當見參被付ト云々、
一、廿八日、社中各參上、是モ從昨日至今日能亂舞重疊ト云々、予幷祐長依用所不參也、
一、晦日、御秡、拜殿ヨリ來候間除解畢、是ハ惣一(東地井祐範室)殿へ沙汰也、
一、大炊棚本其外屋根所々作遺檜皮、又材木古物兩(中東時廣・東地井祐範)惣官取之、

七月小

一、一日、旬・日並朝夕三度、音樂奏之、
一、白杖永淳(二)・御幣利尚(三守藤)・散米德仲、
一、社司、時廣(中東)・祐範(東地井)・時家(中)・延豐(上)・祐爲(新)・祐長(辰市)・

*三方入成就
*本社幷八龍神前にて祈念
*衆中より祈雨牒送は珍事
*拜殿八乙女祈雨沙汰
*徳川秀忠伏見御參著
*曉天索餅
*三十八所屋にて毎月祈禱祓

祐榮(千鳥)・延倫(富田)・祐定(今西)、不參、師治(西)煩、・延實(富田)同、・
延通(大東)同、中臣氏人、延種(大東)、
大中臣氏人、時久(中西)・時重(中)・經長(正眞院)・師勝(西)・時昌(中東)・
師信(向井)・時氏(中西)、
一、旬菓子桃・アコタ瓜、今一種赤小豆切餅代ニ備
進之、
一、蓮ノ代昆布、
一、鹽引・干鮭備進、燒物鮎鮓十一備進之、
一、蓮雖致調法無之由、出納案内了、
一、夕御供餳無備進、無之由、出納加藤(永益)左衛門兼日
案内之、
一、嘉例之振舞沙汰之、乍次鮎ノ振舞沙汰了、
大神主殿(中東時廣)・治部殿父子(中東時昌・時房)・若神主殿父子(千鳥祐紀・祐榮)・正眞院(經長・經忠)
殿父子・今西殿(祐定)、若神主殿・正眞院殿・今西殿
女房衆各申入了、
一、三日、於三十八所屋毎月祈禱有之、頭役祐紀(千鳥)、
取肴・酒アリ、

一、今日ニテ三方入成就、然共雨不降也、
一、四日、□剋ヨリ雨下、終夜降了、
一、五日、□(雨)下、萬民安堵也、社中從今日祈雨ノ御
祈沙汰、三番ノ結番也、社司氏人平均神前幷八
龍神ノ御前ニテ、各啓白祈念也、大雨風也、
一、從衆中祈雨御祈禱可然、幷三方神人ニモ可申付
由、折紙被相付了、乞雨祈禱每度從京都被仰下、
幷從寺門折紙被付事、先規勿論也、從衆中牒送
珍事也、先規不知也、
一、拜殿ニモ、從今日三日八乙女沙汰之、
一、將軍樣(徳川秀忠)去廿九日伏見城(山城國紀伊郡)へ御參着、諸國諸大名不
殘京上了、
一、六日、當番參勤了、雨風止了、參籠者祐長沙汰
之、
一、七日、曉天索餅、從兩物官(中東時廣・東地井祐範)備進之、役人、祐長
社司、衣冠、正預代(東地井祐範)、・經長氏人、敬神、・時昌氏人、神主代(中東時廣)、一二ノ御殿
兩物官取之、三ノ御殿祐長、四ノ御殿經長・時

昌一膳ツ、拜領之、

節供西殿庄代
神戸大庄小庄
*旬御供等備進

一、御節供、日並朝夕・四種六本立(大和國宇陀郡)西殿庄節供代、・神戸名主時廣、・大庄七本立・小庄八本立何モ名主祐長、

*見參社司

一、社司氏人去朔日同前、但シ中臣氏人不參了、
一、一ノ御殿日並朝夕樂所下行之、
一、支配、神戸一二・大庄三四・四種五六、小庄八一御殿迄神主拜領之、

職人禰宜衆夕飯

一、御神供已後、職人禰宜衆夕飯ニ來了、社中者正(經長)眞院殿迄、富田殿(延實)・奥殿(家綱)煩故無來臨也、主計(春經)神人笛祕曲共事盡了、無比類也、此故大御酒、音曲有之、

大宮神主嘉例
日中飯

一、八日、參社、雨下故、神主殿嘉例之日中飯ニ不參也、

社家使節上洛
*生見玉
社家禰宜同時
御禮あるべし

一、將軍樣へ從社家爲御禮、爲使節經長・祐長上洛、伏見ニ御座也、禰宜衆五六日以前御禮ニ罷上了、然共宮本御禮同時ニ可然トテ、無御禮逗留也、社中遲〻候、早〻可罷上由、中坊左近殿(秀政)ヨリ被

申越、其外從方〻才□(覺)也、油斷不及是非也、進上物、杉原二束・秡・卷數也、
一、十一日、旬・日並朝夕三度、音樂奏之、
一、白杖二永淳・御幣四守藤・散米五德仲、
一、社司、時廣・祐範・時家・延豐・師治・祐爲・祐榮・祐定、
不參、延實所勞、・延通同、・祐長上洛、祐紀同、中臣氏人、延種、
大中臣氏人、時久・時重・師勝・時昌・家綱(奥)・師信、
一、旬菓子桃・アコタ瓜、今一種ノ代赤小豆切餅、
一、鹽引代鮑、干鮭ノ代鯣、燒物鮎鮓十三備進之、
一、若根備進之、
一、如例節供、生見玉祝儀沙汰之、大神主殿・治部殿父子・若神主殿子息(千鳥祐榮)・今西殿・藤賀殿(正眞院經忠)・刑部(西師勝)殿・向井殿(師信)、若神殿・今西殿・正眞院殿女房衆各御出也、奥殿へハ膳・鈴送之、

社中徳川秀忠へ御禮
奏者番衆へ酒井忠世使者

一、十三日、將軍樣御禮申上、經長・祐長下向、若(千鳥祐紀)宮神主殿別ニ御禮被申、酒井雅樂頭殿(忠世)ヨリ奏者番衆へ使者被相副ト云々、進物者杉原二束・卷數・秡進上了、御對面也、若神(千鳥祐紀)八十帖・一本進上了、

*旬御供等備進
*見參社司
嘉例夕飯

一、十四日、如嘉例夕飯ニ大神主殿御出也、

節供乙木庄

一、十五日、御節供、日並朝夕・節供乙木庄(大和國山邊郡)六本立、名主正預、三度、音樂無之、

見參社司

一、社司、時廣・祐範・時家・師治・祐爲・祐長・祐榮・祐定、不參、延豐隨意、・延通所勞、中臣氏人、延種、大中臣氏人、時久・時重・經長・師勝・時昌、

富田延實死去

一、富田延實死去辰下剋、四十七、去正月比ヨリ煩、酒損、脹滿也、

*旬の餅落御
正預當番兼帶

當番正預兼帶之、神前番以下三郎右衛門・久助ニ申付了、明日御神供調進候事、同申付了、雜仕へモ申付者也、御供米從當職下行也、

一、如例夕飯、大神主殿振舞ニ參了、

一、十六日、兼帶御供拜領也、三四也、四ノ御殿給之、

一、廿一日、旬・日並朝夕三度、音樂奏之、

一、白杖二永淳・御幣四守藤・散米五德仲、

一、社司、時廣・祐範・時家・延豐・師治・延通・祐爲・祐長・祐榮・祐定、祐紀、延倫父ノ忌中、中臣氏人不參、大中臣氏人、時久・時重・經長・師勝・時昌・師信・時氏、

一、旬菓子桃・アコタ瓜四、今一種赤小豆切餅代、若根備進也、

一、鹽引代鮑、干鮭代鰑、燒物鮎鮓十三備進了、

一、旬ノ餅以外柔《ヤワラカ》ニテ無正躰、殿々備進難成躰也、三ノ御殿皆落御了、度々下知之處、雜仕所行曲事不及是非、膳部ニハ備進難成ナラハ、不盛メ兩惣官へ可致注進由、兼而度々下知之處、無其

詮調進之事曲事之条、被止出仕了、従若宮モ以常住牒送了、

一、新權神主師治評定云、今日宮廻之砌、手水屋緣ニ神人二三人腰懸テ有之、社中衆往反ニ不立上、隨意之躰限沙汰也、若宮へ可有牒送也、評定、以常住若宮へ被申遣候、雖可被止出仕、只今者先以被加用捨者也、重而者別而可有糺明候条、能々可被仰付者也、

一、兼帶之御供、大東(延通)殿へ送之、延種へ祝儀也、

一、延種長者宣于今無到來也、南曹(竹屋光長)煩敷被仰由也、御無案内故也、

一、於大神主殿館惣社集會有之、社頭御朱印事也、諸社諸寺大少之知行被改御朱印、當將軍樣御朱印可被下由也、依之諸寺社之衆上洛也、從兩(當)社モ早々罷上可然通、從禰宜モ切々申故、爲談合也、

一、廿三日、悲母御忌日、學順房・專長房齋ニ來臨也、

一、廿四日、地藏講、御經二把書寫之、

一、廿五日、月次有之、頭役祐長沙汰之、

八月大

一、一日、旬・日並朝夕三度、音樂奏之、

一、白杖春朝・御幣春賀・散米春右、

一、社司、時廣(中東)・祐範(東地井)・時家(中)・延豐(上)・延通(大東)・祐爲(新)・祐長(辰市)・祐榮(千鳥)・祐定(今西)、祐紀(千鳥)、不參、師治(西)當病、・延倫(富田)忌中、・祐(延)種(大東)未拜賀、中臣氏人不參、
大中臣氏人、時久(中西)・經長(正眞院)・師勝(西)・時昌(中東)・家綱(奥)・師信(向井)・時氏(中西)・時仍(奥)、

一、旬菓子梨子・桃、今一種ノ代赤小豆切餅、

一、鹽引代鮑、干鮭ノ代鯣、燒物鮎鮓十三備進之、

一、若根備進之、

一、去廿一日被止出仕膳部懇望候条、免除了、

一、南市甚三惣禰宜衆へ酒盛之、社中へモ兩種トヒ魚一

雜仕膳部出仕停止
*地藏講
社中衆往反に神人立上らざるは限沙汰
*月次連歌頭役辰市祐長
*旬御供等備進
*見參社司
御朱印改上洛の談合
*膳部免除
*南市甚三酒肴を送る

*板倉勝重へ演說
船戸屋にて每月祈禱祓
*神號東照權現
*今出川晴季の神號に治定
東照權現神殿新造遷宮
神事春日社同前に御沙汰あるべし
*南光坊天海習合にて遷宮沙汰
*吉田兼英面目を失ふ
*公家幷三方樂人多數下向
御神供次第書立持參
使節祐範千鳥祐紀
*叡山門跡御下向
*徳川秀忠への自分御禮は成らず

連・カウノ物二、・樽一荷送之、御神供以後、於船戸屋各參會、酒重疊也、
一、御神供已後、職人禰宜衆六七人來臨、鮓ニテ酒重疊進之、
一、三日、於舟戸屋每月秡有之、頭役一時家・二延豐、取肴ニテ酒有之、
一、五日、於神主館(中東時廣)惣社集會有之、子細者、今度日(下野國都賀郡)光山ニ東照權現家康(徳川)神號、神殿新造、遷宮アリ、然者神供幷神拜候式、當社神事同前ニ可有御沙汰候条、社家二三人罷越可申上候通、中坊左近殿(秀政)へ被仰下故、及談合了、則年中御神供次第書立、可爲持參由也、使節之儀、當職・若神主殿(千鳥祐紀)可罷越由詳(評)義也、予老足、度ゝ及難澁、乍去是非可罷越由、達而承候間、若神主殿同道シテ、六日御神供備進以後、令發足畢、
一、六日、酉ノ下剋、伏見(山城國紀伊郡)へ參着了、則左近殿へ及案内了、

一、七日、從未明板倉殿(勝重)へ參了、烏帽子・直垂也、板倉殿對面ニテ、書立之趣不審、若神主殿讀渡之次第之子細懇ニ演說也、一ゝ被聞屆也、板倉伊賀殿(勝重)得心了、
一、此神號者於京都各御談合、二三被書出、東照權現者菊亭殿(今出川晴季)ヨリ被書出、御意ニ入、是ニ治定了、惣別神號之事ハ從神代之遺跡ニテ、吉田神主(兼英)令懃仕事、累家之相傳也、今度者一圓無爲知、剩遷宮モ叡山(近江國滋賀郡延曆寺)南光坊(天海)習合之儀ニテ沙汰之、吉田失面目次第也、
一、遷宮之砌者公家衆四五十人、南都・北京・天王(攝津國東成郡)寺ノ樂人四十人下向了、叡山御門跡樣一山ノ住僧被召具御下向也
一、八日、將軍樣(徳川秀忠)へ一禮可申上由、左近殿ヨリ申來、惣樣御禮ハ最前ニ申上了、自分之御禮無其詮之条、達而斟酌申候へ共、是非罷出テ可然由、偏ニ宮本ノ外聞、乍太儀同心尤候由、再往被申聞

故、無叮簡令登城處、時刻奏者衆油斷故、時分相過御休息ニテ、御禮不成シテ退出了、

一、九日ニ御禮可相調候条、可致逗留由、左近殿ヨリ度〻御意見ナレトモ、不叶神事有之通申理、下向了、

一、十日、於舟戸屋秡有之、三師治・四延通懃仕之、子細者、此比院様(後陽成院)以外御惱之御祈禱也、御煩者癰ト云〻、諸道之醫者療治評定ト云〻、將軍様以外御驚歎テ、日ニ夜ニ御見舞之使者無間斷、依之社家ニモ御祈禱沙汰之、三方神人中へも申付了、當寺其外諸社諸寺無殘所也、

一、此中於板倉殿當寺之申事裁許アリ、從先年及申事、五師衆ト物様トノ相論也、一門様(一乗院尊政)ノ御時ヨリ以來五師衆恣ニ寺物ヲ被掠置事ヲ、爲惣寺及訴詔、如此成下、年來五師衆私曲現行候条、越度ニ落居了、此中御神供之事、恣ニ下行物奸曲非一、盡〻出納雜仕ゟ言上故、一〻依無其理、

*五師衆曲事に落居
*私曲分千四五百石
*旬御供等備進
後陽成院御惱の御祈禱祓
徳川秀忠御見舞
*旬御供曲事
板倉勝重興福寺五師衆と惣寺申事裁許
*出納代官膳部の出仕を止む

五師衆曲事ニ落居了、此年來之私曲分千四五百石ト云〻、笑止千萬成下、併寺門零落、驚入次第也、

一、十一日、旬・日並朝夕三度、音樂奏之、

一、上役神人如去朔日、

一、社司朔日同前、但師治參懃也、中臣氏人不參、

一、大中臣氏人、時久・時(中)重・經長・師勝・家綱・師信、

一、旬菓子桃一種、殘者以代備進之、蓮備進之、

一、鹽引代鮑、干鮭鯣(代脱)、燒物鮎鮓十三、以外少分也、

一、評定云、鮎以外少分物躰限沙汰也、此時分一段見事鮎出來也、太以曲事也、并菓子一種曲事也、梨子可有之、兼而不致調法、以外無沙汰也、兩條難遁其科故、被止出仕畢、正員者重服之間、代官ヲ被止出仕了、并伏兎・曲以外麁品、毎度下知ヲ不致承引曲事条、當膳部被止出仕了、惣別此比恣之仕合不及是非、今度御神供之儀、重

神供下行恣に量り渡す事停止

ゝ及紕明テ、器物モツルハンニ被定、又承仕相渡事、背法度恣ニハカリ渡ス事被停止、結構ノ下行也、

寺務五師惣寺幷中坊秀政使者立會

則御寺務（喜多院空慶）・五師・惣寺・中坊左近殿使者被相出、憲法沙汰也、往代ニモ無之式也、俵以下迄取之、昔ハ無之儀也、然處出納雑仕以下御神供之事存分ニ致私曲事、太以不可然、連ゝ堅固ニ可有紕明通也、

*御朱印のため伏見逗留の替番

御悩御祈禱結番

一、院様（御陽成院）御悩之儀付御祈有之、従神主被廻之、

定　院御所様御煩付、結番之事

十二日 一番　時廣奉、　祐紀　祐定
十三日 二番　祐範奉、　延通
十四日 三番　時家　祐爲
十五日 四番　延豊　祐長奉、
十六日 五番　師治　祐榮

右守結番旨無懈怠可有參懃者也、仍如件、

元和三年八月吉日

*旬御供等備進

*出納代膳部免除

一、黄衣神人ヲ以テ可被相觸處ニ、小物ニテ被相觸、限沙汰越度也、

一、院御所様御悩トカ御不豫トカ可申儀歟、如何、私之文言也、

一、御神供已後、祐長伏見ヘ罷越了、御朱印之儀付、此中時昌伏見ニ逗留、其替番ニ相越所也、

一、十七日、祐長従伏見歸了、替經長逗留、予代官也、

一、廿一日、旬・日並朝夕、音樂奏之、

一、白杖春朝・御幣《四》春右・散米《六》春格、

一、社司十一日同前、中臣氏人不參、

一、大中臣氏人、時久・時重・師勝・時昌・家綱・師信、

一、旬菓子柿・梨子、今一種ノ代切餅、

一、鹽引代鮑、干鮭代鯣カルモノ、燒物鮎鮓十三、大ニ見事也、

一、蓮備進、

一、去十一日被止出仕出納代・膳部達而懇望候条、

*徳川家康朱印衆は御朱印拜領

*豊臣秀吉御朱印は以後改めらる

*宮本御朱印延引

*旬御供等備進

地藏講

*見參社司

後陽成院崩御

*氷室祭につき樂所幕を貸す

免除了、
一、御神宮(供)以後、祐紀伏見へ被越了、替番也、當替番者權神主時家也、然共女房衆煩故、次ヲ被相催懇望ニテ、祐紀被相越了、
一、酉ノ下剋ヨリ大雨風也、戌刻ニ止了、
一、廿二日、戌刻、經長伏見ヨリ被歸了、御朱印之儀于今無拜領也、所々方々皆伏見ニ逗留ト云々、
一、廿三日、悲母御忌日、專長房齋ニ來臨也、學順房ハ他行ト云々、
一、廿四日、地藏講、御經ニ把書寫了、
一、江戸將軍樣去六月ニ御上洛、于今伏見城ニ御座也、
一、廿六日、院御所樣御崩御、四十七、御煩癰瘡ト云々、醫者療治名人共事盡了、諸寺社社(衍)御祈禱、將軍樣御機遣無是非也、晝夜御使無間斷ト云々、名(明)王古今無雙、諸藝ノ御達者也、天下暗時也、
一、御朱印于今無拜領、若神主伏見ニ逗留也、
一、廿九日、御朱印拜領衆有之、是者大(徳川家康)御所樣御朱印被下タル衆也、太閤(豊臣秀吉)樣ノ御朱印其以後可被改由也、依之宮本延引也、

九月大

一、一日、旬・日並朝夕・臨時四種名主延通(大東)、四度、音樂奏之、
一、白杖三〔二〕永淳・御幣利尚・散米四守藤、
一、社司十一日同前、但祐紀(千鳥)不參、伏見(山城國紀伊郡)ニ逗留也、中臣氏人不參、大中臣氏人、時久(中西)・時重(中)・經(正眞院)長・師勝(西)・家綱(奥)・師信(向井)、
一、旬菓子梨子・柘榴、今一種切餅代也、
一、鹽引代鮑、干鮭(代脱)鰑、燒物鮎鮓十三備進也、
一、本社旬祝詞以後、時廣(中東)若宮へ渡テ旬備進了、
一、從樂所以使云、今日氷室祭、音樂奏之間、幕借用有度申來了、當社幕惣別山門不出ナレトモ、

臨時御供音樂奏さず
*節供神戸三橋庄西殿庄
*小田中庄闕如吐田庄延引
*見參社司
東照宮遷宮の儀につき右方左方申事
鏡明神祭夜宮
*職人禰宜衆酒飯
*大宮神主嘉例日中飯
三橋出納若宮茂兵衞
*旬御供等備進

神事之条、許可云〻、
一、臨時御供、音樂不奏之、不審故、以常住被相尋處、次第ニ役者有之、然者無沙汰ニテ樂不存候条、其段遂糺明之間、可預御分別候由返事也、重而其段神前ニ不存儀也、其方内〻事追而可被穿鑿、先神事違亂不可然通被申遣處、尤之儀意得存由返事、然處兎角遲〻シテ時移了、今度日(下野國都賀郡)光山之儀付、右方・左方及申事不和之故、如此之儀モ出來ト云〻、私之意趣ヲ於神前臨期ニ違亂、恣之沙汰也、先以當日神事無爲珍重也、
一、二日、鏡明神祭夜宮參詣了、
一、六日、當番參社候、參籠者祐長(辰市)沙汰了、
一、七日、祐父(東地井)御忌日、學順房・專長房齋ニ來臨了、以外風雨故社參不叶、祐長代官ニ參懃了、
一、八日、風雨故、不參了、
一、三橋(大和國添上郡)出納若宮茂兵衞兩種木練十五・エソ(鮹)五、持參了、酒給之、

一、九日、御節供、音樂奏之、
一、日並朝夕・神戸六本立名主神主(中東時廣)、・三橋六本立名主兩惣官(中東時廣・東地井祐範)、・西殿庄(大和國宇陀郡)同節供
本式、名主正預(東地井祐範)、以上五度、
一、小田中(大和國山邊郡)闕如、吐田庄(大和國葛上郡)來正月迄延引、
一、社司、時廣・祐範(東地井)・時家(中)・延豐(上)・師治(西)・延通・祐長・祐榮(千鳥)・祐定(今西)、不參、祐爲(新)隨意、・延倫(富田)重服、・延種(大東)未拜賀、祐紀御朱印之儀ニ此中伏見ニ逗留也、
一、支配、神戸一二・三橋三四・西殿庄五六、
一、本社神戸祝詞以後、神主若宮へ渡テ節供備進、三橋・西殿庄迄備進之、先規無違儀也、
一、二ノ御殿日並朝夕樂所下行也、
一、御神供已後、如例職人禰宜衆飯・酒アリ、社中、正眞院殿(經長・經忠)父子・奥殿(家綱)來臨也、
一、十日、如例神主殿日中飯、惣社參會也、
一、十一日、旬・日並朝夕三度、音樂奏之、
一、白杖二永淳・御幣三利尚・散米四守藤、

一、社司九日同前、中臣氏人不參、
一、大中臣氏人、時久・時重・經長・師勝・家綱・時氏（中西）、
一、旬菓子《上》柿《次》・梨子《次》・柘榴、
一、鹽引代鮑、干鮭《代》鯣、燒物鮎鮓十三備進了、
一、本社旬祝詞已後、神主若宮渡テ旬備進也、
一、十三日、將軍樣（徳川秀忠）江戸へ御歸國、諸大名各歸國也、
一、十四日、若宮神主（千鳥祐紀）從伏見歸宅、御朱印相調了、一巻ニ有之、兩御門跡樣（一乘院・大乘院）・御良家中・興福寺・宮本・衆中一巻ニ被書載御朱印アリ、喜多院樣（空慶）へ被相渡了、并寺門諸事掟一書ニテ思召御書判、是モ喜多樣（喜多院空慶）へ被渡置者也、御朱印書寫テ拜領也、本文者寺社之間ノ藏へ可被入置旨也、
一、十六日、恆例秡於三十八所屋有之、頭役祐紀、酒飯濟〻也、
一、廿日、院（後陽成院）御所樣御葬送也、如先例泉涌寺（山城國愛宕郡）へ也、
今度之御雜作入目、從將軍被仰付、板倉伊賀（勝重）殿・伊丹紀伊介（喜之助康勝）殿奉行ニテ被相調ト云〻、先代ニモ過テ結構ト也、路次中辻堅メ大名衆ニ被仰付沙汰之、
一、廿一《二》日、旬・日《三》並三度、音樂奏之、
一、白杖永淳・御幣利尚・散米守藤、
一、社司、時廣・祐範・時家・延豐・師治・延通・祐爲・祐長・祐榮、祐紀、不參、延倫重服、・祐定煩、・延種未拜賀、中臣氏人不參、
一、大中臣氏人、時久・時重・經長・師勝・家綱・師信、
一、旬菓子《上》柿《次》・柘榴、今一種赤小豆切餅代ニ備進之、
一、鹽引代鮑、干鮭代鯣、燒物鮎鮓十三備進了、
一、評定云（權神主（中時家））、今日朝御供ニ柿無備進事之通也、旬ニ備進也、今時分世上流布ノ處、隨意ニ沙汰也、從明日可致備進由下知了、
一、末ノ社司三人不參候条、若宮へ不可被渡由、以常住若宮へ牒送了、

*旬御供等備進

*見參社司

徳川秀忠江戸へ御歸國

御朱印相調ふ
兩門跡朱印以下一巻に載せ喜多院空慶へ渡さる

寺門諸事掟御書判

本文は藏へ入れ置く

三十八所屋にて恆例祓

後陽成院泉涌寺へ御葬送

板倉勝重并伊丹康勝に奉行を仰付けらる

*城戸堂鎮守遷宮法樂連歌興行
*三十八所社
*安養寺
地藏講
關高清連歌興行
奈良中三萬度上米御免許祈禱
中東時廣口切茶會
大柳生免につき集會
*旬御供等備進
*見參社司

一、大東（延通）殿振舞、延種旬御供始而拝領故也、終日種々馳走也、
一、廿三日、悲母御忌日、學順房齋ニ來臨也、専長房ハ他行也、
一、廿四日、地藏講、頭役正預、御經三把書寫之、
一、廿五日、如嘉例關才次郎（高清）興行、此中女房衆煩以外大事也、乍去平愈滿足トテ、終日馳走共也、
一、奈良中三萬度沙汰了、今度御上米致侘事處ニ、將軍樣被聞下御免許祈禱也、社中へモ三木トテ、大樽貳ツ送之、拜殿・三方禰宜中へ送之ト云々、
一、廿六日、大神主殿（中東時廣）口切、種々振舞也、茶一段也、
一、廿七日、於神主館集會有之、子細者、大柳生（大和國添上郡）免之儀也、以外存分ニ申候處、不事行、四舛半免可給由言上了、
先日奈良ヨリ送ル酒各賞翫、禮一樽殘而有之、
一、廿八日、關才次先會爲禮、大樽一持參了、女房衆彌々本服、祝着ト云々、

一、廿九日、城戸ノ堂鎮主遷宮以後法樂トテ興行、
ゆく秋のぬさとり〱の紅葉哉
終日振舞、馳走不及是非也、大御酒也、鎮守ハ三十八所ト云々、寺號安養寺、御本尊阿彌陀、行基御作ト云々、
寺ハ平城天皇ノ比ヨリ有之云々、縁記（起）アリ、先年當所寺々へ知行被相寄時、三十石御寄進也、國替以前迄ハ六十石餘有之ト云々、
一、於大神主殿惣社參會也、日中飯有之、先度奈良ヨリ樽殘リ有之故如此也、雨下故予不出仕也、然處ニ乘物迎ニ給候条、罷出了、終日慰了、

十月小

一、一日、旬・日並朝夕、音樂奏之、
一、白杖二春朝・御幣四春右・散米五春久、
一、社司、時廣（中東）・祐範（東地井）・時家（中）・延豐（上）・師治（西）・延通（大東）・祐爲（新）・祐長（辰市）・祐榮（千鳥）・○祐定（今西）、祐紀（千鳥）、不參、延倫（富田）重服、・

延種(大東)未拜賀、中臣氏人不參、大中臣氏人、時(中

*送物の器物

西)久・時重(中)・經長(正眞院)・師勝(西)・時昌(中東)・家綱(奥)・師信(向井)、
一、旬菓子柿(上)・柘(次)榴、今一種赤小豆切餅備進了、
一、鹽引代鮑、干鮭代鯣、燒物鹽鯛一備進了、

*船戸屋にて毎月祈禱祓

一、權神主時家評定云、去月廿三日朝御供燒物鯖備進候處ニ、無正躰損〆、既ニ中骨折レタル物備

*月次連歌頭役祐範

進曲事由披露也、近比隨意至、自然時ニ至テ大小ハ遠慮有之モ有來儀也、中骨折テ疵付タル物躰備進曲事トテ、被止出仕了、代官モ猶以曲事也、縦出納無沙汰仕共、代官トメ善悪ヲ可致糺

*亥の子餅

明由、度々下知候處、如此之所行不可然トテ、同出仕停止了、
一、當旬燒物以外少分之物躰備進候、殿々同前也、神主(中東時廣)備進ノ夕御供之燒物同前也、曲事候条、出納被止出仕了、

*旬例の如し

一、旬送物ノ酒、近年以外恣之沙汰、如形送之、近比不謂、如先規可致沙汰由、兼而牧務衆ヨ(リ)□下

*月次連歌

知候處、畏通也、然者器物ハ長合欤十合欤、先規不存候条、得御意可送申由申之、其段舊記被相尋可申付、其間者出納被預置、以牧務被申付候条、今日不送之、
一、三日、毎月秡於舟戸屋有之、頭役祐爲五・祐長六、酒有之、
一、四日、月次連哥沙汰之、予頭役、七月延引分也、
一、六日、當番參懃、參籠者祐長沙汰之、
一、七日、祐父(東地井)御忌日、學順房・專長房齋ニ來臨也、
一、今日、亥ニ相當、嘉例之餅用意、社中、大神主(中東時廣)殿・若宮神主(千鳥祐紀)殿・形(刑)部殿(西師勝)・治部(中東時昌)殿・今西(祐定)殿・藤(正眞院經忠)賀殿、禰宜衆、安右衛門・三郎右衛門・勘三郎・竹松・久助子、正眞院殿(經長)・加藤左衛門(永益)・左近左衛門田舍へ下向也、奥殿(家綱)へハ餅・酒送之、
一、十一日、旬如例、雨下故、老足不自由之条、不參了、神前之式不記之
一、十八日、月次、於時廣有之、

旬御供等備進
見參社司
*千鳥祐紀美濃國下向
*大柳生百姓逃散
*柳生宗矩曖に同心せず
若宮庭主典隨意ヤリ袖
*旬御供等備進
*見參社司

一、十九日、亥ノ子餅、時廣沙汰之、參了、
一、廿一日、旬・日並朝夕、音樂奏之、
一、白杖春朝《二》・御幣春久《五》・散米《六》春格、
一、社司、時廣・祐範・時家・延豐・師治・祐爲・延通・祐長・祐榮・祐定、祐紀、不參、延倫重服、・延種未拜賀、中臣氏人不參、
大中臣氏人、時久・時重・經長・師勝・時昌、
一、旬菓子《上》柿《次》・柘榴、今一種赤小豆餅代ニ備進之、
一、鹽引ノ代鮑、干鮭代鯣、燒物鹽鯛一、
一、評定云、鹽引幷干鮭代ニテ備進、時分柄不可然、來旬者何モ可致調進旨下知了、
一、若宮出仕之砌、庭主典ヤリ袖ニテ御殿ノ北方掃除之、社家出仕ヲ見ナカラ、立ナカラ隨意之躰曲事候条、則可被止出仕儀ナレトモ、只今者被加遠慮、以來之儀堅以可被仰付旨、以常住若宮へ牒送了、返條者、今日之儀御遠慮畏入候、向後之事堅可申付由也、

一、廿三日、悲母御忌日、學順房・專長房齋ニ來臨也、
一、於若宮神主殿亥子餅有之、參了、
一、廿四日、地藏講延引、若神主殿（千鳥祐紀）壇〔檀〕那爲見舞美濃國へ下向了、
一、大柳生（大和國添上郡）百姓共逃散了、子細者、當毛免ノ事也、種々及糺明了、此中柳生又右衛門殿（宗矩）曖也、然共一圓百姓ニタノマレ恣之儀共故、無同心、相破了、田地刈上沙汰之、何共調法事盡了、所務可爲無足歟、

十一月大

一日、
一、旬・日並朝夕、音樂奏之、
一、白杖永淳《二》・御幣利尙《三》・散米守藤《四》、
一、社司、時廣（中東）・祐範（東地井）・時家（中）・延豐（上）・延通（大東）・祐爲（新）・祐長（辰市）・祐榮（千鳥）・祐定（今西）、不參、師治（西）在田舍、・延倫（富田）重服、・延種（大東）未拜賀、祐紀（千鳥）下國、中臣氏人不參、

大中臣氏人、時久(中西)・師勝(西)・時昌(中東)・師信(向井)・時氏(中西)、
若宮神主(千鳥祐紀)不參之由、以常住牒送之、
一、大社旬祝詞以後、神主時廣若宮へ渡テ旬備進之、
一、旬菓子上柿・次柘榴、今一種赤小豆切餅代ニ備進之、
一、鹽引・干鮭備進、燒物鹽鯛一備進了、
一、先段被止出仕神人免除之事、以常住披露、前後之儀及評定次第之条、出納左近并下代免除了、出納孫左衛門被殘了、是ハ惣樣へモ不致侘事故也、
一、六日、當番參社了、參籠者祐長沙汰之、
一、七日、祐父(東地井)御忌日、學順房・專長房齋ニ來臨也、
一、十一日、旬・日並朝夕三度、音樂奏之、
一、白杖二永淳・御幣四守藤・散米五德仲、
一、社司去朔日同前、中臣氏人不參、
大中臣氏人、時重(中)・經長(正眞院)・師勝・時昌・家綱(奥)・師信・時氏、
一、若宮神主不參之由、以常住披露了、

一、本社旬祝詞以後、末社司氏人同道シテ、神主時廣若宮へ渡テ、旬備進之、
一、旬菓子上柿・次柘榴、今一種赤小豆切餅代ニ備進了、
一、鹽引・干鮭備進、燒物鹽鯛一、
一、先段被止出仕出納孫左衛門、依懇望免除了、
一、惣一殿(東地井祐範室)煩付、爲祈禱千座秡并三木鈴一雙、釆女殿(千鳥祐榮)被持了、御懇之儀也、
一、同祈禱トテ拜殿八乙女立之、三木樽一荷送之、
一、勝南院(琳順房)殿藥ニテ少驗也、始末機遣也、
一、廿日、午剋、惣一殿(東地井祐範室)於靍女死去、七十三、此中種〻苦勞、無其詮也、本家ニテ忌中、左馬助(辰市祐長)諸事申含了、予ハ輕服之条、東ノ局ニ閑居了、甚三召具、朝夕沙汰之、
一、廿二日、葬送、引導新禪院へ憑申者也、役者僧七人、大方心底事盡者也、殘多愁歎不殘也、
一、廿七日、若宮祭禮、如例年執行也、
一、春日祭、京都之儀伺申ノ處、被付社家通御返事、

*出納孫左衛門免除
出納左近免除
*惣一煩のため祈禱千座祓
*拜殿八乙女を立つ
*勝南院藥
*惣一死去
旬御供等備進
*惣一葬送
*引導新禪院
*若宮祭禮
*春日祭は社家に付せらる

*雑仕歳末
後日能なし
旅殿を壊つ
*職事歳末
*觸穢終る
*散花
*五十日魚食禁制
*法華經讀誦
*地藏本願經書寫
旬例の如し
社頭諸事に正眞院經長を雇ふ
年頭御供下行

院(後陽成院)御所様御崩御故也、
一、後日能無之、是モ院崩御故也、
一、廿九日、旅殿壊之、人足如例職人衆出之、廿八日ニ可壊之處ニ、旅所へ田樂打入故、如例廿九日ニ壊之、

十二月

一、一日、旬如例、
一、予・左馬助(辰市祐長)指合候条、諸事社頭之義、正眞院(經長)殿雇之、於彼宿所、御神供萬〻始末頼入了、
一、歳暮、神前替物、其外諸下行於正眞院沙汰之、何モ如例年無相違者也、
一、年頭神供、宵御供、御强四ケ度、出合三度、六日大田(大和國式上郡)節供、本式、従六日至十日當番、十五日御粥迄、如例年雑仕方拾石五斗下行相濟了、
一、出納方下行、如例年相濟了、
一、油下行同、作手方下行如例、

一、廿六日、雑仕歳末、圓鏡二面・酒六升兩瓶子上之、使ニ十文給之、
廿八日、職事歳末、圓鏡一面・大根一把・一瓶上之、
一、十二月廿日、觸穢日限廿日終了、散花沙汰之、五十之間、魚食禁制、毎日法花經讀誦之、地藏本願經一部書寫之、惣一殿(東地井祐範室)爲菩提也、日〻愁歎〻〻、

(異筆)「墨付四拾七枚」

（原表紙）

着到續番也、白散拜領之、
副番織番、神主方也、
「（異筆）大東家」

元和四戊午年記

廿八日、廿九日、小雨、
大晦、終日大雨、元日、曉天止之、
七日、終日雨下、
十日、大雪、
十四日、終日雨、十五、晴、

正預從三位祐範（東地井）（花押）七十□（七）歳

（縦二五・四糎・横一九・五糎）

年頭書上

長者殿下（昭實）二條殿　南曹辨（光長）竹屋殿

寺務喜多院殿權僧正空慶

權別當松林院家權僧□□□（正實性）

五師

窪轉經院延宗房　明王院尊識房

三學院顯實房　妙德院堯恩房

摩尼珠院香賢房

兩物官

神主時廣（中東）從三位　正預祐範（東地井）從三位

若宮神主祐紀（千鳥）從五位上

權官

一 權神主時家（中）　二 神宮預延豐（上）

三 新權神主師治（西）　四 次預延通（大東）

五 權預祐爲（新）　六 權預祐長（辰市）

七 權預祐榮（千鳥）　八 加任預延倫（富田）

九 新預祐定（今西）童形、　十 新預延種（大東）童形、

南鄕常住春房（梅木）

北鄕常住金市（大宮守通）

若宮常住上番　下番春種（若宮）

南鄕氏人

延（上）經高童形、　祐昌同、三歲、

北鄕氏人

左京亮時久（中西）　宮內少輔時重（中）

大膳亮經長（正眞院）　刑部少輔師勝（西）

治部少輔時昌（中東）　民部少輔家綱（奥）

中務少輔師信（向井）　散位時氏（中西）　時仍（奥）童形、
經忠（正眞院）同、　時房（中東）同、

南郷神殿守

正月十八日死去、八十八、春兄　七月六日、死去、八十三、春朝　三月五日死去、七十八、春賀
茸ヲ食、毒ニ當テ、俄ニ死了、七十六、八月二日死去、春右　九月十九日死去、春久　一　春格《タチ》　新補　二　春重
六　三　春在

北郷神殿守　　四　春祇《マサ》

永伊　永淳　利尚　守藤　徳仲　基慶　　五　春玉
六　春經

元和四年正月、天下太平、寺社繁昌、幸甚〻〻、

正月小

*船戸屋祝儀

一、元日、船戸屋祝儀、酒・餅以下如例年従當職沙汰、予父子不參之条、諸事社頭之義、正眞院殿經長爲代官懃仕之、

*旬節供例の如し

一、旬・日並・節供等如例年ト云〻、
一、二、三日、一獻同前、

*御魚始

一、四、（日脱）御魚始、従當職如例年旬御神供出之、當年者當方衆新殿（祐爲）一人迄也、

*兩門跡寺務權別當へ代官參賀

一、參賀、兩御門跡（一乘院・大乘院信尊）・寺務（喜多院空慶）・權別當（松林院實性）へ、爲代官正眞院殿參上了、
一、六日、當番始一獻酒、如例惣社參會、大御酒ト云〻、

*若菜の祝儀

一、七日、若菜如例、
一、八日、北郷方、若宮神主殿（千鳥祐紀）退出了、

*本宮登山

一、九日、本宮登山、一獻酒如例、

*旬例の如し

一、十一日、旬・日並如例、従雜仕旬御飯大菜桶ニ上之、六枚膳二膳・四枚膳二膳下行也、使ニ十文給之、
一、去八日、本六種鍛冶方へ下行、社頭へ請ニ來者也、

大宮神主千壽萬歳
*地藏講
爆竹を作らず
曉天御粥
*旬例の如し
*春朝南鄉神殿守一﨟補任
節供松本庄
*春日講頭役西師治
恆例祓
*呪師走なし
*薪能なし
南鄉神殿守一﨟春兄死去
*當番酒
春朝一﨟轉任
春賀二﨟轉任
*諒闇時春日祭の舊記

一、十三日、於神殿（主脫）（中東時廣）千壽萬歳、日中飯惣社參會、予父子不出也、
一、十四日、殺竹《サキチャウ》不作之、局ノ方注連燒ソト沙汰之、
一、十五日、御粥用意、各食之、曉天御粥役正眞院殿參懃了、
一、今日、松本（大和國添上郡）節供并朝御供一膳大工方へ下行、社頭へ請ニ來者也、神主方同前、
十六日、恆例秡有之、頭役一（中）時家・二（上）延豐懃仕之、
不參之間、神前之事不記之、
一、十八日、一﨟春兄死去、八十八歲、
一、二﨟春朝一﨟ニ轉任、爲祝儀樽一荷上之、使職事、卽躰煩也、
一、春賀二﨟ニ轉任、祝儀トテ、鈴一雙上之、
一、新（春重）神殿守鈴一雙持參了、補任何モ未出之、
〔一〕□廿三日、悲母御忌日、學順房・專長房齋ニ來臨也、

一、廿四日、地藏講、出仕不申、服中故也、

二月大

一日、旬如例、不參之条、神前之義不記之、
一﨟春朝補任出之、任料無一途、爲祝儀鈴一雙送之、
一、四日、春日講、頭役師（西）治沙汰之、予父子服者故、無出仕也、
一、五日、咒師走無之、院（後陽成院）樣去年九月廿（八）六日崩御、
依諒闇薪能無之、
一、六日、當番、嘉例一獻酒、於船戸屋沙汰之、當番衆并職人神人四五人也、大炊下部二人來テ酒給之、
一、當番・參籠、經長代官（正眞院）ニ懃仕之、渡屋ニ參籠了、
當季春日祭執行可有如何由、先日於關白樣（二條殿）（昭實）雖及御談合、諒闇ニ執行之先規不分明、一途無之、

*見參社司

社家舊記相尋可申上之由、冷泉(爲滿)殿權神主時家(中)ニ被仰渡候条、舊例尋候条、則大永七年・文祿二年兩度ノ舊記寫遣之、何モ依諒闇春日祭無之者也、薪能以下モ無之、

春日祭停止廻文

一、七日、祐父(東地井)御忌日、學順房・專長房齋ニ來臨也、十日、春日祭廻文、北郷職事神人、黃衣ヲ着メ觸之、當季祭、院(後陽成院)御所樣去年八月廿六日崩御、御葬送者九月廿日、如例泉涌寺(山城國愛宕郡)也、依諒闇諸事御停止ト云〻、南曹(竹屋光長)御返書・廻文等祭記ニ載之、

旬例の如し

一、十一日、旬如例、不參之条、神前之式不記之、

一、十二日、晝夜大雨、

*神供下行聊爾を樂所訴ふ

一、十五日、大雨、終日不止也、

吉服社參

一、雨下、廿一日、吉服、社參了、無程九十日モ過、夢中ノ夢也、

旬御供等備進

一、旬・日並朝夕、音樂奏之、

一、白杖春右三・御幣春久四・散米春格五、

一、社司、時廣(中東)・祐範(東地井)・時家・延豐(上)・師治・延通(大東)・祐爲(新)・祐榮(千鳥)・祐定(今西)・延種(大東)、祐紀(千鳥)、不參、祐長(辰市)重服、・延倫(富田)同、中臣氏人不參、大中臣氏人、時重(中)・經長・師勝(西)・時昌(中東)・家綱(奥)・師信(向井)、

一、旬菓子上野老次・山芋次・串柿、

一、鹽引・干鮭備進、燒物鹽鯛一備進之、

一、神前笠役北郷職事、笠ハ神主(中東時廣)ヨリ出之、

一、旬御幣奉獻役延種幼少之条、祐榮助役沙汰了、

一、沓・イケ(藺下下)ヽ・大フト(太)・コンカウ(金剛)以下、職事神人直之、兩社同前、三ノ御殿、串柿・伏兎二坏マキレテ後殿へ下之、則宿直人持行テ渡之處ニ、不請取シテ、寺侍ヲ以テ牒送云、宿直人神供ヲ持來事無之、每度如此聊爾之沙汰、於樂所不能分別由申テ、夕御供下樂不奏之、返條云、只今御神供マキレタルヲ、宿直人ニ持行テ可渡由、神前ニ不知、不申付、只宿直人分別ニテノ可爲

*旬御供等備進
*見參社司
忠左衞門子藤滿神人補任
中坊秀政祈禱師
*御膳役
於鴦百ケ日

沙汰、則神人ヲ以テ送遣之上者不可有別通返事、音樂無異儀也、酉下剋ヨリ大雨風、終夜不止也、

一、廿二日、雨大下也、風ハ止了、

一、廿三日、雨、悲母御忌日、專長房齋ニ來臨也、學順房ハ他所へ讀經ニ被出了、

一、廿四日、雨午剋ヨ(リ脫)止了、地藏講不出、御經取寄テ、二把書寫了、

一、廿一日、忠左衞門子藤滿五才、補任出之、任料本式ニ出之、中坊左近殿(秀政)祈禱師神人故、扶助有故也、乍去貳石納之、殘四斗加用捨了、

一、廿二、忠左衞門尉子ヲツレテ禮ニ來了、樽一荷持參、盃出之、

晦日、惣一殿(東地井祐範室)於鴦(×八)女百ケ日、法花同音、出家八人、羅漢供沙汰之、

今日彼岸ノ入、佛事得其時了、

三月小

一、一日、旬・日並朝夕、音樂奏之、

一、白杖永淳・御幣利尙・散米守藤、

社司、時廣(中東)・祐範(東地井)・時家(中)・延豐(上)・延通(大東)・祐榮(千鳥)・祐定(今西)・延種(大東)、祐紀(千鳥)、不參、師治(西)隨意、・祐爲(新)同、・祐長(辰市)重服、・延倫(富田)同、中臣氏人不參、

大中臣氏人、時久(中西)・時重(中)・經長(正眞院)・師勝(西)・時昌(中東)・家綱(奥)・師信(向井)・時氏(中西)、

一、旬菓子野老・山芋・串柹、

一、鹽引・干鮭備進、燒物鹽鯛一備進之、

一、二ノ〇御殿旬役斟酌之子細者、副役社司幼少故、御ヲ膳《モノ》役不成、予又老足難堪故辭退之、權神主時家參懃也、下《ヲリ》役ニハ參懃、末社司何モ一向若年、諸役事〻機遣也、上衆不參、隨意仕合、笑止義也、

一、以常住下知云、來節供之出納幷雜司御神供無越

節供西殿庄代
福智庄奄治庄

*神殿守一人參
勤

*春右私勸進能
にて旬參闕勤

雜司調進の餅
等麁品

*出仕を止む

度樣、結構ニ可致奔走通被加下知了、
一、夕飯如例節供之祝儀沙汰之、御出之衆如例也、
曉天ヨリ雨、御神供之時止了、
一、三日、御節供、日並朝夕・四種（大和國宇陀郡）西殿庄節供代、名主神主方、（中東時廣）・
神戶福知庄（大和國添上郡）、名〔主脫〕祐長・師勝、・奄治（大和國山邊郡）名主祐範、音樂奏之、
一、社司、時廣・祐範・時家・延豐・師治・延通・
祐爲・祐榮・祐定・延種、祐紀、不參、祐長重
服、・延倫同、中臣氏人不參、
大中臣氏人、時重・經長・師勝・時昌・師信、
一、一ノ御殿日並朝夕樂所へ下行也、
一、福知兩出納船戶屋へ來テ云、神戶重《カサネ》ノ餅以外麁
品致調進之条、於此□〔分〕者神前ニテ可被成御糺明
之間、仕直申セト雜司へ返進申候處、如此候、
最前ノヨリハ大キニ仕候、乍去以外軟《ヤハラカ》ニテ盛上《アケ》
テ、可爲如何候哉トテ持參了、申處尤也、乍去
既仕直事、先以珍重也、及臨期之間、先以不苦
樣ニ盛テ可然由返答了、曲《マカリ》モ散〻ニ折申候、是
者伏兎粉惡《アシク》テ調法難成故、此通之趣、兩條出納
子細ニ言上了、雜司諸行一〻曲事、不治于今次
第、
右之条〻、於神前及評定、以來者被遂糺明、雜
司ニ不申付、別段ニ可有熟調、可致其覺悟通下
知了、
一、南鄉職事來テ云、神殿守一人參懃申候、一﨟・
二﨟ハ舊冬ヨリ病氣、行步一圓不叶、三﨟ハ勸
進能ニ他行、四﨟・六﨟二人ハ現病以外之由也、
一人迄ハ新儀不可然、煩之段尤也、乍去當分神
前新儀出來不可然之間、同者參懃仕候へト達而
申付處ニ、四﨟參社シテ神事無爲也、一﨟春
朝・二﨟春賀從舊冬病氣、行步一切不叶、四
﨟・六﨟現病以外也、乍去四﨟難儀ナカラ參懃、
神忠也、三﨟春右者達者、方〻へ往反、先年モ
不參シテ旬參事闕了、其砌重而遠他行不可叶通
堅以下知候處、又如此致隨意曲事トテ、被止出

勸進能にて神人神役闕如
*旬御供等備進
*見參社司
大宮神主嘉例日中飯
八講屋にて大般若經信讀
若宮楠木吹折れ燈籠顛倒
*旬御供聊爾

仕了、私之歡(勸、以下同ジ)進能以下ニハ自由遠他行シテ、神
前之所役事〻致闕如、太以曲事也、猶以恣之於
沙汰者、神殿守ヲ可召放旨也、
支配、神戸一二・奄治三四・四種西殿庄五六拜
領了、
御神供已後、夕飯如嘉例、職人禰宜衆來了、萬
多歡進能ニ行テ無人也、
一、四日、如例神主殿日中飯、物社參會、出仕了、
一、六日、當番參社、從今夜櫟屋ニ參籠了、
一、七日、祐父(東地井)御忌日、學順房・專長房齋ニ來臨了、
恆例大般若信讀於八講屋有之、神役如例、神宮
寺之御前ヲ通テ、若宮へ參懃也、
□〔一、〕九日、大雨風、雷、若宮楠木枝吹折、灯呂四五
基顛倒了、社頭奉行參社シテ、卽時ニ切退之、
一、十日、夜、櫟屋へ、教圓房・久左衛門野田(守理)・三郎右同
衛門、彌左衛門雜司、各一種一瓶ツヽ、持參了、種〻
肴共懇志不淺、數剋對談、心〻ノ酒肴ニ數返、

及夜半了、
一、十一日、天晴、旬・日並朝夕、音樂奏之、
白杖永淳二・御幣守藤四・散米德仲五、
社司、時廣・祐範・時家・師治・延通・祐爲・
祐榮童形、・祐定同、・延種、祐紀、不參、延豐・祐長重
服・延倫、中臣氏人不參、
大中臣氏人、時久・時重・經長・師勝・時昌・
家綱・師信・時氏、
一、旬菓子野老上・串柿次、今一種赤小豆切餠ヲ代ニ備
進之、
一、鹽引・干鮭備進之、燒物鹽鯛一備進之、
□〔一、〕從若宮旬神供被出之、常住ヲ以テ披露了、四五
六拜領之、
□〔一、〕評定云、旬串柿以外少分之物躰備進之、其上山
芋萬多流布之處、一種以代、曲事也、串柿ハ日
並ニ備進ノ柿ヨリ小キ物調進、以外所行、爲以
來不可然、可被處科怠由種〻及評定、然共先此

*喜多院空慶栂尾開帳
*春日住吉兩明神明惠上人像三幅對
*住吉慶忍筆
春右免除
*維摩會御遂業以後開帳先規
*御驗記
春日祭群參
*鹿萬多來集
*栂尾住山僧
祭禮執行なし
正桂月次連歌

度者可被加遠慮由助言有之故、下知迄也、并伏兎・和布・大根・蓮以下盛樣致聊爾故、既備進及難治、以來能〻念入無異〔義〕ゥ樣可致調進由被加下知了、臨期ノ奔走不可然儀也、幷餅度〻調進無正躰團子ノ樣也、以來結構ニ可致通、雜司ニ下知了、

春右去節供神役闕如曲事トテ、被止出仕了、然共向後者無越度社役可致懃仕由懇望之条、免除了、三月節供神殿守所役之事無案內故、不致覺悟、越度不及是非由也、

一、亥剋ヨリ大雨、終夜不止也、

一、十二日、春日祭、群參、依大雨不參故、神前之式不記之、

當季祭禮院（後陽成院）御所依諒闇無執行也、

十四日、月次出座、頭役淸次、於正桂宿所沙汰之、酉剋ヨリ雨下、歸路雨也、

一、十五日、從曉天大風、二時ハカリ吹了、明テヨリ雨也、

一、十六日、栂尾（山城國葛野郡高山寺）開帳、喜多院（空慶）殿御沙汰、風雨止、天氣快然也、

此圖像者、當社大明神・住吉大明神、明惠上人（高辨）ヘ御對面之砌、住吉法眼（慶忍）奉圖繪之、則上人ノ御形ヲモ書副、三幅ニ成就了、栂尾ニ安置、興福寺ノ進旨（止）也、開帳者兩御門跡（一乘院・大乘院）・喜多院殿、何モ維摩會御遂業以後御沙汰先規、尤尊敬ノ義也、此圖繪何比年記モ不慥、傳來之由來モ不知也、御驗記ナトニモ不被書載、乍去重代之靈寶、都鄙奉仰之者也、

一、今度奇特アリ、鹿當日萬多來集、萬人驚歎之、幷栂尾住山僧一人俄ニ不レ見ヘ、方〻相尋處ニ、山ノ奥ニ足駄・杖ナトハ有テ、即躰無之、三日後小原（山城國愛宕郡大原）ヨリ歸山、無殊儀、主語テ云、別ノ子細不知、產屋ノ火ヲ食シタル、左樣ノ御トガメ歟ト云〻、諸人奇異ノ思ヲ成ス、難有儀也、

一、曉天、開帳、御講問如例ト云〻、講師花嚴院了識房、辰市息（祐敍）、問者龍雲院琳舜房、御院主（喜多院空慶）御法談、殊勝〻〻、傳聞了、

御講問あり

一、予老足故參詣不叶、祐長モ重服ノ中ニテ不致參詣、殘多義也、

一、廿日、於（東地井祐範室）靏女忌日、法花五六ノ巻讀誦、廻向了、

＊地藏講

□□一、廿一日、旬・日並朝夕、音樂奏之、

旬御供等備進

一、白杖二永淳・御幣三利尙・散米四守藤、

＊高安重政源氏物語新調

一、社司去十一日同前、但延豐參懃也、

中臣氏人不參、

大中臣氏人、時久・時重・經長・師勝・家綱・師信・時氏、

＊中東時廣夢想連歌興行

一、旬菓子上野老・次山芋・次串柿、

一、鹽引・干鮭備進、燒物鹽鯛一備進之、

一、評定云、音樂田御供無備進事不謂也、其上式日タル間、可有備進處ニ、無沙汰曲事也、無備進者不調子細ヲ兩惣官（中東時廣・東地井祐範）幷名主へモ可有言上處ニ、

音樂田御供備進なし

無故闕如、重〻恣之仕合不可然、來朔ニ可致備進通被加下知了、

一、廿三日、悲母御忌日、學順房・專長房齋ニ來臨也、

一、廿四日、地藏講、予頭役、經木十把四本結・茶一器・煎大豆一盆出之、依用所不出仕也、

一、同日、（高安）重政興行、源氏物語新調之開也、發句所望也、

花のうへをおもひあかせる雨夜哉

終日種〻馳走也、珍物肴遠來共也、

一、廿六日、時廣夢想興行有之、

一、廿七日、申剋大雨、終夜不止也、

一、廿八日、牡丹爲見物、嘉例振舞沙汰之、依大雨花零落了、（野田）敎圓房・（同）（守理）久左衛門・（同）三郎右衛門・（同）圖書・（高畠）嘉兵衛・（同）甚介、

左近左衛門・（雜司）彌左衛門者神供下行之儀ニ寺門へ出テ不來、野田理兵衛・（久保利房）筑後・左近者勸進能故

將監子春藤神人補任

春重へ神殿守補任

旬御供等備進

見參社司

*渡屋にて毎月祓

*夢想天神像へ澤庵宗彭著讃

*漢和一折

音樂田御供延引

*不立文字

在京ト云〻、

將監子春藤補任出之、任料依懇望細少ニテ同心了、

一、同與四郎春重、神殿守補任出之、一段不便之仁、種〻依侘事同心了、艮〔銀〕子卅五匁出之、

閏三月小

一、一日、天晴、旬・日並朝夕三度、音樂奏之、上役北鄕方、

一、白杖二永淳・御幣守四藤・散米五德仲、

一、社司、時廣(中東)・祐範(東地井)・時家(中)・延豐(上)・師治(西)・延通(大東)・祐爲(新)・祐定(今西)・延種(大東)、祐紀(千鳥)、不參、祐長(辰市)重服、・祐榮(千鳥)煩、・延倫(富田)重服、中臣氏人不參、大中臣氏人、時久(中西)・時重(中)・經長(正眞院)・師勝(西)・時昌(中東)・家綱(奥)・時氏(中西)、

一、旬菓子上野老・次山芋、今一種赤小豆切餅代ニ備進之、

鹽引・干鮭備進、燒物鹽鯛一備進了、

一、常住■延通披露云、去廿一日、音樂田神供可致備進旨被仰付候、當分難調条、來秋迄延引之儀可預御用捨旨也、評定云、去廿一日式日無故不及案內闕如之段、近比不謂次第、當日之事モ、兼日不及其理無備進之事、重〻曲事也、所詮來十一日可致調進通、以常住被加下知了、

一、神殿守衆來テ云、御神供來十一日可致備進旨被成御下知候、然共去年收納減少故、樂所之義難調爲躰云〻、來秋迄延引之儀、可預御用捨由也、返條云、惣樣之儀次第可分別通返事云〻、

一、三日、於渡屋每月祓有之、頭人時廣、取肴ニテ酒アリ、

一、四日、神國《カンコウ》〔漢國〕ノ庵ニ御座也、澤庵(宗彭)和尙へ御禮ニ參上了、夢想天神讃ヲ申入處ニ、早速ニ被染御筆、一段滿足也、饅三十・結樽一・油煙三丁持參、御對面、御酒濟〻也、乍次宗治(竹田)晩炊振舞、和尙モ御出也、漢和一折有之、大才、然モ作者也、不立文字ノ宗門ナ

カラ、御尉ニ內〻御沙汰也、
五日、正眞院(經長)殿振舞濟〻也、大神主(中東時廣)殿・若神主(千鳥祐紀)
殿・大東(延通)殿ナト也、
六日、當番參懃、從今夜櫟屋ニ參籠了、
七日、祐父(東地井)御忌日、學順房・專長房齋ニ來臨也、
一、八日、依大雨不參了、經長代官ニ參懃了、
一、九日、東北院(兼祐)殿へ御禮ニ祐長遣之、兩種・樽一
荷進上、從十一日維摩會御執行也、
一、十一《二》日、旬・日《四》並朝夕、音樂奏之、
一、白杖春右・御幣春格・散米春重、
一、社司、時廣・祐範・時家・延豐・師治・延通・
祐爲・祐榮・祐定・延種、祐紀、中臣氏人不參、
大中臣氏人、時久・時重・經長・師勝・時昌・
家綱・師信(向井)、
一、旬菓子野老・山芋、今一種赤小豆切餅代也、
鹽引・干鮭備進、燒物鹽鯛一、
一、常住披露云、去旬ニ被仰付候音樂田御神供、時

*維摩會
*講師東北院兼深
*廣橋兼勝御下向
*大乘院信尊竪義
旬御供等備進
*大會上分
見參社司
音樂田御供延引

分柄何共難調候条、來秋迄延引之事可預御用捨
旨也、評定云、定日有之御供無故無沙汰、不謂
儀也、乍去來秋可致備進通侘事之間、當分先以
被加故實、來秋無相違可有備進旨被申付者也、
從名主モ懇望之条、各同心也、
從今日維摩會、東北院殿講師、御親父大納言殿(廣橋兼勝)
御下向、柳原(業光)殿御同道ト云〻、南曹竹屋(光長)殿大納
言殿御孫、
大乘院(信尊)殿御竪義也、
兩常住(大宮守通代・梅木春房)來テ云、大會上分トテ、圓鏡・伏兎被送
之、則致備進、其後兩惣官(中東時廣・東地井祐範)へ御拜領之事先規也、
然處此比者先例ニ替リ無正躰候、今度之種〻申
屆候ノ處、八木ヲ小器ニテ二斗餘伶人方ヨリ渡
申候、然者兩惣官へ可上申候歟、又常住御酒可
被下候歟、御意次第可仕通理申候条、神主(中東時廣)殿へ
其通得御意可然也、於當職神主殿之於御同心者
可有許可旨返事、御上分常住タル先例モ有之由

維摩會結日
安樂院竪義勤仕
精義東大寺不動院
困學ノ仁
旬御供等備進
見參社司
*地藏講

中、其後何共〔不申、〕定而拜領仕タル歟、始末無屆也、
一、十七日、大會結日、無爲成就、珍重〻〻、
今度興福寺竪義者安樂院勤仕、精義東大寺碩學
不動院(師公)沙汰之處、依不覺悟法談散〻ト云〻、却
而竪者ヨリ反詰アル處、一向不及問答閉口ト云
〻、自他寺幷奈良中之沙汰被失外聞了、不動院
於彼寺隨分之困學ノ仁、不思儀也、
安樂院面目之至、不及是非也、
一、〔天晴、〕廿一日、旬・日並朝夕、音樂奏之、
一、白杖〔二〕永淳・御幣〔三〕利尙・散米〔四〕守藤、上役北鄕方也、
社司、時廣・祐範・時家・延豐・延通・祐爲・
祐榮・祐定・延種、祐紀、不參、師治・祐長重
服、・延倫同、中臣氏人不參、
大中臣氏人、時重・經長・師勝・時昌・師信・
時氏、
旬菓子〔上〕野老・〔次〕山芋、今一種赤小豆切餅代ニ備進
之、

鹽引・干鮭備進、燒物鹽鯛一備進了、
竹子備進、豆腐代也、
一、評定云、燒物麁品ノ物躰備進曲事也、殊更三ノ
御殿猶以少分也、大小有之事不謂、何モ平等ニ
可致調進儀也、幷伏兎・曲・梅枝以下、以外聊
爾ニ調進、以外義也、只今之事者被加遠慮、以
來者堅可及科怠之由下知了、
一、夕飯ニ、〔野田〕筑後(久保利房)・〔北鄕〕左近・〔南鄕〕左近來臨也、如〔形〕此之振舞
也、
一、廿二日、左近左衛門振舞、從日中終日種〻馳走
也、
大神主殿・予・〔野田〕久左衛門(守理)・三郎右衛門、芍藥花
盛也、酒濟〻也、
一、廿三日、悲母御忌日、學順房・專長房齋ニ來臨
也、
一、今日、清淨之紙帳用意之、
一、廿四日、地藏講不出、御經取寄テ一把書寫了、

雨下、
大東殿（延通）振舞、八時分ヨリ終日種〻也、大神主殿（中東時廣・時昌）
父子・正眞院殿・釆女殿（千鳥祐榮）・笠坊・予迄也、
一、廿六日、於若神主殿（千鳥祐紀）鞠場、金剛三郎能（長能）沙汰、江
雪ト云、七大夫ト云シ者也、寺僧衆十四五人、社中衆
五六人見物、予可令見物由度〻預音信、自身來
臨ニテ懇ニ被仰トモ、老足立ゐ不自由故、不出
仕也、
九番、一白樂天・二清經・三松風村雨・四野守・五百萬・
六安宅《アタカ》・七藤戸・八熊坂・九海士、座衆大略禰宜衆、猿
樂衆少シ、町人二三人、當代ノ名人金春大大夫（安照）
ノ外只一人ト云〻、四座ノ大夫モ無比量由也、
數年勞劫、一角見事ト也、音聲一段殊勝也、
大炊竈ノ負ノ石折碎テ、既釜可有落御躰也、早
〻寺門へ御注進尤候由、雜仕言上了、則神主殿
へ申渡申送者也、

若宮神主鞠場にて金剛長能能沙汰
*旬御供等備進
江雪
七大夫
*見參社司

座衆大略禰宜

大炊の竈の石折碎く

四月大

天晴、
一、一日、旬・日並朝夕、音樂奏之、
一、白杖春右（二）・御幣春格（四）・散米春重（五）、
一、社司、時廣（中東）・祐範（東地井）・時家（中）・延豐（上）・師治（西）・延通（大東）・
祐爲（新）・祐榮（千鳥）・延種（大東）、祐紀（千鳥）、不參、祐長（辰市）重服、・延（富田）
倫同、中臣氏人不參、
大中臣氏人、時久（中西）・時重（中）・經長（正眞院）・師勝（西）・時昌（中東）・
師信（向井）・時氏（中西）、
一、旬菓子山芋、赤白切餠代ニ備進之、時分菓子無
之由、出納兼日案内□□、
一、鹽引・干鮭備進、燒物鹽鯛ニ備進之、
竹子、豆腐ノ代并精進物ト二坏備進之、
燒物鯛、流布之物躰相替、形物不思儀也、以來
者能〻見合可致備進由下知也、鯛ニテハ有也、
一、苑豆無備進事不謂、重而備進可申通下知了、
日並菓子、代ノ切餠ヲ上ニ備へ、串柿末ニ調進

＊源氏物語講釋
水屋神樂
拜殿方沙汰
＊膳部を彌五郎に申付く
若宮方沙汰
船戸屋にて毎月祈禱祓
＊旬御供未剋備進
南郷方沙汰
水屋以下宮司上分
＊雜仕に餅仕直しを命ず
諒闇にて水屋藝能なし
維摩會は執行
＊見參社司

曲事也、柿・梨・枇杷・楊梅等、何モ上ニ調進可申也、代ヲハ末ニ可有備進通被申付了、無案內故歟、越度至也、
二日、水屋神樂、拜殿ヨリ沙汰之、
一、三日、水屋神樂、若宮方、於神前社務へ酒進上、當番故各渡御也、
一、於船戸屋每月祈禱秡、頭役當職、取肴ニテ御酒申之、
一、四日、水屋神樂、南郷方歟、大雨終日不止也、
一、五日、水屋神樂上分、水屋・榎本・紀伊社宮司如例年當職宿所へ送之、
當年水屋藝能無之、去年九月院(後陽成院)御所崩御故、薪ノ能モ無之、春日祭モ冬季・春季無之、伺申候處被付社家由、南曹(竹屋光長)御返事也、
一、維摩會者御執行、諒闇ヲハ被破由、殿下(二條昭實)御意ト云々、併依天氣如此由及風聞、如何、
一、六日、當番參懃了、従今夜櫟屋ニ參籠了、

一、七日、祐父(東地井)御忌日、學順房・專長房齋ニ來臨也、
八日、源氏物語講尺始之、爲祐長也、經長・時昌同聽了、
社務膳部闕、依懇望彌五郎ニ申付了、任料三斗(十合)上之、本式六斗也、但時之分別次第也、
一、九日、十日、當番幷參籠成就了、
天晴、十一日、未剋備進、子細者、雜仕旬餅調進、以外聊爾ニ仕候条、昨日種ゝ加問答候、一向不致承引候、如此ノ物躰トテ餅ヲ各屋へ膳部持參了、麁品不及是非、一圓團子同前也、此躰ニテハ不可有備進、可仕直通依申付、則其用意也、樂所へモ以職事右ノ通申送、先可有退出、追而時刻自是可有案内由申遣處ニ、意得存由返事也、社中・樂所・神人衆各退散了、雜仕所行限沙汰也、
一、白杖春右・御幣春格・散米春重、社司、時廣・祐範・時家・延豐・師治・延通・祐爲・祐定(今西)・延種、祐紀、不參、祐長重服、延

*著到殿修理古物を奉行承仕渡さず

北鄕方南圓堂講御供沙汰なし

*職中と一所衆雙方より命ず

朝御供曲事

*喜多院空慶古物用捨を仰付けらる

倫同、祐榮煩、中臣氏人不參、大中臣氏人、時重・經長・時昌・家(奥)綱・師信、

一、旬菓子○串柿・山芋、今一種赤小豆切餠代ニ備進之、

一、苑豆・竹子・蓮備進之、

一、鹽引・干鮭備進、燒物鹽鯛一備進之、

一、權神主(中時家)評定云、北鄕方南圓○堂講御神供近年無沙汰、不謂義也、來十八日可致備進由下知了、此五ケ年以來無沙汰也、名主師治ヨリモ、此中雖被申付、難調由申通、演說也、

朝御供結物ニ色變シタルアミ物備進曲事也、此比海老萬多流布也、既夕御供ニハ備進了、旁以隨意也、從明日海老ヲ可致調進由下知了、幷御精進物フキ二坏備進曲事也、昨日迄芋・牛房備進之處、今日之出納所行以之外次第、從明日不可叶由下知了、朝御供出納昨日精進物無之間、フキ二坏備進可申通及案內了、當職返事云、昨日迄ハ朝御供芋・牛房備進之處、從十一日フキ(二)一坏之事無分別由返事、其後何共不及其理者也、

十一日、晩、朝御供出納來テ云、芋致調法候条、從明日可致備進候、幷海老之事意得存之由言上了、從神前下知故也、

十三日、着到殿被加修理古物之事、可被召由常住案內來了、則人ヲ遣候處、奉行承仕申分者、社頭古物盡〻兩惣官(中東時廣・東地井祐範)へ被召候事、御理運不及是非、但此比職中與一所衆從雙方被仰付候儀候間、先以難渡申候、喜多院(空慶)殿・寺門へ被仰屆候、從此方モ可伺申由也、喜多院殿・寺門へ兩惣官代參候て申屆候處、古物社中へ拜領之事尤也、乍去寺門無物ノ条、用ニ立候物者可有用捨由也、喜院(喜多院空慶)様モ時分柄之事加遠慮可然通御返事也、社頭修理次第ニ相調儀肝要候由被仰聞者也、去年將軍家(德川秀忠)御裁許、五師衆之沙汰ニ不成也、爲惣寺之始末也、近年御神供以下諸事以外恣之仕合沙

汰故、外様及申事、如此成下、併神罰也、惣寺領之事、一切五師衆無禍亂、大形喜多院殿可有御意見由上意也、

＊形の如く古物渡る

十四日、次第ニ古物相渡了、如形也、

北郷方南圓堂講神供備進

十八日、北郷方南圓堂講神供備進了、四五年闕如也、

旬御供等備進

天晴、
一、廿一日、旬・日並朝夕、音樂奏之、
一、白杖春格《四》・御幣春重《五》・散米、(マヽ)

見參社司

社司十一日同前、但祐榮參懃也、中臣氏人不參、大中臣氏人、時久・時重・經長・時昌・師信・時氏、

旬菓子《上》山芋・《次》枇杷、今一種ノ代《赤》切餅備進之、鹽引・干鮭、燒物鹽鯛一備進之、豆腐ノ代竹子、蓮備進了、

一、廿三日、悲母御忌日、學順房・專長房齋ニ來臨也、

地藏講

一、廿四日、地藏講、御經ニ把書寫了、

廿六日、春長房齋ニ來臨了、

＊車宿屋根修理

＊寺中申事につき古物預置く

一、車宿屋根修理沙汰、古物有之由常住注進了、則人足遣之處、寺中少出入申事有之間、一兩日中ニ可相濟候、當分先以預置之条、可預御分別由、福園院(勸觀房)被申候条、意得由返事、古物ヲ一束ホト可申請通被申候間、同心了、寺中之申事無混亂義、何故共無分別也、

五月小

＊旬御供等備進

一、旬・日並朝夕・臨時四種名主延通(大東)、四度、音樂奏之、
白杖永淳《二》・御幣守藤《四》・散米基慶《六》、

＊見參社司

社司、時廣(中東)・祐範(東地井)・時家(中)・延豐(上)・師治(西)・延通・祐爲(新)・祐榮(千鳥)・延種(大東)、祐紀(千鳥)、不參、祐長(辰市)重服、延倫(富田)同、祐定(今西)煩、中臣氏人不參、大中臣氏人、時久(中西)・時重(中)・經長(正眞院)・師勝(西)・時昌(中東)・家綱(奥)・師信(向井)・時氏(中西)、

嘉例祝儀*
近衛前久後室御社參
御廊簀子にて神供御見物
節供西殿庄代邑地庄奄治庄*
南郷才二郎の出仕を止む
板草履
嘉例職人禰宜衆夕飯*
法雲院酒振舞に諸人群集
早鐘*
音樂聞こえず
不退寺邊にて印地打*
鹿殺を搦捕る*
社中へ酒送らる

一、旬菓子山芋上・枇杷次、今一種ノ代切餅、
一、鹽引・干鮭備進、燒物鹽鯛一、
豆腐ノ代竹子、蕙《ハイ》(薢、以下同ジ)備進之、
臨時七八拜領之、
一、近衛樣(近衛前久後室)政所樣御社參、御廊簀子ニテ御神供可有御見物候、可爲如何由中東(時廣)迄御案內、則其通披露候處、予申テ云、自餘ノ人ニハ相替之条不可有異儀由申了、則御見物也、近衛樣(信尹)・一門樣(一乗院尊政)・女御樣(近衛前子)御母儀、天子(後水尾天皇)外祖母ニテ御座也、一向別段之事也、
一、南郷才二《デンソウ》郎被止出仕了、子細者、板草履ヲ着テ御廊簀子ヲ通タル故也、是ハ政所樣御案內者ヲ中テ通タル物也、
一、如例年法雲院酒アリ、諸人群集、無是非沈醉之者萬多也、事〻敷人聲故、音樂不聞、前後相違セリ、不及了簡也、從樂所存分申事アリ、乍去以外群集、路次モ不通之躰也、如例社中へモ酒被送之、積藏院・此邊別〻ニ音信也、嘉例之祝儀、夕飯沙汰之、女房衆何モ毎度同前也、
妙德院(堯恩房)吉服也、旬御供遣之、母儀去年四月ニ死去也、
五日、御節供、日並朝夕・八種西殿庄代(大和國宇陀郡)名主時廣、・邑地(大和國添上郡)・神戸同、・奄治(大和國山邊郡)名主祐紀、五度、
社司氏人朔日同前、但時房(中東)參懃也、
一、二ノ御殿日並朝夕樂所へ下行也、
一、神戸覆盆子《イチコ》無之、代ニテ備進之、
一、神戸一二・奄治三四・八種五六拜領之、
如例夕飯ニ神人衆來入了、社中、正眞院殿父子(經長・經忠)迄也、奥殿(家綱)他行トテ無來臨也、
一、酉剋、早鐘擣之、數剋何事共不知子細、習(翌)日聞了、不退寺邊ニテ因(印)地沙汰之、爲見物寺僧衆數多往來之處、折節鹿殺有之、被見付則搦捕テ、其外同類モ法花寺(大和國添上郡)喜多院(空慶)殿御門前迄被引付之、

上郡）ニ有之、被搦了、寺中騒動也、終夜於喜多院家各及談合云々、

喜多院家にて談合

一、六日、當番、參籠櫟屋ニ宿直了、番役參社、經長者昨夜喜多院殿ニ有之テ歸宅故不參了、代官ニ祐榮參勤也、

一、嘉例於神主殿（中東時廣）日中飯、惣社參會也、

拜殿清明上茶等持參

一、七日、祐父（東地井）御忌日、學順房・專長房齋ニ來臨了、拜殿五郎左衞門（清明）上茶一器・粽一盆持參了、

八日、九日、十日、當番・參籠成就了、

九日、曉天ヨリ、十日、十一日日中迄、終夜終日大雨降了、

旬御供等備進

午剋雨止、

十一日、旬・日並朝夕、音樂奏之、白杖《二》永淳・御幣《四》守藤・散米《六》基慶、

見參社司

一、社司、時廣・祐範・時家・延豐・師治・延通・祐爲・祐榮・祐定、祐紀、不參、祐長重服、延倫同、延種、中臣氏人不參、

一、旬菓子山芋・枇杷、一〔今〕一種ノ代切餠、蕙《ハイ》備進、鹽引・干鮭備進、燒物鮎鮓十一、當年始也、

評定云、旬伏兎以外麁品ニ調進、殿々何モ碎テ盛タル、形モ見苦、去朔同前、度（度脱）雖被加下知同前之条、可被處科怠之由、種々及評定、乍去先此度者被加用捨、來旬於同前者、可有御成敗由、予再往申故、遠慮也、則其通下知了、

＊旬餠粽につき雜司曲事

一、旬餠以外柔《ヤワラカ》ニテ備進及難治、則三御殿、五枚ナカラ落御也、每雖及下知、隨意之沙汰、雜仕所行以外曲事也、來旬於同前者、雖爲臨期不可有備進、調進俄ニ成共可仕直旨下知了、

一、此比朝夕共ニフキ不可然、時分柄白瓜・茄子出來也、從明日フキ備進不可叶通下知了、

＊木津稻田孫右衞門酒肴を送る

木津（山城國相樂郡）稻田（孫右衞門）ヨリ赤飯其外肴濟々、結樽一荷送之、木具迄相副了、若宮神主（千鳥祐紀）ヘ申來、則御供以後於三十八所屋各參會〆賞翫之、神人中不參ノ躰迄人別ニ送之云々、

＊石燈籠寄進

石燈呂一基寄進之、御間西ノ

妙徳院祓

母儀死去故大麻三度分を遣はす

船戸屋にて恆例祈禱祓

*南郷才次郎免除

*笠坊懇望

拜殿南圓堂御供備進

旬御供等備進

見參社司

方ニ立之、
予今日雖致社參、履ニテ足ヲ損之、痛故、御供役ニハ不參也、其通各〻申渡、次座ヨリ參懃了、
一、妙徳院祓、大雨、殊老足故、代ニ時昌雇之、乘物申付了、
一、去年五月分・同九月分・當年正月分三ケ度大麻、今日遣之、去年妙徳院母儀死去故也、
十六日、大雨、午剋止了、恆例於船戸屋有之、頭役三師治・四延通懃仕之、コツケニテ御酒濟〻也、
十八日、拜殿南圓堂講御供四種備進之、
定講御廊西ノ方土壇石灰ノ分依雨崩レ落ト云〻、
則以常住別會へ注進之通、大神主殿(中東時廣)演說了、
一、廿一日、天晴、旬・日並朝夕・臨時四種名主師治、音樂奏之、
一、白杖二永淳・御幣四守藤・散米六基慶、
社司、時廣・祐範・時家・延豐・師治・延通・祐爲・祐榮・延種、祐紀、不參、祐長重服、・延

倫同、・祐定煩、中臣氏人不參、
大中臣氏人、時久・時重・經長・師勝・時昌・家綱・師信、
旬菓子楊桃上・串柿次・桃次、
薫《ハイ》備進、豆腐ノ代白瓜、
鹽引・干鮭備進、燒物鮎鮓十一備進之、
一、四種九十拜領之、
一、先段被止出仕南郷才次郎依侘事免除了、內儀笠坊懇望故也、祈禱師禰宜トテ、內〻各へ種〻懇望也、此才次郎科條者、去十一日政所樣近衞殿御社參、御神供被成御覽度、御廊簀子ニ可有御座由、御師中東殿迄、才次郎ヲ以テ神前へ御尋之条、則及談合了、其段聊以不可有異儀候、餘人ニ相替通返事申故、簀子ニテ御見物、御退出之砌、才次郎御跡ニツキ板草履ヲ着ナカラ簀子ヲ通リタル科怠也、
朝御供ニ白瓜迄、此中備進曲事也、從明日茄子

長井の蓮花見物
*地藏講
*闕高清連歌興行
東九條の池蓮花
*善春月次連歌
麥飯振舞
*旬御供等備進
*見參社司

可致備進由下知了、
廿三日、學順房・専長房用所トテ、齋ニ無來臨也、
廿二日、長井(大和國添上郡)ノ蓮花爲見物、從早天乘物ニテ出立了、同道、若神主殿父子(千鳥祐紀・祐榮)・正眞院殿(經長)迄也、此衆ハ歩行ニテ跡ヨリ御出也、蓮池ヤカテ里近邊也、世間風聞ヨリ見事也、東西一町餘北南廿間、或ハ七八間有之、花葉漫々、不及言語之景氣也、則其邊ニ落居テ、酒肴取出テ、各數返、酒遊也、郷民二三人出來テ馳走、肴トテ薫《ハイ》ナト掘出了、其興アリ、則酒肴給之、數剋歴覽メ直ニ東九条(大和國添上郡)池見物、兼而約束之条、又右衞門所へ行テ休息了、麥飯ナト振舞、終日馳走也、此所ニモ蓮池一所構テ有其興、其邊數剋酒宴也、及晩歸宅了、種々興遊、老後思出也、又右衞門へ斗樽一・鯛一懸、内儀へ紙十帖、子善七郎ニ扇五本、同女共ニ色紙五帖遣之、

廿三日、闕才次郎(高清)廿五日連歌興行望トテ、珍肴三重箱・一樽持參了、玄左同道、鈴一雙持了、則大御酒也、明後日興行事、嘉例祈禱、其覺悟故發句書付、一順次第相定了、
一、廿四日、地藏講、御經取寄ニ把書寫之、
一、廿五日、粥如例、從早天出座了、終日馳走、每度不及是非也、晩ニハ山海之魚鳥、珍物共事盡了、大御酒也、
一、廿六日、才次(闕高清)昨日爲禮來臨、斗樽一ッ持參、每度如此也、
廿八日、於善春庵月次、出座了、

六月小

一、一日、旬・日並朝夕、音樂奏之、
一、白杖《二》春右・御幣《五》春重・散米《六》春在、
一、社司、時廣(中東)・祐範(東地井)・時家(中)・延豐(上)・師治(西)・延通(大東)・祐爲(新)・祐榮(千鳥)・祐定(今西)・延種(大東)、祐紀(千鳥)、中臣氏人不參、

大中臣氏人、時久（中西）・時重（中）・經長（正眞院）・師勝（西）・時昌（中東）・
師信（向井）・時氏（中西）、
旬菓子楊桃《上ヤマモヽ》・桃《次》、今一種切餠ヲ代ニ備進之、
鹽引代堅魚、干鮭備進、燒物鮎鮓十一備進之、
薫（蜜）備進之、
今日、アコタ瓜無備進事曲事也、時分柄流布萬多也、六月ニ無備進儀珍事也、兼日ニ子細ヲモ不能言上、只菓子一種不足トマテ及案內、重ゝ曲事次第也、雖可被處科怠、先以被加遠慮了、以來可致覺悟通也、朝夕ニモアコタ瓜闕如、從明日可致備進由下知了、
一、若宮五郎左衛門（拜殿淸明）、權神主時家ニ對メ不屆慮外之由披露、則被止出仕之旨、以常住若宮へ牒送了、
一、高天木津屋兩種アミ物・カウノ物・樽一荷送之、於三十八所屋惣社參會、賞翫之、
着到紙不足、常住持來候条、續之、神前へ持遣了、

＊船戸屋にて毎月祈禱祓
＊白毫寺阿彌陀堂棟上
＊中坊秀政勸進錢進上
＊京女大夫
＊喜多院空慶御發起
拜殿清明の出仕を止む
高天木津屋酒肴を送る
＊辨才天十六味

二日、大雨也、
三日、毎月祈禱秡、於舟戸屋有之、頭役祐紀、御酒アリ、肴濟ゝ也、卅八所屋參籠衆有之故也、
一、喜多院（空慶）樣白毫寺ニ御座候条、爲見廻祗候了、赤飯カウ物・瓜・鈴等持參了、御見廻衆萬多也、阿彌（陀脫）堂大方柱立了、今日棟ヲ擧了、盡ゝ以外御馳走也、前辰巳坊去年中坊左近殿（秀政）馳走ニテ勸進能沙汰、京ノ女大夫也、其勸進錢銀八百目從左近進上、依其故如此思召立也、樣子當分モ二三貫ニテモ不可成ト見タリ、奇特之御發起也、去年勸進能ニハ座衆當社禰宜也、先代未聞ノ義也、段ゝ珍事不及是非、末世之至也、依御抑留、終日白毫寺ニ逗留、暮テ罷歸了、申下剋ヨリ大夕立也、
六日、當番參懃、從今夜櫟屋ニ參籠了、
一、七日、祐父（東地井）御忌日、學順房・專長房齋ニ來臨了、嘉例ノ辨才天十六味供之、學順爲嘉例、鈴□（被）持

了、
如嘉例、正眞院(經長)殿辨才天供物頂戴之、餠用意、
一段殊勝也、肴種々、數盃也、
今日、神供御飯殿々皆崩《クツレ》テ備進及難儀、從明日
可致覺悟通朝夕出納ニ下知了、日々手知代相替
候条、能々可申聞旨申付了、幷四ノ御殿アコタ
瓜損シタルヲ備進、曲事也、此中以外少分之瓜
調進不可然、當時流布萬々儀也、不謂通加下知
了、

*出納孫左衛門の出仕を止む
朝御供御幣紙曲事

就其昨日若宮ノ朝御供御幣紙破タルヲ調進之、
太以不可然、以來於其通嚴重ニ可加成敗旨下知
了、

*旬送酒

一、此中、毎日夕立以外也、

旬御供等備進

一、十一日、旬・日並朝夕、音樂奏之、
白杖二春右・御幣五春重・散米六春在、

見參社司

社司、時廣・祐範・時家・延豐・延通・祐爲・
祐榮・祐定・延種、祐紀、不參、師治遠忌、・祐(辰)
(市)長重服、・(富田)延倫同、中臣氏人不參、大中臣氏人、
時久・時重・經長・師勝・時昌・師信・時氏、
旬菓子山芋上・桃次・瓜《アコタ》四、
鹽引代鮑、干鮭備進、燒物鮎鮓十一、
若根備進之、
從若宮以常住牒送云、去六日朝御供御幣紙ニ破
タルヲ□進曲事也、七日ニ又一向ノ薄紙ヲ調進、
度々無所存段□(曲)事之段、可被止出仕旨也、則其
通下知了、出納孫左衛門出仕停止、
(ア)□コタ瓜備進之時者、瓜・茄子大平ニ盛之条、
所狹クテ難儀之条、重而者ホソ高ニ可致調進通
下知了、
旬ノ□送酒、去年以來度々及糺明、舊記分明之条
堅下知候故、毎旬如先規社司一舛・氏人五合宛
送之、近年餘以恣之沙汰故、如此可及糺明□、
舊記祐辰(今西)・祐維(今西)筆跡分明也、
申剋ヨリ風終夜不止也、

正桂月次連歌
*拝殿清明免除
榎本社邊の銀杏吹折れ燈籠轉倒
*出納孫左衛門免除
*御飯の土器に今市土器調進は曲事
*常の赤白土器
旬御供等備進

十二日、大風終日不止、舎宅・田畠・草木以外損失了、又大雨也、
於正桂月次沙汰、出座了、
一、十三日、四、五、終日終夜大雨、十六日止了、
一、社頭榎本近邊之銀杏《イチヤウ》木吹折テ、灯莒〔籠〕十基ハカリ倒レ云〻、則以職事別會ヘ相届了、頓而可伐退由返事也、其外社頭無異儀、船戸屋・櫟屋・當家無事、珍重〻〻、
一、廿日、大雷、猿澤池ノ邊ヘ落卜云〻、大雨終日終夜也、
雨止了、廿一日、旬・日並朝夕、音樂奏之、
白杖二春右・御幣五春重・散米六春在、
社司去十一日同前、但師治社參、中臣氏人不參、大中臣氏人、時久・時重・經長・時昌・師信・時氏、
旬菓子桃・アコタ瓜四、今一種赤小豆切餅代ニ備進之、

鹽引代鮑、干鮭代鰑、燒物鮎鮓十一備進了、若根備進之、豆腐ノ代白瓜備□〔進〕之、
權神主時家披露云、先段止出仕候拝殿五郎左衛門懇望候条、令免除由也、則以常住若宮ヘ牒送了、
従若宮以常住披露云、先度御幣紙之儀止出仕候出納孫左衛門侘事仕候条、被加免除由也、其通則下知了、
新權神主師治披露云、去従十二日至十六日、御飯ノ土器ニ今市土器ヲ調進、夕御供ニハ常ノ赤白ノ土器ヲ致調進、重〻曲事也、其土器度〻ノヲ神主殿〔中東時廣〕ヘも見セ申、夕御供名主衆ヘモ被見及也、今市土器ヲ御飯ノニ用事、以外無沙汰之条、可被止出仕由達而及評定、尤之儀也、乍去此度之事、先以被加遠慮、以來之儀能〻可被仰付通、予種〻申宥、下知ニテ相濟了、及成敗時者十二日ヨリ十六日迄ノ朝夕出納、何モ蒙科怠之故、

達而加用捨者也、

*旬御供曲事

一、廿三日、悲母御正忌、奥坊(新藥師寺)・學順房・專長房齋

ニ來臨也、

地藏講

一、廿四日、地藏講、御經二把書寫了、

七月大

旬御供等備進

□(一)日、旬・日並朝夕三度、音樂奏之、

白杖(二)永淳・御幣(四)守藤・散米(六)基慶、

見參社司

社司、時廣(中東)・祐範(東地井)・時家(中)・延豐(上)・師治(西)・延通(大東)・

祐爲(新)・祐榮(千鳥)・祐定(今西)・延種(大東)、祐紀(千鳥)、不參、祐長(辰市)重

服・延倫(富田)同、中臣氏人不參、

□(大)中臣氏人、時久(中西)・時重(中)・經長(正眞院)・師勝(西)・時昌(中東)・

師信(向井)・家綱(奥)・〇時氏(中西)、

旬菓子(上)桃・アコタ瓜、一種ハ赤小豆切餅代備進

了、

*旬送物の酒

鹽引代鮑、干鮭ノ代鰑、燒物鮎鮓十三備進之、

若根備進、豆腐代白瓜、

夕御供昨日注進、白瓜幷アコタ瓜無御座候条、

茄子(×闕)二種備進、アコタ闕如之由言上、返答云、

時分柄兩種無之由、近比不謂次第也、此比以物

躰無調進事、皆以可有不審儀也、不可然返事云

〻、則夕御供茄子二種、アコタ闕如了、太以曲

事也、則旬ニハ白瓜モアコ(夕脱)瓜モ備進、兼而不致

用意、臨期ニ無之由注進、以外次第也、從明日

可致調進通下知了、

一、予云、近盤桃一向青ク、又一圓朽損シタル備進

曲事也、去廿八日朝夕共ニ以外損シタル桃備進、

二殿御供之中ニ一モ不損ハ無之、太以曲事也、

當番參懃之躰ニモ可被見ヲ、不及糺明事越度也、

條〻以來之事能〻可有下知旨評定了、當時流布

之物躰何モ無沙汰限沙汰也、以來者堅以可被處

科怠也、

一、旬送物ノ酒、社司一炊・氏人五合、結構ニ送之、

嘉例祝儀夕飯

嘉例祝儀、夕飯沙汰之、大神主殿(中東時廣)・治部殿父(中東時昌・時房)子・若神主殿□(父)子(千鳥祐紀・祐榮)・正眞院殿父子(經長・經忠)・今西殿(祐定)、若神主殿・正眞院殿・今西殿女房モ各ゝ御出也、

生見玉

二日、大神主殿生見玉祝儀、夕飯有之、

船戸屋にて毎月祈禱祓

三日、於船戸屋毎月祈禱秡有之、頭役一時家・二延豐、取肴ニテ酒有之、

*南大門普請人足合力

地震により傾く南大門修造

花山杉大木百本

巻轆轤にて引直し

*社中知行配分

□度南大門修造、其故者、依地震門以外傾側、笑止故、□□直トテ、此中種ゝ馳走、花山杉大木百本計之□□巻轆轤ニテ引直用意也、其拵又廻ノ柱ヲ立テ自然無越度様ノ覺悟ト云ゝ、太篇ノ太儀也、乍去去年以來寺納餘米過分有之テ相調了、珍重ゝゝ、

寺社祈禱沙汰

南大門爲無事寺社祈禱沙汰、社中・拜殿幷神人等沙汰之、則御寺家喜多院(空慶)様御祈禱物上之、

□(四)日、從曉天大風、五日、午剋止了、未下剋ヨリ大雨、終夜不止、

*南郷神殿守一﨟春朝死去

六日、當番參懃也、大雨、

一、五日、正眞院殿(經長)嘉例生見玉振舞、夕飯有之、種ゝ馳走也、後段餅、其外肴濟ゝ也、當家衆不殘參也、

一、六日、當番、參籠櫟屋也、

一、從寺門承仕道乘使トメ、南大門普請人足以外之太儀也、社中ヨリ心落ニ似合之可預御合力旨也、此段理運ニ非申儀、以別義御馳走頼入由也、神人ヘモ爲社中同前ニ致合力様、能ゝ御意見肝要也、社中此比知行面ゝニ配分ニ成テ、惣様之儀難調、各ゝ各別ニ馳走可申通返事了、正預(東地井祐範)分先五人可遣通也、大神主殿七人、若神主殿(千鳥祐紀)四人、其外一人二人被出之、廿二三人可有之、來七日・八日之間ニ門ノ可被引直由也、丑寅未申へ傾側、四五尺モユカミタルト也、屋根瓦被取退事不成ト云ゝ、盡ゝ下瓦ヲ漆膠ニテ付タル物ト云ゝ、□ノマ、直之故、事外太儀ト云ゝ、

□(六)日、一﨟彌左衛門春朝死去、八十三、

春祇神殿守轉任

春久二﨟轉任

*職人禰宜衆夕飯

春右一﨟轉任

節供西殿庄代神戸大庄小庄

*南大門修造成就

*旬御供等備進

見參社司

*見參社司

清丞(春祇)神殿守ニ轉任トテ、鈴一雙持參、〇宗介(春久)二﨟ニ轉任、祝着トテ、代官ヲ賀(マヽ)之、鈴一雙持參、何モ酒給之、宗介自身者、此中脚氣トテ行歩不叶、神役モ闕如也、

七日、早〻、勘丞(春右)一﨟ニ轉任、滿足トテ禮ニ來了、樽一荷持參了、酒進之、

御節供、日並朝夕・四種(大和國宇陀郡)西殿庄節供代、・神戸六本立、・大庄七本立、・小庄八本立、音樂奏之、

一、一ノ御殿朝夕樂所へ下行也、

一、社司、時廣・祐範・時家・延豐・師治・祐爲・祐榮・延種、祐紀、不參、延通病氣、・祐長重服、・延倫同、・祐定煩、

大中臣氏人、時久・時重・經長・師勝・時昌・家綱・師信、

一、神戸一二・大庄三四・四種五六、小庄ハ一御殿計也、

近盤白瓜・アコタ瓜一圓無之、アコタ瓜ハ種〻

調法ニテ、神戸・大庄・小庄ニ備進、一段少分、然モ青色過半也、白瓜ハ何ニモ一圓闕如也、度〻ノ大風大雨ニ損亡ト云〻、

如嘉例神供已後、職人衆夕飯ニ來臨也、社中ハ正眞院殿父子迄也、奥殿(家綱)ハ御用トテ無御出也、

九日、十日、當番參懃了、

〔十〕□日、南大門直之、人足六人遣之、一日ニ無異儀成就ト□□、

十一日、旬・日並朝夕三度、音樂奏之、

白杖永淳・御幣守藤・散米德仲、

社司、時廣・祐範・時家・延豐・延通・祐爲・祐榮・延種、祐紀、不參、師治・祐長重服、・延倫同、・祐定煩、

大中臣氏人、時久・時重・經長・時昌・家綱・師信、

旬菓子桃一種、殘二種赤白ノ切餅代ニ備進之、鹽引代鮑、干鮭代鯣、燒物鮎鮓十一、

*嘉例祝儀
節供乙木庄
*高畠躍の行粧に山を作り人形沙汰
參詣の順禮神前へ參るとて口論
*神人衆馳走
神前瑞垣の戸を閉づ
*旬御供等備進
*見參社司

一、豆腐・若根備進了
一、嘉例祝儀沙汰之、夕飯八時分、後段有之、餅、
大神主殿・治部殿父子・若神主殿父子・正眞院
殿父子・刑部殿(西師勝)・向井殿(師信)・今西殿、以上、奥殿
へハ膳・鈴送之、
若神主殿・正眞院殿・今西殿女房衆各御出也、
一、十四日、如嘉例大神主殿御出、夕飯振舞沙汰之、
十五日、御節供、日並朝夕、六本立、乙木庄(大和國山邊郡)節供名主正預、
音樂無之、
社司十一日同前、但師治參勤也、
大中臣氏人、時久・時重・經長・師勝・時昌・
師信・時氏、
此比參詣ノ順禮、押而神前ヘ可參由申テ、度々
及口論ト云々、昨日者若宮ニテ脇指ヲ取直シ物
忩也、何モ申屆無異儀、□(以)來者神前之水垣ノ戸
ヲ閉テ可防通下知了、番衆モ一向ノ□□代官ニ
置事、可爲曲事旨下知了、

□來節供伏兎・曲・重ノ餅等、以外麁品曲事也、
只今之儀盆ノ間被加用捨、重而嚴重ニ可有成敗
由下知也、爲名主モ堅可申付通也、
兩常住(大宮守通代・梅木春房)召テ被申付ニ、始末ヲ不聞屆北鄕常住代(永通)
退散限沙汰曲事、則正員(大宮守通)ヲ可被止出仕由及評定、
乍去盆之間用捨也、以來今日之仁躰代官停止也、
猶於無沙汰者、正員ヲ堅以可有糺明由下知了、
爲社務モ能々可被仰付旨評定畢、
一、十九日、高畠躍有之、山ヲ作リ人形十計沙汰之、
新藥師・此町ニモ人形ヲ作リ躍ノ行粧ト云々、
積藏院幷大神主殿、新藥師若神主殿、此三町、
松南院・新屋敷町マテ躍之云々、予宗治(竹田)月次出
座故、不能見物也、事外美麗雜作、神人衆馳走
也、此比富家繁昌故也、
廿一日、旬・日並朝夕三度、音樂奏之、
白杖二永淳・御幣四守藤・散米五德仲、
社司、祐範・時家・延豐・師治・延通・祐爲・

*六十六部經を神前に上ぐ
御供燒物曲事
*西屋本談義屋に納むべし
出納の出仕を止む

祐榮・延種、祐紀、不參、時廣風氣、・祐長重服、・延倫同、・祐定煩、中臣氏人不參、
大中臣氏人、時久・時昌・家綱・師信、
〔大〕□社氏人不足之間、若宮氏人師信、四ノ御殿土立役懃仕之已後〔若〕□宮へ歸參、大社三人不足之故、上ノ役隙開テ次第懃仕之、經長煩ニテ不參、時重・師勝者江戸へ下向、無人之砌、隨意衆不可然事也、其外者何モ幼少ノ童形也、
從若宮以常住牒送云、去十一日朝御供ノ燒物ニ鯵《アチ》ノサシノ以外小分之物躰備進曲事也、其砌可有披露ヲ、大社既退散故、今日迄延引、可被止出仕旨也、幷旬送物酒以下、御神供已前ニ送之事先規不及左右處ニ、此比御神供已後送之、自由ノ沙汰曲事也、送酒未進モ有之、何モ堅可有御下知旨及牒送、条〻尤之儀也、則嚴重ニ下知了、去十一日出納被止出仕了、
一、旬菓子柿、殘二種赤白ノ切餅代ニ備進之、
一、鹽引ノ代鮑、干鮭ノ代鰑、燒物鮎鮓十一備進之、
一、豆腐ノ代淺瓜、若根備進之、
一、評定云、鯵ノサシ從先年停止也、然ニ此比朝夕共ニ備進、殊更以外小分之物躰調進不謂儀也、重而停止ノ下知也、□時分ヱソ(鱛)・アチ生物流布也、隨意ノ所行不可然旨也、鯖《サハ》ノ〔サ〕□シノ可然ハ備進、前〻モ連綿也、何モ生物闕如之時ノ事也、
六十六部ノ經神前へ上之、此經常ノ六十六部ノ經ヨリ結構用意セリ、經ノ樣子世間之流布法花ノ如ク也、是ヲ本宮へ納可申事如何、施主モ平生讀誦アル處ニ、被置候樣□ト□□也、爲如何ト、南鄕常住(梅木春房)舟戸屋へ來テ言上了、尤之申分也、神主殿(中東時廣)□談合可然樣ニ可定置由返事也、則神主殿及對談、□寶藏入置事モ如何、不淨モ不知、又蟲拂モ不成ハ、則可有朽損、西屋(×殿)歟本談義ノ屋歟、兩所ノ中可然通內談了、寺門へ及談合、可有一途覺悟也、

地藏講

*見參社司

源氏物語講釋成就

*出納北郷內記免除

金剛長能能數返

*旬御供曲事

旬御供等備進

廿三日、悲母御忌日、學順房・專長房齋來臨也、
廿四日、地藏講、御經二把書寫之、
廿五日、源氏物語講尺成就了、聽衆、時昌・經長・祐長、餘人無之、今度注共數本見合、文字讀等及糺明了、注共讀事祐長沙汰之、爲稽古也、今日夢浮橋也、誠ニ夢中境界、各感歎〻〻、
一、廿六日、治部少輔(中東時昌)殿振舞、日中飯ヨリ終日種〻馳走也、經長・予迄也、餘人無之、一段心易、近年之慰老ヲ忘了、今度物語講尺勞煩ノ芳助也、晩歸路者田中ヲ分歸、稻葉言語道斷之景也、本藥師邊ニテ乍立數盃、別而興遊也、
(廿)(×七)□九日、小三郎振舞也、尤乍斟酌難去申故同心了、江雪金剛三郎(長能)事也、七大夫、終日數返、音樂殊勝也、
晦日、終日終夜雨、卯剋晴了、

八月大

□□快然、
(一)□日、旬・日並朝夕三度、音樂奏之、
白杖春右・御幣春格・散米春在、
社司、時廣(中東)・祐範(東地井)・時家(中)・延豐(上)・師治(西)・延通(大東)・祐爲(新)・祐榮(千鳥)・延倫(富田)・延種(大東)、祐紀(千鳥)、不參、祐長(辰市)重服・祐定(今西)煩、中臣氏人不參、大中臣氏人、時(中西)久・經長(正眞院)・時昌(中東)・家綱(奧)・時氏(中西)、
旬菓子柹、赤白切餠代備進、桃・梨子一圓無之、依大風也、
一、鹽引代鮑、干鮭代鰑、燒物鮎鮓十一備進了、
一、若根・白瓜備進了、
一、去廿一日被止出仕出納北郷內記依侘事可有免除由、從若宮以常住牒送、則免除之通下知也、
一、神主(中東時廣)披露云、夕御供燒物干鯛大ヲ相尋候へ共無之候、從明日少小トモ可致備進由、出納言上由也、今日ニモ隨分相尋可申候、自然無之者、可預御意得由也、
旬ニ大根備進之處、一段細ク色ノ替タル備進曲事也、此比(大)□根萬多流布也、併依隨意如此也、

*南郷神殿守一﨟春右死去
*茸の毒
梅枝
捏搗き加增
定器の輪用意
*春格二﨟轉任
*春久一﨟轉任
*新神殿守春玉禮に來る
*東九條藏付
牧務衆加判
船戸屋にて每月祈禱祓

重而於同前者、堅以可有糺明由下知也、
旬伏兎・曲・梅枝以下、去年以來麁品限沙汰也、
膳部ヲ糺明之處ニ、雜仕ヨリコネツキヲ相渡事、
以外少分故如此之由、膳部衆神主へ言上ト云〻、
近年輪ヲ用意〆是定器之由申ト云〻、□(雜)仕申分
者、此輪我等代ニ用意申事無之候、祖父淸雲時
ヨリ□之由申候、伏兎陵爾ニ成タル事者、此一
兩年之儀也、自他之申事無其實、爲向後能〻可
有糺明義也、當分先以從神主被仰付トテ、コネ
ツキ二ツ加增シテ渡ス由雜仕申分也、本來者十
四半ト云〻、只今二ノ加增合十六半也、兩方存
分是非難決也、向後者、十六半ノ分量ノ輪用意
〆牧務衆加判セラレ、不及申事樣可有沙汰事可
然由申渡了、
三日、於船戸屋每月祓有之、頭役三師治・四延
通、酒有之云〻、予従○二日曉天煩出、吐瀉腹痛及
難義了、不參、但午剋以後無異儀、

一、二日、曉天、一﨟勘丞春右七十六、死去、茸ヲ食シテ依
其毒也、種〻雖調法申不叶、不便至極也、一﨟
ニ成テ三十日也、補任モ不頂戴也、來世爲菩提
所望之由雖申來、旣死人也、補任可出事不可叶
通返事了、
一、三日、早〻、與介春格鈴一雙持參、二﨟ニ轉任、
滿足之由也、同一﨟ニ成タル滿足トテ、宗介(春久)養
子ヲ使トシテ鈴一雙上之、同新神殿守兵部(春玉)子禮
ニ來了、卽躰者田舍へ下向ト云〻、
四日、兵部鈴一雙持參、神殿守ニ成タル滿足ト
也、
從東九条(大和國添上郡)藏付沙汰了、
六日、當番參勤了、從今夜櫟屋ニ參籠了、
七日、祐父(東地井)御忌日、學順房、專長房他行、無來
臨也、
今日、大神主(中東時廣)殿前御上樣七廻、祐長母也、作善
御沙汰、齋ニ參了、□一荷送之、法花同音有之、

彼岸講

□日、彼岸講、中日、頭役師信（向井）、御齋有之、予依用所不出仕也、

旬御供等備進

見參社司

十一日、旬・日並朝夕三度、音樂奏之、
白杖春格・御幣春在・散米清丞（春祇）、
社司、時廣・祐範・時家・延豊・師治・延通・祐爲・祐榮・延倫・祐定・延種、祐紀、不參、

＊大柳生藏付

祐長重服、中臣氏人不參、
大中臣氏人、時久・經長・時昌・家綱・時氏、

＊名月

旬菓子柿一種迄也、兼日出納案内申之、鹽引・干鮭以下、代ヲ以テ備進之、梨子當年一圓無之、風損ト云〻、
一、燒物鮎鮓十三備進之、

迗物酒未進糺明

一、從若宮以常住披露云、先段申屆候迗物酒未進分、于今無沙汰候、如何樣之子細候哉、急度可有糺明由也、則常住召出、先旬下知候、常住不屆歟、又下代無沙汰歟、又出納隨意歟、有樣可申通糺明之處、彼是兎角申掠一途〇不聞、然者急度大神主館へ出納衆被召寄、牧務衆各能〻被遂糺明可然、於其上來旬ニ可被處科怠評定了、其通若宮へモ返事了、

＊旬御供等備進

迗物酒、社司一舛・氏人五合、如例迗之、
御神供以後、迗物酒未進迗之、兩人分四升也、
新酒一段吉酒也、出納南鄕新左衞門也、
從大柳生（大和國添上郡）藏付沙汰之、珍重〻〻、スイ物ニテ酒給之、
□（十）五日、名月、晴天、古今未曾有、前後一段之月也、
□（十）九日、晝夜大風也、雨下、乍去社頭幷船戶屋・櫟屋・當家無異儀、珍重〻〻、
廿日、於鶴女（東地井祐範室）忌日、法花讀誦、昨日宗專來臨了、
祐勝房齋ニ來了、
廿一日、□（天）氣吉、旬・日並朝夕、音樂奏之、
社司氏人去十一日同前、

一、神殿守役人同前、
一、旬菓子一種、柿計也、殘二種闕、赤白切餅代ニ備進了、
一、鹽引代鮑、干鮭代鯣、燒物鮎鮓十一備進、
一、先段及評定送物酒未進事、無沙汰不謂通及糺明ノ處ニ、使不屆之由及沙汰故、糺明之處ニ、下代出納申分自他不相濟候間、昨日於神主館各被尋問候處ニ、口〻申掠既及口論ト云〻、何ニ出納無沙汰故申事出來〇不可然由評定ト云〻、予不出仕、前後不知、今日於樓門昨日之樣子披露、所詮鬮ニテ南北出納□(二)人ツヽ、被止出仕旨下知也、出納者六人皆可被處科怠、內〻雖申理其段被加遠慮、二人ニ落居也、惣別ニ如此不可及申事義也、出納不屆故也、社中ニモ內儀親疎之私意故、如此成下者也、
予云、旬御飯一段軟《ヤワラカ》ニ盛テ直ニ無之、上下傾テ備進及難儀、自然御飯落懸タラハ、自餘之盛物等不殘頽《クヘ》テ不可有□(正)躰、以來能〻念入テ堅ク盛テ、直ナル樣ニ可致調進、下(手)知代ハ時〻相替之条、當座出納衆念入テ可加異(見)儀通下知了、意得由返事也、幷朝夕御飯モ同軟(二脫)テ每度頽テ及違亂、以來結構ニ可致調進通下知了、
旬御汁魚(干鯛)三キレ、損シテ色黑ク成タル備進曲事也、重而於同前者可被處科怠由被加下知了、
廿二日、月次、出座、宗利頭役也、
一、廿三日、悲母御忌日、學順房・專長房齋ニ來臨也、
奧坊(新藥師寺)月次ニ出座了、
一、廿四日、地藏講、御經二把トリヨセ書寫了、
一、廿五日、野田民部(秀能井神守)夢想連歌於松屋興行、水野日(勝成)向殿御祈禱也、人數、社中衆迄也、郡山(大和國添下郡)西方寺長老御出座也、日向殿歸依也、此外守理人數也、
一、廿六日、一﨟春久二﨟〇補任ノ狀依懇望出之、去月二﨟〇轉シテ、當月三日一﨟成ル、然處二﨟補任モ不

*月次連歌
鬮にて南北出納科怠に處す
*奥坊月次連歌
*地藏講
*秀能井神守夢想連歌興行
*水野勝成御祈禱
*西方寺長老
御供御飯曲事
*春久へ二﨟補任狀を出す

頂戴一(×二)﨟ニ轉任之事、次第相違曲事之条、於如此者來朔日番ヲ停止シテ拝領物何モ可押置通堅紀明之處ニ、無沙汰之事平ニ可被成御免、然者先二﨟補任可被成下由、達而侘事之条、出之、任料壹(×貳)貫二百代十石合貳石四斗分相出、内儀種〻懇望之故□斗分用捨了、存分之次第、甚以曲事候間、一角可有紀明處ニ□緩怠由、達而侘事之間、加遠慮了、

(廿)□八日、清丞春祇《マサ》補任出之、鈴一雙進上、自身黄衣着シテ取ニ來者也、酒有之、任料五石ニテ用捨了、一石四斗加扶持了、

亥
九月小

一日、旬・日並朝夕三度、音樂奏之、

白杖二永淳・御幣三利尚・散米六基慶、

社司、時廣(中東)・祐範(東地井)・時家(中)・延豐(上)・師治(西)・延通(大東)・祐爲(新)・祐榮(千鳥)・延倫(富田)・祐定(今西)・延種(大東)、祐紀(千鳥)、不參、

祐長(辰市)重服、中臣氏人不參、

一、大中臣氏人、時久(中西)・經長(正眞院)・時昌(中東)・家綱(奥)・師信(向井)・時氏(中西)、

一、旬菓子上柿次・柘榴、今一種ノ代切餅備進之、

一、鹽引代鮑、干鮭代鰑、燒物鮎鮓十一備進了、

一、御幣奉獻役延種幼少故、祐榮助役、每度其通也、若宮者一本之間不及助役也、

新屋町秀雪ト云醫者、丸藥卅粒紙フクロニ入テ、社中人別ニ送之、神人衆當參次第、其外參詣者ニモ給之、正五月同前、無比類事也、事外ノ勞煩也、敬神之方便也、

如嘉例、夕飯ニ大神主殿御兩三人(中東時廣・時昌・時房)・若神主殿御父子(千鳥祐紀・祐榮)・正眞院殿御父子(經長・經忠)・今西殿(祐定)、若神主殿・正眞院殿・今西殿女房衆各御出也、

奥殿(家綱)へハ膳・鈴等送之、若神主殿(千鳥祐紀)・正眞院殿(經長)ナト間惡故也、送物酒如例、社司一升・氏人五合送之、

*新屋町醫者秀雪丸藥を送る
春祇へ神殿守補任状を出す

*嘉例夕飯

旬御供等備進

見參社司

*送物酒

*切形は御供所柱に記置く
瀬死の春久へ南郷神殿守一﨟補任狀を出す
節供小柳生庄三橋庄西殿庄
*職人衆夕飯
*大宮神主嘉例中飯
御供立板短し
*旬御供等備進

一、六日、當番參懃、從今夜櫟屋ニ參籠了、
七日、祐父(東地井)御忌日、學順房・専長房齋ニ來臨了、
宗介春久存命旣今明日ニ成候条、爲來世一﨟補
任致頂戴由、治部殿(中東時昌)ヲ以テ懇望之条、補任出之、
任料十合六石四斗也、然共三石ニテ遣之、治部
殿ヨリ承故也、
天晴、
九日、御節供、日並朝夕・○神戸(大和國添上郡)六本立 小柳生、名主・神主、(中東時廣)・三橋(大和國添上郡)六本立 ・西殿庄(大和國宇陀郡)六本立 名主・神主、兩物官(中東時廣・東地井祐範)出合、
社司氏〔人脫〕去朔同前、
一、二ノ御殿日並朝夕樂所へ下行之、
一、支配、神戸二二・三橋三四・西殿庄五六、
一、西殿庄○立板、神主方名主ノ時ハ從雜司致用意、正預
名主之時者出納用意之卜云〻、然者今日雜司用
意ノ立板、一寸餘短致沙汰通注進了、曲事所行
限沙汰也、早〻如先規可仕直通依下知、請申者
也、惣別神戸・西殿庄・出合以下之立板切形御
供所之柱ニ記置之事明鏡也、此切形非近代沙汰、
往古ノ所爲、然モ段〻ニ神戸・西殿庄等書付明
白也、其段申掠事太以惡行也、縱近年依無沙汰
短キヲ用タル事モ可有之、其段不可成證據、古
跡明鏡之上者、兎角不及苦勞、如先規可致沙汰
通下知之通畏了、是者出納・手知代無案內故、
臨期不及糺明故歟、今度者手知代分別有之□、
〔如〕□此私曲現行有也、社中ニモ此間無沙汰至也、
御神供已後、如嘉例職人衆夕飯ニ來臨也、社中、
正眞院殿父子迄也、
十日、於神主殿如嘉例中飯、惣社參會也、
明日御神供無異儀、如例鹽引代ヲ以テ備進之由
出納案內了、
先段送物酒之事ニ被止出仕出納兩人、依侘事免
除了、南郷孫左衛門・北鄕(南鄕)主計(春經)、廿一日出納代
官也、
一、十一日、曉天雨、神供之時分止了、旬・日並朝夕三度、音樂奏之、

白杖《二》永淳・御幣《三》利尙・散米《六》基慶、
一、社司九日同前、但師治不參、隨意歟、
一、大中臣氏人、經長・時昌・家綱・師信、
一、旬菓子柿《上》・柘榴《次》、今一種赤小豆切餅代ニ備進之、
一、鹽引代鮑、干鮭代鯣、燒物鮎鮓十一備進之、
本社氏人三人事闕了、四御殿上ノ役隙開待者也、
時久・時氏父子不參、每度如此也、不可然儀ト
內〻ニテモ種〻雖被加意見、無同心ト云〻、於
神前種〻及評定通、大神主殿(中東時廣)猶以御意見可然通
被申渡者也、時重(中)・師勝(西)去七月比ヨリ江戸へ被
相越故無人也、其外之氏人者何モ幼少故、社參
不成者也、理(現)病又觸穢ナレハ不及叮簡、身上無
異儀ニ神役隨意之段、太以曲事也、猶〇《於》同前者
以來一角惣社可有談合旨也、
十六日、恆例於船戶屋有之、頭役五祐爲・六祐
長沙汰之、コツケ如例、酒濟〻也、
十九日、闕才次郎(高淸)如例祈禱連歌興行、式日廿五

*藤堂高虎を見舞
*年中南鄕神人一﨟四人死去
中西時久時氏旬不參は曲事
*旬御供等備進
*見參社司
船戶屋にて恆例祈禱祓
闕高淸連歌興行
*旬御供曲事

日也、然共其比藤堂泉州(高虎)歸國、爲見廻勢州へ罷
越之間、引上テ沙汰之、終日種〻馳走、大御酒
也、
今日、南鄕一﨟神人春久七十三、死去、久病也、
一﨟ニ成テ一度モ不社參也、一年中一﨟四人死
去、先代未聞ト云〻、春兄正月、春朝七月、春右
八月、春久九月、神慮難側(測)、皆〻驚嘆〻〻、
一、廿一日、旬・日並朝夕三度、音樂奏之、
一、白杖《二》永淳・御幣《六》基慶・散米《七》守理、
一、社司、時廣・祐範・時家・延豐・師治・延通・
祐爲・延倫・祐定・延種、祐紀、不參、祐長重
服・祐榮煩、中臣氏人不參、
大中臣氏人、時重・經長・師勝・時昌・師信・
時氏、
旬菓子柿《上》・柘榴《次》、今一種赤小豆切餅代ニ備進之、
鹽引代鮑、干鮭代鯣、燒物鮎鮓十三備進了、
新權神主師治披露云、去十一日旬三御殿輕物ノ

鯣以外聊爾之物躰、蟲歟鼠歟喰タル歟、散々ニ損シタル物ヲ備進曲事也、則各々檢知衆萬多也、第一出納ノ曲事、幷左樣ノ物躰致經營膳部モ曲事也、則出納・膳部被止出仕者也、

出納膳部の出仕を止む

一、今日一御殿輕物鯣十一日同前也、則任先條出納・膳部被止出仕了、毎度出納之所行以外、此比隨意不及是非也、

近盤朝御供燒物ニ一段損シタルヱソ（鱛）ヲ備進曲事也、剩色迄朽損候物限沙汰也、先段下知候處ニ猶同前也、從明日如此之物躰於備進者、堅可及糺明之旨、出納ニ被加下知了、

廿三日、悲母御忌日、學順房・專長房他行、無來臨也、

正順月次連歌

正順月次、出座了、種々馳走也、

地藏講

廿四日、地藏講、頭役也、御經三把書寫之、

正順連歌興行

廿六日、正順興行、

ゆく秋はたゝ有明の雲間哉　愚句

七右衛門（辻良政）殿出座、終日濟々也、大御酒、祐長同道了、

十月大

*旬御供等備進

天晴、
一、一日、旬・日並朝夕三度、音樂奏之、

一、白杖二春重・御幣三春在・散米四春祇、

*見參社司

社司、時廣（中東）・祐範（東地井）・時家（中）・延豐（上）・師治（西）・延通（大東）・祐爲（新）・祐榮（千鳥）・延倫（富田）・祐定（今西）・延種（大東）、祐紀（千鳥）、不參、

祐長（辰市）重服、中臣氏人不參、

大中臣氏人、時久（中西）・時重（中）・經長（正眞院）・師勝（西）・時昌（中東）・家綱（奥）・師信（向井）・時氏（中西）、

旬菓子上柿・次柘榴、今一種赤小豆切餅代ニ備進之、鹽引代鮑、干鮭代鯣、燒物鹽鯛一備進之、

*新調圓座不足

評定云、新調ノ圓座不足也、常住ニ糺明候處ニ、餘以陵爾ニ調進候間、撰テ五帖分返進之由言上、近比珍重也、則敷設處ノ圓座以外少分ニシテ、一段麁相ニ調進之間、此中ヲ撰テ返遣之、十一

出納膳部免除
*焔光出現
*天變故社中以下祈禱
*松永久秀生害の時彗星出現
船戸屋にて毎月祈禱祓
春經南郷神殿守補任

日以前ニ結構ニ可致沙汰通下知了、
先日被止出仕去月十一日・廿一日ノ出納・膳部
懇望之趣、時廣御披露之条、免除了、新神殿守
内々侘事由也、
評定云、旬焼物一御殿別而少分、殊ニ損シタル
躰也、惣様モ少分也、幷鮑ノ代ニ鰹ヲ篇々ト備
進曲事也、世間流布連綿、無是非隨意ノ所行也、
重而不可叶旨下知也、隨而干鮭流布之處、無盡
期鯣ヲ代ニ備進不謂、從來旬鮭ヲ可致備進旨被
申付了、
一、沓・大（太）フト・イケ（蘭下下）、、於兩社如先規神人直之、
一、送物ノ酒如例、社司一斘・氏人五合宛送之、
一、三日、於船戸屋毎月秡有之、頭役、五祐爲・六
祐長沙汰之、取肴ニテ酒有之、
一、主計（春經）神人神殿守補任出之、任料三貫二百文代米
十合六石四斗也、依懇望當器三石ニテ出之、則
銀子ニテ今日相濟了、自身黄衣ヲ着也、子治右

衛門ヲ召具シ來テ、補任頂戴了、赤飯一箱・樽
一荷持參、各賞味、□（滿）足ト云々、此神人ハ代々
當家ヘ來歴舊好之禰宜也、珍重々々、
□比卯ノ剋ニ、辰巳方ニ事々敷焔光出現、箒星
歟、但星ノ躰無之云々、焔光二丈餘有之、奇怪
ノ天變、古今未曾有也、依之社中日々祈禱、則
三方座中・拝殿ニモ沙汰可然通被申付者也、南
郷座ヘ職事申付了、北郷・若宮同前也、此五十
年以前松永彈正少弼（久秀）殿信貴山（大和國平群郡）ノ城ニテ生害ノ時
其山上ニ出現、ソレハ箒星也、少弼殿切腹以後
無程滅了、希代ノ不思儀也、焔光ノ形色大方同
前也、
一、六日、當番參懃、則櫟屋ニ參籠了、
天變ノ祈禱於舟戸屋有之、頭役七祐榮・八延倫、
取肴ニテ酒アリ、
七日、同祈禱、同屋ニテ有之、頭役九祐定・十
延種、酒肴有之、

亥の子餅

*春玉神殿守補任

春格二﨟補任料遲る

*彗星出現

春重二﨟補任

旬御供等備進

*旬御供等備進

見參社司

*見參社司

祐父（東地井）御忌日、學順房・専長房齋ニ來臨也、
八日、亥ノ子餅沙汰之、大宮神主殿（中東時廣）・治部殿父子（中東時昌・時房）・形部殿（刑）（西師勝）・向井殿（師信）・若神主殿父子（千鳥祐紀・祐榮）・正眞院殿（經長・經忠）父子・今西殿（祐定）、禰宜衆、加藤左衛門（永益）・三郎右衛門・勘三郎・竹松・久助子、左近左衛門ハ他行、安右衛門失念、奥殿（家綱）へ送之、若神主殿・正眞院殿・今西殿女房衆各御出也、何モ內衆迄餅遣之、
一、九日、與介（春格）二﨟補任以外遲々也、日付八月廿六日書之、任料者一﨟補任頂戴之時一度ニ可致沙汰由、職事迄出狀了、
一、同日、春重二﨟補任出之、一段不便無極之条、任料不及沙汰、追而臨期ニ可進上通、內々言上了、
□（十）一日、旬・日並朝夕三度、音樂奏之、
白杖春格《一﨟》・御幣春重《二》・散米春在《三》、
社司、時廣・祐範・時家・延豐・師治・延通・祐爲・祐榮・延倫・延種、祐紀、不參、祐長重服、・祐定、中臣氏人不參、
大中臣氏人、時重・經長・師勝・時昌・家綱・師信、
一、旬菓子柿・柘榴、今一種ノ代赤小豆切餅、鹽引・干鮭備進、燒物鹽鯛一、
十二日、兵部春玉神殿守出之、任料三貫二百文代米十合六石四斗也、五石ニテ同心、殘一石四斗扶持也、
此比卯ノ剋ニ東方ニ篲星出現、星一段大也、篲星餘光二丈餘也、先段辰巳方ニ出現ノ焱光ハ滅了、度々天變、希有也、不思儀共也、
一、廿日、於﨟女（東地井祐範室）忌日、宗專房法花讀誦ニ來臨也、
一、今日、亥ノ子餅於若宮神殿（主脱）有之、當家中不殘餅給之、社中・禰宜衆萬多也、大御酒有之、
一、廿一日、旬・日並朝夕三度、音樂奏之、
一、白杖春重《二》、御幣春在《三》、散米春祇《四》、
社司、時廣・祐範・時家・延豐・延通・祐爲・

祐榮・延倫・祐定・延種、祐紀、不參、師治隨意歟、・祐長重服、中臣氏人不參、皆童形也、大中臣氏人、時重・師勝・家綱・師信・時氏、

旬菓子上柿次・柘榴、今一種赤小豆切餅代ニ備進之、鹽引・干鮭備進、燒物鹽鯛一備進之、

今日、旬土立役家綱雇申者也、經長此比述懷子細有故不和故也、

一七ケ日御祈結番

一、廿二日、彗星出現之儀付、從南曹(竹屋光長)一七ケ日御祈之事被仰下了、則從神主(中東時廣)被相觸者也、北鄉職事黃衣ヲ着メ觸之、

南曹奉書、

彗星出現御愼不恆、一社一同一七箇日別而可致懇祈之丹誠旨、南曹辨殿仰所候也、恐々謹言、

十月十八日　忠直(一柳)判

春日社
神主殿

春日社
神主殿　上裏ニ如此也、　竹屋辨殿御內
一柳但馬守(光長)(忠直)

就彗星出現一七ケ日御祈之事

一番 廿三日 神主時廣　若宮神主祐紀
二〻 廿四日 正預祐範奉、　權預祐榮
三〻 廿五日 權神主時家　加任預延倫
(四)〻 廿六日 神宮預延豐　新預祐定
(五)〻 廿七日 新權神主師治　新預延種
(六)〻 廿八日 次預延通
(七)〻 廿九日 權預祐爲

右守結番之旨、無懈怠抽丹誠可有參懃者也、仍如件、

元和四年十月日

廻文之狀無之、失念歟、

廿三日、悲母御忌日、學順房・專長房齋ニ來臨了、

*大織冠御影像

(藤原鎌足)大織冠御影像、學順持來了、賣物也、代銀子十文目ト云〻、內〻所望之間留置之、十文目則渡了、定惠和尚・淡海公(藤原不比等)下ノ左右ニ有之、古筆一段殊勝也、宿緣之至滿足也、表具結構〻〻、

十一月大

旬御供等備進

一、一日、天晴、旬・日並朝夕三度、音樂奏之、
白杖（二）永淳（三）・御幣利尚・散米（六）基慶、

見參社司

社司、時廣（中東）・祐範（東地井）・時家（中）・延豐（上）・師治（西）・延通（大東）・
祐爲（新）・祐榮（千鳥）・延倫（富田）・祐定（今西）・延種（大東）、祐紀（千鳥）、不參、
祐長（辰市）重服、中臣氏人不參、
大中臣氏人、時久（中西）・時重（中）・經長（正眞院）・師勝（西）・時昌（中東）・
家綱（奥）・師信（向井）・時氏（中西）、
旬菓子柿（上）・柘榴（次）、今一種赤小豆切餅代ニ備進、
鹽引・干鮭備進、燒物鹽鯛一、
一、送物幷酒如例、社司一㪷・氏人五合也、
一、於兩社沓・イケ（薗下下）ヽ・大フト（太）以下、神人直之、

渡屋にて毎月祈禱祓

三日、於渡屋毎月秡有之、頭役時廣、酒肴濟々、
赤小豆餅有之、

三御殿千木金物落御

三御殿御後千木金物ノ落御、兩常住（大宮守通代・梅木春房）去廿三日見
付持參了、遷宮無程不審也、釘ヲ麁相ニ付タル

＊京都へ注進

故歟、則京都へ注進了、
京都へ之案、立文、
當社三御殿御後千木金物落御候、時刻不分明
候、隨見付致注進候、此等之趣、能々可有御
披露候、恐々謹言、
十一月五日　春日神主時廣
謹上　宿院御目代殿
北郷方主典被差上歟、

＊寺門へ披露

一、寺門へ披露折紙也、
當社三御殿御後千木之金物落御候、時刻不分
明候、隨見付申入候、此旨可有御披露御集會
候、恐々謹言、
十一月五日　正預祐範
神主時廣
供目代御房
六日、當番參懃、從今夜櫟屋ニ參籠了、
七日、祐父（東地井）御忌日、學順房・專長房齋ニ來臨也、
當番神供副役、氏人家綱雇申者也、師信煩不參

*出納の出仕を止む

旬御供等備進

見參社司

*春日祭京上

御供曲事

*北郷前出納後家旬御供沙汰を申す

*正眞院經長中東時昌出納改易

*下行押置き後家始末を下知

里にて神供調作

故也、

一、八、九、十、當番神役懃仕之、

□晴、

□《(十)二》一日、旬・日並朝夕三度、音樂奏之、

白杖永淳・御幣《三》利尚・散米《六》基慶、

社司、時廣・祐範・時家・延豊・師治・延通・祐爲・祐榮・延倫・祐定・延種、不參、祐紀遠他行、・祐長重服、中臣氏人不參、

大中臣氏人、時久・時重・經長・時昌・家綱・時氏、

旬菓子《上》山芋・《次》柿、今一種赤小豆切餅代ニ備進之、

一、鹽引・干鮭備進、燒物鹽鯛一備進之、

一、權神主時家披露云、去八日朝御供菓子柘榴以外損タル物躰、殊更事外細少ニ切リ碎タル物備進曲事也、端々各モ一見也、是者膳部之所爲歟、下代之沙汰歟、可有糺明由也、即以常住御供所ヲ糺明之處、出納里ヨリ破リ碎テ上申候条、膳部モ下代モ無存知通返條候、御神供ヲ里ニテ調

作、甚以殊更舊損タル物備進、何モ其科有之、則被止出仕了、

□日旬燒物以外少分之物躰備進曲事也、剰殿々大小有之、□《(何)》モ隨意ノ沙汰、不可然由一決、被止出仕了、出納衆所爲近日□以恣之所行限沙汰也、

若宮神主《(千鳥祐紀)》不參之条、大宮旬祝詞已後、神主時廣末社司シテ、若宮ニ渡テ旬備進之、

一、送物饗并送酒如例送之、社司一升・氏人五合也、

一、春日祭京上了、南郷主典指上了、座役也、猶祭記ニ書之、

北郷方廿一日旬、出納前五郎《(拜殿)》左衛門清政依遺言、爲後家御神供之事、此中相調處ニ、今度正眞院《(經長)》殿・治部少輔《(中東時昌)》存分相替テ、後家手前ヲ□放テ、當五郎《(拜殿清明)》左衛門ニ被申付了、然處ニ御寺家北院殿《(空慶)》并寺門ニ□聞及下行被押置了、内儀種々雖及理、經長・時昌存分□《(表)》裏有之テ無一途、然共從寺務

南鄕出納左近頓死
大東延通出納改易
重職の契約あるを申し公儀へ訴訟
寺社萬事一乘院尊政恣の御沙汰
*千木金物落御につき南曹辨御返事
駿府下向延引
社頭法度は有來の如く申付けらる
五師幷門跡奉行の一書を給ふ

ハ此時分珍事不可然、先〻近年□〔如〕有來沙汰尤無爲神妙也、此間之通ニ後家始末可然通、依御下知致其覺悟者也、此題目重〻子細有之、依此事此比正眞院共不和ニ成者也、彼是申掠仁躰有テ、無正躰成下了、南鄕方廿一日旬出納モ、左近頓死故、彼職可有改易由大東〔延通〕被申付、彼家ニハ出納職并膳部一期先代ニ重職ニ被仰付、御契約候證跡明鏡之由申理了、依之公儀へ自他出之、終ニ一途無之、笑止千萬也、此社職事者、先年寺社萬事一乘院〔尊政〕樣恣ニ御沙汰故、寺社法度盡〻滅亡了、餘以歎入次第之条、可達上聞覺悟相定、駿河へ罷下決定候處、從一門樣〔一乘院尊政〕種〻依御懇望延引、其砌向後社職事不可有御混亂、□〔社〕頭法度之事如有來爲社家可申付由被仰付、五人職中并門跡奉行別所治兵衛〔萩和吉〕・中沼左京〔元知〕一書給之、其以來大少之儀□〔社〕頭之法度社家下知トシテ、他ノ違亂無之、然ニ今度兩條事□〔出〕來シテ又及沙汰了、以來彌以不可有正躰、歎入次第也、予□〔一〕身之依覺悟本意ニ成ト云ヘトモ、又立歸リ他力ニ成下事、偏ニ人〻分別不足故也、右之趣寺社無隱、其時之往來□曖松林院殿〔實性〕・蓮成院陽教房五師也、既ニ木津〔山城國相樂郡〕迄發足□□ニ、兩院跡ニ付テ御越、一宿御沙汰候て、種〻御理有之故同心申、無爲ニ仕了、我等一身依覺悟、社家法度再興申候處、只今又各依未練、如此成下事、寺社嘲嘍時刻也、神慮可賴也、

□〔十〕二日、廻文、北鄕職事觸之、

春日三御殿千木金物落御付、京都江注進申候處ニ、南曹辨殿〔竹屋光長〕御返事如此候、猶委細可見彼面候、恐〻謹言、

十一月十二日　　神主時廣

謹上　正預殿并權官御中

春日社三御殿御後千木之金物一落御申候由、則披露被申候、如先例其沙汰候而可然由、南

曹辨殿仰所候也、恐ゝ謹言、

十一月十日　　忠直(一柳)判

春日社
神主殿

竹屋辨殿(光長)內
一柳但馬守忠直

喜多院空慶より出納補任相論につき使者

從喜多院(空慶)殿以御使被仰云、北郷廿一日旬出納、此中清政從致始末處此比召放、五郎左衛門ニ爲牧務(大東延通)被申付由候、然共近年如有來後家相拶、無申事様被仰付候處、神供可及違亂由內ゝ被及聞召、近比不可然儀也、他所之違亂有共、爲社家無爲□被申調事也、若輩衆存分無其實儀也、能ゝ加意見者可然思召由也、御返事云、被仰聞段尤也、乍去此一義前ゝ申合候而無申事候處ニ仕

正眞院經長等約束違變

候處、此度正眞院・治部少輔心中相替、前段約束申候事違變候、如此候、於拙身モ失本意故、此比者兩人ト不快仕候条、重而罷出一言モ可申儀難成候、兩人ヲ被召寄御意見尤候、則從先年次第一ゝ申上了、御使不及是非由ニテ被歸了、

又御意云、南郷廿一日出納左近死去(×付)付、彼職可有改易由大東(牧務)被申付處、此職者先代ニ重職ニ被補、其證跡明鏡候由雖理申、牧務無同心故、公儀及沙汰、既急速ニ一途被仰付而可被下通申□□、乍去於公儀越度於有之者、社家失外聞、近比笑止ニ思召候間、內ゝ加意見可然由也、一ゝ御意忝儀也、此段モ此中從左近方モ懇望候へ共、無同心、如此成下候、只今我等式罷出雖申談、中〱不可有許容候、兎角爲御寺家可然様ニ御下知尤候、兩條之事被仰聞候事忝候、一段不可然次第トハ存候へ共、不及了簡之通□返事申上了、何モ人ゝ私曲故不慮出來、爲惣社不可然次第也、□社中零落之基也、

□日、京上飛脚下着了、飯米長合三升下行、初度者日數不依多少ニ三升定下行也、二度目ヨリハ日別一升ツヽ也、猶祭記載之、

妙德院(堯恩房)申入了、中飯ヨリ心靜ニ相談了、樽一荷

*春日祭寮神馬往古より北室京紺屋引來る
春格南郷神殿守一﨟補任
*國替以來拜領なし
於鶴一周忌
*中坊秀政に神馬沙汰を仰出さる
喜多院空慶田樂頭屋御勤仕
喜多院空實頭屋御沙汰より六十四年
頭代松林院實性

被持了、
十四日、與介春格一﨟補任出了、任料二﨟一﨟合八石八斗也、依侘事七石ニテ同心了、只今銀子四十目上之、相殘正月迄延引候事懇望、則一札沙汰之、
十五日、於鶴女(東地井祐範室)一回追善沙汰了、廿日正忌也、然共春日祭ニ相構故、引上了、法花同音、出家八人、羅漢供アリ、従法花寺(大和國添上郡)モ三室中坊御出也、予淨土三部經書寫廻向了、
大神主殿(中東時廣)・釆女殿(千鳥祐榮)・今西殿(祐定)御出也、若神主殿(千鳥祐紀)者大坂へ御越、正眞院殿ハ此比不和之子細有テ不申入、奥殿(家綱)へハ膳送之、
十六日、喜多院殿田樂頭屋御勤仕付而、御禮ニ參上了、樽代百疋持參了、前空實(喜多院)僧正頭屋御沙汰六十四年ニ成了、當院様(喜多院空慶)又御勤仕奇特也、兩頭之条、頭代松林院殿御沙汰、寺務(喜多院空慶)・權別當(松林院實性)相並テ御勤仕、珍重〻〻、

一、乍次、春日祭廿三日之通申上了、就其寮神馬引躰、北室之京紺屋從往古引來、然ニ國替以來下行物一切無拜領、幷公事役モ無免許、數年不足之役致其沙汰候、於只今者□法事盡申候条、神馬引不可申候通言上候、申候處道理至極候条□〔是〕非ニ難申付候、自然臨期之及違亂候者、太以不可然候、兔角從何方成共神馬相調候様ニ被仰付候者、可爲珍重由申入候處、其段□〔笑〕止儀也、京紺屋難澁、尤不便之義也、中坊左近(秀政)ニ被仰出可被相調ニテ、□以使者右之趣被仰遣候處、意得存候、神馬ハ無事可致沙汰由返事、則致祗候、萬〻可得御意由御返事被申了、其中ニ京紺屋モ御院家へ參上候て成下申上者也、予歸宅候砌、京紺屋來了、最前者喜院様(喜多院空慶)様能〻申上、祝着之禮銘一雙持參了、神馬之事乍迷惑、先此度者無爲ニ可引申、以來之儀不依大少被加御扶持様ニ、彌〻□〔取〕合頼入由也、先以神馬無爲珍重也、重而

今西祐定元服
*旬御供等備進
加冠祐範
*見參社司
*出納孫左衛門幷内記免除
春日祭延引
*旬菓子等曲事

猶以可申入無疏略通□聞了、
〔十〕□七日、今西殿祐定十三、元服沙汰アリ、加冠之事被仰、一段迷惑憚入由□返辭退申候へ共、達而承之条、同心了、則自是小刀二・兩種タイ一懸・タウフ十丁、・樽一荷□之、辰剋沙汰、髮ヲ切テ祝儀其式アリ、其以後日中飯有之、御禮來臨、若神主殿御同道、三種・鯛一懸・コンニヤク・赤飯一箱・樽二荷被持了、又別而ノ禮トシテ鈴二ッ給者也、從是又金扇一本・杉原一束返禮了、日中飯濟〻、大御酒也、座敷、大神主殿・若神主(千鳥祐紀・祐榮)殿父子・權神主(中時家・時重)殿父子・正眞院藤賀(經忠)殿・予迄也、
一、今日、申剋、從南曹來廿三日祭禮可爲延引由被仰下了、從禁中延引之義被仰出ト云〻、子細何共不知也、則廻文沙汰之、猶祭記ニ書之、
廿日、(東地井祐範室)於靍一周忌正忌日也、追善者去十五日引上テ沙汰之、今日者奧坊(新藥師寺)・專長房・祐勝比兵〔丘〕尼齋ニ來臨也、宗專房ハ毎月ノ法花經□誦了、一回無程、夢中也、
〔廿〕□一日、旬・日並朝夕、白杖永淳・御幣利尙・散米基慶、音樂奏之、社司、時廣・祐範・時家・延豐・延通・祐爲・祐榮・延倫・祐定・延種、祐紀、不參、師治遠忌、・祐長重服、中臣氏人不參、大中臣氏人、時重・經長・師勝・時昌・家綱・時氏、
一、旬菓子山芋一種也、殘ハ赤白切餅代ニ備進之、
一、鹽引・干鮭備進、燒物鹽鯛一備進了、
常住披露云、去旬ニ被止出仕出納孫左衛門・內記被成免除者可忝存、□來之義不可致隨意由也、種〻評定、其科之淺深次第之条、孫左衛門者□被殘置由也、其段不及是非、乍去同時ニ成敗也、又若宮祭禮歎申候處、□□之条、何モ可被加免除旨助言申、則其通下知、免除了、
〔權〕□神主時家評定云、今日旬御菓子一種備進曲事也、串柿萬多流布也、隨意之所行之間、可被止

*将監次男烏帽子著

*廣橋兼勝任槐の御社參

神人ヤリ袖一禮に及ばず

出仕、各評定也、予云、此菓子之儀、昨日出納注進云、串柿以外少分之条、小柑子可有備進由言上、返答云、小柑子今時分備進之事不可然、但惣樣次第ト返事之處ニ、然者切餅二坏可致調進由申候条、其段無分別、時分柄菓子闕如不謂由返事候處、立歸リ申分神主殿へ訴申候へハ、切餅二坏不可有相違由被仰通申之、近比不可然被仰事ナレトモ、既於同心者惣次第ト返條之旨披露申候處、種〻糺明候處、恣之沙汰曲事也、乍去若宮祭禮近〻也、拜殿沙汰人之条、先以被加遠慮由下知也、

串柿萬多有之、其上柘榴モ可有之時分也、旁以油斷之所爲曲事也、

新祐爲披露云、先度宮廻之時、若輩神人三人行合之處ニ、二人者有樣之禮致沙汰罷通、一人松南院久六ト申者、ヤリ袖ニテ不及一禮罷過、慮外之□〔仕〕合、只今可止出仕事乍勿論、祭禮前之段、被加用捨、以來之儀能〻□被仰付旨也、

□〔時〕家云、先段從大社若宮へ被渡神役之砌、八講屋ニ腰ヲ懸テ居ル□〔神〕人不立去シテ有之、曲事之由也、何モ其科雖難遁モ、神事以前□〔以〕別儀用捨也、右條〻以常住具ニ被加下知了、

一、廿三日、祐父〔悲母〕御忌日、學順房・專長房齋ニ來臨也、

一、將監次男烏帽子着トテ、赤飯一箱・鈴一雙持參了、

一、久左衞門〔守理〕・左近左衞門鈴一雙ッ、持セ畢、正眞院ト此比不和之事笑止之条、神事前和睦トノ義也、當分存分有之、同心難成、重而可申合通返事了、

廣橋大納言殿兼勝御下向、宿所奥館也、御女房衆御同道、上下百人餘也、□度內大臣ニ御轉任ノ御悅ノ御社參也、早速ノ御任槐御冥加也、

□〔廿〕四日、早〻御禮ニ參了、斗樽一ッ持參、御對

*叡慮御腹立
若宮夜宮
*旬御供等備進
馬場へ不出仕
糝振舞
*見參社司
後日能三番
旅殿を壞つ
職人衆人足を出す
南曹より使者
春日祭日注進に及ばず

面、御酒有之、日中時分ヨリ□〔東〕北院殿へ渡御也、
□〔廿〕五日、従喜多院殿、物社へ御樽・御肴濟〻被
送下、於正眞院各參會、予不和故不出仕、赤
飯・柑子・鈴被送之、惣樣之事理運之条留之、
廿六日、夜宮、參社了、
一、廿七日、馬場不出仕、其式不知之、
一、廿八日、於若神主殿嘉例之御神供之糝《コナカキ》振舞、酒
濟〻也、
後日藝能三番有之ト云〻、
一、廿九日、旅殿壞事、如例年職人人足出之、
南鄕（梅木春房）常住一人・酒殿一人・殿番二人・紀伊社宮司
一人・榎本一人・水屋一人・庭主典一人・雑仕二人、
近年一人出之、如何、・職事一人、近年自身出之、
□〔日〕並朝夕・酒三舛十合下行之、此外無之、
□〔従〕廣橋殿獵〔蠟〕燭廿丁送給之、早水殿（速水良益）書狀アリ、
晦日、従南曹使者アリ、春日祭去月延引以後、
何共不及注進、□〔五〕日歟十七日迄如何之由也、叡
慮御腹立由也、猶祭記ニ書之、
□者宿之事、理運之由申之、先例無之由申放了、

十二月大

一、一日、旬・日並朝夕、音樂奏之、
一白杖春格・二御幣春重・三散米春在、
社司、時廣（中東）・祐範（東地井）・時家（中）・延豐（上）・師治（西）・延通（大東）・
祐爲（新）・祐長（辰市）・祐榮（千鳥）・延倫（富田）・祐定（今西）・延種（大東）、不參、
祐紀（千鳥）、中臣氏人不參、
大中臣氏人、時重（中）・經長（正眞院）・師勝（西）・時昌（中東）・師信（向井）・
時氏（中西）、
旬菓子串柿・柘榴、今一種赤小豆、
鹽引・干鮭備進、燒物鹽鯛一備進之、
若宮神主（千鳥祐紀）依不參、本社旬祝詞以後、正預（東地井祐範）若宮へ
渡テ旬備進之、末社司幼少之条、祐長同道了、
旬副役ノ用也、當職老躰故也、朝御供祝詞迄懃
仕之、夕御供者彼氏人沙汰之、當職者旬以後退

南市甚三酒肴を送る

*先祖追善のため歳暮作善

船戸屋にて毎月祈禱祓

*旬御供等備進

春日祭廻文

鏡明神遷宮

立柱上棟

*神殿守不足故座頭神人進む

奥家綱拝領の三御殿舊殿を買取る

*見參社司

檜皮古物鳥居兩惣官寄進

若宮神主東大鳥居寄進

參モ隨意也、
一、南市甚三惣社へ兩種カウノ物・アミ物・樽送之、於渡屋各參會、酒重疊也、度々懇志也、神人衆ニハ於廻廊勸之、御神供以後迄有之、
(三)□日、毎月祈禱祓於船戸屋沙汰之、頭役當職、酒肴有之、
春日祭京上、重而差上之、
□日、戌刻、京上ノ人足下着、來十七日上卿可有御參向旨也、猶祭記載之、
□日、春日祭廻文沙汰了、南郷職事觸之、
□日、鏡明神遷宮亥剋ト云々、先巳刻立柱・上棟アリ、
□社者當社三御殿舊殿也、奧(家綱)殿拜領分也、十六石ニ買取テ居之、檜皮古物百束從兩惣官(中東時廣・東地井祐範)寄進、幷御前鳥井同寄進、其外八木壹□ツ、奉加了、東ノ大ナル鳥井ハ若宮神主殿寄進也、御殿・鳥井等一段見事也、方々依奉加成就、珍重々々、
一、六日、當番、依雨不參也、代官祐長參懃之、參籠渡屋ニ祐長籠了、
(七)□日、不參了、祐長代官ニ參懃了、
(八)□日、嘉例歲暮之作善沙汰之、法花同音六人、羅漢供沙汰了、毎年(十)□五日、然共來十七日春日祭執行故、引上テ修之、代々先祖追善也、
(八)□日、九日、神役參懃也、十日、闕如、祐長參懃了、
十一日、旬・日並朝夕、音樂奏之、
一、白杖一春格・御幣五春祇・散米、(マヽ)神殿守一人不足、俄ニ如此無沙汰曲事也、依之座頭進之、
一、社司、時廣・祐範・時家・延豐・師治・延通・祐爲・祐長・祐榮・延倫・祐定・延種、祐紀、
中臣氏人不參、
大中臣氏人、時重・經長・家綱(奧)・師信・時氏、

*後水尾天皇同母御舍弟

*母女御近衛前子

一乘院御兒樣御得度

車にて御社參

東北院兼祐御同車

*御能

*御社參時神人罷出づべからず

花の帽子

旬菓子山芋・串柿、今一種ノ代切餅、
鹽引・干鮭備進、燒物鹽鯛一備進之、
從下﨟分仕丁ヲ以テ牒送、來十六日一門樣（庶愛）御得
度アリ、社頭掃除之事可申付通也、
〔十〕□四日、巳秡、戌刻、爲代官祐長懃仕之、衣冠
也、祭記ニ載之、
一、十五日、午日御酒、爲代官祐長參懃了、
一乘院殿御兒（庶愛）御所樣御社參、御車也、同車東北（兼祐）
院殿、堂上衆、一人衣冠、一人ハ五位袍、其外
騎馬供奉、美麗事盡ト云々、寺僧・衆徒大略供
奉、社家者南門ノ内西ノ方ニ致參向者也、往古
ヨリ從秡戸藤鳥井ヲ經テ慶賀門ヲ入テ神前へ御
參、兩御門跡（一乘院・大乘院）・御院家・公家衆、春日祭上卿モ、
外樣ノ行列其通也、然ニ今度者從秡戸大路ヲ直
ニ着到殿前ヨリ南門ヲ入テ、神前へ御參也、先
規御記有之歟、
〔公〕□家衆、廣橋殿（兼勝）内府、其外七八人者花ノ帽子ニ
テ御見物之由也、
〔御〕□兒樣十一才、當帝（後水尾天皇）ノ同母ノ御舍弟也、御母儀
女御（近衛前子）、前近衛殿關白太政大臣前久公、法名龍三〔山〕、〔御〕□息女也、
當近衛殿（信尋）・一條殿（兼遐）・女三宮（清子内親王）、其外御連枝萬多也、
是者十宮也、
十五日、酉ノ下剋ヨリ風雨終夜以外也、
一、大鳥井ヨリ社頭迄路次相構木共、車通之条、以
長者宣被材〔伐〕除之、
一、十五日、大炊煤拂、下行物如例、
一、十六日、御得度以後御能有之ト云々、金春大夫（重勝）
ニ被仰付由也、猶雨天、如何〻〻、社家ニモ可
致見物局被仰付通、内〻雖被仰聞、明日十七日
春日祭故、何モ無祗候也、
一、御社參之時、於社頭モ神人等不可罷出通、兼而
被仰付者也、依之一人モ無之、社家ノ跡ニ少〻
有之神人モ、爲寺僧（不）可罷出由、堅固ニ下知ト
也、

*正眞院經長と和與
後宴御能藤堂高虎家中若衆沙汰
近衛信尋御見物
*覺情上人七回忌追善
春日祭
上卿廣橋總光
御戸開御供深野庄木殿庄
*旬御供等備進
玄仲來訪
*見參社司
紹巴の名殘忘れず

(御)□能、依雨天七番有之云々、及夜陰由也、
□日、後宴之御能、藤堂(高虎)泉州家中若衆沙汰之、七番有之云々、(和)□泉殿寵愛ノ仁也、近衛殿様同所ニテ見物ト及聞了、
(公)□家衆・御院家衆同所也、寺僧衆者如先例桟敷假屋ニテ見物之由也、
一、十七日、庚申、春日祭執行、上卿廣橋中納言(總光)殿内府御息、其次第委曲祭記ニ載之、
一、上役神宮預延豊勤仕之、不慮ニ血氣之事有之、依之俄ニ當職殿々ヲ奉開者也、其式祭記ニ書之、曉天無異儀延豊參勤也、
(御)□戸開御供深野(大和國山邊郡)名主時廣、・木殿(大和國高市郡)名主祐定、備進之、祭方御供引續テ、(一)□二三四拜領之、
(十)□八日、深更之時分、玄仲(里村)尋也、此中早々可參處ニ、公儀難去故、延引由也、今度近衛殿様御供故也、紹巴(里村)ノ名殘不忘處、懇意也、則對談、盃、自他難忘事也、明日者從未明歸京之由也、

一、十九日、正眞院殿(經長)ト和與也、權神主殿(中時家)・若神主(千鳥祐紀)殿・奥坊(新薬師寺)・久左衛門(野田)(守理)ナト、從兼而再三被仰聞段、難去如此也、
一、若神主殿へ采女殿(千鳥祐榮)祝言爲禮銀子壹枚持參、祝着由也、
一、廿日、覺情上人七回爲追善、被懸御目ツル出家衆齋ニ申入候、教圓房・永俊房・善春房・乘圓房・良意房・長意房・宗専房、社中、大神主(中東時廣)殿・若宮神主殿(千鳥祐紀・祐榮)父子・正眞院殿・今西殿(祐定)迄也、禰宜左近左衛門、何モ御存生之間朝夕經歷之衆也、
廿一日、旬・日並朝夕・臨時四種名主延通、四度、音樂奏之、
白杖春格・御幣春重・散米春在、
社司、時廣・祐範・時家・延豊・師治・延通・祐爲・祐長・延倫・祐定・延種、祐紀、中臣氏人不參、

大中臣氏人、時重・經長・師勝・時昌・家綱・
師信、
一、旬菓子山芋・串柿、今一種ノ代赤小豆切餅、
一、干鮭・鹽引備進、焼物鹽鯛一備進之、
一、從若宮以常住牒送云、今日旬ノ蓮頽タル間、別ニ可致調進通申付候之處、殘ハ無之由申テ、一段朽損シタル蓮ヲ調進、剩ヘ恣之返事申樣曲事之条、被止出仕由申來間、社司評定云、何之御供成共、頽タル別ニ□進仕替事不及是非、其上存分之返條、旁以曲事之条、被止出仕了、
□(十)一日分前左近跡ト牧務大東殿(延通)ト申事有之、既ニ公儀及沙汰、至于今□(二)途無之故、朔日・十一日ノ兩出納此中致其役、然者朔日出納孫左衛門ハ只今服中也、十一日ノ出納彌藏其科條ニ相當了、
一、今日、若神主殿采女殿へ祝言有之、城忠兵衛息女也、當國秋篠ノ一族也、此中片桐主膳殿(貞隆)奉公人也、從京都下向也、雖爲隱密事外雜作也、後ニ慥聞屆處ニ、山城普賢(綴喜郡)ノ侍ト云ゝ、
一、今日、日中飯、若神主殿振舞也、大神主殿・權神主殿・正眞院殿・宮內少輔殿(中時重)・刑部少輔殿(西師勝)・向井殿(師信)・今西殿、大御酒也、天氣快然、珍重ゝゝ、
一、出納如例年兩種無鹽鯛一懸・大根五本、・鈴一雙持參了、
一、廿二日、節分、大豆八合舛ニ壹舛大炊へ下行、請ニ來者也、此外無之、船戸屋ニ參籠了、嘉例ノ一獻、芋ノスイ物・大豆・酒從當職用意、然共各不參、新殿(祐爲)一人參社、酒重疊有之、
□(東)九条庄屋又右衛門、爲越年社頭ニ參籠ト云ゝ、召寄酒之(マヽ)、一段仕合、忝由、滿足也、
廿三日、悲母御忌日、學順房・專長房齋ニ來臨也、
出納・雜仕其外年頭之諸下行沙汰之、爲祝儀、兩出納鈴一雙持參了、作手迄下行共相濟了、

*山城普賢の侍
*嘉例一獻
南郷出納左近跡と大東延通申事
*東九條庄屋越年社頭參籠
千鳥祐榮祝言
城忠兵衛

一、雜仕爲禮鈴一雙持參、年酒今日擧タル由也、一段吉酒也、年頭下行、近比珍重由也、各酒再三進之、

年始御神供につき社司集會

於神主館(中東時廣)、例年之社司集會有之、年始御神供如近年無相違也、支配以下同前、豆腐スイ物ニテ酒アリ、

□□從曉天餅用意、廿四日午剋ニ至了、

歳末

廿四日、嘉例歳末トテ、若神主殿炭一荷給之、

從正眞院殿例年歳末炭一荷給之、

*職事歳末

雜仕歳末

一、廿六日、雜仕歳末、圓鏡二面、酒六升上之、使ニ十文給之、何モ近年少分成也、不謂義也、

*樂所疊新調

神前替物

一、廿七日、吉日トテ、南郷(梅木春房)常住神前替物請ニ來了、御燈呂之綱紫絹一丈三尺五寸三ワリニシテ、若宮殿御分迄沙汰之、中部布四丈五寸・同御灯呂張絹生絹四尺五寸・フノリ一帖・杉原十三枚渡之、杉原ハ十一、十二枚多少不同也、又御廊障子破損爲修覆、旬御幣四十枚・日並御幣紙三十枚遣之、御廊障子以外破損、如何之由糺明之處ニ、社參之寺僧衆被破之由理申、近比不謂所行也、重而者其仁躰之□ヲ問テ可致注進由下知了、當分被破ヲ雖及見、寺僧之事難申詰由、神人之事尤之義也、向後者從社家堅固ニ被申付候条、自然無沙汰候ヘハ、被處科怠候間、有樣可申理候趣、達而可申通申付者也、恣之隨意寺僧ニ不似合義也、

*鍛冶歳末

*火箸鐵輪

一、廿八日、職事歳末、圓鏡一面・大根二本・酒三升一瓶之代(×鉢)、持參之、不及對面、酒給之、

樂所疊一帖紫(赤也、)重縁也、白布縁ノ薄縁二帖新調之、疊大工□(彌)太郎彦三郎子沙汰之、指賃八十文ノ代十合壹斗六升下行之、□(古)物ノ疊・薄縁者晦日ニ宿直船戸屋ヘ持來也、新調ノ疊・薄縁敷替之、

晦日、鍛冶歳末、火箸二箭・鐵輪一宿直人ニ持セテ、常住船戸屋ヘ付之、若宮御灯呂綱・紫絹・中部布持參、中部布御棚巾ニ切取テ、相殘持來

之、大社ハ常住拝領之、先規也、

一、従今夜船戸屋ニ參籠了、

（異筆）「春日社務大東家」

（原表紙）

着到續番神主方也、（中東時廣）白散拜領神主也、
副番帳織事正預方也、（東地井祐範）

元和五年己未記

正預從三位中臣祐範（東地井）七十八歳

（縦二六・五糎、横一九・九糎）

年頭書上

長者殿下九條殿（忠榮）御再任、
九月、御他界、
長者殿下　二條殿昭良（實）公　南曹辨竹屋殿（光長）廣橋殿（總光）息
三月寺務御上表　當寺務大乘院殿、（信尊）
寺務喜多院殿權僧正空慶

權別當松林院家權僧正實性

五師

窪轉經院延宗房　三學院顯實房

明王院尊識房　妙德院堯恩房

摩尼珠院香賢房源勝
〃〃

兩惣官

神主從三位時廣（中東）　正預從三位祐範（東地井）　若宮神主祐紀（千鳥）

權官

一　權神主時家（中）　二　神宮預延豐（上）

三　新權神主師治（西）　四　次預延通（大東）

五　權預祐爲（新）　六　權預祐長（辰市）

七　權預祐榮（千鳥）　八　加任預延倫（富田）

九　新預祐定（今西）　十　新預延種（大東）

中臣氏人

童形、
延高（上）　同、祐昌

大中臣氏人

左京亮時久（中西）　宮內少輔時重（中）

大膳亮經長（正眞院）　刑部少輔師勝（西）

治部少輔時昌（中東）　民部少輔家綱（奥）

中務少輔師信（向井）　散位時氏（中西）

童形、
時仍（奥）　同、經忠（正眞院）　同、時房（中東）　同、師直（西）

南郷神殿守

見參社司

春格《タチ》　春重　五月廿一日死去、七十一、　春在《アリ》　春祇《マサ》　春玉《タマ》

春經　(若宮)春能

北郷神殿守

永伊　五月廿日死去、八十八、　永淳　六月七日死去、　一 利尚

守藤　四月十九日死去、　二 德仲　三 基慶　四 守理　五 基久

六 永益

晝御神事

兩常住

神拜次第

南郷常住春房(梅木)　北郷常住守通(大宮)

若宮常住宗名(和上谷)上番　春種(若宮)下番

元和五年己未正月以來御神事次第

八丈紙を配る

天下泰平、國土安全、寺社繁昌、幸甚〻〻、

船戸屋一獻

天晴、

一、元日、早天、船戸屋一獻、如例餠・酒以下從當

職沙汰之、

御强御供
音樂を奏す

一、御强御供二ケ度、兩物官分迄也(中東時廣・東地井祐範)、音樂奏之、下

行者無之、

支配、五六迄拜領之、

一、現參社司、時廣(中東)・祐範(東地井)・時家(中)・延豊(上)・師治(西)・延(大東)通・祐爲(新)・祐長(辰市)・祐榮(千鳥)・延倫(富田)・祐定(今西)・延種(大東)、祐(千鳥)紀、中臣氏(人脱)不參、

大中臣氏人、時久(中西)・時重(中)・經長(正眞院)・師勝(西)・時昌(中東)・家綱(奥)・師信(向井)・時氏(中西)、

一、酒殿神人嘉例圓鏡一面・樽一ッ持參、酒給之、

一、晝御神事如例、慶賀門ヲ入テ、住吉社ノ邊ヨリ裾引之、神前ニ着座シテ一拜以後、起座〆若宮ヘ參ル、御廊ノ丑寅ノ邊ヨリ裾引之、拜屋ニ着座シテ、一拜以後起座シテ、榎本社ヘ參テ、慶賀門ヲ入テ神前ヘ參勤之、

着座以後兩常住八丈引之(大宮守通代・梅木春房)、兩物官三十枚、社司十枚ツヽ、氏人三枚也、社司雖爲不參是ヲ取之、氏人者當參迄也、但シ近年不參之氏人ニモ送之、

一、白杖永淳(二臈)・御幣德仲(五)・散米基慶(六)、各欅襷引之、

見參社司
*晝御神事
*節供藤井庄
*若宮神主縫初祝儀
旬御供等備進
*船戸屋祝儀
*御强備進
神戸節供
*加用人
船戸屋祝儀
*送物につき雜仕と出納申事
御强備進

一、社司、神主時廣・正預祐範・權神主時家・神宮預延豐・新權神主師治・次預延通・權預祐爲・權預祐長・權預祐榮・加任預延倫・新預祐定・新預延種、若宮神主祐紀、各束帶、中臣氏人、祐昌童形、

大中臣氏人、左京亮時久・宮内少輔時重・大膳亮經長・刑部少輔師勝・治部少輔時昌・民部少輔家綱・中務少輔師信、各狩衣、淨衣、同、時氏・師直、

一、神宮預延豐不道具ニ依テ不參也、

一、旬菓子野老上・串柿次・小柑子次、

一、鹽引・干鮭備進之、燒物鹽鯛一備進之、

一、臨時四種名主延通、引續ニ九十拜領之、

一、神戸從勸修坊調進之、一二拜領之、

一、一ノ御殿旬如例樂所ヘ下行之、

二日 天晴、

一、早朝、船戸屋祝儀如例、

一、御强二度、兩惣官分迄也、五六迄拜領、音樂無之、

一、社司氏人元日同前、

一、晝御神事、

日並朝夕・出合藤井庄(大和國山邊郡)、三度、音樂奏之、

一、社司氏人元日同前、延豐者不參也、

一、出合三四拜領之、

一、一ノ御殿日並朝夕樂所ヘ下行、圓鏡ハ留之、神主ヘ取之、

一、若宮神主殿縫初ノ酒ニ參了、其式如例、

三日 天晴、

一、船戸屋如例、

一、御强三度、臨時名主祐榮、音樂無之、

支配、從一二ノ御殿出之、七八九十ト拜領之、

從兩惣官出之、

一、昨日、出合送物加用人ノ事ニ、出納ト雜仕ト及申事、以使者數度雖加問答、雜仕不致同心處ニ、新殿(祐爲)依意見、兎角社中御意次第ニ可致沙汰由請

*白散供
*節供合場庄
*見參社司
五合飯の饗
*上首四人束帶其外衣冠
節供柑子庄西殿庄
*若宮神主本社參勤せず若宮出仕は違例

ヲ申、無爲也、近年雜仕下部持來事不珍義也、然ヲ出納ノ役ト申之、出納申分者、從雜仕兩惣官出納へ十三坏ツヽ、饗ヲ送之申候、左樣ニ候へハ出納下部ヲ出之、不然者雜仕致所役之由申之、其理有之、然者饗ヲ可渡由申候處、一向少分ニ沙汰之ニ依テ、出納不致同心条、社中ニハ可有一途迄、送物雜仕ニ可被預置通被申付也、乍去思案相替テ、如近年可奉送通同心、無爲珍重也、彼饗者五合飯ノ饗ト舊記明白之由、出納三郎右衞門申之、

一、晝御神事、

一、日並朝夕・出合柑子庄、・西殿庄（大和國宇陀郡）節供本式、名主正預、音樂奏之、

一、社司氏人昨日同前、

一、出合五六、西殿庄七八拜領之、

一、二ノ御殿日並朝夕樂所へ下行、圓鏡ハ留之、正預取之、

一、出合送物昨今之分、雜仕下部持來之、

四日　天晴、

一、白散三ケ日供之、

一、日並朝夕・合場（大和國山邊郡）節供本式、名主祐定、音樂無之、

一、社司、時廣・祐範・時家・延豐、各束帶、師治・延通・祐爲（×定）・祐長・祐榮・延倫・祐定・延種、各衣冠、祐紀束帶、中臣氏人不參、大中臣氏人、時重・經長・時昌・家綱・師信・時氏、

一、從今日上首四人束帶、其外衣冠也、氏人各淨衣也、

一、合場九十拜領之、

一、本社着座以後、若宮衆參勤以外遲ヽ故、以常住可有催促候處、既ニ御間へ見來之間不及其儀、然者祐榮・祐定迄參社、若宮神主本社參勤無之、直ニ若宮へ參勤之由演說也、若又於不參者、從本社當職渡テ、若宮節供備進先規也、乍去參勤者治定之間、不及其儀也、直ニ若宮へ出仕、本

両門跡寺務権別当へ代官参賀
*當番酒
*節供大田庄
船戸屋御魚始
*大宮神主祝儀
*若菜の祝儀
*御强御供
延引分新免庄四種御供
*晝御神事
*節供西山庄出合
*白散供

社へ不及參勤珍事也、併違例歟、
一、兩御門跡(一乘院尊覺・大乘院信尊)・寺務(喜多院空慶)・權別當(松林院實性)參賀、祐長代官ニ祗候了、兩御門跡ハ御對面迄也、寺務喜多院殿(空慶)・權別當松林院殿(實性)ニテ御酒濟〻有之ト云〻、予老足不自由故、不能參賀也、
一、巳剋ヨリ雨下、不止也、
一、船戸屋御魚始、如例從當職旬御供出之、各頂戴、酒アリ、新殿御振舞也、且者嘉例歟、經長當屋ニ參籠故、從先年魚ヲ被用之、惣別北郷方ハ參籠中精進也、經長予氏人ニ雇故、當屋之通ニ可然旨申聞了、
五日 雨止、申剋ヨリ雨下、音樂無之、
一、日並朝夕・新免庄(大和國添上郡佐保田)四種去年五月十三日延引分也、名主延豐、
一、社司昨日同前、中臣氏人不參、
大中臣氏人、時久・時重・經長・師勝・時昌・師信・時氏、
一、新免庄恆例引續九十拜領之、

一、南郷常住(梅木春房)茶一器持參、嘉例也、
六日 天晴、音樂無之、
一、當番酒、御神供以前、於船戸屋酒肴如例、大御酒、惣社來儀也、
一、日並朝夕・大田(大和國式上郡)節供本式、名主正預、三度、音樂無之、
一、社司氏人見參同前、
一、大田一二拜領之、
一、御神供以後、神主殿例年祝儀於渡屋有之、酒肴如例、
七日 曉天ヨリ雨下、終日大雨也、
一、當屋若菜ノ祝儀如例、
一、御强二度、兩惣官分迄也、支配、五六迄也、
一、晝御神事、
一、日並朝夕・西山庄(大和國添下郡)名主神主、・出合、音樂無之、
一、白散供之、御神供以後神主屋へ送之、宿直人ニ持セテ、北郷常住(大宮守通代)持參之、
一、社司氏人同前、當職依遠忌不參也、

*墨繪屋衆
一、支配、西山三四・出合五六拜領之、

辰市祝儀
一、嘉例辰市祝儀酒有之、

八日　天晴、　音樂無之、

節供箸尾庄代
吐田庄
一、日並朝夕・本六種（大和國廣瀬郡）箸尾庄節供代、名主時廣、・八種（大和國葛上郡）吐田庄去年九月九日延引分也、名主祐紀、

一、支配、本六種七八・八種七八去年九月九日節供ノ次第也、延引分也、

一、社司氏人同前、但當職參勤也、

一、北鄕方・若宮神主退出也、

東大寺參詣
一、當屋衆如例東大寺參詣、出立新殿振舞也、

喜多院空慶御社參
一、御供以前、喜多院殿御社參、於當屋正眞院殿御（經長）一獻進上嘉例也、順次御禮申上了、

*旬御供等備進

寺侍後藤國益祓相傳を憑む
一、寺侍ノ後藤彈正（國益）兩種タウフ・コンニヤク、・樽一荷持參、不寄思儀也、秡之事不審、相傳憑入由也、奇特之心付感入了、

妙德院祓
九日（×八）　妙德院（堯恩房）秡祐長懃仕、予行歩不自由故也、

*東北院兼祐御社參
一、當番參勤、（×日）

本宮登山
一、本宮登山、嘉例一獻、餠・酒從當家沙汰之、當屋・墨繪屋衆各同道也、予老足不叶也、

一、左近左衞門茶一器・菓子持參、念入タル義也、

一、若宮神主殿徒然慰トテ肴三重・鈴一雙被持、何モ一段念入タル御懇意共也、登山衆被歸候条、則申入、酒宴有之、

十日　雨晴、

一、申下剋ヨリ雨下、終夜不止也、

十一日　天晴、　從雜仕如例旬御飯大桒桶二一坏上之、六枚膳餠二膳・四枚膳二膳、如例年下行之、

一、當番參勤、路次土泥之条、宮廻不叶也、

一、旬・日並朝夕、音樂奏之、

一、白杖二〻永淳・御幣五德仲・散米六基慶、

一、社司氏人去八日同前、

一、旬菓子上野老次・串柹次・小柑子、

一、鹽引・干鮭備進、燒物鹽鯛一備進之、

一、旬御供樂所ヘ下行、每度如例、

一、早朝、東北院（兼祐）殿御社參、御供以前之間、御幣紙十枚從祝詞師被送之、祝詞師師治也、

大乘院信尊御參社
*ミソレ
金勝院祓
*立德歸國
御田植
*西里衆
正預祝儀職人衆來臨
*大宮神主千壽萬歲
知行所庄屋百姓禮に來る
*關東紙
梅木春房祈禱

一、大乘院(信尊)殿御參社、祝詞師辰市(祐長)、御幣紙、御供以前之条、當職取之、
一、金勝院秡ニ祐長代官ニ遣之、
一、中臣方衆各退出了、
一、若宮神主殿(千鳥祐紀・祐榮)父子爲禮被懸御意、年玉濟〻也、
一、正眞院殿(經長・經忠)父子來臨、中飯有之、
一、御田植、參詣人群集、希代也、
一、若神主殿(千鳥祐紀)・正眞院殿・今西殿(祐定)禮ニ參也、
一、去八日ノ本六種鍛冶方下行、社頭へ請ニ來了、御供所ニ預置テ今日渡之、

天晴、
十二日　大酒、音樂有之、

一、嘉例之祝儀、職人衆來臨、社中、正眞院殿父子・向井殿(師信)・采女殿(千鳥祐榮)・今西殿、若神主殿餘醉、奥殿(家綱)指合也、〇餅・酒如例、
一、大柳生(大和國添上郡)・中城(大和國添上郡)・大江庄屋(大和國添上郡)・百姓禮ニ來了、餅・酒ニテ祝之、皆年玉持參了、
一、如例年梅木(春房)祈禱、則當日御供遣之、

一、梅木祈禱之久米持參了、
一、野田ノ筑後(久保利房)禮ニ來了、一樽《ミソレ》、左馬助(辰市祐長)其外甚七迄年玉有之、
一、立德歸國之条、爲見廻甚七遣之、八木二俵送之、狂哥ヲソヘテ、

我思つけてそをくる八ノ木の數はすくなき薪なれとも

返書あり、此返哥ニハあらす、

いにしへの錦のたもと引かへて紙衣きつゝかへる古鄕

一、西里衆禮ニ來臨也、
一、十三日、於神主殿嘉例之千壽萬歲有之、惣社參會、初獻、中飯、濟〻也、千壽萬歲其式如形也、其道既ニ斷絕也、古法ヲ皆以失念也、
一、立德爲禮來臨、紹意同道也、關東紙二十帖・燭十丁・雁一、立德懇意也、一首狂哥あり、

玉つさをつはさにかけて我たのむ君か方にや

かへる雁かね

則對談、在國十二年ニ成ト云〻、舊友別而有其感、紹意兩樽持參、及數盃了、

左馬助へ色紙二十帖、富士炭〔五倍子〕一ツヽ被持了、

*春日祭送酒につき酒殿神人の成敗を氏人衆申す

富士炭

爆竹を作る

曉天御粥

*酒殿舊記

節供松本庄

見參社司

一、十四日、殺竹作之、注連燒沙汰之、

一、曉天御粥、延通當番、衣冠、祐長正預代、衣冠、・時昌神主代、氏人、

一、御粥支配、一二ノ御殿兩惣官、三ノ御殿延通、四ノ御殿祐長・時昌取之、

一、十五日、天晴、

日並朝夕・松本節供〔大和國添上郡〕名主神主、三度、音樂無之、

一、社司、時廣・祐範・時家・延豐・師治・延通・祐爲・祐長・祐榮・祐定・延種、祐紀、不參、延倫指合、中臣氏人不參、

大中臣氏人、時久・時重・經長・時昌・師信・時氏、

一、松本節供・日並朝御供之分大工方下行、社頭へ請ニ來也、神主方同前、

一、從氏人衆以常住披露云、舊冬春日祭執行ニ付、酒殿送酒、社司四升・氏人二升也、氏人ハ一升ツヽメテ五合分先規之由申テ不渡之、社中舊記二升明鏡也、曲事之沙汰トテ舊冬可被止出仕ニ治定候處、當分權神主拘ニテ只今〇マテ延引、今日可止出仕由、氏人衆披露也、各評定數返也、兎角舊記被相出可然〇通申候處、無餘儀通ニテ、幸明日十六日秡之砌、舊記持參可然由被申渡了、酒殿舊記數帖持參、披見候處、二百年以前ヨリノ記録慥之儀也、然共社中舊記於御座有者、如何樣共御意次第ニ可仕由酒殿申分也、酒殿舊記ヲ本ニメ社中舊記可被破事〇不可然由、高聲之評定共也、如此之儀從氏人衆至于今、正預へハ一言屆無之、兩季祭神主・正預致奉行執行申候条、申事於有之者可被申儀勿論也、恣之所行限沙汰也、兩惣官・權官へモ不殘相談シテ、有樣次第

*大乘院信尊御祈禱
正預として同心せず
*一乘院尊覺御祈禱
成敗延引
三十八所屋にて恆例祓
*舞臺御能あり
*一座禰宜
*旬御供等備進
社中記録を正とすべし
*見參社司
氏人存分の評定前代未聞
*氏人衆酒殿神人の出仕を止む

ニ可被申付事可然事也、物忩之取沙汰、併社中零落故也、以來彌〻曲事可令出來爲躰也、酒殿被止出仕事、於當職者同心不可申旨申放了、能〻紀明之上ニテ可有成敗事尤也、理不盡之評定不可然由申故、今日之成敗先以延引也、

一、十六日、恆例秡於三十八所屋有之、頭役七祐榮・八延倫沙汰之、如例飯・酒濟〻也、

一、酒殿送酒之事ニ、舊記一本左京亮時久持參之、社司四升・氏人二升之通分明也、此上酒殿舊記雖有之、社中記録ヲ可爲正旨各評定、則其通可申付分也、前後無正躰評定共、殊更宮內少輔時重恣之荒言共限沙汰也、乍去不及問答喧嘩眼存外之爲躰也、如此成下、社中滅亡之時節歟、併寺門威衰微シテ、各自身ヲ隨分ト思故也、此事盡〻權神主時家・新權神主師治興行故ト云〻、氏人之存分之評定前代未聞也、其警無之者不可有法量、歎入次第也、

一、十七日、大門様（大乘院信尊）御祈禱也、中飯可被下之条、可致祗候通雖被仰出、老足故不能參上、左馬助者祗候了、

一、十九日、一門様（一乘院尊覺）嘉例之御祈禱、御講問、御門主様尊覺法親王、十二才、重難之御沙汰候由奇妙也、日中後於舞臺御能有之、一座盡〻禰宜也、大夫者右近ニ被仰付了、

晴天、
一、廿一日、旬・日並朝夕三度、音樂奏之、白杖二〻永淳・御幣五〻德仲・散米六基慶、

一、社司、時廣・祐範・時家・師治・延通・祐爲・祐榮・祐定・延種、祐紀、不參、延豊遠忌、・祐長上洛、・延倫指合、中臣氏人不參、

一、大中臣氏人、時久・時重・經長・時昌・師信、

一、旬菓子上次野老・串柿、今一種赤小豆切餅代ニ備進之、

一、鹽引・干鮭備進、燒物鹽鯛一備進了、

一、春日祭送酒之儀付、酒殿神人爲氏人衆被止出仕

*地藏講
*闕高清連歌興行
正知月次連歌
茶湯
無準師範墨跡
*辻良政連歌興行
一乘院尊覺へ祗候
西御所
*旬御供等備進
神人衆年頭禮

了、
一、大東延通振舞有之、八時分也、物社參會、予別行之子細ニテ精進故不罷出、膳幷鈴一雙被送之、懇意也、二ノ膳マテ種〻馳走共也、
一、廿二日、正知《サカイヤ》(堺屋)月次沙汰之、終日濟〻馳走、鯉・鮒其外珍物共種〻也、半ニ茶湯、座敷ニテ茶アリ、祕倉之無準(師範)和尚ノ墨跡、各拜見、一段見事也、茶入・茶碗何モ當時ノ重寶也、
一、廿三日、一門樣へ御禮ニ祗候了、西ノ御所ニ御座故、ソレへ參上了、御對面、御盃不及拜領、退出了、
一、中沼左京殿(元知)へ禮ニ參了、紙二十帖持參、他行之間申置了、昨日爲音信雁一被送之、返禮也、
一、梅木平次(春房)鈴一雙持セ、當年禮ト云〻、左馬助幷甚七迄年玉有之、酒・茶給之、
一、野田神人衆年頭來臨衆へ返禮、甚七ヲ遣之、年玉相當ニ送之了、
一、廿四日、地藏講出仕、御經二把書寫了、如嘉例豆腐スイ物ニテ酒有之、
一、廿五日、嘉例之闕才次郎高清興行有之、粥ヨリ終日振舞濟〻也、
一、廿六日、春長齋ニ來臨、大栗一盆持參了、
一、廿八日、辻七右衛門殿(良政)興行、

梅か香の道しるへする雪間哉

從早天出座、油煙十丁・杉原十帖持參了、終日振舞、珍物共事盡了、
廿九日、七右衛門殿昨日爲禮來臨也、白布一端ツ、キ・大樽一ッ被持了、左馬助ニカタキヌ袴一具、懇意也、

乙卯
二月大

晴天、
一、一日、旬・日並朝夕三度、音樂奏之、
一、白杖春格一〻・御幣春重二〻・散米春在三〻、

*立德に振舞
見參社司
*春日講頭役中西時久
*呪師走三座
*兩惣官御供下行
*觀世座闕如
若宮神主一萬卷心經
渡屋にて毎月祈禱祓
*當番酒

南鄕旬始、各襻褌曳之、
一、社司、時廣(中東)・祐範(東地井)・時家(中)・延豐(上)・師治(西)・祐爲(新)・祐長(辰市)・祐榮(千鳥)・祐定(今西)・延種(大東)、祐紀(千鳥)、不參、延通(大東)遠忌、・延倫(富田)輕服、中臣氏人不參、大中臣氏人、時(中西)久・經長(正眞院)・時昌(中東)・師信(向井)・時氏(中西)・時房(中東)、
一、旬菓子野老・串柹、今一種ノ代赤小豆切餠備進了、
一、鹽引・干鮭備進、燒物鹽鯛一備進之、
一、評定云、菓子山芋萬多流布之處ニ無備進、以代調進曲事也、從來旬於同前者曲事之旨下知了、
一、御神供已後、嘉例於若宮神主館(千鳥祐紀)一萬卷有之、社中各、其外神人衆數多、次之座敷ニテ酒給之、
人〻出米十合二舛ツヽ、
一、闕才次郞(高淸)先度連歌禮トテ、大樽一持セ來臨了、
一、三日、於渡屋每月祓有之、頭役時廣、予依用所早退出了、祓七十座之內五十座沙汰之、殘者祐長ニ申渡了、

一、立德ニ振舞沙汰之、隨從之二人、紹意相伴ニ相雇了、
一、四日、春日講、頭役時久、如例日並朝夕從兩惣(中東時廣・東地井祐範)官遣之、予不出仕、膳被送之、鈴一雙相副了、一段馳走之爲躰也、
一、五日、呪師走、日並御供一殿・瓶子二ッ宛、從兩惣官下行也、當年三座、觀世座闕如也、從正(東地井祐範)預御供兩瓶下行、從神主(中東時廣)御供一瓶被出之、去〻年從神主二瓶被出候故、此度從正預二瓶也、先規如此、去年院(後陽成院)崩御ニテ薪能無之、正預方ハ、大炊下部爲役、御供・瓶子取沙汰シテ、猿樂へ交替之、里へ瓶子モ取ニ來了、翌日又里へ瓶子・行器持來先規也、神主方ハ、出納致取沙汰由也、
一、六日、當番、大雨故不參了、祐長代官ニ參懃之、當番酒、於船戶屋番衆并神人勸之、大炊下部二人來者也、

春日祭廻文

一、春日祭廻文有之、北郷職事黃衣ヲ着シテ觸之、來十八日治定也、上卿ハ正親町三條殿(實有)御下向由也、猶祭記載之、

一、七日、祐父(東地井)御忌日、學順房・專長房齋ニ來臨也、當番ニ參社了、

南大門能

一、六日、七日、依雨南大門能無之、

一、八日、當番參勤了、今日、南大門能有之云〻、

辰市藤福疱瘡

一、九日、十日、晝夜雨也、不參了、參籠者經長ヲ雇申者也、藤福(辰市)疱瘡故、依氣遣、祐長里ニ看病故也、大半得減氣、大慶也、

東北院兼祐舞臺の能を禰宜に仰付けらる

一、十日、東北院殿(兼祐)、一門樣(一乘院尊覺)御成申沙汰、舞臺ニテ能有之ト云〻、禰宜ニ被仰付、大夫者右近也、乍去大雨故、明日迄御延引也、廣橋內府(兼勝)モ御下向也、

*德川義利母御社參
廣橋兼勝御下向
*拜殿十二貫神樂
旬御供等備進

天晴、
一、十一日、旬・日並朝夕三度、音樂奏之、白杖春格・御幣春重・散米春在、

*社頭能金春沙汰
見參社司
*代官大藏大夫

一、社司、時廣・祐範・時家・延豐・師治・延通・祐爲・祐長・祐榮・祐定・延種、不參、祐紀・延倫輕服、中臣氏人不參、大中臣氏人、時重(中)・經長・時昌・師信・時氏、

一、旬菓子野老・山芋・串柿、

一、鹽引・干鮭備進、燒物鹽鯛一備進之、

一、若宮神主〇(不參)案內之條、本社旬祝詞以後、末社司同道シテ、正預若宮渡了、末社司幼少之條、祐長召具了、爲副役也、奉獻ハ末社司也、旬朝御供備進、夕御供者祐長勤仕之、祝詞者夕御供迄予沙汰之、夕御供御罷者氏人師信、夕御供祝詞已後、兩三人ハ退散了、

一、尾張中納言殿(德川義利)御母儀御參社、於若宮御神供拜見也、是者御龜樣(志水氏)ト申也、八幡衆(山城國綴喜郡)ト云〻、家康(德川)ノ妾也、拜殿十二貫神樂、御師禰宜若宮勘兵衞也、

一、東北院殿ヘ一門樣御成ト云〻、

一、十二日、社頭ノ能、金春沙汰之、大夫(重勝)者指合故、代官大藏大夫(氏紀)勤仕之、三番アリ、予老足故不能

*地子米公事役は一圓免許
社頭能金剛沙汰
*公界の公物
風雨にて能なし
*廣橋兼勝曖
*拜殿同心せず
拜殿奥家と屋敷知行相論
*春日祭
*上卿正親町三條實有
*旬御供等備進

出仕、酒頭一獻、師治新入、其式如例、豆腐ノスイ物、酒重疊ト云〻、
一、十三日、金剛沙汰之、三番アリ、酒頭順役時廣沙汰之、予不出仕也、
一、十四日、寶生大夫(重房)可致沙汰由雖及案內、依風雨無之、予酒頭ノ順役也、其用意雖申付無益也、
一、從廣橋內府樣、早水安藝殿(速水良益)爲御使被仰云、從先年助七屋敷、拜殿ト奥(家綱)ト依相論荒地ト成ル、至于今無一途、外見モ不可然、笑止ニ思召事也、然者半分〻〻ニ分テ折中有度御內證也、近所事不可有疏略之条、若宮神主內意ヲ相尋、無事於相調者可爲御滿足、此通大宮神主(中東時廣)へモ被仰遣通也、御意尤候、此段前〻種〻雖曖申候、自他存分有之故、無了簡打捨申候、今以可爲同前存候へ共、御意之通可申屆由返事畢、則大神主殿(中東時廣)同前ニ若神主殿(千鳥祐紀)へ雖及內談、無同心、此段者大納言(豊臣秀長)殿御時、從拜殿種〻依申理、地子米公事役一圓免許ニテ、拜殿ニ被下置儀無紛事也、然ヲ奥殿違亂、何共不能分別、於私領者如何樣共可得御意候へ共、拜殿ハ公界ノ公物ヲ爲奉行、半分ノ曖ハ同心難申由也、道理尤也、其通早水殿返事申了、內府(廣橋兼勝)ノ御曖ニ被任置テモ可然存ナカラ、達而難申返事ハ有樣申送了、大神主殿御出也、
一、十六、七日、晝夜大雨也、
予老足之故、代官ニ左馬助(辰市祐長)ヲ遣之、
天晴、
一、十八日、春日祭執行、上卿正親町三條殿御下向、御宿中時家館也、委細春日祭記書之、
一、十九日、雜司手前事闕候条、來月月別借用有度候由申來候条、則下行、并三月三日奄治(大和國山邊郡)節供本式下行畢、盡〻相濟了、
一、廿日、於鷹女(東地井祐範室)忌日、御經讀誦ニ宗專來臨也、每月如此也、
天晴、
一、廿一日、旬・日並朝夕三度、音樂奏之、
一、白杖春格・御幣春在・散米春祇、

見參社司

一、社司、時廣・祐範・時家・延豐・師治・延通・祐爲・祐長・祐榮・延倫・祐定・延種、祐紀、

中臣氏人不參、

大中臣氏人、時重・經長・時昌・師信・時氏、

一、旬菓子上野老・次山芋・次串柿、

一、鹽引・干鮭備進、燒物鹽鯛一備進之、

一、兩社ニテ沓・イケ丶(藺下下)・大フト(太)以下、神人直之、

六面神鏡を鉤直す

一、御神供以後、下ノ通三ノ神鏡鉤直了、先年遷宮砌取亂テ下ニ鉤之、神戸御飯ニ相構之条、上へ鉤直之、役者、延豐・延通・祐爲・祐長・祐榮・延倫、

絹絲新調

練ノ絲寺門へ申屆候處、別會五師三(顯)學院(實房)ヨリ被相調送給者也、則於當家祐長・祐榮兼而ヱリ合、十八筋調進之、此内三筋若宮へ遣之、是者當分不及鉤直、然共自然之用意ト云ゝ、古物幷新調ノ絲殘於船戶屋社司衆支配之、古物・新調ノ緒何モ半分ニシテ、半分ヲ二ツニ分テ兩惣官取之、殘半分ヲ十ニ分テ權官十人給之、若宮神主ハ無混亂也、鉤直時モ不及出仕也、

*東地井家辨才天遷宮

一、當家辨才天遷宮沙汰之、役者祐長懃仕、先年祐父御在世之砌蒙相傳、予令懃仕了、其時祝詞ノ本・記錄以下有之、

*東大寺各所櫻見物

一、廿二日、東大寺花爲見物、從早天發足、甚七・甚藏迄召具、乘物也、若草山下ヨリ步行、八幡・二月堂・五刧阿彌陀・知足院・四聖坊・眞言院・大鳥井之花、不殘一見了、所ゝ無同道故獨酌也、

一、廿三日、悲母御忌日、學順房・專長房齋ニ來臨也、酉剋ヨリ風雨、

*地藏講

一、廿四日、地藏講、御經取寄二把書寫之、雨故不出仕也、

一、廿七日(×八)、若神主殿肴種ゝ・鈴被持了、心靜酒遊、御懇意也、禰宜甚介被召具了、

*泊瀨參詣道迎

一、廿八日、泊瀨(大和國式上郡)參詣之道迎ニ、若神主殿依誘引發足、乘物也、正眞院殿(經長)・釆女殿(千鳥祐榮)・今西殿(祐定)參詣也、

帯解地蔵堂

(大和國添上郡)帯解地藏堂ニテ數剋酒宴有之、予モ大樽一ツ持セ了、肴種〻被持了、

一、晦日、花見トテ白毫寺ヨリ一野院以下往反、若神主殿・正眞院殿・今西殿・當家女房衆同道故、餘人無之、甚介《ネキ》迄御供也、雨降出故、隨身之飯・酒於若神主殿館各賞翫之、珍肴共、女房衆同席ニテ酒遊也、心安終日之慰共不及是非也、

*節供西殿庄代 福智庄奄治庄

三月小

旬御供等備進

一、一日、旬・日並朝夕三度、音樂奏之、

一、白杖二永淳・御幣三利尚・散米五德仲、

見參社司

一、社司、時廣(中東)・祐範(東地井)・時家(中)・延豐(上)・延通(大東)・祐爲(新)・祐長(辰市)・祐榮(千鳥)・延倫(富田)・祐定(今西)・延種(大東)、祐紀(千鳥)、不參、(西)師治隨意歟、中臣氏人不參、大中臣氏人、時久(中西)・時重(中)・經長(正眞院)・時昌(中東)・時氏(中西)・經忠(正眞院)、

*嘉例夕飯

*大宮神主嘉例日中飯

一、旬菓子野老上・山芋次・串柿次、

一、鹽引・干鮭備進、燒物鹽鯛一備進之、

一、朝御供菓子野老ヲ下ニ備進之、不謂也、從明日野老ヲ上ニ可致調進通下知了、野老ハ山芋・串柿ヨリモ上也、

一、如嘉例、晩炊振舞沙汰之、中東殿三人(時廣・時昌・時房)・若神主(千鳥祐紀・祐榮)殿父子・正眞院殿父子(經長・經忠)・今西殿(祐定)、若神主殿・正眞院殿・今西殿女房衆各御出也、

一、三日、御節供、日並朝夕・四種西殿庄代(大和國宇陀郡)、名主正預(東地井祐範)、七本立・神戸福知庄(大和國添上郡)、六本立・奄治(大和國山邊郡)名主正預、音樂奏之、

一、社司去朔日同前、但師治參社也、大中臣氏人、時久・時重・經長・時昌・師信(向井)・時氏、

一、一ノ御殿日並朝夕樂所ヘ下行、

一、支配、神戸二二・奄治三四・西殿庄五六、

一、御神供以後、嘉例之夕飯ニ神人衆來了、社中、正眞院殿父子迄也、奧殿(家綱)者服中也、

一、四日、於大神主殿(中東時廣)如例日中飯有之、惣社參會也、

船戸屋にて毎月祈禱祓

一、六日、毎月祈禱、於舟戸屋有之、頭役予、取肴ニテ酒有之、

花見

一、五日、野田衆花見トテ誘引、先日度〻雖預才覺、依用所延引、別而懇志也、一野院山陰ニテ酒宴、數返也、肴共種〻事盡了、晩炊儲之、事外馳走也、大神主殿モ御出也、野田衆、教圓房・久左(守理)衛門・三郎右衛門・主水(久保利亮)・彌左衛門、此面〻興行、不殘義也、

一、七日、悲母(祐父)御忌日、學順房・專長房齋ニ來臨也、

一、八日、九日、當番參懃了、十日、依咳氣不參了、代官祐長、

維摩會大乘院信尊御遂行

鷹司信房御息

御舍兄前關白鷹司信尚

一、十日、從今日維摩會執行也、大乘院殿大僧都信尊講師御遂行也、鷹司殿大閤御所信房御息也、御舍兄者前關白(鷹司信尚)殿也、年來依御煩關白モ御上表、公儀御出頭モ無之、御煩癩病ト云〻、攝祿雖爲御家督、前生之業因難遁歟、如此之病ヲ受サセ給事、哀哉〻〻、御女中者當今(後水尾天皇)同母ノ女三宮(清子內親王)也、若君・姬君御誕生ト云ヘトモ無曲也、

一、十一日、風氣故不參、神前之式不記之、

*大東延通連歌興行

一、十二日、大東(延通)殿興行、發句所望、

奧しらぬ花吹いたせ深山風

連衆町衆也、笠坊・祐長ハ出座也、

*宗治月次連歌

一、十六日、宗治(竹田)月次沙汰之、

*講師坊一獻

一、從大門樣(大乘院信尊)折一合・饅頭五十・御樽一荷被送下了、十二日講師坊御一獻ニ不致祗候、殘多思召之間、爲御祝儀被下了、忝次第、翌日左馬助(辰市祐長)ヲ以テ御禮申上了、庭前牡丹三枝進上、御祝着由也、

一、十七日、雜仕彌左衛門振舞、從日中及晩、終日種〻馳走、心靜慰不及是非、牡丹・藤・躑躅〔盛〕成也、

一、十八日、若神主(千鳥祐紀)殿庭前藤盛也、一覽可申由案內候条、則鈴持參、酒宴有之、晩炊振舞、一段興遊共難忘儀也、

一、從今日御寺務(大乘院信尊)見參有之、

鷹司信房御社參
*音樂田御供
*南市勝右衛門酒肴を送る
延年
旬御供等備進
*正知連歌興行
見參社司
*地藏講
*大乘院信尊へ御會式成就祝儀に祗候

一、鷹司殿御社參、御師正眞院(經長)へ被仰出、御忍故、
曉天御參社也、
十九日、
一、今日、社中見參ニ祗候了、御一獻以後、御盃召
出有之ト云〻、予老足故不參了、
一、今夜、延〻引(年)曲有之、社中ニモ可致見物由依被仰
出、各〻祗候了、見物ノ局一所被仰付由也、
一、明日者用所有之トテ、毎月ノ讀經ニ宗仙來臨了、
一、廿一日、旬・日並朝夕・四種音樂田、四度、音
樂奏之、
一、白杖二永淳・御幣三利尙・散米五徳仲、
一、社司、時廣・祐範・時家・延豊・師治・延通・
祐爲・祐長・祐榮・延倫・祐定・延種、祐紀、
中臣氏人不參、
大中臣氏人、時久・時重・經長・時昌・師信・
時氏・時仍(奥)、
一、旬菓子野老上・山芋次・串柿次、
一、鹽引・干鮭備進、燒物鹽鯛一備進之、

一、音樂田者去年秋可致備進由、依懇望遠慮處ニ、
依無沙汰、今日迄延引也、
一、南市勝右衛門兩種ワカメ・タウフニテ、・樽二荷送之、則
積藏院へ兩種・一荷送之、一荷當所衆ニ留之、
禰宜衆ハ廻廊勸之、
一、御神供以後、妙徳院(堯恩房)振舞ニ參了、從日中飯終日
種〻馳走也、若神主殿父子・正眞院殿・左馬
助・甚七・予迄也、大御酒也、
一、正知(堺屋)《さかひや》廿二日興行、發句所望、
藤つゝし咲をや待しをそ櫻
終日濟〻馳走、珍物共也、事外酒宴也、
終夜雨、
一、廿三日、悲母御忌日、學順房齋ニ來臨、專長房
目煩トテ無來臨也、
一、廿四日、地藏講、予頭役、御經三把書寫之、
一、大門樣へ御禮ニ祗候了、御會式成就之御祝儀也、
兩種マンチウ三十・コンニヤク五十丁、・樽二荷持參、御對面、御

盃両度迄拝領、忝次第也、

四月小

旬御供等備進
*出仕停止の酒殿神人免除
見參社司
*女房衆誘引にて遊覽登山

一、一日、旬・日並朝夕三度、音樂奏之、
一、白杖春格・御幣春重・散米春在、
一、社司、時廣(中東)・祐範(東地井)・時家(中)・延豊(上)・師治(西)・延通(大東)・
祐長(辰市)・祐榮(千鳥)・延倫(富田)・祐定(今西)・延種(大東)、祐紀(千鳥)、不參、
祐爲(新)、中臣氏人不參、
大中臣氏人、時久(中西)・時重(中)・經長(正眞院)・時昌(中東)・師信(向井)・
時氏(中西)、
一、旬菓子山芋・串柿、今一種ノ代赤小豆切餅、
一、鹽引・干鮭備進、燒物鹽鯛一備進了、
一、新權神主師治評定云、一ノ御殿旬燒物以外損メ
鱗《イロコ》モ少々落タル由也、權神主時家云、此段曲事
由再三及評定、既ニ可被止出仕由也、然處神宮
預延豊評定云、其段雖不及是非、朔日也、水屋
神樂中不參、不便之義也、先以此砌可有延(遠)慮由

再三被申故、無異儀珍重也、事煩敷評定共無其
謂者也、此度之儀、延豊分別尤珍重也、
一、朝御供ニフキ・串海老無備進曲事也、此比流布
萬多之物也、從明日可致備進旨下知了、
一、酒殿神人春日祭送酒出入之儀付、爲氏人被止出
仕、今日免除了、此段理不盡之沙汰歟、
一、此邊女房衆依御誘引爲遊覽登山也、一野院山陰
ニテ酒宴有之、同道、若神主殿父子(千鳥祐紀・祐榮)・正眞院殿(經長・經忠)
父子・今西殿(祐定)・左馬助(辰市祐長)・予迄也、女房衆者若神
主殿御上様・同愛藤様・宮一様《今西殿》・正眞院殿御上
様・祐勝房・虎一様、各念入タル肴・酒隨身、
心々馳走共一々難申述、數剋酒宴ニテ、山越ニ
白毫寺へ同道、途中茅花・躑躅興アリ、各手ニ
茅花ヲ摘、裥折ツヽ興遊躰、風流也、白毫寺堂
縁ニテ足ヲヤスメ、種々肴共翫之、又酒興ニ成
テ數剋逗留、一生之思出、老人ヲ可被慰トテ、
皆々思召立タル懇意不淺次第也、醉ニ成テ、歸

*三十八所屋にて毎月祈禱祓
拜殿方水屋神樂
*旬御供等備進
亂拍子闕如
*見參社司
水屋以下宮司上分
*下高畠七十家燒失

路無正躰式也、然者若(千鳥祐紀)神主殿ニテ被引留之条、
心安致休息處ニ、晩炊用意、一段念入タル儀也、
又盃數度〻ニテ歸宅、前後不覺也、誠女房衆心
付、別而滿足申者也、餘人一切無之、何モ骨肉
之間ニテ、心靜ニ遊覽、難忘儀也、
一、二日、水屋神樂、拜殿沙汰之、宮一殿月水、・幸
德井女房衆服者也、左一殿ハ此比一圓行歩不叶、
舞人無之故、亂拍子闕如ト云〻、
午剋ヨリ終夜大雨也、
一、三日、雨少降止了、但非本式、
一、水屋神樂上分、白餅・赤小豆・肴色〻・一銚子、
水屋宮司左近左衞門上之、
一、赤小豆餅・肴色〻・一銚子、榎本宮司新右衞門
上之、
一、紀伊社同前、久次上之、
一、六日、當番參社、參籠者祐長、渡屋ニ籠了、
一、七日、祐父(東地井)御忌日、學順房・專長房齋ニ來臨也、

一、八日、九兵衞依興行、當番・參籠經長代官ニ懃
仕之、祐長モ出座故也、終日馳走、珍物事盡、
大御酒也、
九日、
一、餘醉故不參了、祐長代官ニ參懃了、
一、十日、參社、於三十八所屋每月秡有之、頭役祐
紀、酒有之、
一、十一日、旬・日並朝夕三度、音樂奏之、
一、白杖春格・御幣春重・散米春在、
一、社司、時廣・祐範・時家・延豐・師治・延通・
祐爲・祐長・祐榮・延倫・祐定・延種、祐紀、
中臣氏人不參、
大中臣氏人、時久・時重・經長・時昌・家綱(奧)・
師信・時氏、
一、旬菓子山芋・串柿、今一種代赤小豆切餅、
一、鹽引・干鮭備進、燒物鹽鯛一備進之、
一、竹子備進、豆腐ノ代、又御精進物ニ備進之、
一、十三日、夜、寅剋、下高畠燒失、南通一二家殘

*南市マメヤ酒肴を送る
*金勝院連歌興行
旬御供等備進
*明禪房廿五回忌
*地藏講
*旬御供等備進
*見參社司

テ盡〻焼、手(千)藏院ノ本ニテ消了、千藏院無異儀、
北ハ紺屋家西從地藏焼テ、水ノ上邊テ留ト云〻、
左右四十三家、其外小家・セト屋迄七十家計ト
云〻、東風ニテ無正躰式也、付火ト云〻、
一、廿一日、旬・日並朝夕三度、音樂奏之、
一、白杖二春重・御幣三春在・散米四春祇、
一、社司廿一日同前、但若宮神主(千鳥祐紀)不參之由披露了、
腫物氣也、
大中臣氏人、時重・經長・時昌・家綱・師信、
一、若宮神主不參之条、本社旬祝詞已後、末社司同
道シテ、正預(東地井祐範)若宮へ渡テ、旬備進、朝夕祝詞迄
懃仕之、旬以後退參モ隨意也、末社司幼少故、
助役ニ祐長ヲ召具申者也、
一、旬菓子上山芋次・串柿、今一種ノ代赤小豆切餅、
一、苑豆備進、アヤ杉盛也、豆腐ノ代也、
一、鹽引・干鮭備進、燒物鹽鯛一、
一、竹子備進之、

一、南市マメヤ兩種アミ物・カウノ物、・樽一荷送之、御神供
已後、於船戸屋各受用之、禰宜衆ニハ南門東ノ
廻廊ニテ勸之、神供以後迄酒有之、
一、廿二日、金勝院興行、發句所望、
郭公これや半の法のこゑ
古坊主明禪房(光祐)廿五回也、命日者廿五日也、古今
未曾有之碩學也、
一、廿三日、悲母御忌日、學順房・專長房齋ニ來臨
也、
一、廿四日、地藏講、御經取寄テ、二把書寫之、
一、若神主殿御方樣御歸、ミヤケトテ、大ナル餅
五・鈴一雙送給了、

五月小

一、一日、旬・日並朝夕三度、音樂奏之、
一、白杖二永淳・御幣三利尚・散米四德仲、
一、社司、時廣(中東)・祐範(東地井)・時家(中)・延豐(上)・師治(西)・延通(大東)・

＊節供西殿庄神戸奄治庄

法雲院酒施行

＊職人禰宜衆夕飯

＊音曲あり

節供祝儀振舞

祐為(新)・祐長(辰市)・祐榮(千鳥)・延倫(富田)・祐定(今西)・延種(大東)、不參、祐紀(千鳥)、中臣氏人不參、大中臣氏人、時重(中)・經長(正眞院)・時昌(中東)・師信(向井)・時氏(中西)・經忠(正眞院)、

一、旬菓子山芋上・串柿次、今一種代赤小豆切餅、

一、鹽引代鮑、干鮭代鰑、燒物鹽鯛一備進之、

一、苑豆・竹子備進之、

一、若宮神主(千鳥祐紀)不參之由、以常住披露了、依之本社旬祝詞以後、神主時廣末社司氏人同道シテ、若宮ヘ渡テ、旬備進之、

一、如例年法雲院於社頭酒施行沙汰之、神人等其外參詣之衆都鄙盡〻給之、從早朝御神供以後迄也、萬民勸(歡)喜〻〻、社中ヘモ大樽一ワ一斗、積藏院・此邊同前一樽ツヽ也、

一、如例節供之祝儀振舞、當家沙汰之、夕飯八時分、大神主殿(中東時廣)・治部殿(中東時昌・時房)父子・正眞院殿(經長・經忠)父子・采女(千鳥祐榮)殿・今西殿(祐定)、若神主殿(千鳥祐紀)ハ上洛也、奥殿(家綱)ヘハ膳送之、若神主殿・正眞院殿・今西殿何モ女房衆モ御出也、

一、五日、御節供、音樂奏之、

一、日並朝夕・八種四本立、西殿庄(大和國宇陀郡)名主正預(東地井祐範)、・神戸六本立名主神主、・奄治六本立(大和國山邊郡)名主正預、本式、五ケ度、

一、社司去朔同前、但祐紀參勤也、中臣氏人不參、大中臣氏人、時重・經長・師勝(西)・時昌・師信・時氏・時房(中東)、

一、二ノ御殿日並朝夕樂所ヘ下行也、

一、神戸二二・奄治三四・八種五六拜□(領)也、

一、御神供以後、禰宜衆夕飯有之、社中、正眞院殿(經長)迄也、

四郎左衞門音曲、主計(春經)笛、再三有之、

一、左太郎懷紙淸書爲禮樽一荷持參、永俊同道也、

一、六日、如嘉例於大神主殿日中飯、惣社參會也、當番參懃了、

一、七日、祐父(東地井)御忌日、學順房・專長房齋ニ來臨了、

旬御供等備進

*璉城寺敎春連歌興行

*璉城寺由緒

*土佐局御下向

守理神殿守成祝儀

*若宮御兩人一門の眉目

一、八日、九日、十日、當番參懃了、參籠者祐長沙汰之、

一、十一日、晴天、旬・日並朝夕三度、音樂奏之、

一、白杖二永淳・御幣四德仲・散米五基慶、

一、社司去五日同前、但祐紀不參了、

一、大中臣氏人、時重・經長・師勝・時昌・師信・時（奥）仍、

一、旬菓子上山芋・次串柿・次枇杷、

一、鹽引代鮑、干鮭代鰑、燒物鮎鮓十三、當旬始也、

一、竹子・蕙《ハイ》〔薤、以下同ジ〕備進之、

一、權神主時家評定云、昨日日並御供團子一段損メ臭氣有之物躰備進曲事也、重而者能〻可致糺明通、朝夕出納下知了、

一、若宮神主依不參、本社旬祝詞以後、末社司同道シテ、神主時廣若宮ニ渡テ、旬備進之、

一、十四日、久左衞門守理神殿守沙汰之、彩色ノツミ臺一・樽貳荷送之、從左馬助（辰市祐長）公卿一膳遣之、祝着之由也、兩人へ一獻・一膳・鈴一雙送之、豆飯フチ高ニ盛之、汁鯛、菜、燒物・ケツリ物・ナマス也、從方〻美麗ノ肴トモ數多ト云〻、一段結構ノ神殿守成也、十六日、禮ニ來テ種〻御音信共、外聞忝由也、

一、同日、紀寺（璉城寺）ノ敎春一會興行、終日馳走共不及是非次第、庵室ノ住ゐ驚目者也、少〻寺住ノ坊舍モ不及比量、庭ノ風情、大石寄テ草木念入躰也、璉城寺ト云坊主也、本堂ハ觀音祕佛ニテ閉帳ト云〻、役行者（小角）開山、其後退轉ヲ紀有常再興、依之紀寺ト云〻、

一、左馬助妹、土佐御局御下向、左馬助振舞沙汰之、此邊女房衆各御出也、皆〻一野院へ登山、酒肴遣之、御歸ノ時分見參ニ入了、十二三年無對面故、忘タル躰也、院樣（後陽成院）御崩御之砌落髮、于今尼形也、七歳ト三歳トノ若宮御兩人（足宮・清宮）出現、冥加者也、併一門ノ眉目也、殘多者院樣崩御、母儀逝去、盈

單皮美麗
*若宮御殿西庇軒破損
船戸屋にて恆例祓
北郷神殿守一﨟永伊死去
旬御供等備進
*土佐局御歸京
見參社司
*南郷神殿守二﨟春重死去
*若宮春能神殿守新補
*春在三﨟轉任
*拜殿左一死去

ルハ虧也、世上ノ憂喜眼前也、
御ミヤケトテ、單皮一足給之、一段美麗也、末
々甚七以下迄御ミヤ有之、
一、十六日、恆例祓於船戸屋有之、頭役九祐定・十
延種沙汰之、酒肴《飯》濟々也、十四日申剋ヨリ雨、
十五・十六終日終夜大雨、萬民ノ喜也、
一、廿日、前惣一於靍（東地井祐範室）忌日、宗専讀經ニ來臨也、
一、北郷一﨟神殿守永伊八十八、逝去、
雨晴了、七日晝夜雨也、
一、廿一日、旬・日並朝夕三度、音樂奏之、
一、白杖《三》德仲・御幣《四》基慶・散米《五》守理、
一、社司、時廣・祐範・時家・延豐・師治・延通・
祐爲・祐榮・延倫・祐定・延種、祐紀、不參、
祐長當病、中臣氏人不參、
大中臣氏人、時久（中西）・時重・經長・師勝・時昌・
家綱（奥）・師信・時氏、
一、旬菓子山芋《上》・枇杷《次》、今一種ノ代赤小豆切餅備進、
一、白瓜・竹子・蕙備進之、

一、鹽引代鮑、干鮭代鯣、燒物鮎鮓十三調進之、
一、若宮御殿ノ上楓木ノ枝朽損メ落懸了、乍去千
木・堅魚木以下無異儀、西庇ノ軒少損了、此中
モ於顚倒者御殿及大破事笑止之間、長者宣申沙
汰シテ可被退材（伐、以下同ジ）歟ト內談之處、此間依大雨如此
也、先以大形無異儀、神慮歟、
一、紀伊社ヘ登ル道ノ北ニ有ル枯木ノ大ナル顚倒、
根ニメ其邊ノ木共萬多損害了、則從寺門被申付、
材退之、事外雜作也、
一、土佐御局今日歸京也、女（近衛前子）御樣御煩ト云々、桑柄
團扇二本、油煙二丁遣之、
一、二﨟神殿守春重死去、七十一、神殿守新補右馬（若宮春能）
允禮ニ來了、鈴一雙持參了、同三﨟春在二﨟ニ
轉任トテ禮ニ來ル、鈴一雙持參、何モ盃出之、
祝了、
一、左一殿奥殿大上樣也、死去、八十一、此中煩也、拜殿定祗候多
年也、

一、廿三日、悲母御忌日、學順房・專長房齋ニ來臨也、

一、廿六日、春長房齋ニ來臨也、毎月同前、

一、廿五日、如例闕才次郎(高清)興行、粥ヨリ出座、終日馳走也、

一、廿七日、將軍(徳川秀忠)御上洛、伏見城(山城國紀伊郡)ニ着御也、日本國諸大名皆〻在京也、諸禮無之、御參內以後ト云〻、

六月大

一、一日、旬・日並朝夕、音樂奏之、

一、白杖春格・御幣春在・散米春祇、

一、社司、時廣(中東)・祐範(東地井)・時家(中)・延豐(上)・延通(大東)・祐榮(千鳥)・延倫(富田)・祐定(今西)・延種(大東)、祐紀(千鳥)、不參、師治(西)忌中、・祐長(辰市)所勞、中臣氏人不參、

大中臣氏人、時久(中西)・時重(中)・經長(正眞院)・師勝(西)・時昌(中東)・師信(向井)・時氏(中西)、

闕高清連歌興行

徳川秀忠上洛伏見城著御

諸國大名在京

*若宮御殿唐庇軒破損

*臨時遷宮を仰出さる

旬御供等備進

見參社司

*高天木津屋酒肴を送る

*船戸屋にて毎月祈禱祓

*白藤花餅

一、旬菓子上山芋・次桃、今一種ノ代赤小豆切餅、

一、鹽引代鮑、干鮭代鯣、燒物鮎鮓十三備進之、

一、薑(薑、以下同ジ)備進之、

一、評定云、朝夕共ニフキヲ備進曲事也、六月迄フキ調進、近比不謂也、殊此比茄子萬多也、從明日不可叶旨下知了、

一、御供以前、於船戸屋各參會、子細者、去月十九日、若宮神殿ノ上楓ノ木枯枝落懸了、乍去神殿惣樣無異儀、西ノ唐庇ノ軒少破損了、其通京都ヘ注進處、臨時御遷宮事被仰出、吉日之事重而可被仰下由、南曹(竹屋光長)御返事、彼神主祐紀披露了、幸將軍(徳川秀忠)樣御上洛也、於達上聞者不可相違、珍重也、

一、御神供以後、於三十八所屋酒有之、高天木津屋ヨ(リ脱)酒肴送之、毎度懇志共也、

一、三日、於船戸屋祈禱有之、頭役一時家・二延豐、白藤・花餅其外肴濟〻、酒有之、是者今度若宮

郵 便 は が き

料金受取人払郵便

神田局
承認

3067

差出有効期間
平成30年5月
25日まで

（切手不要）

101-8791

514

東京都千代田区神田小川町 3-8

八木書店 古書出版部

出版部 行

ご住所 〒 TEL		
お名前（ふりがな）		年齢 歳
E メールアドレス		
ご職業・ご所属	お買上書店名 都府県　市区郡　書店	

お願い　このハガキは、皆様のご意見を今後の出版の参考にさせていただくことを目的としております。また新刊案内などを随時お送りいたしますので、小社からのDMをご希望の方は、連絡先をご記入のうえご投函賜りたく願いあげます。ご記入頂いた個人情報は上記目的以外では使用いたしません。

お買上げ書名

＊以下のアンケートに是非ご協力ください＊

1、ご購入の動機

□書店で見て　□書評を読んで（新聞・雑誌名：　　　　　　　　　　　　　　）
□広告を見て（新聞・雑誌名：　　　　　　　　　　　　　　　　　　　　　　）
□（　　　　　　　　　）さんの推せん　　□ダイレクトメール
□その他（　　　　　　　　　　　　　　　　　　　　　　　　　　　　　　　）

2、ご意見・ご感想をご自由にお聞かせください。

3、機会があれば、ご意見・ご感想を新聞・雑誌・広告・小社ホームページなどに掲載してもよろしいでしょうか？

□はい　□匿名掲載　□いいえ

ありがとうございました。

遷宮無爲の祈禱
*辨才天十六味備進
*若宮春能神殿守補任
臨時遷宮入目等を南曹へ申入る
*禰宜中の金持
*北郷神殿守二﨟永淳死去
*旬御供等備進
*見參社司

御殿ノ上楓枯木落懸リ、西方唐庇少破損之間、其通京都ヘ致注進處、臨時遷宮之事被仰出旨、南曹御返事候条、毎事無爲ニ相調様之祈禱也、頭役者毎月祈禱之次第ニ可有沙汰通一決了、

一、四日、同祈禱、頭役三師治・四延通、酒肴之式同前、

一、五日、同祈禱、頭役五祐爲(新)・六祐長、酒肴之式同前、

一、臨時遷宮入目・諸下行以下之事、從南曹御尋折紙到來了、則若宮神主(千鳥祐紀)內々及談合、舊記相尋處ニ、社中方用意入目・御殿移殿料理之式具ニ有之、諸職人下行物萬多ノ入目者一切無之、則其通以飛脚南曹ヘ被申入了、飛脚若宮主典也、從彼神主(千鳥祐紀)下知了、猶於御治定者、自身致上洛可得御意旨也、

一、六日、大雨故、當番不參、代官祐長、參籠モ沙汰之、

一、七日、祐父(東地井)御忌日、專長房齋ニ來臨、學順房他行、

一、辨才天十六味備進、三木以下各頂戴了、如嘉例正眞院殿(經長)辨才天供物頂戴、餅・スイ物、濟々也、予依所勞酒一圓不用之、

一、九日、神役ニ參懃了、雨晴、天氣快然也、

一、新神殿守右馬允春能(若宮)補任出之、任料六石四斗之內、種々侘事候条、五石ニテ用捨了、則銀子ニテ運上之、此躰者一段富祐之仁也、禰宜中之金持也、然ニ達而侘事限沙汰也、乍去年來出入之間加遠慮了、

一、北郷二﨟永淳、七日、死去、一﨟ニ成テ十四五日也、永伊弟也、

一、□(十)一日、旬・日並朝夕、立(音)樂奏之、

一、白杖一春格・御幣二春在・散米三春祇、

一、社司、時廣・祐範・時家・延豐・延通・祐爲・祐長・祐榮・延倫・祐定・延種、祐紀、不參、

神供朽損につき評定

*福嶋正則へ津輕國替を仰付けらる

*使安藤重信永井直勝等

*其勢十萬騎

師治指合、中臣氏人不參、
大中臣氏人、時重・經長・師勝・時昌・師信・
時氏、
一、旬菓子上山芋・次桃、今一種ノ代赤小豆切餅、
一、鹽引ノ代鮑、干鮭ノ代鯣、燒物鮎鮓十三備進之、
一、精進物蒟蒻《コンニヤク》・白瓜・■(茄)子《ナスビ》・蕙《ハイ》、豆腐ノ代白瓜、
一、權神主時家披露云、去朔日四ノ御殿旬拜領之處、
白瓜一段朽損ノ物躰備進曲事トテ被止出仕了、
御神供以後、於船戸屋予云、左樣ニ損タル物躰
經營シテ奉盛膳部モ曲事之由申候處、〇延通云、此白瓜
事者、去二日ニ時家我等へ見セ給之条、昨日ニ
於承者無是非、今日ニ御沙汰不謂通雖問答候處、
昨日者致他行、今日見付如此也、更非私曲由演
說也、一二三迄無異儀、四ノ御殿ニ限テ損タル
備進不審也、其上參懃ノ役者モ可被及見、如何
之由不審之處ニ、延豐被申樣、一圓朽損トモ不
見、何モ同前ト物語也、極暑之時分、一日一夜
置テ損シタルトテ、被止出仕事理不盡之沙汰、
太以不可然義也、私之意趣ヲ次ニ存分併未練之
至也、乍去名主延通不及兎角之条、無是非次第
也、不審故樣子糺明之處、能〻聞居了、每度
濫《ミタリカハシキ》吹之評定笑止也、此時分者半時一時ニ損ス
ル事何モ同前也、依之白瓜・茄子以下者當日早
〻盛之ト云〻、
一、今度將軍御上洛ニ付、日本國諸大夫大小高下不
殘在京、洛中洛外其外邊土無殘所在陣也、然ニ
福嶋左衞門大夫殿(正則)江戸ニ被殘置、六日、八日、
十日打續以兩使被仰出云、國替之儀被仰付、津
輕へ可有下向、若於難澁者腹ヲ可仕通御下知也、
則(マヽ)筑前國居城可渡置由、御使安藤(重信)對嶋〔馬〕守殿・□〔永〕
井右近殿(直勝)也、其外大名十人ヲ被副遣、又脇坂(マヽ)美
濃守殿戰場之大將トメ下向、都合其勢十萬騎ト
云〻、然ニ以外手強ク早速ニ不致承引、城下之
里其外近所之在所盡〻燒拂、籠城之覺悟ト云〻、

福嶋正則城開け渡す

諸禮

*地藏講

*徳川秀忠への御禮調ふ

大東延通辰市祐長上京

*酒井忠世取次

旬御供等備進

*興福寺大湯屋辰巳の辨才天遷宮

見參社司

*東大寺中性院にて宗昏連歌興行

一、又說云、從禁中(後水尾天皇)御曖ニテ敕使西國ヘ下向共云々、

一、又云、城可渡置由福嶋殿折紙到來ニテ相濟由也、今度成下何事之過罪共無知人也、一說ニハ讒言共云々、

一、都ハ靜謐ニテ、諸禮アリ、十七日ヨリ敕使、其次御攝家・御門跡衆次第々々、美麗不及是非由也、當社御禮遲々トテ、從方々才覺候条、廿日ニ大東殿(延通)・左馬助(辰市祐長)罷越者也、從伊勢御禮アリ、其次春日ノ禮ト被成御尋之由也、物樣談合不相調、每度如此也、

一、廿一日、旬・日並朝夕三度、音樂奏之、

一、白杖一春格・御幣二春在・散米三春祇、

一、社司、時廣・祐範・時家・延豐・祐爲・祐榮・延倫・祐定・延種、祐紀、不參、師治輕服、・延通將軍樣御禮、・祐長同、中臣氏人不參、

一、旬菓子桃・アコタ瓜、今一種代赤小豆切餠、

一、豆腐代白瓜、若根備進之、

一、鹽引代鮑、干鮭代鰑、燒物鮎鮓十三、

一、山桃、一日・十一日至今日無備進曲事也、乍去兎角不及糺明也、

一、廿三日、悲母御忌日、學順房・專長房齋ニ來臨也、

一、廿四日、地藏講、御經一把書寫之、

一、祐長歸宅、將軍樣御禮相調、時宜可然ト云々、今度者使者無之テ延引、積藏院ヨリ大東殿、當所ヨリ左馬助使節也、秡・杉原二束進上、酒井(忠世)雅樂頭殿御取次也、

一、廿七日、興福寺大湯屋辰巳方ノ寶殿遷宮沙汰了、從學侶蒙仰故也、無爲成就、珍重々々、是者辨才天ニテ御座也、弘法大師(空海)當寺爲守護御勸請ト云々、其儀尤ト思合ル事有之、子細別ニ記置之、

一、廿九日、東大寺於中性院宗昏興行沙汰之、父玄齋第三回忌也、所カラ一段殊勝、景氣院中冷然トシテ、其興無是非也、

七月小

天氣、
一、一日、旬・日並朝夕・臨時四種名主祐定(今西)、四ケ度、
音樂奏之、
一、白杖徳仲二・御幣基慶三・散米守理四、
一、社司、時廣(中東)・祐範(東地井)・時家(中)・延豊(上)・延通(大東)・祐爲(新)・
祐長(辰市)・祐榮(千鳥)・延倫(富田)・祐定・延種(大東)、祐紀(千鳥)、不參、
師治(西)輕服、中臣氏人不參、
大中臣氏人、時久(中西)・經長(正眞院)・師勝(西)・時昌(中東)・師信(向井)・
時氏(中西)、
一、旬菓子桃・アコタ瓜、一種切餠代也、當年者楊
梅一圓無之、非無沙汰也、
一、鹽引代鮑、干鮭ノ代鰑、燒物鮎鮓十三備進之、
一、臨時御供、兼而兩物官(中東時廣・東地井祐範)ヘモ不及案內、名主モ不
知也、內々今西殿(祐定)ト沙汰也、祐定ヘ尋候處ニ、
一向無存知由也、近比不謂義也、則以常住出納
ニ糺明候處ニ、不取入無屆之段可有御免由也、

*嘉禮節供振舞
旬御供等備進
見參社司
*三十八所屋にて毎月祈禱祓
*節供西殿庄神戸大庄小庄
*見參社司
臨時御供案內なし

近比隨意之所行、乍曲事先以被加用捨了、
一、如嘉例、八時分振舞沙汰了、大神主殿(中東時廣)・治部殿(中東時昌・時房)
父子・若神主殿(千鳥祐紀・祐榮)父子・今西殿・正眞院殿(經長・經忠)父子也、
若神主殿・正眞院殿・今西殿如例女房衆各御出
也、
一、三日、於卅八所屋毎月祈禱有之、頭役七祐榮・
八延倫、白藤其外肴濟々、御酒有之、
一、七日、御節供、日並朝夕・四種西殿庄(大和國宇陀郡)・神戸・大
庄・小庄、音樂奏之、
社司、時廣・祐範・延豊・祐爲・祐長・祐榮・
延倫・祐定・延種、不參、時家上洛、・師治輕
服、・延通上洛、祐紀同、
大中臣氏人、時久・時重(中)・經長・師勝・時昌・
師信・時氏、
一、若宮神主(千鳥祐紀)依不參、大社節供祝詞以後、時廣若宮
ニ渡テ節供備進有テ以後本社ヘ歸參、其間大
庄・小庄無備進、御幣モ不可出通申付了、大神

主本社へ歸參有テ、御幣出之者也、大社餝供者當職若宮へ渡テ備進之、祐長召具シテ、神戸御罷、大庄備進之、祝詞者當職懃仕之、

一、支配、神戸一二・大庄三四・西殿庄五六、小庄八一御殿迄也、

一、一ノ御殿朝夕御供樂所へ下行之、

嘉例夕飯禰宜衆來臨

一、如嘉例、夕飯ニ禰宜衆來臨也、社中、正眞院殿父子迄也、

臨時遷宮につき社家使節上洛

一、時家・延通・祐紀兩三人、臨時之遷宮之事付上洛也、

一、八日、如例於神主殿(中東時廣)中飯、惣社參會也、

生見玉

一、十日、同神主殿生見玉、中飯、後段、索麵有之、

旬御供等備進

一、十一日、旬・日並朝夕三度、音樂奏之、白杖二德仲・御幣三基慶・散米四守理、

見參社司

社司、時廣・祐範・時家・延豐・延通・祐爲・祐長・祐榮・延倫・祐定・延種、不參、師治輕服、祐紀在京、

一、大中臣氏人、時重・經長・師勝・時昌・師信・時氏、

一、旬菓子李上・桃次・次アコタ瓜六、

一、鹽引代鮑、干鮭ノ代鯣、燒物鮎鮓十一備進之、

一、若宮神主不參之由、以常住樓門へ披露、則大社旬祝詞以後、末社司同道シテ、若宮へ渡テ、旬備進之、

一、神主若宮被渡テ以後、音樂催事、南郷職事沙汰之、

一、兩社ニテ沓・イケ(藺下下)、・大フト(太)以下、神人直之、

一、如嘉例、生見玉祝儀沙汰之、夕飯八時分也、大神主殿・治部殿父子・形部殿(刑)(西師勝)・向井殿(師信)・正眞院殿父子・今西殿・采女殿(千鳥祐榮)、若神主殿(千鳥祐紀)者臨時遷宮訴詔ニ付テ在京也、若神主殿・今西殿・正眞院殿女房衆各御出也、

一、十二日、正眞院(經長)殿例年之生見玉祝義有之、若宮(千鳥祐紀・祐榮)神主殿父子・今西殿・左馬助(辰市祐長)・予迄也、大神主

*二條昭實御他界
嘉例夕飯に中東時廣御出
*近代の龜鑑笠坊同道
節供乙木庄
*旬御供等備進
見參社司
*見參社司

殿俄御返改、無御出也、治部殿(中東時昌)ハ上洛也、
一、十四日、嘉例夕飯大神主殿申入了、乍次笠坊可有御同道由申遣處ニ、則御出也、事外大夕立、洪水也、近年無之ト云々、晩ニ止了、
一、十五日、御節供、日並朝夕・乙木庄(大和國山邊郡)節供本式名主正預(東地井祐範)、音樂無之、
一、社司、時廣・祐範・時家・延通・祐爲・祐長・祐榮・祐定・延種、祐紀、不參、延豐隨意歟、・師治輕服・延倫遠忌、
大中臣氏人、時久・時重・經長・師勝・師信・時氏、
一、權神主時家評定云、節供以外麁品也、伏兔・典(曲)其外御飯モ一段陵爾ニ調進曲事之由也、則以常住明年之儀可致覺悟由下知也、只今則雖可有成敗、先以被加用捨由、出納ニ有下知者也、
一、(×十)大雨、御神供無異儀、日中時分ヨリ昨日同前也、大神主殿嘉例夕飯振舞ニ參了、雨故乘物也、

一、十四日、二條殿(昭實)御他界于時關白左大臣、六十四、御行儀・御法度只御一人ニ殘ルト云々、公家御法式近代之龜鑑也、將軍家(德川秀忠)ニモ一段御尊仰也、可有御驚歎ト云々、
一、廿一日、旬・日並朝夕三度、音樂奏之、
一、白杖(二)德仲・御幣(三)基慶・散米(四)守理、
一、社司、時廣・祐範・時家・延豐・延通・祐爲・祐長・祐榮・延倫・祐定・延種、不參、師治輕服、祐紀餘醉、中臣氏人不參、
大中臣氏人、時久・時重・經長・師勝・時昌・師信・時氏、
一、旬菓子(上)梨子・(次)桃、今一種代赤小豆切餅、
一、鹽引代鮑、干鮭代鰑、燒物鮎鮓十一備進之、
一、若宮神主不參之由、以常住樓門へ披露了、
一、本社旬祝詞以後、神主末社司同道シテ、若宮へ渡テ、旬備進之、
一、神宮預延豐評定云、四ノ御殿御汁ノ魚以外麁品

也、以來之儀能〻可被仰付由也、則常住其旨被
加下知了、
一、音樂催事、神主若宮へ被渡テ以後者、南郷職事
沙汰之、先規也、
一、於兩社沓・イケ〻・大フト以下、神人直之、
一、送物酒、如例社司一舛ツ〻・氏人五合也、當旬
一段吉酒也、
一、廿三日、悲母御忌日、學順房・專長房齋ニ來臨
也、

地藏講

一、廿四日、地藏講、御經一把書寫之、

立德西國下向

一、廿五日、立德西國下向、餞別、一折興行之、

亥 八月大

旬御供等備進

一、一日、旬・日並朝夕、音樂奏之、
一、白杖《一春格》德仲・御幣《二》春在・散米《三》春祇、

見參社司

一、社司、時廣(中東)・祐範(東地井)・時家(中)・延豐(上)・延通(大東)・祐爲(新)・
祐長(辰市)・祐榮(千鳥)・延倫(富田)・祐定(今西)・延種(大東)、祐紀(千鳥)、不參、
師治(西)輕服、中臣氏人不參、
大中臣氏人、時久(中西)・時重(中)・經長(正眞院)・師勝(西)・時昌(中東)・
師信(向井)・時氏(中西)・時仍(奥)、
一、旬菓子《上》梨子《次》・桃、今一種ノ代赤小豆切餠備進之、
一、鹽引代鮑、干鮭ノ代鰑、燒物鮎鮓十三備進也、
一、若根備進、豆腐代白瓜、

*出納孫左衞門免除

一、去五月被止出仕出納孫左衞門、依侘事免除了、
一、旬燒物鮎以外少分之物躰備進曲事也、當時萬多
流布、一段見事之魚有之處、別而細少之物調進、
太以不謂也、御供無沙汰故被止出仕處ニ、一圓
不致承引、猶以恣之仕合限沙汰也、則雖可被止
出仕、今免除也、又此比服中之条、十一日ニ可
有糺明旨也、
一、白瓜二種備進、不謂儀也、此比豆腐有之、隨意
之所行也、來旬可致覺悟通下知了、幷燒物鮎如
今日者可爲曲事由、來出納ニ下知了、

船戸屋にて毎月祈禱祓
*出納代官の出仕を止む
*名月嘉例の酒
*賢祐房庵跡屋敷につき相論
風雨にて田畠損亡
*奥家綱押領
旬御供等備進

一、沓・イケヽ（蘭下下）・大フト（太）以下、於兩社神人直之事如例、
一、御神供已後、職人神人禮ニ來了、如嘉例鮓ヲ肴ニテ酒給之、
一、三日、於船戸屋毎月祈禱有之、頭人九祐定・十延種、餅・酒肴濟〻也、
一、五日、大雨也、
一、六日、當番參懃、參籠者祐長沙汰之、渡屋ニ參籠了、
七日、一、當番參懃、大雨也、祐父（東地井）御忌日、專長房齋ニ來臨也、學順房ハ他行、
一、八日、雨下故、不參了、
一、九日、參社、從酉剋大風雨、終夜不止也、
一、十日、以外風雨、田畠損亡ト云〻、酉下剋ヨリ止了、
一、十一日、旬・日並朝夕、音樂奏之、
一、白杖春格一・御幣春在二・散米春祇三、

一、社司氏人去朔日、但氏人時仍不參也、
一、旬菓子柿上・梨次子、今一種代赤小豆切餅備進之、
一、鹽引代鮑、干鮭代鯣、燒物鮎鮓十三備進之、
一、豆腐・蓮備進之、
一、去朔日、鮎鮓以外麁品物躰備進曲事故、出納代官被止出仕了、正員者折節服中故也、
一、夕御供ニ柿無備進事不謂也、殊更此比萬多流布也、從明日可致調進由被加下知了、則名主時家評定也、
一、十五日、於若神主殿（千鳥祐紀）嘉例之酒有之、名月終夜暗雲、月一圓不見之、
一、正眞院殿（經長）と奥殿（家綱）ト、賢祐房庵之跡屋敷相論之事有之、其地若神主殿從正眞院預テ知行之及申事處、噯衆有之テ雙方相濟候處、奥殿心中相違シテ、今日噯衆ノ被相定堺ヲモ破テ、押而垣ヲモ取破テ、小竹有ヲ切所庵ノ石迄盡〻押領、若神ヨリ人ヲ出シテ及相論者、既不慮可有出來トメ、

奥家綱刀杖鑓以下用意

各酒時分參會候故、達而申宥處、若神分別吉ク
テ一人モ不出之故、無爲珍重也、奥殿ニハ兼而
人三十人餘刀杖ヲ帶シ、鑓以下用意〆可及鬪戰
用意ト云〻、強〻ノ仕合、限沙汰也、

千鳥祐紀正眞院經長伏見へ訴ふ

一、十七日、若神主殿・正眞院殿伏見へ(山城國紀伊郡)被相越了、
右之子細可及上聞由覺悟ト云〻、中坊左近殿(秀政)・
喜多院(空慶)樣被申入了、則奥殿可被上之由、左近殿
ヨリ折紙到來、喜院樣(喜多院空慶)ヨリモ御使アリ、

彼岸講

一、廿日、彼岸講有之、頭人祐長懃仕之、其式如例、
御齋有之、

旬御供等備進

一、廿一日、旬・日並朝夕三度、音樂奏之、

＊地藏講

一、白杖《一〻》春格・御幣《二〻》春在・散米《三》春祇、

見參社司

一、社司、時廣・祐範・時家・延豐・祐爲・祐長・
祐榮(×延倫)・延倫・祐定・延種、不參、師治輕服、・延
通伏見、祐紀同、

＊大坂牢人隱置く者糺明

大中臣氏人、時久・時重・師勝・師信・時氏、
一、旬菓子柿・梨子、今一種ノ代赤小豆切餅也、
一、鹽引ノ代鮑、干鮭代鰑、燒物鮎鮓十一備進之、
一、若宮神主(千鳥祐紀)不參也、予大宮神前へ直ニ出仕了、若
宮へ旬備進ニ渡故也、老足故略義也、乍去先例
有之者也、
一、經長他行故、大宮・若宮土立役師信雇之者也、
一、大社旬祝詞以後、當職若宮へ渡テ旬備進、末社
司幼少之間、祐長ヲ召具、副役沙汰之、奉獻者
末社司懃仕之、夕御供祝詞迄沙汰之、惣別者旬
祝詞以後退散也、乍去爲敬神盡〻役之、
一、廿三日、悲母御忌日、奥坊(新藥師寺)・學順房・專長房齋
ニ來臨也、
一、廿四日、地藏講、御經ニ把書寫之、雨故不出仕
也、
一、廿六日、於神主館(中東時廣)集會有之、子細者、從將軍樣(徳川秀忠)
被仰出云ク、十年以來幷大坂牢人衆於拘置者、
子細可致言上、若隱置私曲於在之者、其一人ニ
不限、惣樣堅以可被成御糺明由御書出也、則中

坊左近殿ヨリ判形筆モト可見知由ノ使來了、然共御連判之事大事也、惣樣ニ可被懸由罪怠候間、判難成由種〻可及評定、然者家別ニ一人ツ、請狀可有沙汰由談合也、則其通中坊代官十郎左衞門へ談合之處、家別一人ツ、出狀之事一向無分別、只物樣へ被仰付上意之条、私之不及指引由返事也、然者只今者在京幷伏見有之衆歸宅之砌、各〻令談合、重而可得御意、少〻延引之事可預御分別由理之處ニ、滿座可有御談合、一兩日延引之義不可有異儀由也、其上寺門幷惣町中萬多故難相調由也、

一、廿七日、若神主殿・正眞院殿歸宅也、

一、廿八日、於神主殿各參會、右之連判之事無一途、兎角左近殿へ申入、於其上可有加判由也、明日歟明後日歟、伏見へ使ヲ可被越通也、此子細者、若神ニ西京新ヲ此中被入立事ヲ知テ、此方中四五人令內談、奥殿ニ樣子申合、若神主殿ヲ糺明

*臨時遷宮を板倉勝重へ申入る
署名連判につき談合

シテ可及難儀樣之調法也、限沙汰也、

一、臨時遷宮之事、此砌板倉伊賀殿(勝重)申入、可然樣御馳走賴入由詔訴(マヽ)、可然通左近殿達而意見、若神主殿・正眞院殿同道シテ伊賀殿へ被參、左近殿取合故也、臨時遷宮之子細、先例以下子細ニ御尋也、先規於有之者、將軍樣ハ隨分取合可申者也、乍去表向從天奏被仰聞候者可然由也、依之若神主殿・權神主殿(中時家)上洛也、廣橋殿(兼勝)へ可申入通也、此中內裏樣(後水尾天皇)將軍家ト御間無和順、其外公家中行儀法度恣之仕合有之条、五人モ十人モ可被處流罪由風聞也、如何可成下、驚入次第也、笑止〻〻、

*千鳥祐紀中時家上洛
*廣橋兼勝へ申入るべし
*內裏將軍家と和順なし
*公家中流罪の風聞

九月小　巳

一、一日、旬・日並朝夕三度、音樂奏之、

*旬御供等備進

一、白杖利尙・御幣德仲・散米基慶、

一、社司、時廣(中東)・祐範(東地井)・延豐(上)・師治(西)・祐爲(新)・祐榮(千鳥)・

*見參社司

＊鏡明神夜宮參

延倫(富田)・祐定(今西)・延種(大東)、
不參、時家(中)上洛、・延通(大東)在伏見(山城國紀伊郡)、・祐長(辰市)當病、祐紀(千鳥)在
伏見、中臣氏人不參、
大中臣氏人、時重(中)・經長(正眞院)・師勝(西)・師信(向井)・時氏(中西)、
一、旬菓子柿上・梨子次・柘榴次、

一、鹽引代鮑、干鮭代鯣、焼物鮎鮓十一備之、

＊節供神戸三橋庄西殿庄

一、若宮神主(千鳥祐紀)不參之由、以常住披露之、依之神主時廣大社旬祝詞以後、末社司同道シテ、若宮へ渡テ、旬備進之、

一、神主若宮へ被渡後者、音樂催事、南鄕職事沙汰之、

氷室祭につき樂所幕を貸す

一、從樂所幕借用有度由注進、氷室祭之用也、則許可了、

＊徳川秀忠郡山城へ渡御

嘉例節供振舞

一、嘉例節供振舞夕飯沙汰之、大神主殿(中東時廣)・同若子(中東時房)様・正眞院殿父子(經長・經忠)・采女殿(千鳥祐榮)・今西殿(祐定)、若神主(千鳥祐紀)殿・治部殿(中東時昌)ハ伏見ニ逗留也、若宮神主殿・正眞院殿・今西殿女房衆各御出也、

一、二日、鏡明神夜宮參也、

一、六日、當番參社、櫟屋ニ參籠了、祐長病後故也、

一、祐長不參之条、祐榮雇テ神役勤仕之、

一、七日、祐父(東地井)御忌日、學順房・專長房齋ニ來臨也、

＊徳川秀忠大坂へ御越

一、今日、將軍様(徳川秀忠)大坂へ御越也、從伏見船ニテ渡御也、

八日、大坂ニ御逗留也、

一、九日、御節供、神戸六本立・三橋同(大和國添上郡)・西殿庄同(大和國宇陀郡)、

一、若宮神主依不參、大社神戸祝詞以後、時廣若宮ニ渡テ節供備進了、西殿庄節供迄備進了、名主ニ付テ立替、正預(東地井祐範)可有備進儀也、乍去次ニ神主備進モ先例有之故也、

一、今日、將軍様郡山城(大和國添下郡)へ渡御也、當社へ可有御參詣由其沙汰有之、依之御神供先以無備進、奉待者也、樂所へモ其通申遣候處、不及是非意得旨也、餘ニ時刻移之条、權神主時家・治部少輔時昌(中東)、大門様(大乘院信尊)へ祗候〆、可有如何由伺申之處ニ、

*御使酒井忠世本多正純安藤重信
將軍參詣の先規を尋ねらる
源賴朝御參詣の舊記なし

喜多院空慶三惣官等郡山へ罷下る
*興福寺御參詣
*春日社御參詣

御參社之事不定也、大ナル御供備進シテ、一ツ可殘置歟ト御意也、三橋節供ヲ殘置者也、既ニ及夕陽間、山中御用心、旁以不可有○御參詣トテ、各退散了、樂所ヘモ其通申送了、

一、夜半計ニ、從北院(空慶)樣櫟屋參籠候處ヘ御使アリ、子細者、明日早天ニ郡〈山〉ヘ御越也、其子細者、明日十日當社ヘ可有御參詣、先規之事可被成御尋之由也、又賴朝(源)御代御參詣之舊記ナト御尋也、社中ニ無之、西家(師治)ニ將軍御師檀也、是サヘ無所持、於正預一圓不存知由返事申上了、後夜鐘以後成之間、北院樣ヘ大神主殿・若神主殿・權神主殿・西殿父子(師治・師勝)同道申參上了、則御對面、種〻御談合共也、兎角舊記有之テ持參申共、若輩衆申事者無御許容、尤雖可爲難儀、予ニ可罷越由堅御意之条、請申了、其外大神主・若宮神主・西父子可罷越由、被仰聞候条、罷歸了、郡山ニテ夜明時分ニ可罷下由也、北院樣者御發足也、俄之事、人足不可有之トテ、寺門ヘ被仰遣處、窪轉經院(延宗房)意得存候通同心ニテ被相調、人足三人來了、予乘物相調下着了、北院樣ニモ寺門ニモ被入御念過分之義也、郡山ヘ日出以前罷越候處、御城ニ御待被成由、北院樣御使度〻也、各罷出之處、御使酒井雅樂頭(忠世)殿・本田上野(正純)殿・安藤對馬(重信)殿御使也、先例之事種〻御尋也、於社家舊記無所見候、勿論賴朝卿御參詣事、何共無覺悟由申上了、其段舊記無之由、不及是非義也、上野殿被仰云、先例書物等無之由尤也、此上者老衆申處則舊記也、何共將軍樣御意次第可然候、御裝束以下本式之義者、俄之事難成トノ御意不及是非、御見物ニテハ、御カタキヌ(肩衣)・御道覆(服、以下同ジ)ニテモ御社參神慮可爲御祝着由、北院樣モ同前ニ被仰上了、大形右之通ニテ罷出了、急〻歸宅〆社頭ヘ祗候了、無幾程御出御也、猿澤池・南大門・金堂ナト御參物有リ、社頭ヘ御參詣也、御

御袴御道服
祓殿より御歩行
立ながら御見物
*興福寺東大寺春日社へ鳥目千貫
東大寺御參詣
郡山城にて論義御聽聞
*興福寺三人東大寺二人
旬御供等備進
*十日に臨時の旬
御服拜領

袴・御道覆也、従秡殿乗物被退、御歩行也、社家ハ廻廊內ニテ蹲踞也、神人ハ車宿邊ニ蹲踞申者也、弓・鑓・長太刀、諸道具以下従秡殿上へ不被入之、結構之御沙汰也、御供奉衆、兩社之間纔五六〇(十)人也、兼而御座ヲ樓門ニ敷儲、東西ノ御廊開之、乍去無御着座、乍立御見物之式、兩社同前也、當社之事不及御尋、従榎本北へ御通、東大寺へ御參詣、大佛之躰懇ニ御覽、緣起以下モ御覽ト云〻、御歸城有テ、論義可有御聽聞由、十日朝、北院様へ被仰了、興福寺三人・東大寺二人、以上五人也、當寺北院様・□(妙)喜院・花嚴院、東大寺清涼院・帥殿、律師清涼院也、其式北院様御計也、

一、十日、夜半計ニ、正預・若宮神主ニ中坊へ可參由折紙到來、寺門衆モ御出由也、老足難儀之条、代官ニ祐長ヲ遣了、子細者、御案內者ニ罷出タル衆ニ御服拜領也、十一日早〻、中坊へ伊丹喜(康勝)之介殿御出有テ、可被仰渡由也、依之早天ニ罷出了、社中御服拜領ハ予ト西形(刑)部少輔(師勝)ト也、寺門衆ハ大藏院・窪轉經院、其外東大・興福論義ノ衆各參寄了、則左近殿(中坊秀政)意見ニテ、次第ニ座烈之處ニ、喜之介殿カタキヌ袴ニテ被出、各〻衆へ、此中之式將軍様一段御祝着也、依之御服一重ツヽ被下了、則左近ヨリ可被渡由也、又興福・東大・春日社惣様へ鳥目千貫被下通也、支配之式如何、予早〻退出之条、始末不知之、

一、十一日、旬末ノ剋ニ備進之、其通昨日臨時旬ニ先以今日借用故也、俄盛物以下難成由也、大雨下之間、不參故、神前之義不記之、

一、臨時旬御供者、恆例旬ノ引繼ニ拜領之、臨時旬ニハ音樂〇(無之、)但今日幸樂所參懃故、以別義奏之、臨時旬ニハ下行物無之、元來音樂無之故也、郡(群)山(參)ニ相當テハ音樂有之、先代神供下行可給由、從樂所雖及訴詔、先規無之由從社家申聞故、無

*萬里小路充房等公家衆流罪
名月
御服拜領御禮
*近衞前子大聖院尼御所江戸御預はなし
*傾城白拍子女猿樂を内裏に召寄せられ遊覽酒宴
木練柿
船戸屋にて恆例祈禱祓
*入内御延引
*四辻季繼妹を後水尾天皇御寵愛
*皇子御誕生
*旬御供等備進
德川秀忠御歸國
*見參社司

爲ト云々、其子細、時昌所持之舊記分明也、尤大切之義也、
一、十三日、名月、終夜晴天、
一、十四日、今度御服拜領爲御禮、代官ニ祐長伏見へ差越了、予老足故也、寺門衆御服拜領之衆ハ皆々被相越了、
一、十五日、御禮申上了、木練柿一折進上、南都衆各其分也、
一、十六日、恆例秡於船戸屋有之、頭役氏人衆、時(中西)久・時重・經長三人也、酒飯有之、將軍樣へ御禮昨日八時分盡々相調ト云々、妙喜院モ人數也、昨日ニ下向トテ、今日社參ニテ物語也、
一、加藤(永益)左衞門神殿守成沙汰之、則今日神供遣之、一獻・二膳・鍮一雙送之、左馬助(辰市祐長)迄也、事外重疊也、
一、十八日、將軍樣御歸國、未剋御出京ト云々、
一、今度從將軍、内裏御法度幷諸公家行儀法式以外之恣之事共御糺明、既諸公家數多可被處死罪・流罪由被仰出了、乍去種々依侘事、六七人流罪也、萬里少路殿(充房)・藪殿兄弟(四辻季繼・藪嗣良)・堀川殿(康胤)・中山殿(宣衡)・御門ミ安倍(土御門)久〔脩〕長等也、此外猶有ト云々、不知之、
一、女御樣(近衞前子)・大聖院(惠仙)比兵〔丘〕尼御所江戸ニ可被預置由必定之處、達而御侘事故、無異儀ト云々、廣橋前(兼勝)内府モ可有死罪由雖及沙汰、先以無異儀ト云々、此中大裏ニテ傾城・白拍子其外當世流布女猿樂ナト被召寄、旦夕遊覽・酒宴等、外聞限沙汰也、盡々將軍御耳ニ入、御腹立不斜義也、依之御息女(徳川和子)御入内モ御延引也、
一、藪殿妹(四辻與津子)ヲ主上(後水尾天皇)御寵愛ニテ、既ニ皇子二人(賀茂宮・梅宮)御誕生ト云々、如此之事彼是濫吹、言語道斷也、御逆鱗尤也、
一、廿一日、旬・日並朝夕三度、音樂奏之、
一、白杖德仲(二)・御幣基慶(三)・散米守理(四)、
一、社司、時廣・祐範・時家・延豐・師治・祐爲・祐長・祐榮・延倫・祐定・延種、祐紀、不參、

延通煩、中臣氏人不參、
大中臣氏人、時重・經長・師勝・時昌・師信・
時氏、

*旬御供等備進

一、旬菓子柿・柘榴、今一種ノ代赤小豆切餅備進之、
一、鹽引代鮑、干鮭代鰑、燒物鮎鮓十一備進之、
一、今日、朝夕日並菓子柿以外少分之物躰備進曲事
也、此比見事柿萬多流布也、從明日可致結構、
於同前者可處科怠下知也、幷夕御供燒物一段陵
爾之物躰、殊更色黑ク損シタルトヒ(飛)魚也、重而
於備進者可爲曲事由下知了、

*新調圓座麁相

一、廿三日、悲母御忌日、學順房・專長房齋ニ來臨
也、

地藏講

一、廿四日、地藏講出仕、御經ニ把書寫了、頭役大
神主殿、鈴被持了、

*京極龍子御參社

闕高清連歌興行

一、廿五日、嘉例之闕才次郞(高清)興行ニ出座了、

*拜殿十二貫神樂

*中時家取次

---

*見參社司

十月大

一、旬・日並朝夕三度、音樂奏之、
一、白杖春格・御幣春在・散米春祇、
一、社司、時廣(中東)・祐範(東地井)・時家(中)・延豐(上)・師治(西)・延通(大東)、
祐爲(新)・祐長(辰市)・祐榮(千鳥)・祐定(今西)・延種(大東)、不參、延倫(富田)、
祐紀(千鳥)、中臣氏人不參、
大中臣氏人、時久(中西)・經長(正眞院)・時昌(中東)・師信(向井)、
一、旬菓子柿・柘榴、今一種赤小豆切餅代ニ備進之、
一、鹽引代鮑、干鮭代鰑、燒物鹽鯛一備進之、
一、新調之圓座以外麁相、一段小分、殊事外薄ク致
調進、每事如此次第ニ聊爾之沙汰曲事也、來旬
以前ニ南北共可仕直通下知了、
一、權神主時家披露云、昨日松ノ丸殿女房衆京極殿息(龍子)
女、古太閤秀吉(豐臣)公ノ妾也、參社、則時家、太閤ノ御
時ヨリ檀那故、社頭之事萬多取沙汰也、拜殿十
二貫神樂被行之、時家取次、拜殿ヘ交替之處ニ、

神人神樂料扶持を競望
神樂舞施主中時家に落居

*亥の子

德川秀忠御參社臨時旬下行につき出納申事

*今西大上他界

*渡屋にて毎月祈禱祓

*牡丹花見物

北郷兵衛門神人出合テ、神樂我等之致始末由及違亂、乍去從施主時家ニト被仰候故、時家舞ニ落居ト云〻、拜領之中、百疋兵衛門尉ニ可被加扶持由、從施主被申間、時家內儀同心ニテ、百疋被渡由演說、時家年久壇(檀)那無誤事也、如此臨期ニ恣之致競望、神前之儀物忩、太以不可然間、被加(×止)成敗出仕由披露候条、各無異儀、則下知了、伏見(山城國紀伊郡)松ノ丸ニ御座故、太閤ノ御時ヨリ松ノ丸殿ト申來也、

一、御神供出納、依中事遲〻也、其子細者、去十日將軍(德川秀忠)御參社之時、臨時之旬備進、其下行半分被相渡、相殘者從社中可請取由被申ト云〻、此中指引有レトモ無一途故、御神供抑留也、然處窪轉經院(延宗房)・三學院(顯實房)以祐長被申云、今日之儀正預(東地井祐範)・牧務衆加意見無爲ニ備進可然、此段今明日ニハ不可有落合、喜多院(空慶)樣ハ天ノ川(大和國吉野郡)へ御參詣、中坊左近(秀政)殿モ他行之条、糺明難成、雖及夜陰不可相濟之間、先以神事無爲可然、追而如何樣共可有訴詔由承之条、其通牧務衆へ申屆處、則出納衆へ申付相調了、重而申屆事不可有相違者也、

一、二日、亥ノ子餅沙汰之、大神主殿(中東時廣)・治部殿(中東時昌・時房)父子・刑部殿(西師勝)・向井殿(師信)・正眞院殿(經長・經忠)父子・采女殿(千鳥祐榮)、若神主殿(千鳥祐紀)他行指合、・今西殿(祐定)指合、・奧殿(家綱)服者、各無御出也、

禰宜衆、加藤左衛門(永益)・安右衛門・左近左衛門・三郎右衛門・勘三郎・竹松・久助子、餅・酒飯有之、

一、今西大上樣惣一殿他界、八十四、此中久病、若神主殿伯母也、

一、三日、毎月祓於渡屋有之、頭役時廣、餅・酒肴□(以)下有之、

一、金丞後園牡丹花見物了、大神殿御同道也、ツボミ五、其中二ツ開花、夏同前見事也、珍花驚目了、盃出之、珍肴濟〻酒宴也、

一、六日、當番參懃了、參籠者祐長沙汰之、渡屋ニ籠了、
一、七日、祐父(東地井)御忌日、學順房・專長房齋ニ來臨也、
一、八日、九日、神役參懃、十日、依大雨不參了、

旬御供等備進

一、十一日、旬・日並朝夕三度、音樂奏之、
一、白杖二春在・御幣三春祇・散米五春經、

見參社司

一、社司、時廣・祐範・時家・延豐・延通・祐爲・祐長・祐榮・延種、
不參、師治・延倫・祐定指合、祐紀同、中臣氏人不參、
大中臣氏人、時久・時(中)重・經長・時昌・師信、
一、旬菓子柿上・柘榴次、今一種代赤小豆切餅、
一、鹽引代鮑、干鮭代鯣、燒物鹽鯛一備進之、
一、若宮神主(千鳥祐紀)不參之条、本社旬祝詞以後、末社司同道シテ、若宮へ渡テ、旬備進之、末社司幼少之条、助役ニ祐長召具了、奉獻役末社司懃仕之、夕御供祝詞迄當職沙汰之、旬祝詞以後退散モ隨意也、
一、十四日、亥子餅、於大神主殿有之、參了、
一、十七日、妙德院(堯恩房)御振舞、日中飯ヨリ終日濟〻珍物也、大御酒、左馬助(辰市祐長)・甚七迄被召寄了、

*旬御供等備進

天陰、
一、廿一日、旬・日並朝夕三度、音樂奏之、
一、白杖二春在・御幣三春祇・散米四(五)春經、

*見參社司

一、社司、時廣・祐範・時家・延豐・師治・延通・祐爲・祐長・祐榮・延倫・延種、不參、祐定指合、祐紀同、中臣氏人不參、
大中臣氏人、時久〻重・經長・師(西)勝・時昌・師信、
一、旬菓子柿上・柘榴次、今一種代赤小豆切餅、
一、鹽引代鮑、干鮭代鯣、燒物鹽鯛一備進之、

*旬御供曲事

一、若宮神主依不參、當職若宮へ渡了、如去旬也、

*旬御供名主に誓紙を求む

一、評定云、旬燒物一段朽損之物躰也、殊ニ以外少分鯛也、曲事之条、可被加成敗處ニ、種〻雖致調法通言上之由、名主披露也、然者非私曲由可

致誓紙、於難澁者來旬可被止出仕旨下知了、

一、廿三日、悲母御忌日、學順房・專長房齋ニ來臨也、

地藏講

一、廿四日、地藏講、予頭役、御經三把書寫之、

疊差

一、疊差之、大工二人、廿二疊・薄縁五帖沙汰之、

一、廿六日、若神主殿ニ亥子有之、連歌出座故不參也、餠・鈴送給了、

十一月大

旬御供等備進

一、一日、旬・日並朝夕三度、音樂奏之、

一、白杖利尙一ゝ・御幣德仲二・散米基慶三、

見參社司

一、社司見參去廿一日同前、不參同、中臣氏人不參、

一、大中臣氏人、時重(中)・經長(正眞院)・師勝(西)・時昌(中東)・家綱(奥)・師信(向井)・時氏(中西)、

一、旬菓子上柿・柘榴次、今一種代赤小豆切餠、

一、鹽引代鮑、干鮭備進、燒物鹽鯛一備進之、

一、若宮神主(千鳥祐紀)不參之間、大宮旬祝詞以後、大神主時(中東)廣末社司氏人同道シテ、若宮ヘ渡テ、旬備進之、

一、旬燒物以外少分之物躰也、去廿一日同前之式曲事之条、可被止出仕事乍勿論、先以被加用捨了、及臨期調法不成通注進不謂也、重而者從兼日致注進、能ゝ可遂糺明也、若又相當之鯛無之者鯉・鮒ヲ可致調進旨下知了、近年鯉・鮒備進退轉曲事也、以來可致其覺悟旨下知了、

*船戸屋にて毎月祈禱祓

一、三日、於舟戸屋每月秡有之、頭役當職、餠・酒肴用意之、

一、六日、當番社參、參籠者代官ニ祐長(辰市)、渡屋ニ籠了、

*於鶴第三年追善

一、七日、於鶴女(東地井祐範室)第三年追善沙汰之、法花同音、出家十人、羅漢供有之、命日者來廿日也、若宮祭禮前精進ニ指合之条、引上テ懃仕之、一子モ無之、哀也、此邊衆・中東殿父子(時廣・時昌)齋ニ申入了、

一、八日、九日、十日、當番神役懃仕之、

*旬御供等備進

一、天晴、十一日、旬・日並朝夕三度、音樂奏之、

見參社司

一、白杖《二ヽ》徳仲・御幣《三》基慶・散米《四》守理、

一、社司、時廣・祐範（東地井）・時家（中）・延豐（上）・師治（西）・延通（大東）・祐長・祐榮（千鳥）・延倫（富田）・延種（大東）、不參、祐爲（新）・祐定（今西）指合、祐紀（千鳥）輕服、中臣氏人不參、

大中臣氏人、經長・師勝・時昌・師信・時氏、

一、旬菓子《上》柿《次》・柘榴、今一種ノ代赤小豆切餅、

一、鹽引・干鮭備進、燒物鹽鯛一備之、

一、本社旬祝詞以後、神主時廣末社司同道シテ、若宮へ被渡之、

＊中時家神人免除に同心せず

一、評定云、夕御供燒物鯛以外朽損之物躰曲事也、明日於同前者可被處科怠旨、出納ニ下知了、猶以名主ヨリ可被申付者也、

下﨟分一﨟神人免除請狀の先規を尋ぬ

＊徳川秀忠御寄進の千貫配分

一、昨日、下﨟分一﨟于時寶藏院（禪榮房）被尋云、先日爲權神主（中時家）兵衛門被罪科、然者依侘事明日可有免除歟、但請狀之事ニ難澁故、權神主無同心也、此罪科之義珍樣ニ及風聞、左樣之先規如何トノ尋也、神人中ニモ七十ニ成者共モ無其例由申候条、自然下﨟分若輩衆被及聞糺明於在之者、可及申事候、當一﨟無屆ニテ新儀出來、以來迄法度相破ト及評定候者、於身背本意候、但先規慥之儀候者尤候、社中御難ニ不成樣可然通也、一ヽ其子細近比之内證也、返答云、於當職一圓無分別候、舊記モ時分柄取紛候間、難成拜見由返事了、右之通左馬助（辰市祐長）ヲ以テ權神主殿へ申遣了、重ヽ致侘事候者、被任一﨟、無事御沙汰可然候、爲社中罪科之事者先例無之候歟、及申事候者始末如何之由申候處、一向無同心、理運之樣ニ被存候事、笑止千萬之儀也、何と可成行モ不存、公儀ニ出テハ大事之義也、

一、去九月將軍樣（徳川秀忠）御參詣之砌、寺社へ千貫御寄進、於伏見（山城國紀伊郡）被相渡處、寺社人足ヲ以テ中坊へ盡ヽ運入了、數日ヲ經テ支配之、

寺僧衆人別貳貫文、御兒達へ一貫五百文、﨟分へ一貫、堂衆同、衆徒人別貳貫文、又其外專

禰宜壹貫文宛
社家貳貫宛

拜殿巫女數多死去

＊巳祓

拜殿入につき中坊秀政馳走

＊午日御酒

寺門三十石合力

＊一乘院尊覺御受戒

＊春日祭

大行事任料無足

＊上卿西園寺公益

當・仕丁・願主人迄似相之支配ト云〻、樂人壹貫ツヽ、禰宜壹貫文宛也、社家人別貳貫也、廿七人之內御小袖拜領之二人、正預(東地井祐範)・刑部(西師勝)少輔被除テ拜領無之、寺僧衆モ窪轉經院・大藏院、是モ御小袖衆ニテ支配無之、公儀不知次第、不審〻〻、從上意御扶持之物爲私之支配、皆〻無分別者也、中坊左近(秀政)殿へ如此沙汰故、兎角不及其理次第也、

一、十四日、於神主館集會有之、子細者、拜殿巫女數多死去故、既ニ諸事及闕如、神前之義外見不可然之条、本式之拜殿入者不可成、最少之儀以テ十人程被入可然由、中坊左近殿一段念入馳走也、爲寺門三十石可有合力由、左近殿及談合處、各同心、近比珍重之由也、大行事任料之儀モ、左近殿ヨリ一圓無足ニテ被相出樣ニト內談ノ處、從左近殿承義也、勿論神慮之儀、旁以自餘之通無異儀通、盡〻相調之處、社中衆異儀何共無分別事也、女房衆、權神主殿內儀・新殿後室・富〔田脫〕殿後室、此三人年齡過テ、月水以下之障モ無之、近比之事也、權神主殿・新殿(祐爲)第一之違亂者也、則左近殿へ其通返事被申ト云〻、予用所故集會不出条、委事不知之、傳聞了、寺門合力三十石、一人別三石ニテ可被相調由也、一圓左近殿取沙汰ニテ可被相調由也、寺門三十石合力同心モ奇特也、尤所望也、社家無同心違儀如何、神慮難側〔測〕也、

一、十四日、巳秡、祐長爲代官勤仕之、其式如例ト云〻、不參故、不記之、

一、十五日、午日御酒、祐長代官ニ參勤了、

一、一門樣(一乘院尊覺)御受戒、御乘車ニテ御出仕ト云〻、

一、十七日、春日祭有之、其式祭記ニ書之、上役老足難澁候者、次座神宮預延豐勤仕之、精進料如例十疋代米十合二斗遣之、上卿西園寺殿公益卿、大納言、御息參議宰相中將實晴(西園寺)御同道也、御宿西殿(師治)、

戌小祭饗
*烏帽子を脱ぐ
若宮祭禮前精進
旬御供等備進
見參社司
*御湯
*船戸屋にて別火
*若宮祭禮馬場出仕
*戌刻還御
*旬御供等備進

前後天氣一段快然也、
一、十九日、小祭饗、酒・柏御供等從酒殿當宿所へ送之、
一、廿日、從今日、若宮祭禮前精進ニ入了、神主祐紀依觸穢也、
天晴、
一、廿一日、旬・日並朝夕三度、音樂奏之、
一、白杖一利尚・御幣二徳仲・散米三基慶、
一、社司、時廣・祐範・時家・延豐・延通・祐爲・祐長・祐榮・延倫・延種、不參、師治遠忌、・祐定輕服、祐紀同、中臣氏人不參、
大中臣氏人、時久(中西)・時重・經長・時昌・師信・時氏、
一、旬菓子山芋上・柘榴次、今一種ノ代赤小豆切餅備進了、
鹽引・干鮭備進、燒物鹽鯛ヿ備進之、
一、大社旬祝詞以後、末社司同道シテ、神主時廣若宮へ渡テ、旬備進了、

一、權神主時家披露云、先段出仕ヲ止候北郷兵衛門致侘事候条、可有免除候由也、則其通被加下知了、是者非ニ出仕留ヲ烏帽子被脱了、此段珍事也、從神前如此之成敗無先規由及沙汰、乍去從何方モ不違亂シテ無事ニ成下、珍重々々、以來者可有分別義也、
一、廿三日、悲母御忌日、然共出家無來臨、精進中也、齋料送之、
一、廿五日、御湯仕之、其式別ニ記之、從今日參籠也、
一、廿六日、於船戸屋別火沙汰之、御出無異儀、
一、廿七日、馬場出仕、其式別ニ記之、戌刻還御、
廿六、七日、一段天氣如春天、滿足也、

十二月大 庚戌

天晴、
一、一日、旬・日並朝夕三度、音樂奏之、
一、白杖二春在・御幣三春祇・散米四春玉、

見參社司

一、社司、時廣(中東)・祐範(東地井)・時家(中)・延豐(上)・師治(西)・延通(大東)・祐爲(新)・祐長(辰市)・祐榮(千鳥)・延倫(富田)・延種(大東)、不參、祐定(今西)輕服、祐紀(千鳥)同、中臣氏人不參、

大中臣氏人、時重(中)・經長(正眞院)・師勝(西)・時昌(中東)・家綱(奥)・師信(向井)・時氏(中西)、

*旬御供等備進

一、旬菓子山芋上・串柿次・柘榴次、

一、鹽引・干鮭備進、燒物鹽鯛一備進之、

一、大社旬祝詞以後、末社司同道シテ、若宮へ渡テ、旬備進、朝夕迄祗候、祝詞懃仕了、旬備進以後退散先規也、乍去爲敬神如此也、爲助役祐長召具了、末社司若年故也、

西里火事
魚屋町より出火

一、二日、亥剋、西里火事出來了、魚屋ノ町ヨリ出之ト云〻、折節風吹テ、次第ニ燒失、大門樣(大乘院信尊)御馬場、南院(泰重)・多聞院(融舜)・西坊・成林坊、御門前不殘燒了、御門跡既ニ火懸テ御築地マテ火付了、乍去數多參合テ無異儀、珍重〻〻、西里南方大略燒了、中院・寺林迄火來了、大方千家餘燒亡

千家餘燒亡

了、古今ノ大火也、

一、三日、於渡屋毎月秡有之、頭役時廣、餅・酒肴以下種〻也、

一、六日、當番不參、代官ニ祐長參懃、渡屋ニ參籠了、

一、七日、同前、祐父(東地井)御忌日、學順房齋來臨了、專長房田舍下ト云〻、

一、八日、九日、神役ニ參懃了、

一、十日、不參了、

一、十一日、旬・日並朝夕三度、音樂奏之、

一、白杖春在二・御幣春祇三・散米春玉四、

一、社司見參去朔日同前、

大中臣氏人、時重・師勝・師信・時氏・經忠(正眞院)、

一、旬菓子山芋・串柿・柘榴、

一、鹽引・干鮭備進、燒物鹽鯛一、

一、大社旬祝詞以後、末社司同道シテ、若宮へ渡テ、旬備進、助役ニ祐長召具了、朝夕祝詞迄沙汰之、

*旬御供等備進

一、早朝、從樂所寺侍ヲ以テ注進云、伶人中少申事出來候間、御神供可爲遲〻候、驗而可相濟候条、其間被成御還〔遠〕慮御參社可畏入由也、午下剋ヨ〔リ脱〕備進之、寺門下行之往來ニ依テ如此ト云〻、

*見參社司

辰市留守居役
南鄕孫六父子の出仕停止

一、辰市留守居ニ對メ南鄕孫六致存分故、父子共ニ止出仕了、其子細者、去年他所へ人足ニ雇テ、其賃于今不相渡、度〻及催促無承引、剩親子シテ致打擲事歷然之旨、左馬助〔辰市祐長〕遂糺明、其式披露了、

南鄕新十郎を神人に補任

一、南鄕新十郎十四、補任出之、任料依侘事、銀廿五文目ニテ同心畢、

一、申上剋ヨリ大雪也、

一、十三日、當家煤拂如例、

大炊煤拂

一、十五日、大煤〔炊脫〕拂、朝御供一膳、酒直四十八文ノ代九升六合十合下行也、此外無之、夕御供者此方へ取也、神主〔中東時廣〕方同前、

*南鄕神殿守一臈春格補任料延引

先祖追善

一、十九日、如例年先祖爲追善、法花同音、羅漢供沙汰之、出家六人、大神主〔中東時廣〕殿御出也、

一、廿一日、旬・日並朝夕三度、音樂奏之、白杖一春格・御幣二春在・散米三春祇、

一、見參社司、時廣・祐範・時家・延豐・師治・延通・祐爲・祐長・祐榮・延倫・延種、不參、祐定輕服、祐紀同、中臣氏人不參、大中臣氏人、時久〔中西〕・時重・師勝・時昌・家綱・師信・時氏・經忠、

一、旬菓子上山芋・次串柿・次柘榴、

一、鹽引・干鮭備進、燒物鹽鯛一調進之、

一、大社旬祝詞以後、末社司同道シテ、若宮へ渡テ、旬備進、夕御供祝詞迄懃仕之、

一、先旬被止出仕孫六種〻侘事故免除了、則祐長披露故也、其子者無免除也、存分ヲ云曲事故也、

一、南鄕一臈〔春格〕與介補任料、去〻年以來無沙汰、度〻雖申付、忩延引ノ条、親子共ニ可止出仕覺悟候處、年頭ニ不致社參者迷惑仕間、先今日之御下

*下高畠焼失
*付火の風聞
*東地井祐園正忌日
年頭御供下行
*雜仕歳末
*覺情上人正忌日
*神前替物

知被成用捨候へト達而侘事候条、加遠慮了、廿五日ニハ必相調可進上之由申候条、今日者先以加遠慮、及度々筈相違之間、今度モ不可有法量也、長兵衛一段徒者也、

一、今日、八時分、振舞沙汰了、大神主殿父子(中東時廣・時昌)・大東殿父子(延通・延種)・正眞院殿父子(經長・經忠)・釆女殿(千鳥祐榮)來臨也、

一、出納例年之祝儀トテ、無鹽鯛一懸・大根一把・鈴一雙持參了、酒給之、三郎右衛門・久助代・勘三郎來了、

庚申、
一、年頭諸下行事、
出納・膳部・雜仕方・作手、
未十二月廿三日ニ何モ下行相濟了、
宵御供・御強四ケ度・出合三度・六日大田(大和國式上郡)・十五日御粥・夕御供方、
以上、下行渡之、

一、廿三日、悲母御忌日、覺情上人正忌日、奥坊(新藥師寺)・學順房・專長房齋ニ申入了、

一、曉天ヨリ當家餅用意之、大柳生(大和國添上郡)人夫召寄了、

一、曉天、下高畠焼失了、去四月、又如此、限沙汰也、付火ト風聞アリ、六七家焼失了、禰宜衆萬多ニテ消之ト云々、奇特也、

一、廿三日、巳剋、於神主館社司集會有之、年頭御神供如近年無相違也、豆腐スイ物ニテ酒如例、

一、廿四日、八時分、大神主殿晩炊御振舞也、酒肴濟々也、年忌也、

一、廿五日、祐園(東地井)御正忌日、齋料幷餅春長房へ送之、爲御追善也、

一、廿六日、山芋二把妙德院(堯恩房)へ爲歳暮送之、例年之祝儀也、

一、雜仕歳末、如例圓鏡二面、三木(酒)三舛歟、上之、秡布施今桝三斗、先日送給之、使ニ十文給之、

一、廿七日、南鄕常住(梅木春房)神前替物請ニ來了、御灯呂綱紫絹一丈三尺五寸三ワリニシテ、若宮

殿御分マテ沙汰之、中部布四丈五寸、若宮迄也、御灯呂張絹生絹四尺五寸・フノリ一帖・杉原十三枚渡之、

鹿に喰はるる御廊障子修復

一、御廊障子以外破損故、一圓破直之、厚紙一帖半つゝ従惣官三帖下行之、フノリモ加増了、東御廊神主方、中御廊正預(東地井祐範)方、定講御廊兩惣官(中東時廣・東地井祐範)兼帯シテ張之、今度東御廊一圓紙無之、相尋處、夜中ニ鹿來テ喰之ト云〻、番衆油斷曲事也、鹿ニテモ人ニテモ破之ヲ不存知シテ如此成下事、太以不可然、以來者常住ヲ可有糺明通下知了、日番ハ日〻相替トイヘトモ、神前於番役者諸事不可致油斷義、疏略不謂義也、惣ヲ張直時者座役也、乍去先今度者修覆ノ通ニテ兩常住(大宮守通代・梅木春房)沙汰之、

職事歳末

一、廿八日、職事歳末、圓鏡一面・一瓶・大根一把持參了、

樂所疊等新調

一、樂所疊紫縁一帖・白布縁二帖新調之、疊大工彌大郎調作之、差賃八十文ノ代十合壹斗六升下行之、古物疊・薄縁者晦日ニ宿直人船戸屋へ持來之、新調ノ疊・薄縁敷替之、

鍛冶歳末*

一、晦日、鍛冶歳末、火箸二箭・鐵輪一、宿直人ニ持セテ、常住船戸屋へ付之、

一、若宮御灯呂綱紫絹・中部布常住持參之、中部布若宮御棚拭ニ切取テ、相殘上之、大社者一圓常住拜領先規也、

白散拜領*

一、白散拜領ノ年也、常住宿直人ニ持セテ、船戸屋へ付之、

（原表紙）
着到續番神主（中東時廣）也、
白散神主拜領也、

元和七年辛酉記

副番帳織事正預（東地井祐範）也、

正預從三位中臣祐範（東地井）（花押）　八十才

（縦二五・七糎、横二〇・一糎）

年頭書上

御再任
長者殿下九條殿忠ー公（榮）　南曹辨竹屋殿（光長）
寺務大乘院殿僧正尊ー（信）〔信尊〕　權別當松林院家權僧正實性

五師
窪轉經院延宗房　三學院顯實房
明王院尊識房　妙德院堯恩房
摩尼珠院源勝房

兩惣官
神主從三位時廣（中東）　正預從三位祐範（東地井）　若宮神主祐紀（千鳥）

權官
一　權神主時家（中）　二　神宮預延豐（上）
三　新權神主師治（西）　四　次預延通（大東）
五　權預祐爲（新）　六　權預祐長（辰市）
七　權預祐榮（千鳥）　八　加任預延倫（富田）
九　權預祐定（今西）　十　新預延種（大東）

中臣氏人
延高（上）童形、

大中臣氏人
左京亮時久（中西）　宮內少輔時重（中）
大膳亮經長（正眞院）　刑部少輔師勝（西）
治部少輔時昌（中東）　民部少輔家綱（奧）
中務少輔師信（向井）　內藏助時氏（中西）
散位時仍（奧）童形、　散位經忠（正眞院）同、　同時房（中東）同、
師直（西）同、

南鄉神殿守
春格　春在　春祇　春玉　春經　春能（若宮）

*當番始一獻
*船戸屋一獻
*妙德院祓
御强御供
音樂を奏す
*本宮登山
晝御神事
*旬例の如し
*當方結願
節供片岡庄西
殿庄
*一乘院尊覺御
代官社參
見參社司
*大乘院信尊御
社參

北郷神殿守
利尙　德仲　基慶　守理　基久　永益
南郷常住春房（梅木）　北郷常住守通（大宮）
若宮常住上番宗名（和上谷）　下番春種（若宮）

元和七年辛酉正月以來御神事次第
天下太平、國土安全、寺社繁昌、幸甚〻〻、

正月小

一、元日、早旦、船戸屋一獻、餅・酒從當職沙汰之、
一、御强御供二度、兩物官（中東時廣・東地井祐範）分迄也、音樂奏之、
一、晝御神事如例、予從舊冬持病再發難治故、不參了、
一、二日、同前、
一、三日、社參、
一、日並朝夕・出合片岡（大和國宇陀郡）、・西殿庄（大和國宇陀郡）節供本式、名主正預（東地井祐範）、社司、時廣（中東）・祐範（東地井）・時家（中）・延豐（上）・師治（西）・延通（大東）・祐爲（新）・祐長（辰市）・祐榮（千鳥）・祐定（今西）・延種（大東）、各束帶、祐紀（千鳥）、中臣氏人不參、大中臣氏人、時久（中西）・經長（正眞院）・師勝（西）・時昌（中東）・家綱（奥）・師信（向井）・時氏（中西）・時仍（奥）・經忠（正眞院）、
一、音樂奏之、二（×三）御殿日並朝夕樂所へ下行、圓鏡留之、正預取之、
一、四日、不參、昨日社參、寒風故、所勞又再發故也、
一、六日、當番始一獻、如例惣社御出也、大酒ト云〻、予不參、祐長代官也、
一、九日、妙德院（堯恩房）殿秡ニ祐長參懃了、
一、本宮登山、出立酒、從當家沙汰之、
一、十一日、旬如例、不參故、神前之式不記之、
一、當方各結願也、
一、從雜仕旬御飯大桒桶ニ一坏上之、六枚二膳雜仕夫婦、・四枚膳二膳給之、
一、御神供以前、一門樣（一乘院尊覺）御代官參、檜皮屋、
一、同大門樣（大乘院信尊）御社參也、

正預祝儀
*旬例の如し
*見參社司
知行所庄屋百姓禮に來る
大宮神主千壽萬歲
*地藏講
爆竹を作る
*闕高淸連歌興行
曉天御粥
*中坊秀政祈禱連歌興行
節供松本庄
三十八所屋にて恆例祈禱祓
*猿澤池水赤變
*寺門祈禱
御田植

一、十二日、當職嘉例之祝義、餅・酒早朝ニ有之、若宮神主父子（千鳥祐紀・祐榮）・正眞院殿父子（經長・經忠）・今西殿（祐定）・治部少輔殿（中東時昌）、向井殿（師信）但煩故、御出無之、禰宜衆・職人衆各來臨、大御酒也、奥殿（家綱）へハ餅・酒送之、

一、日中時分、知行所庄屋・被官之百姓等禮ニ來了、餅・酒給之、大酒也、

一、十三日、神主殿（中東時廣）嘉例千壽萬歲、日中飯有之、物社參會也、予所勞故不出、膳・鈴送給之、御懇意也、

一、十四日、爆竹作之、竹・篠以下從大柳生（大和國添上郡）持參之、

一、曉天御粥役、兩惣官代・當番參懃也、經長敬神ニ參社了、

一、十五日、御節供、松本庄（大和國添上郡）、不參之間、其式不記之、

一、十六日、恆例祈禱於三十八所屋有之、頭屋祐紀、予不參了、

一、十七日、御田殖也、參詣人群集ト云々、

一、廿一日、旬如例、依所勞不參畢、

一、社司五人ト云々、時廣・師治・延通・祐爲・祐榮、祐紀、

不參、祐範現病、・時家上洛、・延豐遠忌、・祐長上洛、・延倫（富田）輕服、・祐定上洛、・延種現病、不參之条、其式不記之、

一、廿三日、學順房用所トテ齋ニ無來臨也、祐勝房齋ニ來入也、

一、廿四日、地藏講、依所勞不出也、

一、廿五日、闕才（高淸）次例年之連歌興行、依所勞無出座也、發句者所望故遣之、社中連衆如嘉例也、

一、廿七日、中坊左近殿（秀政）祈禱連歌興行、依所勞不出座也、發句者依所望遣之、社中、時廣・祐紀・祐長連衆也、祐榮執筆ト云々、

一、從學侶折紙到來、子細者、近盤猿澤池水以外濁也、水色變赤色也ト云々、寺社凶事之間、於寺門祈禱別而沙汰之、社中能々可有祈念旨也、先

東大寺三ツ藏盗人の寺僧
*後宴
一ノ坂にて寺僧磔成敗
*豊臣秀長室豊臣秀頼寄進燈籠退轉
池邊清祓沙汰なし
旬例の如し
若宮神主一萬卷心經
*呪師走三座
船戸屋にて毎月祈禱祓
春日講頭役千鳥祐紀

年此池邊ニ東大寺三《ツ》藏ヘ入タル盗人彼寺僧三人籠者也、數日有之、從奈良中番沙汰之、其以後、三人一ノ坂ノ北邊ニ高木ニ張付成敗也、彼所池邊也、穢氣以外次第也、清秡懃仕可然由、從社中度々雖申届、于今無沙汰也、併其不淨故歟、寺之法度此比無正躰成下基也、

二月大

一、一日、旬如例、所勞故不參之間、神前式不記之、

一、於若宮(千鳥祐紀)神主館例年之一萬卷心經有之、所勞故不出也、心經百卷讀之、

一、三日、於船戸屋毎月祈禱秡有之、頭役當職、取肴ニテ酒進之、予煩故不參也、

一、四日、春日講有之、頭役若宮神主祐紀(千鳥)沙汰之、予所勞故不出仕、日中飯、中段、後段迄、膳・鈴送給之、珍物事盡、以外馳走也、當家末々迄被召寄了、自是諸白指樽一荷遣之、鯉・鮒・鱒其外鴨・雉、種々肴共念入タル義也、

一、五日、後宴有之、

一、樓門灯呂二基下之、一基ハ大納言秀長室(豊臣)御寄進也、一基ハ秀頼公(豊臣)御寄進也、何モ退轉故、從神人依其理下之、一基秀長ノ灯呂古物神主時廣(中東)取之、一基秀頼公御寄進灯呂古物正預(東地井祐範)取之、神前古物諸事兩物官(中東時廣・東地井祐範)拝領ノ先規故也、秀頼寄進ハ若宮五郎左衛門(拝殿清明)燃之、

一、大坂没落故、油斷絶故也、秀長室灯呂御逝(去)故也、南鄕愛藏燃之、是モ油無下行故退轉也、

一、五日、咒師走三座、觀世座闕如也、如例年兩惣官日並御供一殿ツヽ・兩瓶下行、當年者正預二瓶・神主一瓶出之、去年從神主二瓶也、隔度ニ如此也、

正預御供者大炊下部取置之、瓶子モ里ヘ取ニ來テ、晩ニ猿樂方ヘ交替之、習日(翌)又外居・瓶子等里ヘ返納也、大炊下部定役先規也、

一、六日、當番、依所勞不參也、如例當番一獻酒於船戸屋沙汰之、當番衆・職人禰宜衆、大炊下部二人來テ給之、參籠祐長(辰市)沙汰之、從今日春日祭前精進也、

一、七日、中日、彼岸講有之、頭役神宮預延豐(上)、予不出仕也、

一、祐父(東地井)御忌日、學順房齋ニ來臨也、祐勝房モ來入也、

一、於戒壇院千部經有之、學順房出仕トテ急也、

一、六日、七日、於南大門能有之、三座トシテ勤仕之、

一、去月下旬江戸大燒失、大名衆屋形數多、其外町以下一里餘火事、將軍樣(徳川秀忠)御舍弟達御成雖及其用意無興成下也、

一、京都モ室町通六七十家燒失ト云ゝ、

一、八日、社頭之能金春大夫(重勝)勤仕之、五番沙汰之云ゝ、酒頭正眞院經長順役沙汰之、予者不參也、

一、能以前、大神主殿(中東時廣)中坊左近殿(秀政)へ振舞有之、內衆大略、供奉衆迄事外馳走、珍肴共也、能以後又來臨、夕飯有之、何モ奔走也、兩度迄膳送給了、御懇意也、晩者大藏大夫(氏紀)同道ニテ、舞曲四五番沙汰之、夜半過迄逗留ト云ゝ、左近殿舞曲一段之數寄也、自身之所作見事也、樽代百疋被持了、治部少輔殿(中東時昌)へ小袖一ツ被遣之、

一、九日、從早天雨下、社頭之能無之、

一、巳ノ祓有之、不參故、其式不記之、

一、十日、午ノ日御酒、兩惣官代當番等役也、依不參、其式不記之、

一、雨止之間、社頭之能金剛大夫(吉勝)勤仕之、五番沙汰之、酒頭若宮神主祐紀順役沙汰之、不參之間、其式不記之、

一、十一日、旬如例、社頭之能有之故、御供午剋以前也、不參之間、其式不記之、寶生大夫(重房)能勤仕、五番沙汰之云ゝ、酒頭新祐爲順役沙汰之、

當番酒
*中東時廣中坊秀政へ振舞
春日祭前精進
*大藏大夫舞曲四五番沙汰
彼岸講
*中坊秀政舞曲所作見事
戒壇院千部經
*巳祓
南大門能
*午日御酒
江戸大火
*社頭能金剛大夫勤仕
*旬例の如し
社頭能金春大夫勤仕
*寶生大夫社頭能五番沙汰

春日祭
御戸開
四辻季繼御參社
戊小祭
柏御供等に榊枝を副ふ
*眞言院千部經
*中坊秀祐十三回忌
產所作事
涅槃像拜見
*千部經結願に樂人出仕
旬御供等備進
見參社司

天晴、
一、十二日、甲申、春日祭執行、奉行神主時廣、
一、御戸開、戊剋、(戊、以下同ジ)上役神宮預延豐、當職不參故也、
　精進料十疋代米十合貳斗遣之、從神主同前、
前後天氣快然也、
一、曉天、上卿御參社、(四辻季繼)不參之条、其式不記之、
　御宿西刑部少輔館也、(師勝)
一、上卿御幣一本四手共ニ殿番神人持來之、
一、十四日、戊日小祭、饗一坏・菜《サイ》一坏・酒一ツル
　へ・柏御供一膳、榊ノ枝相副テ、當職里へ從酒
　殿送之、
一、十三日ヨリ作事沙汰之、產所也、
一、十五日、社參、所ミ涅槃像拜見之、
一、十八日、酉剋ヨリ雨、十九日、終日終夜大雨也、
一、十九日、宗專讀經ニ來臨、於鸖女追善、(東地井祐範室)每月也、
天晴、
一、廿一日、旬・日並朝夕三度、音樂奏之、
一、白杖春在二・御幣春祇三・散米春能六、(若宮)
一、社司、祐範(東地井)・時家(中)・延通(大東)・祐爲・祐長・祐榮(千鳥)・
　祐定(今西)・延種(大東)、祐紀、不參、時廣當病、・延豐隨
　意、・師治(西)同、・延倫(富田)輕服、大中臣氏人、師勝(西)・時(中
　東)昌・師信(向井)・經忠(正眞院)、
一、旬菓子野老上・山芋次・串柿次、
一、鹽引・干鮭備進、燒物鹽鯛一、
一、蓮ノ代昆布備進之、
一、大社氏人三人事闕了、不參萬多故也、
一、廿三日、悲母御忌日、學順房齋ニ來臨也、
一、於眞言院(東大寺)千部經有之、施主中坊左近殿也、親父(中坊
　秀祐)十三年卜云ミ、

三月小

一、一日、依雨天不參了、
一、御神供辰刻ニ備進、其故者從樂人急故也、眞言(東大寺)
　院千部經結願也、音樂可奏由左近殿(中坊秀政)ヨリ被仰間、
　社中御參社被成御急樣ニト內儀申來者也、
一、神主殿時廣(中東)モ所勞養生トテ不參也、祝師權神主
　時家(中)勤仕之、束帶也、

嘉例節供祝儀
*板草履を踏まれ御飯を落とす
*職人禰宜衆嘉例夕飯
節供西殿庄代福智庄奄治庄
*大宮神主嘉例日中飯
見參社司
*社頭にて大般若經信讀
*牡丹花見

一、嘉例之節供祝儀振舞沙汰之、夕飯也、若宮神主(千鳥祐紀)殿・正眞院殿父子(經長・經忠)・治部殿父子(中東時昌・時房)・今西殿(祐定)、大神主殿(中東時廣)無來儀、膳・鈴送之、采女殿(千鳥祐榮)上洛也、忠兵衛殿(城)見舞ト也、
一、奥殿(家綱)へ膳・鈴送之、若神主殿(千鳥祐紀)・正眞院殿(經長)ナト御出也、間不吉故此方へ不申入也、
一、三日、御節供、日並朝夕・四種西殿庄(大和國宇陀郡)節供代、・神戸福智庄(大和國添上郡)、名主祐長(辰市)・師勝(西)、・奄治(大和國山邊郡)節供本式、名主正預(東地井祐範)、五ケ度、音樂奏之、
一、節供上役南鄉方也、
一、社司、時廣・祐範(東地井)・時家・延豐(上)・師治(西)・延通(大東)・祐爲(新)・祐長・祐榮(千鳥)・祐定(今西)・延種(大東)、祐紀(千鳥)、中臣氏人無之、
大中臣氏人、時重(中)・經長(正眞院)・師勝・時昌(中東)・家綱(奥)・師信(向井)・時房(中東)、
一、一ノ御殿日並朝夕樂所へ下行、
一、神戸、蓮ノ代昆布也、

一、一ノ御殿神戸御飯樓門鳥居邊ニテ落地了、役人ノ力不足ニテ無之、後見役神人跡ニ有之、板草履ノ跡ヲ踏留《ト、メ》タル故、役人行步難進テ打落シ畢、半分落御畢、則盛直備進無爲也、
一、如例御神供以後、職人禰宜衆夕飯有之、社中、正眞院殿父子迄也、
一、四日、於神主殿嘉例日中飯、惣社參會也、予モ罷出了、
一、六日、當番參懃了、參籠者祐長代官、渡屋ニ籠了、
一、七日、祐父(東地井)御忌日、學順房齋ニ來臨也、
一、例年信讀大般若、於社頭沙汰之、
一、九日、喜多院樣嘉例牡丹花見、禰宜、從日中晚迄、中飯、中段、後段有之、酒宴也、音樂萬多也、人數者、野田(守理)久左衛門・同三郎右衛門・同(久保利亮)主水・同筑後(久保利房)・雑仕彌左衛門・高畠勘兵衛若宮、・甚介同、・左近左衛門北鄉、・嘉兵衛同、

喜多院空慶連歌御興行

一、十日、喜多院(空慶)様御興行、祇候了、從朝飯終日濟ゝ也、酒宴、音曲有之、辻(良政)七右衛門ニ對〆御連歌也、

*船戸屋にて每月祈禱祓

旬御供等備進

一、十一日、旬・日並朝夕三度、音樂奏之、白杖利尙・御幣基慶・散米守理、

見參社司

社司、時廣・祐範・時家・延豊・師治・延通・祐爲・祐長・祐榮・祐定・延種、祐紀、不參、延倫(富田)輕服、祐紀、中臣氏人無之、大中臣氏人、時重・經長・時昌・家綱・師信、

一、旬菓子野老・山芋・串柿、

一、鹽引・干鮭備進、燒物鹽鯛一備進之、

一、蓮ノ代昆布也、

一、大社旬祝詞以後、神主若宮ヘ渡テ旬備進也、

一、十二日、參社了、孫女(辰市藤福)同道、

一、久左衛門大竹一本到來、懇意及兩度了、樋ノ竹一段重寶也、

春日講式古本

一、春日講式古本一本、左近左衛門ヨリ預懇志也、此中宿望成就滿足、古筆見事也、

一、十五日、於船戸屋每月秡有之、頭役若宮神主祐紀也、餅・酒其外肴濟ゝ也、

*辻良政連歌興行

*數寄屋にて茶を給ふ

一、十六日、辻七右衛門殿興行、從朝飯出座、數寄屋ニテ茶給之、茶入見事也、○船《ツリ》ニ花有之、終日種ゝ馳走也、

一、十九日、宗專月經讀誦也、於鶴女(東地井祐範室)追善也、

*江戸御禮につき寺門より米十五石借用

一、廿日、於神主館集會有之、子細者、今度江戸爲御禮、喜多院殿・松林院(實性)殿・寺門衆各御下向、幷禰宜モ爲御禮罷下者也、社家罷越可然通、此中喜院(喜多院空慶)様・中坊左近殿數返御意見也、然共社中一圓無物之間、難調通返事了、何ニ罷下可然也、手前失墜難調、尤也、先以當分借物可相調由被仰、寺門ニテ八木十五石借用了、寺門異儀種ゝ也、然共喜院様・左近殿達而被仰聞故同心也、今日借狀認遣了、三物官(中東時廣・東地井祐範・千鳥祐紀)幷牧務衆判也、從寺門案文到來也、半分合力之儀、喜院様・左近殿ヨ

*地藏講
*慈恩會
*一乘院尊覺御竪義
*旬御供等備進
*見參社司
*喜多院空慶江戸御下向
*奧家綱江戸下向
*旬の餅曲事

リ懇望度〻也、寺門無同心也、不及可簡如此成下了、窪轉經院(延宗房)一身違儀故不調ト云〻、下向之仁躰、內〻向井殿(師信)可罷下由卽躰望處也、然共若輩之躰不可然由、從寺門被申故、奧殿下向也、權神主殿・若宮神主殿・正眞院殿ナト達而被相催候共、斟酌ニテ如此也、社中零落ニ成下躰、哀也云〻、禰宜罷越ニ、社家御禮無之者、外聞旁〻不可然旨、喜院様・左近殿再三承故也、

一、廿一日、雨天故不參、神前之式不記之、

一、廿二日、左近左衞門振舞、度〻雖及斟酌達而申來不及可簡、大神主殿・若神主殿・予迄、無他人、日中飯ヨリ中段、後段、終日濟〻馳走、肴共萬〻也、

一、今日、喜多院様江戸へ御下向、寺門衆モ少〻下向也、

一、廿三日、悲母御忌日、學順房齋ニ來臨也、

一、今日、奧殿江戸へ下向、社中使節也、左馬助(辰市祐長)般

若寺邊迄酒肴隨身シテ送之、

一、廿四日、地藏講、予頭役、如例茶一器・煎大豆一盆・經木《四十本結》千(十)把出之、御經三把書寫了、《中巻》

一、廿八日、慈恩會、《一乘様》尊覺法親王御竪義也、御竪義以後、直ニ御社參也、

四月大

一、一日、旬・日並朝夕三度、音樂奏之、

一、白杖春格《一〻》・御幣春在《二〻》・散米春祇《三〻》、

一、社司、時廣(中東)・祐範(東地井)・時家(中)・延豐(上)・師治(西)・延通(大東)・祐爲(新)・祐長(辰市)・祐榮(千鳥)・祐定(今西)・延種(大東)、祐紀(千鳥)、不參、延倫(富田)輕服、中臣氏人無之、大中臣氏人、時重(中)・經長(正眞院)・師勝(西)・師信(向井)・時房(中東)、

一、旬菓子《上》山芋・《次》串柿、今一種赤小豆切餅代ニ備進、

一、鹽引・干鮭備進、燒物鹽鯛一備進了、

一、蓮ノ代昆布、豆腐ノ代竹子、

一、評定云、旬餠以外軟ニテ備進難儀也、以來如此

致調進ハ、臨期ニモ無備進テ可改替旨、雜仕ニ下知了、又伏兎大略碎テ、備進難成躰也、此段度々雖及下知、無承引曲事也、既ニ可被止出仕旨評定之處、水屋神樂近々也、可被加遠慮通、予相拘了、先以無異儀、重而可有糺明旨也、膳部衆越度無是非次第也、何モ以來之事堅下知了、

*水屋神樂
*拜殿沙汰
*船戸屋にて每月祈禱祓
*若宮方能五番
降雨時廻廊にて水屋神樂
*祐範八十賀により町衆連歌興行
野田高畠場所を争い喧嘩
御供以前幕を引くは曲事
*唐ノ十合硯箱
一乘院にて御能
禰宜役者

一、水屋神樂、雨下時者於廻廊近年沙汰之、去年雨降故、廻廊ニ用意之、既ニ幕引之、然處野田・高畠所ヲ爭テ及申事、忽喧嘩之式物忩之仕合也、當分者先以神殿守衆依申宥無殊事也、第一御供以前ニ幕引之事曲事也、向後不可叶通下知也、所之事從前々如有來可致覺悟、於神前喧嘩口論甚以曲事之次第不可然、諸事ヲ無爲ニ可致沙汰通、三方座へ被加下知了、

一、於一門樣(一乘院尊覺)御能有之、盡々役者禰宜也、無殘所罷出了、大夫者彌三郎ニ被仰付了、御書出九番也、此彌三郎者重時孫也、

一、二日、水屋神樂、從拜殿沙汰之、

一、三日、於船戸屋每月秡有之、頭役一時家・二延豐勤仕之、餅・酒其外肴濟々也、御神供以後、於若宮神前御酒勸之、當番衆各出仕也、但隨意無異儀也、

一、水屋神樂、從若宮沙汰之、藝能五番沙汰之、

一、四日、予八十賀トテ、町衆一會興行、於正桂庵有之、發句所望、

朽殘る花もてかくす若葉かな

人數、正順・永俊・良以(千貫屋)・宗治(竹田)・宗利・良佐・正桂・紹意・正知(堺屋)・清次・祐長・予迄也、終日馳走共也、珍肴事盡了、歸路ニ、西天滿神前各被送之、良以・良佐美麗ノ肴共・樽ヲ隨身也、大御酒、各音曲・舞、其興不淺、老人ヲ可被慰用意不淺義也、然者宗利唐ノ十合硯箱被出之、面々前ニ置之、中ニ短册一枚ツヽ入之、皆々別而興ニ成テ、心々瓦礫書付了、風流之式也、

南郷方能五番
*中時重重服
水屋以下宮司上分
*番帳を織直す
北郷方能五番
土門久好茶湯
徐熙鷺繪
*大乘院信尊江戸御下向
*旬御供等備進
*見參社司
中時家室死去

一、水屋神樂、南郷能五番沙汰之云〻、職人衆上分之酒肴上之、水屋左近左衞門・榎本孫右衞門・紀伊社久次郎、餅・酒其外肴以下如例年也、

一、五日、水屋神樂、北郷能五番沙汰之云〻、

一、六日、天蓋塗師屋(土門久好)茶可給由、久左衞門(守理)シテ度〻申來之条、日中以後參了、鷺ノ繪拜見之望第一也、然處名物共數多被出之、肩突《カタツキ》袋・盆何モ名物也、・花入大鼓ノハチ(撥)、青磁也、是モ名物也、心靜拜見之後、天下無隱香筥・盆兩種拜見、何モ兎角不及心語也、繪外題能阿彌(眞能)筆跡、白鷺綠藻圖如凞(徐熙)筆、左、如此アリ、サテ盃被出之、數返有之、久左衞門・亭主各下戶也、予一身沈醉了、嫡孫十四五、一段若衆也、被催興慰了、此亭主舊友也、然共久敷遠隔疏〻敷處、舊識不被忘、懇意共不淺次第也、一生之思出事盡了、方〻競望ナレ共、卒爾ニ同心無之、併予名譽ト各驚歎了、

一、權神主時家內方死去、七十一云〻、前新殿祐岩之息女也、副番帳改直之、去二月ニ時久(中西)內方死去、又如此之儀出來了、時重母儀重服一廻之間除之、輕服ノ躰者不除之也、時久內方時氏(中西)母儀也、依之番帳織直之者也、

一、七日、祐父(東地井)御忌日、學順房齋ニ來臨也、

一、昨今依風氣神役不參了、

一、大門樣(大乘院信尊)今日江戶へ御下向也、御供奉衆七八十人ト云〻、

一、十一日、旬・日並朝夕三度、音樂奏之、

一、白杖春格・御㡇(幣)春在・散米春祇、

一、社司、時廣・祐範・延豐・師治・延通・祐長・祐榮・延倫・祐定・延種、祐紀、不參、時家・祐爲、何モ穢中、

大中臣氏人、經長・師勝・時昌(中東)・經忠(正眞院)・時房、

一、旬菓子山芋・串柿、今一種ノ代赤小豆切餅、

一、豆腐代苑豆初也、蓮ノ代昆布、

音樂田御供につき評定
*產所開
*旬御供等備進
大東延通日次連歌興行
*見參社司
曲舞法樂
吉松女大夫
璉珹寺勸進舞
社頭群集

一、鹽引・干鮭備進、燒物鹽鯛一備進之、
一、評定云、去月廿一日音樂田神供闕如之、式日無隱處ニ、名主ヘモ兩物官（中東時廣・東地井祐範）ヘモ兎角不及案內、無故闕如曲事也、神殿守以鬮雖可被止出仕、其段先以被加遠慮、來廿七日可致備進旨下知了、
一、十四日、於大東殿（延通）日次興行、出座了、晩炊振舞アリ、
一、十七日、日次出座了、發句頭役祐長、餅・酒肴等持參了、
一、十八日、曲舞法樂在之、大夫吉松、女大夫也、一段上手ト云々、此中於紀寺（璉珹寺）勸進舞有之、群集ト也、今日モ社頭群集、薪ノ能ニモ如此之事無之云々、古今未曾有也、社中・神人如薪能見物也、予老足故不出仕也、此大夫京都ニ居住也、元來武士侍也、親理在指南ト云々、第一無雙美女之由及其沙汰了、寺門衆ハ御廊障子不開、內ニテ被聞ト云々、靜ト文學（覺）ト二番舞之ト云々、從方々見舞、臺公卿・樽以下充滿ト云々、
一、廿日、日並、予發句頭役也、赤飯・重箱・肴・一樽・懷紙以下送之、出座了、
一、產所開、此邊女房衆日中飯ニ申入了、
一、廿一日、旬・日並朝夕、音樂奏之、
一、白杖《一〻》春格・御幣《二〻》春在・散米《三》春祇、
一、社司、時廣・祐範・師治・延通・祐長・祐榮・延倫・祐定・延種、祐紀、不參、時家忌中、・延豐隨意、・祐爲忌中、
大中臣氏人、經長・師勝・時昌・經忠・時房、
一、旬菓子山芋・串柿、今一種ノ代赤小豆切餠、
一、竹子備進、蓮代昆布、
一、鹽引・干鮭備進、燒物鹽鯛一備進之、
一、兩常住（大宮守通代・梅木春房）披露云、先段御下知之音樂田御神供難調之条、先以延引ト言上了、評定云、式日無沙汰曲事也、最少之御神供兎角不謂、殊更料所有之、神殿守衆トシテ一年ニ一度備進之事、每度違亂、

中筋九左衛門樽を送る
地藏講
*旬御供等備進
安居師慈恩院中風にて退出
*見參社司
立德振舞
船戸屋にて雨乞祈禱

近比不可然、來朔ニ是非可有備進旨下知了、何カト難澁曲事也、
一、中筋九左衛門樽送之、於渡屋各參會、受用之、一段吉酒也、
一、廿三日、悲母御忌日、學順房齋ニ來臨也、
一、廿四日、地藏鄕〔講〕、御經取寄ニ巻書寫之、
一、廿五日、安居師慈恩院俄中風ニテ退出、一段無正躰、無音、全躰非其身ト云々、餘命不久由及沙汰、替リニ宗禪房勲仕之、
一、廿六日、立德振舞、八時分ヨリ晩迄逗留、珍物肴共濟々也、左馬助（辰市祐長）・正桂・紹意迄也、
一、廿八日、雨乞祈禱於船戸屋有之、頭役ハ毎月祈禱ノ引續次第、三師治・四延通沙汰之、肴濟々、御酒有之、
一、廿九日、同祈禱、五祐爲・六祐長勲仕之、御酒有之、
一、晦日、同祈禱七祐榮・八延倫沙汰之、酒肴有之、

此中以外日損也、但廿八日ヨリ少ツ、雨下、當日者申剋ヨリ大雨、乍去夜ニ入テ晴了、猶以不足、當作毛難義也、

一、（マヽ）

五月小

一、一日、旬・日並朝夕三度、音樂奏之、
一、白杖利尚・御幣德仲・散米基慶、
一、社司、時廣（中東）・祐範（東地井）・延豐（上）・師治（西）・延通（大東）・祐長（辰市）・祐榮（千鳥）・延倫（富田）・祐定（今西）・延種（大東）・祐紀（千鳥）、不參、時家（中）輕服、・祐爲（新）同、中臣氏人不參、大中臣氏、〔人脱〕經長（正眞院）・師勝（西）・時昌（中東）・經忠（正眞院）・時房（中東）、
一、旬菓子山芋・串柿・枇杷、
一、鹽引・干鮭備進、燒物鮎鮓十三備進之、今日初也、
一、白瓜備進之、蓮ノ代昆布、
一、白瓜豆腐ノ代也、朝御供ニ白瓜丸一威儀ノ所也、
今日初也、

音樂田御供延引

一、常住披露云、先段御下知之音樂田御供、手前何共難調之条、來秋迄延引之侘事也、則從名主モ其通披露也、近比不謂次第也、從名主ノ御助言之条、被加用捨、來秋早〻可致備進旨下知了、

節供祝儀

一、嘉例節供祝義沙汰之、時廣・時昌・時房・祐紀・祐榮・經長・經忠・祐定、若神主殿・正眞院殿・今西殿女房衆各御出也、奥殿(家綱)從江戸于今無正(上)洛、膳井鈴送之、留守女房衆迄也、例式之祝義計也、

節供西殿庄代

一、五日、御節供、日並朝夕・八種、西殿庄(大和國宇陀郡)節供代、名主正預(東地井祐範)、・

神戸奄治庄

神戸名主神主(中東時廣)、・奄治(大和國山邊郡)名主正預、五ケ度、音樂奏之、

*新藥師寺にて唯識論讀誦

一、社司氏人參懃去朔日同前、

*旬御供等備進

一、二ノ御殿日並朝夕樂所へ下行也、

一、支配、神戸一二・奄治三四・八種五六、

一、氏人一向幼少、副役不自由故、予神役斟酌了、力不足、備進難治故也、

職人禰宜衆夕飯

一、御神供已後、如例職人禰宜衆夕飯ニ來臨了、

一、六日、如例大神主殿(中東時廣)日中飯、惣社參會也、

一、七日、祐父(東地井)御忌日、學順房齋ニ來臨也、

*雨乞千座祓

一、於船戸屋雨乞祈禱千座秡有之、一獻物公物ニテ用意之、餅・酒肴有之、雨少降了、

*御經書寫

*水屋川へ御經を流す

一、八日、同祈禱秡、幷法花經序品・藥草喩品・普門品三品書寫之、導師良懃房、御經水屋川へ流之、

雨降了、乍去猶不足也、

一、九日、明王院(尊識房)爲見廻御出、諸白樽一荷被持之、妙德院(堯恩房)御同道、於新藥師心落ニ唯識論讀誦之、六十餘人寺僧衆出仕也、高山遠路、老者衆難成故如此也、雨乞、乍去雨不降也、

一、十一日、旬・日並朝夕三度、音樂奏之、

一、二白杖德仲・三御幣基慶・四散米守理、

一、社司去五日同前、

大中臣氏人、時久(中西)・經長・師勝・時昌・經忠・時房、

*用水を盗取る
雨乞祈禱に樂所音樂を奏す
三箇條立願
*發志院百姓禁獄
百日參籠祓千座三十頌千巻
八龍神
*旬參
大雨
船戸屋にて恆例祈禱祓
*地藏講
*關高清連歌興行
發志院百姓正預被官の中城百姓を打擲
*八十祝儀の連歌善春興行

一、旬菓子山《上》芋《次》・串柿《次》・枇杷、
一、鹽引・鮭備進之、燒物鮎鮓十三備進了、
一、白瓜・竹ノ子備進、蓮ノ代昆布也、
一、伏兎・曲破碎無正躰、度々被加下知、無其詮、
重而於同前者堅可有糺明旨、膳部衆ニ下知了、
一、御神供已後、樂所音樂奏之、雨乞祈禱也、
一、雨祈禱於樓門及談合、三ケ《条》度立願、百日參籠・
秡千座・三十頌千巻也、三日中於雨下者則可有
果遂由、兩物代〔官脱〕祐長・時昌(中東時廣・東地井祐範)於八龍神前啓白了、
一、十二日、大雨、十三日同前、萬民安堵也、南方
知行所盡々毛付了、珍重々々、
一、十六日、恆例秡於船戸屋有之、頭役一時家・二
延豐沙汰之、コツケ・酒有之、如形之式也、
一、十七日、ハシノヰン(發志院)(大和國添上郡)ノ百姓中城(大和國添上郡)ノ百姓ヲ打擲之
由注進之、
中城百姓ハ正預被官也、窪轉經院(延宗房)・若宮神主(千鳥祐紀)之
田ヲ作ル百姓也、子細者、水大切之故、大江ノ(大和國添上郡)水ヲ請乞テ、堤ヲツキ、水ヲ入置テ、田地毛付
之處、ハシノヰン百姓夜中ニ來テ、堤ヲ切落シ、
用水ヲ盗取了、曲事之由糺明之處、不及是非打
擲ト云々、鍬ヲ以テ頭ヲ打之故血流ト云々、限
沙汰次第也、則窪轉經院并從社中モ相屆之處、
於寺中各會合之處、無故打擲之段不謂トテ、則
ハシノヰン百姓及禁獄了、寺門惣樣・御寺家(大乘院信尊)・
喜多院殿(空慶)・中坊(秀政)上使衆同時穿鑿有之、
一、廿一日、旬參、依雨下不參了、依之神前式不記
之、
一、廿三日、悲母御忌日、學順房齋ニ來臨了、
一、廿四日、地藏講へ不出了、
一、廿五日、嘉例關才次(高清)祈禱連歌有之、發句沙汰之、
社中連衆如例也、從粥終日種々馳走、每度也、
一、廿六日、從今日參籠番也、經長・祐長代官ニ參
籠了、秡七十座・三十頌七十巻予懃仕之、
一、廿八日、善春興行、八十滿目出度由祝義也、終

*中沼元知連歌興行

旬例の如し土立役なし

*清次連歌興行

玄仲下向につき一乘院尊覺連歌興行

御句奇特神妙

*土門久好へ振舞

*古代ノ茶湯

*旬御供等備進

*見參社司

日種〻馳走也、

六月大

天晴、
一、一日、旬參如例、予船戸屋迄參勤、然共土立役氏人無之条、神役ニ不參了、經忠(正眞院)風氣不參故也、

一、三日、玄仲(里村)下向候付、於一門樣(一乘院尊覺)御興行有之、可致祇候候由被仰出、老足迷惑之由再三御理雖申上、無御同心、是非ニ可致出座通、達而御意故、無叮簡祗候了、御句今度始而致聽聞、奇特神妙也、御早口、殊句〻兎角不及是非候、權化再來之助成歟ト驚入次第也、御年十四才、又御學問猶以無比類由也、度〻御豎義、自他寺其外諸人聽聞、感嘆不斜也、

一、四日、昨日致祗候、御祝着之御禮トシテ、伊豆殿御出也、殊更御扇《兩金》一本・御教書十帖拜領、忝次第也、老足難成參上故、左馬助(辰市祐長)ヲ以テ御禮申上了、

一、五日、左京殿(中沼元知)興行、予者老足、御免也、

一、六日、當番、祐長(辰市)代官ニ參勤了、參籠同前、

一、七日、祐父(東地井)御忌日、學順房用所有之トテ無來臨也、

一、清次興行、予老足難成由理申無出座、祐長出座、參籠者經長(正眞院)代官ニ參籠了、

一、未下剋、大雨、萬民盡〻滿足也、八日午剋迄雨也、先日之雨之後所希也、

一、六日、塗師《テンカイ》屋源三郎(土門久好)へ振舞沙汰之、孫長三郎同道也、相伴ニ久左衞門(守理)同道、時分柄肴無之、無興也、鮎一種迄也、終日古代ノ茶湯物語共、難忘義也、

一、九日、十日、神役參勤了、

天晴、
一、十一日、旬・日並朝夕、音樂奏之、

一、白杖春格《一〻》・御幣春在《二〻》・散米《三》春祇、

一、社司、時廣(中東)・祐範(東地井)・延豐(上)・延通(大東)・祐長・祐榮(千鳥)・延倫(富田)・祐定(今西)・延種(大東)、祐紀(千鳥)、不參、時家(中)輕服、・師(西)

百日參籠結願
*東地井祐範母十七回忌
玄仲見舞
奈良中一萬度廻
社頭南圓堂間に燈籠を懸く
*地藏講
*正眞院經長母十三回忌
壺神遷宮
旬御供等備進
*旬例の如し

治遠忌、中臣氏人不參、大中臣氏人、經長・師(西)勝・時昌(中東)・家綱(奥)・經忠、
一、旬菓子山芋・桃・アコタ瓜四、
一、鹽引代鮑、干鮭代鯣、焼物鮎鮓十三備進之、
一、蓮ノ代昆布也、
一、百日參籠結願、珍重〻〻、爲祝儀於神主館(中東時廣)惣社參會、大神主殿(中東時廣)・若神主殿(千鳥祐紀)旬御供被相出、肴ニテ御酒有之、
一、十三日、玄仲爲見廻尋、數剋對談了、
一、廿日、從夜中廿一日曉天迄、奈良中一萬度廻之、從社頭至南圓堂町〻灯呂見事、古今未曾有ト云〻、過分之物入也、雨乞立願也、先年有之、及廿年ト云〻、
一、今夜、壺神遷宮沙汰之、若宮神宮内(春種)常住家ニ存知之、南市衆沙汰之ト云〻、
天氣、一、廿一日、旬・日並朝夕、如例、
一、神殿守上役十一日同前、

一、社司十一日同前、但師治參勤之、
一、大中臣氏人、時久(中西)・經長・師勝・時昌・家綱・經忠、
一、旬菓子上桃・アコタ瓜、今一種代赤小豆切餅也、
一、鹽引代鮑、干鮭代鯣、焼物鮎鮓十三備進之、
一、蓮ノ代昆布、
一、廿三日、悲母十七年、如形佛事沙汰之、法花同音、出家衆八人、羅漢供有之、社中、大神主殿・若神主殿・正眞院殿(經長)・治部殿(中東時昌)・采女殿(千鳥祐榮)・今西殿(祐定)、此邊女房衆各御出也、奥殿(家綱)へハ膳・鈴送之、
一、廿四日、地藏講、御經取寄一把書寫之、
一、廿八日、正眞院殿母十三年、佛事、法花同音、十一人、御齋ニ參了、

七月小

一、一日、旬如例、大雨故不參了、廿九、晦、朔、晝夜雨也、

節供祝儀

一、嘉例節供祝儀沙汰之、大神主殿(中東時廣・時昌)父子・若神主殿(千鳥祐紀・祐榮)父子・正眞院殿(經長・經忠)父子・今西殿(祐定)、此邊女房衆各御來儀也、奥殿(家綱)へハ膳・鈴送之、

桑柄團

一、二日、御神供北郷一藹野田二郎左衛門利尚へ遣之、每年自作桑柄團預懇志、當年も自身持參、當年者左馬助(辰市祐長)へモ桑柄一本持參也、舊孝(好)之神人ハ曾以何モ心付無之、奇特之心中也、

渡屋にて每月祈禱祓

一、三日、於渡屋每月祈禱秡有之、頭役時廣(中東)、雨故不參了、

*曉天索餅

節供西殿庄代神戸大庄小庄

一、七日、御節供、日次朝夕・四種(大和國宇陀郡)西殿庄節供代、・神戸六本立、名主時廣、・大庄七本立(主脱)名祐長(辰市)、小庄八本立名主同、一ノ御殿迄也、

見參社司

一、社司、時廣・祐範(東地井)・時家(中)・延豐(上)・師治(西)・延通(大東)・祐爲(新)・祐長・祐榮(千鳥)・延倫(富田)・祐定(今西)・延種(大東)、祐紀(千鳥)、中臣氏人無之、

大中臣氏人、經長(正眞院)・師勝(西)・時昌(中東)・時房(中東)、

*論講屋にて喜多院空慶御振舞

一、一ノ御殿日並朝夕樂所へ下行也、

一、本社氏人三人神役事闕了、殊大ノ御供度〻也、一兩人隨意ニテ無參懃也、此中三旬ニモ每度如此也、於此分者神前新儀出來、笑止千萬也、社中評定分者無承引、公儀・御寺家(大乘院信尊)ヘモ申上テ可有糺明歟ナト及評定也、限沙汰之所存、隨意至極也、今日神戸役者師勝一身シテ四社被懃仕之、奇特也、

一、曉天索餅役、兩物官代祐長(中東時廣・東地井祐範)衣冠、正預代(東地井祐範)、・時昌氏人、神主代(中東時廣)、支配、一二ノ御殿兩物官・三祐長・四時昌、若宮ヘハ當番渡也、

一、御神供已後、夕飯ニ職人禰宜衆來了、

一、八日、嘉例大神主殿(中東時廣)日中飯、惣社參會、雨故不參了、膳送給、祝儀也、神役ニモ不參了、

一、九日、於論講屋喜多院樣(空慶)御振舞有之、此中御參籠也、社中、大神主殿・權神主殿(中時家)・若神主殿(千鳥祐紀)・大東殿(延通)・正眞院殿(經長)・治部少輔殿(中東時昌)・左馬助殿・采女殿(千鳥祐榮)・富田殿(延倫)・藤賀殿(正眞院經忠)・予、他衆無之、

仁王經最勝王經御講釋良遍肖像

日中以後大御酒也、寺僧衆其外數多御見廻衆有之、老足故早〻退出、飯後仁王經・最勝王經所〻御講尺聽聞、殊勝〻〻、信願上人良遍御肖像拜見、一段道心者ニテ御遁世ト也、

一、八日、九日、十日、雨後路次惡故神役不參、代官祐長令參懃了、參籠も同前、

生見玉

一、十日、大神主殿生見玉祝義有之、八時分夕飯、後段麵種〻、酒宴也、

旬御供等備進

一、十一日、天晴、旬・日並朝夕三度、音樂奏之、白杖德仲・御幣基慶・散米守理、

見參社司

一、社司、時廣・祐範・時家・延豐・延通・祐爲・祐長・祐榮・延倫・延種、祐紀、不參、師治・祐定、中臣氏人無之、大中臣氏人、時久（中西）・經長・時昌・家綱（奧）・經忠（正眞院）・時房、

一、旬菓子梨子上・桃次、今一種ノ代赤小豆切餅、

一、鹽引代鮑（×鯣）、干鮭代鯣、燒物鮎鮓十一備進之、

一、若根備進之、豆腐代白瓜、

一、評定云、鮎鮓一段少分之物躰備進不謂、初物之時分ハ尤之義也、今時分大ナル鮎流布也、小キヲ求出シ如此沙汰、以外曲事也、然共先此度用捨也、重而於同前者可被處科怠之由下知也、殊更二ノ御殿別而麁品也、樂所下行故ノ覺悟也、何モ御神供ニ可有差別事無之、每度如此之所行神慮難側（測）、以來結構ニ可致調進旨被加下知了、

一、當家嘉例生見玉沙汰、夕飯八時分、後段餅也、大神主殿・若神主殿・正眞院殿・采女殿・治部少輔殿・今西殿・石藤殿治部殿子息（中東時房）・藤賀殿正眞院殿・左馬助・予、若神主殿・正眞院殿・今西殿女房衆各申入了、奧殿へハ膳・鈴送之、若神主殿・正眞院殿中惡故也、

一、十二日、正眞院殿嘉例之生見玉祝義有之、濟〻振舞也、

一、十四日、例年振舞大神主殿申入了、夕飯有之、

禰宜金尉被召具了、

節供乙木庄
*見參社司

一、十五日、御節供、日並朝夕・乙木庄六本立（大和國山邊郡）節供本式、名主正預、無音樂也、
社司、時廣・祐範・時家・延豐・師治・延通・祐爲・祐長・祐榮・延種、祐紀、不參、延倫遠忌・祐定煩、中臣氏人無之、

見參社司

大中臣氏人、時久・經長・師勝・時昌、
一、心太ノ代コンニヤク備進之、
一、權神主時家評定云、節供牛房以外細ク小キヲ備進、一段曲事也、今時分見事之牛房萬多流布也、陵爾之調進不謂也、每度如此也、乍去此度者被加遠慮、來年儀能〻可致覺悟、於同前者別而可被處科怠由下知了

*夢想連歌興行
*武士女房衆訛
*社頭より鏡を下さるる夢

一、御神供以後、晩炊如例年大神主殿振舞也、祐長同道了、金尉罷出了、調味一段不出來也、料理者無之故也、

旬御供等備進

一、廿一日、旬・日並朝夕三度、音樂奏之、

一、白杖德仲二・御幣基慶三・散米守理四、
一、社司、時廣・祐範・時家・延豐・師治・延通・祐爲・祐長・祐榮・延倫・祐定・延種、祐紀、中臣氏人無之、
一、大中臣氏人、時久・經長・師勝・時昌・家綱・經忠、
一、旬菓子梨子上・桃次、今一種ノ代赤小豆切餅、
一、鹽引代鮑、干鮭代鯣、燒物鮎鮓十一、大也、
一、豆腐代白瓜、若根備進之、
一、御神供以後、於椿屋連歌有之、直ニ出座了、從武士女房衆訛也、大東殿馳走也、夢ニ從社頭鏡ヲ被下、其故假莊沙汰ト夢見之間、鏡發句ト所望也、

八重榊かけし鏡や秋の月　祐範

連衆社家計ト／ノ義也、祐範・時廣・祐紀・延通・經長・時昌・祐長・祐榮・祐定・延種、延倫執筆也、從日中飯終日馳走也、晩炊魚物也、

懐紙清書
*見參社司
東九條大柳生中城大江八朔の禮
*朝夕菓子旬油物輕物曲事
旬御供等備進
*船戸屋にて每月祈禱祓

酉上刻ニ成就了、懐紙清書祐長・祐榮、五十韻
ツ、書之、施主へ被送遣之、
一、廿二日、正桂父子同道シテ被尋了、陶風呂・サ
ケ食籠新調トテ、酒飯其外肴濟〻、終日被慰了、
懇意也、難忘次第、
一、廿三日、一昨日爲禮〇大東殿御尋也、興行施主ヨリ爲
音信銀子卅五文日（目）、發句禮也、連衆へ同五十目
到來、平均ニ支配也、
一、廿五日、八朔、爲禮東九条（大和國添上郡）庄屋麪五把・芋一結
持參了、
同大柳生（大和國添上郡）庄屋善右衛門麪十把持參了、
中城又三郎（魳）カマス一連持參了、
大江（大和國添上郡）庄屋カマス一連持參了、何モ酒給之、

八月小

一、一日、天晴、旬・日並朝夕三度、音樂奏之、
一、白杖春格（一）・御幣春在（二）・散米春祇（三）、

一、社司、（中東）時廣・（東地井）祐範・（中）時家・（上）延豊・（西）師治・（大東）延通・
（新）祐爲・（辰市）祐長・（千鳥）祐榮・（富田）延倫・（今西）祐定・（大東）延種、（千鳥）祐紀、
中臣氏人無之、
大中臣氏人、（中西）時久・（正眞院）經長・（西）師勝・（中東）時昌・（奥）家綱・
（正眞院）經忠・（中東）時房、
一、旬菓子柿（上）・梨子（次）、今一種代赤小豆切餅備進之、
一、鹽引代鮑、干鮭代鯣、焼物鮎鮓九備進之、
一、豆腐・若根備進之、
一、時家評定云、近盤朝夕共ニ菓子代ヲ以テ備進、
不謂次第也、今時分菓物萬多流布也、自然事闕
時分者不及力、當季柿・梨見事也、雖致備進、
一段少分之物躰備進曲事也、以來於同前者可被
處罪科旨下知了、幷旬油物何モ以外聊爾也、輕
物調進之躰、是又麁品ニ調進曲事也、以來能〻
可致覺悟通被申付者也、
一、三日、於船戸屋每月祈禱有之、頭役當職沙汰之、
酒肴用意之、

*五師申分非義

*鬮にて窪轉經院罪科

旬御供等備進

*中東時昌次男痢病

見參社司

*笠坊療治

*勝南院脈

高山八講につき五師衆と堂衆申事

一、六日、當番役依雨不參了、代官祐長、渡屋ニ參籠了、

一、七日、雨晴了、神役參懃、祐長遠忌不參也、祐榮雇申、若宮へ渡リ、正預(東地井祐範)代也、

一、祐父(東地井)御忌日、學順房齋ニ來臨也、

一、八日、九、十日、神役參懃了、

一、十一日、天晴、旬・日並朝夕三度、音樂奏之、

一、白杖春格・御幣春在・散米春祇、

一、社司、時廣・祐範・時家・師治・延通・祐爲・祐長・祐榮・延倫・延種、祐紀、不參、延豐、中臣氏人無之、

大中臣氏人、時久・經長・師勝・家綱・經忠、

一、旬菓子柿・梨子・柘榴、

一、鹽引代鮑、干鮭代鰑、燒物鮎鮓十一備進之、

一、豆腐・蒟蒻備進、若根備進了、

一、今度五師衆ト堂衆ト申事有之、去年以來儀也、高山八講ニ付而、堂衆重〻被申分不相濟、去六日大門様(大乘院信尊)御寺家、・喜多院様(空慶)御前ニテ及對決、一〻五師衆被申分非義故、則對決無其詮而、既五師一人鬮ニテ及罪科畢、窪轉經院(延宗房)鬮ᴖ取當被罪科ト云〻、五師衆上洛ニテ訴詔有之由也、寺門之式笑止成下、何事歟、又可出來モ不知事也、諸事昔ニ相替躰故、種〻非分之事有之、爲寺社不可然、別而令驚歎者也、

一、十三日、彼岸、中日、講演延引、子細者、時昌次男三才、去從六日痢病、以外煩故也、既ニ大事ニ極了、療治笠坊十日晩迄沙汰之、不及叮簡由ニテ辭退、松南院(勝)殿脈ニ來臨也、乍去療治之事一向無同心也、散藥一包被相出、此藥ニテ口ノ渇幷身モタヘナト少も能成候ハヽ、又可申談通也、其藥奇特ニ相當、惣躰可然由也、又見廻ニテ兎角藥之事不成由達而斟酌也、煎藥只一包被相出、少モ無驗氣、今日トくト時刻ヲ被待躰也、

彼岸講
東大寺八幡神主療治
*京都始末不審
正順房連歌興行
中東時昌子息死去
*旬御供等備進
*見參社司
寮神馬役者京紺屋寺門下行不足を京都へ申上ぐ

一、十七日、彼岸、終日彼岸講於時廣宅有之、雨下故不能出仕也、
一、時昌子息于今存分也、當分八幡神主殿療治也、是モ藥奇特相當也、然共立歸リ煩敷事共也、
一、廿一日、雨下故、旬參不參了、神前式不記之、
一、廿三日、悲母御忌日、學順房齋ニ來臨也、
一、廿四日、正順房一折興行、無人也、永俊・正桂・祐長迄也、宗治(竹田)俄ニ不參也、娘產後煩故也、
一、廿五日、日中以後、時昌子息死去也、此比迄存命不思儀也、赤痢早ク留タル故、何共不及叮簡次第也、哀也〱、
祖父時廣一日、二親二日、兄弟三日ノ穢也、
一、寮神馬役者京紺屋寺門下行不足之条、京都へ申上ノ處、禁中方馳走人有之、南曹(竹屋光長)ニモ無御疏略、然者社中折紙ヲ可持來由被仰之条、兩物官(中東時廣・東地井祐範)書狀ヲト昨日昨(行)日度〻申來了、予云、此段最前寺門へモ左近殿(中坊秀政)へモ從社中度〻申談、同心ニテ、從寺門一石五斗可有下行ニ治定也、然ヲ今又京都へ可申入事、社中申分前後相違也、只今無左右折紙可相出事無分別、但社中惣様相調候者其上にて可申請由申返了、卒爾ノ申事也、京都事モ始末不審也、此段モ寺門之儀表裏ニテ、二季ニ三石ノ約束ヲ、一石渡テ相殘、于今不相渡故也、

九月大

一、一日、旬・日並朝夕三度、音樂奏之、
一、白杖利尚(一〻)・御幣德仲(二〻)・散米基慶(三)、
一、社司、時廣(中東)・祐範(東地井)・時家(中)・延豐(上)・師治(西)・延通(大東)・祐爲(新)・祐長(辰市)・祐榮(千鳥)・延倫(富田)・祐定(今西)・延種(大東)、祐紀(千鳥)、
中臣氏人無之、
大中臣氏人、時久(中西)・經長(正眞院)・師勝(西)・時昌(中東)・家綱(奥)・經忠(正眞院)、
一、旬菓子柿・梨子・柘榴、
一、鹽引代鮑、干鮭代鰑、焼物鮎鮓十一備進之、

樂所旬抑留を申す

*橫見使衆御越

神人專當野田の畠を買得公事役免除とて氷室社御供米を出さず

大乘院信尊御拘

*節供神戸三橋庄西殿庄

*見參社司

氷室祭につき樂所幕を貸す

*西殿庄御供立板中事

一、豆腐・蓮根備進之、
一、當旬參抑留之由、昨夕從樂所申來了、子細、野田ニ有之畠ヲ、神人・專當等買取、其下地ヨリ氷室御供米所出有之、然ヲ專當・神人等公事役不致沙汰トテ不出之、從樂所此中有來事不謂通問答、無相究故ト也、則御寺務(大乘院信尊)へ兩惣官(中東時廣・東地井祐範)代參申、其子細申上處、則可被成紀明由御返事也、先以當分御寺家樣(大乘院信尊)御拘ニテ、未剋ニ備進之、供目代・下﨟分ヘハ兩職事〆申屆了、先以無爲珍重也、
一、船戸屋ヘ寺侍二人使トメ、今日之義馳走共祝着由、從樂所一禮有之、
一、神前幕氷室祭ニ借用有度由也、則宿直人ニ可相渡由被申付了、
一、時家評定云、朝夕菓子ニ柿・梨子以下種類相違之物盛交テ備進曲事之由、度〻及評定、此比以外恣之調進不謂也、以來他ノ物躰盛交テ備進不可叶通下知也、
一、六日、雨故不參、代官ニ祐長參勤、參籠沙汰之、
一、從寺門承仕使ニテ被命云、將軍樣(德川秀忠)ヨリノ橫見使衆明日此地ヘ御越也、然者社頭掃除以下能〻可申付由也、神人中ヘモ可令下知通被申条、三方神人ヘ以職事申付了、
一、七日、祐父(東地井)御忌日、學順房齋ニ來臨了、
一、七日、八日、雨故路次惡之条、不參了、
一、九日、御節供、日並朝夕・神戸六本立名主神主(中東時廣)、熟調之、三橋(大和國添上郡)六本立名主兩惣官、上役神人北鄕方、・西殿庄(大和國宇陀郡)六本立名主當年正預(東地井祐範)、音樂奏之、
一、社司、時廣・祐範・時家・延豐・師治・延通・祐爲・祐長・祐榮・延倫・祐定・延種、祐紀、中臣氏人無之、大中臣氏人、時久・經長・師勝・時昌・師信(向井)・家綱(奧)・時仍、
一、二ノ御殿日並朝夕樂所ヘ下行也、
一、支配、神戸二二・三橋三四・西殿庄五六、
一、西殿庄立板之事、雜仕ト申事有之、去正月者兩

*妙徳院祓
*白壁
雜仕古物の立板通り調進
*船戸屋にて恆例祈禱祓
*土佐局御出
*初瀬御參詣
下行枡少分
*闘高清連歌興行
大宮神主嘉例日中飯
旬御供等備進
*神人補任
*旬御供等備進

惣官先以拘ニテ無爲也、今度之儀何共難調条、加増ヲ被下歟、不然者雜仕家ニ有之古物立板ノ如ク被仰付候者可致調進、此立板古物本様當雜仕不致用意、従先代相傳申候、非私曲通誓紙ニテ可申上由達而申分候条、誓紙ニテ相濟了、雜仕相傳之古物立板之通被申付者也、此立板之本様、御供所板ニ切付テ有之ト云〻、従何時如此成下歟不分明、西殿庄下行ノ桝少分ニテ難調故ト也、

一、十日、(従暁天大雨也、)嘉例大神主殿(中東時廣)日中飯有之、惣社參會也、依雨下、予不出仕也、

一、十一日、(天晴、)旬・日並朝夕三度、音樂奏之、

一、白杖利尚・御幣徳仲・散米基慶、

一、社司氏人去九日同前、

一、旬菓子柿・梨子・柘榴、

一、鹽引代鮑、干鮭代鯣、燒物鮎鮓十一備進之、

一、従若宮旬被相出了、以常住樓門へ披露之、

一、御神供以前、妙徳院(堯恩房)祓ニ祐長勤仕之、

一、従神殿守爲音信白壁十丁到來了、不謂機遣也、

一、十六日、恆例祈禱秡於船戸屋有之、頭役三師治・四延通、中飯有之、酒以下念入馳走也、

一、十六日、土佐御局御出也、則左馬助(辰市祐長)局ニ御一宿、十七日早〻初瀬へ(大和國式上郡)參詣、治部殿(中東時昌)・左馬助御供申者也、二所宮様(足宮・清宮)何モ御勇健也、

一、廿三日、悲母御忌日、學順房齋ニ來臨也、

一、廿五日、嘉例闘才次(高清)連哥有之、人數如例、

一、廿七日、土佐様明日歸洛トテ御出也、晩炊申付了、

一、廿八日、長三郎補任遣之、任料艮(銀)子十五文目上之、細少ナカラ權神主殿(中時家)シテ侘事候条、免之、

十月小

一、一日、(天晴、)旬・日並朝夕三度、音樂奏之、

一、白杖春在・御幣春祇・散米春玉、

一、社司廿一日同前、中臣氏人無之、
一、大中臣氏人、時久(中西)・經長(正眞院)・師勝(西)・時昌(中東)・家綱(奥)・
師信(向井)、

*旬御供等備進

一、旬菓子柿・梨子上・柘榴、
一、鹽引代鮑、干鮭代鰑、燒物鹽鯛一、從今日鯛備進恆例也、近年之義也、

神前圓座新調

一、神前圓座新調如例、座役也、
一、更衣沙汰之、
一、旬御供幷諸白樽一荷神殿守衆へ遣之、先日音信
之返禮也、北郷守理・南郷春經二人船戸屋へ禮ニ來了、

渡屋にて每月祈禱祓

一、三日、於渡屋每月祈禱有之、頭役時廣(中東)、餅・酒
肴有之、

*中東時昌月次連歌

一、四日、大神主殿(中東時廣)振舞、八時分、他人無之、酒肴
珍重〻〻、

*旬御供等備進

一、六日、當番參懃、參籠者祐長(辰市)懃仕之、
一、七日、祐父(東地井)御忌日、學順房齋ニ來臨也、
一、九日、雜仕彌左衛門振舞、從日中終日種〻馳走
也、茶一段殊勝也、大神主殿・西殿(師治)・大東殿(延通)・
左馬助(辰市祐長)・予迄也、久左衛門(守理)・三郎右衛門相伴ニ
罷出了、山中紅葉下ニテ送酒、各沈醉也、
一、十一日、旬・日並朝夕三度、音樂奏之、
一、白杖春格一〻・御幣春在二〻・散米春祇三〻、
一、社司去朔日同前、中臣氏人無之、
一、大中臣氏人、經長・師勝・時昌・家綱・師信、
一、旬菓子柿・柘榴、一今(マヽ)一種代赤小豆切餅、
一、鹽引・干鮭備進、燒物鹽鯛一備進之、
一、送物酒、如例社司一升・氏人五合送之、
一、十二日、時昌ニテ月次連歌、出座了、
一、十九日、宗專月經讀誦了、於鶴女(東地井祐範室)追善、明日ヲ
引上了、
一、廿日、祐勝房齋ニ來臨也、惣一殿(東地井祐範室)忌日、
一、廿一日、旬・日並朝夕三度、音樂奏之、
一、白杖春格一〻・御幣春在二〻・散米春祇三〻、
一、社司去旬同前、中臣氏人無之、

一、大中臣氏人、時久・經長・師勝・師信、
一、旬菓子柿・柘榴、今一種代赤小豆切餅、
一、鹽引・干鮭備進、燒物鹽鯛一備進之、
一、廿三日、悲母御忌日、學順房齋ニ來臨也、
一、廿四日、地藏講出仕、御經二卷書寫之、
一、廿五日、宗利興行、業平（在原）圖像ノ開也、依所望發句沙汰之、

　めて來ての月や有明の朝時雨

從粥終日馳走共也、

一、（マヽ）　十一月大

一、一日、旬・日並朝夕三度、音樂奏之、
一、白杖利尚・御幣德仲・散米基慶、
一、社司同前、中臣氏人無之、
一、大中臣氏人、時久（中西）・經長（正眞院）・師勝（西）・時昌（中東）・家綱（奥）・師信（向井）・時仍（奥）、
一、旬菓子柿・柘榴、今一種代赤小豆切餅、

*船戸屋にて每月祈禱祓
地藏講
業平圖像開連歌興行
*春日祭精進入
*春日祭
旬御供等備進
*深野木殿御供備進
*上卿中御門宣衡
*八十賀沙汰町衆へ振舞の連歌興行

一、鹽引・干鮭備進之、燒物鹽鯛一、
一、燒物以外少分之物躰曲事之由及評定、幷輕物之盛樣聊爾也、以來於同前者可有罪科由下知也、
一、三日、於船戸屋每月祈禱秡有之、頭役當職、酒肴有之、
一、六日、當番參懃、參籠者祐長（辰市）沙汰之、
一、七日、春日祭精進入故、學順房無來臨、齋料送之、
　八日、九日、十日、神役ニ參社了、
一、天晴、十一日、旬參不參了、春日祭執行、及夜陰、老足難堪故不參、神前式不記之、
一、祭方御供深野（大和國山邊郡）・木殿（大和國高市郡）備進之、
一、上卿中御門中納言殿（宣衡）、
一、諸式如例無相違也、前後天氣快然〻〻、
一、十五日、連歌興行、八十賀去四月ニ沙汰之町衆へ振舞也、從各三種・樽二荷送之、懇意也、天氣能テ、會席珍重〻〻、終日酒興、滿足也、

旬御供等備進

見參社司

*頭屋檜皮屋

*田樂遲參

*若宮分御幣付紙闕如

田樂にて酒

*若宮祭禮渡物諸事雨儀

神前燈籠鉤替を糺明

*還御

*若宮神主御神供の糝以下嘉例の振舞

一、十九日、宗專房讀經、毎事惣一殿(東地井祐範室)追善也、
一、廿日、惣一殿正忌日、祐勝房・奥坊(新薬師寺)齋ニ來臨也、
一、廿一日、旬・日並朝夕三度、音樂奏之、
一、白杖利尙一〻・御幣德仲二・散米基慶、
一、社司、時廣(中東)・祐範(東地井)・時家(中)・延通(大東)・祐爲(新)・祐長・祐榮(千鳥)・延倫(富田)・祐定(今西)・延種(大東)、祐紀(千鳥)、不參、延豐(上)・師治(西)、中臣氏人不參、大中臣氏人、經長・師勝・時昌・家綱・師信・時仍・經忠(正眞院)、
一、旬菓子山芋・柿・柘榴、
一、鹽引・干鮭備進、燒物鹽鯛一備進之、
一、御神供已後、大東殿(延通)振舞、旬御供肴ニテ酒種〻、中段、田樂ニテ酒有之、晩炊麥飯、終日馳走、慰無是非也、
一、廿三日、悲母御忌日、學順房齋ニ來臨也、
一、廿四日、神主殿(中東時廣)來臨云、神前灯呂爲私鉤替候由曲事之由承候条、則以兩職事(大宮守通代・梅木春房)兩常住ヲ糺明了、神前之儀常住可致存知、一圓不及注進、剰古物之灯呂隱置事、太以私曲也、急度致糺明可致注進申付處ニ、常住一圓不致存知、急度糺明仕候而可申上通返事也、
一、廿五日、酉下剋ヨリ雨下、無程止了、頭屋仕合也、
一、廿六日、天氣快然、頭屋檜皮屋也、仕合珍重〻〻、田樂社頭へ遲參、子細者、御幣ニ付紙一帖副之、大宮ハ先規通無相違、於若宮闕如之間糺明之處、田樂者前後子細不能存知、從頭屋御下行ヲ致持參候、度〻雖申理候無御同心故、如此也ト云〻、則奉幣被押置處、從田樂度〻頭屋へ致注進故紙到來、奉幣如先規無相違也、時剋戌刻ニ至リ遲〻也、
一、廿七日、朝ヨリ日中迄天氣無異儀、中上剋ヨリ大雨降了、渡物諸事雨儀例ニテ被執行之、戌剋ヨリ雨晴了、還御無爲、珍重〻〻、
一、廿八日、如嘉例、於若宮神主殿(千鳥祐紀)御神供之糝・酒

*常住神前出入を存ぜざるは曲事

*馬場殿金銀御幣支配

燈籠鉤替を常住糺明

燈籠主二右衛門喜右衛門

*古物燈籠持參

*旬御供等備進

*見參社司

振舞也、此次ニ中坊左近（秀政）殿御内儀ヨリ去廿六日送給酒肴賞翫之、赤飯・豆腐・蒟蒻・貝《アワヒ》・大樽《タル》下ノ社中へ被相送之、殘而〔當〕賞所衆賞翫之、御酒一段吉也、肴種々、各遊興無是非也、御懇之義也、去廿六日ニハ火氣如何トテ、今日迄延引也、

一、兩常住來テ云、最前御糺明之灯呂之事、早々可申上處、祭禮ニ取紛致遲々候、更非慮外候、灯呂ノ主ハ二右衛門・喜右衛門ニテ御座候、則兩人參テ御理可申通也、如此之事常住不存知義也、無案内ノ代官ニテ無屆ニ候、以來者座中へ被仰付御糺明尤之由言上了、返事云、中處一向無分別、神前之儀者大小之儀常住遂糺明者也、猶於不審事者、兩惣官（中東時廣・東地井祐範）へ致注進事先規也、然ニ萬事常住不存之由申候處、覺悟外也、以來不致混亂義、慥ニ言上可申、於其上社中ニモ可加分別通申處ニ、返事云、只今之義不取入義ニ候、向後者能々可致糺明、此度之事可被成御遠慮由申テ罷歸了、常住存分太以曲事緩怠事也、神前之義、大小之出入常住不致存知者、卽躰モ不可然義也、偏ニ隨意恣之次第也、

一、馬場殿金銀御幣支配、金幣二本兩惣官給之、銀幣二本若宮神主一本・權神主時家一本給之、相殘次第ニ七臈迄給之、八九十者白木ノ御幣一本宛給之、

一、廿九日、古物灯呂南鄕二右衛門持參之、鏁モ相副、鎰無之、如何、今一ツハ大神主（中東時廣）殿へ送之ト云々、

十二月大

一、一日、旬・日並朝夕三度、音樂奏之、

一、白杖春格《一ゝ》・御幣春在《二ゝ》・散米春祇《三ゝ》、

一、社司、時廣（中東）・祐範（東地井）・時家（中）・延豐（上）・師治（西）・延通（大東）・祐爲（新）・祐長（辰市）・祐榮（千鳥）・延倫（富田）・祐定（今西）・延種（大東）、祐紀（千鳥）、中臣氏人無之、

*藏納所内にて當奉行振舞

大中臣氏人、時久(中西)・經長(正眞院)・師勝(西)・時昌(中東)・家綱(奥)・師信(向井)・經忠(正眞院)、

一、旬菓子上山芋・次串柿・次柘榴、

一、鹽引・干鮭備進之、燒物鹽鯛一備進之、

*一乘院尊覺御代官參社

一、御神供ニテ振舞、大神主殿父子(中東時廣・時昌)・大東殿父子(延通・延種)・若神主殿父子(千鳥祐紀・祐榮)・正眞院殿父子(經長・經忠)・今西殿(祐定)・左馬助(辰市祐長)、御神供肴ニテ終日酒興也、及晩雨少下了、

船戸屋にて毎月祈禱祓

一、三日、於船戸屋毎月祈禱在之、頭役祐紀、酒肴濟ゝ也、

一、六日、當番不參了、代官祐長、參籠同前、

一、七日、神役參懃、

祐父(東地井)御忌日、學順房齋ニ來臨也、

*旬御供等備進

地藏講

一、八日、參社、地藏講、御經二把書寫之、酒有之、肴濟ゝ也、亭主念入了、

一、九日、十日、不參了、

公用方納所等算勘

一、九日、當所奉行公用方納所幷諸事遣方等也、奉行權神主殿時家三ケ年以來無沙汰也、算勘狀共

被相出了、大方無相違由也、當奉行經長・師信也、豆腐・餅・鈴被持了、藏ノ納所内ニテ用意之、調味シテ各ゝへ申入者也、

一、七日、八日、九日、一門樣(一乘院尊覺)維摩會御竪義、後夜入道(堂)、爲御代官檜皮屋參社、祝詞師爲當番役祐長代官ニ懃仕之、御幣紙一夜分二帖合六帖杉原送給之、結構ノ料紙也、

一、維摩會來十六日ヨリ有之、講師成身院沙汰之、

一、九日、從曉天雨下、十日、酉剋晴也、此中數日不雨降、萬人難義、井水モ事盡式也、先以珍重ゝゝ、

天晴、
一、十一日、旬・日並朝夕三度、音樂奏之、

一、白杖春格一ゝ・御幣春在二ゝ・散米春祇三、

一、社司見參去朔日同前、中臣氏人無之、

大中臣氏人、經長・家綱・師信・時仍(奥)、

一、旬菓子山芋・串柿・柘榴、

一、鹽引・干鮭、燒物鹽鯛一備進之、

一、御神供以後、大神主殿(中東時廣)振舞有之、御神供肴ニテ終日慰共也、若神主殿父子・大東殿父子・正眞(經長)院殿・左馬助・予迄也、

一、窪轉經院(延宗房)于今罪科免除之事、種々調法、久在京ニテ、女院様(近衞前子)・近衞様(信尋)雖爲御馳走、不事躰也、此比従板倉殿(勝重)中坊左近殿(秀政)迄申來、使者モ被差越了、然共御寺家大門様(大乘院信尊)・喜多院様(空慶)・寺門惣様實(異)ゝ儀有テ不調、笑止也、權門過テ如此成下了、

一、十二日、連歌興行、是者、去夏比善春八十賀ノ式トテ、一會興行有之、其返禮也、連衆十人計也、

一、十三日、如例年煤拂沙汰之、

一、十五日、大炊煤拂、朝御供一膳、酒直四十八文下行、此外無之、夕御供者此方へ取之、

一、十六日、維摩會執行、講師成身院也、

一、十八日、一門様御竪義御遂業、精義東大寺清涼院成身院兄弟也、御竪義殊勝無是非由也、御年十五歳也、古今肴(希)有ト云々、御竪義ヨリ直ニ御悦參御社參、御奉幣有之、祝詞師時昌也、

一、今日、曉天ヨリ雪降了、

一、從樂所折紙到來、來廿一日旬音樂抑留ト云々、子細者、三管人躰依懇望、去々年歟加扶持有之、其例ヲ以テ、餘人モ同前ニ下行可有拜領由歎申、然共新儀之訴詔曲事トテ、寺門一圓無許容故也、新儀之申事不謂也、乍去從社中念入、大門様・喜多院様へモ申屆者也、寺門へ職事神人ヲ以テ別會・供目代へ申遣了、

一、廿日、曉天、大門様御參社、今度探題御懃仕ノ御悦參也、御奉幣祝師○祐長懃仕之、

一、例年之先祖爲追善、法花同音、出家八人、羅漢供有之、大神主殿父子・若神主殿父子・正眞院殿父子・今西殿・左馬助・予等也、奥殿(家綱)へハ膳幷鈴送之、從早朝少雨少下、日中以後ヨリ大雨、及夜陰了、

*御悦參
窪轉經院罪科の免除調はず
*樂所扶持加增を訴ふ
八十賀返禮の連歌興行
*大乘院信尊御參社
*探題御勤仕
煤拂
大炊煤拂
維摩會講師成身院
一乘院尊覺維摩會御竪義
精義東大寺清涼院

樂所神供を抑留し備進なし
*謠高安重政
年頭下行
*妙德院へ歳暮
*東九條大江庄屋歳暮
大倉宣安連歌興行
*樂所重縁薄縁疊を差す
椿井の住宅に名井あり
*節分大豆下行
小壺高麗茶碗
*雜仕歳末
囃五番
*船戸屋一獻

一、廿一日、天晴、神供樂所抑留故、于今無備進也、則兩惣官代(中東時廣・東地井祐範)大門樣幷喜多院樣へ早〻御無事可然通、以參上申上了、
一、雜仕方出納以下下行物渡之、祝儀トテ出納鈴一雙持參之、則酒給之、
一、雨後路次難治故不參了、神前之式不記之、
一、年頭下行、出納方雜仕・膳部・作手以下諸下行近年ノ通相濟了、
一、廿三日、悲母御忌日、學順房齋ニ來也、覺情上人正忌日、良勳房齋ニ申入了、
一、昨日、大藏(大倉宣安)長右衞門連歌興行、
發句　汲ならす岩井や水のあさ氷
住宅椿井也、名井有之、弘法(空海)ノ御作ト云〻、井ノナリ四方也、
從早天終日濟〻馳走也、朝飯後、數寄屋茶有之、小壺・高麗茶碗、何モ見事也、一休(宗純)墨跡モアリ、連歌以後囃《ハヤシ》有之、五番、萬多弟子衆奇特共也、主モ一番沙汰之、天下名人ナレハ兎角不及申也、謠高安大郎左衞門(重政)、老人ヲ可慰ノ馳走、不淺懇意也、年忘ノ至極也、
一、爲禮長右衞門父子(大倉宣安・宣吉)來臨、黑木綿一端・樽一荷被持了、其外白鳥肉迄一鉢・同クロ鹽・羊美〔羹〕以下持參、種〻念入タル志也、
一、嘉例正月ノ餅用意、廿四日早朝迄也、
一、廿四日、妙德院(堯恩房)へ歳暮祝儀トテ山芋二把送之、
一、東九条(大和國添上郡)庄屋・大江(大和國添上郡)庄屋歳暮トテ大根到來了、
一、廿五日、從曉天大雪也、
一、源太郎疊サス、樂所重縁一帖・白縁薄縁二帖、如例年也、サシ賃八十文代米十合壹斗六升下行也、
一、廿六日、節分、從大炊大豆請ニ來了、八合舛壹舛下行、此外下行無之、
一、同日、雜仕歳末、圓鏡二面・兩瓶上之、嘉例也、
一、節分、船戸屋一獻、如嘉例用意、芋スイ物・大

豆・酒等也、參籠衆一人モ無之、正眞院殿・祐長計也、往年者先一獻ニハ各參社也、隨意ニ成下也、不及安〔案〕內也、

神前替物

一、廿七(×八)日、吉日トテ、南鄕常住(梅木春房)神前替物請ニ來了、
一、御灯呂ノ綱紫色一丈三尺五寸三ワリニシテ、若宮殿御分迄沙汰之、中部布四丈五寸、若宮迄也、
一、御灯呂張絹生絹也、四尺五寸・フノリ一帖・杉原十一枚、南鄕常住ニ渡之、取肴ニテ給之、
一、御廊障子爲修覆、日次御幣紙卅枚餘遣之、

職事神人歲末

一、廿八日、職事神人歲末、圓鏡一面、大根五本・一瓶持參之、

鍛冶歲末

一、晦日ニ鍛冶歲末、鐵輪一火箸二煎上之、南鄕常住宿直人ニ持セテ、舟戸屋之(マヽ)付之、
一、同夜、若宮御灯呂綱古物絹布、南鄕常住舟戸屋ヘ持參之、布者御棚拭ニ切取テ、殘リヲ上之、絹者一圓此方ヘ上之、大宮御灯呂綱古物者常住拜領之、

（原表紙）
着到續番也、白散取之、
副番織事神主(中東時廣)方也、

元和八壬戌年記

當今(後水尾天皇)同袍〔胞〕御舍弟
一乘院殿尊覺法親王　御母中和門院(近衛前子)近衛殿龍山(前久)御息女也、

從三位中臣祐範(東地井)（花押）八十一歳

（縱二六・〇糎、橫一九・六糎）

年頭書上

長者殿下九條殿忠｜〔榮〕公　南曹辨竹屋殿(光長)廣橋殿(總光)御息
寺務大乘殿尊信(信尊)鷹司殿御息　權別當松林院殿實性冷泉殿御息
五師
窪轉經院延宗房此比寺勘、罪名也、　明王院尊識房
妙德院堯恩房　三學院顯實房
摩尼珠院賢勝房
兩惣官
神主從三位時廣(中東)　正預從三位祐範(東地井)　若宮神主祐紀(千鳥)

權官
一　權神主時家(中)　二　神宮預延豐(上)
三　新權神主師治(西)　四　次預延通(大東)
五　權預祐爲(新)　六　權預祐長(辰市)
七　權預祐榮(千鳥)　八　加任預延倫(富田)
九　權預祐定(今西)　十　新預延種(大東)

中臣氏人
延高(上)

大中臣氏人
左京亮時久(中西)　宮內少輔時重(中)
⊗大膳亮經長(正眞院)五月廿一日死去、卅七才、　刑部少輔師勝(西)
治部少輔時昌(中東)　民部少輔家綱(奧)
中務少輔師信(向井)　散位時氏(中西)　散位時仍(奧)
散位經忠(正眞院)　冠者時房(中東)　冠者師直(西)
南鄉神殿守
春格　春在　春祇　春玉　春重〔經カ〕　春能(若宮)
北鄉神殿守

＊御强御供
＊御强御供
＊晝御神事
船戸屋一獻
＊節供柑子庄西殿庄
御强御供
＊見參社司
晝御神事
旬御供等備進
節供神戸
＊勸修坊御神供熟調遲る
＊白散

利尙　德仲　基慶　守理　基久　永益
南郷常住春房（梅木）　北郷當（常）住守通（大宮）
若宮常住上番宗名（和上谷）　下番春種（若宮）

元和八年壬戌正月以來御神事記

天下大平、國土安全、寺社繁昌、幸甚〻〻、

正月小

一、元日、早天、船戸屋一獻、從當職沙汰之、例年之祝義也、

一、御强從兩惣官（中東時廣・東地井祐範）備進之、音樂奏之、

一、從曉天大雪也、路次難治故、不參了、

一、晝御神事、大雪故不參了、

一、旬・日並朝夕・四種臨時、・神戸從勸修坊調進、國替以來也、

一、御神供時刻馳過了、其故者從樂所違亂也、去年此義虛說也、樂所非申事、御飯未到來故也、勸修坊熟調遲〻故也、以來及訴詔、新義ノ加扶持可給由也、一向不謂

次第也、剩元日之違亂不及是非曲事也、御神供及晩了、

二日、雪後路次惡故、不參了、

一、御强御供如例、音樂無之、

一、雜仕彌左衞門爲祝義、肴一箱・鈴一雙持參之、則酒進之、

一、三日、御强同前、同前、

一、晝御神事、參勤畢、天氣快然〻〻、

一、日並朝夕・出合柑子庄、・西殿庄（大和國宇陀郡）節供本式、名主神（中東時廣）主也、

一、見參社司、時廣（中東）・祐範（東地井）・時家（中）・延豐（上）・師治（西）・延通（大東）・祐爲（新）・祐長（辰市）・祐榮（千鳥）・延倫（富田）・祐定（今西）・延種（大東）、祐紀（千鳥）、中臣氏人無之、

大中臣氏人、時久（中西）・經長（正眞院）・時昌（中東）・師信（向井）・時仍（奥）・經忠（正眞院）・時房（中東）、

一、白散供之、音樂奏之、

一、三ノ御殿日並朝夕樂所へ下行、圓鏡者留之、正（東

*當番酒
兩門跡權別當喜多院ヘ參賀
船戸屋御魚始
*御神事
*節供大田庄
節供合場庄
*大宮神主嘉例祝儀
*御强御供
延引分新免庄御供
*晝御神事
*節供西山庄出合

預取之、（地井祐範）
天晴、
一、四日、參賀、兩御門跡（一乘院尊覺・大乘院信尊）・權別當（實性）松林院殿・喜多（空慶）
院ヘ各參上了、
一、船戸屋魚始、去朔日旬御神供從當職出之、各賞
翫之、如例新殿（祐爲）ヨリ酒振舞也、予參社、晩炊迄
有之、
一、日次朝夕・合場（大和國山邊郡）節供本式、名主祐定、音樂無之、
一、見參社司三日同前、但祐爲不參、一門樣（一乘院尊覺）・喜多
院樣ニテ大御酒、沈醉故也、
一、大中臣氏人同前、但經忠不參、
天晴、
一、五日、日並朝夕・四種、新免庄（大和國添上郡佐保田）名主延豐、是者去年十一月延引
□（×四）〔分〕也、恆例也、
一、社司同前、
一、大中臣氏人、經長・時昌・師信・時仍、
一、出納圓鏡請ニ來了、八面下行、五面者明日當番
切餅用也、三面者十五日御粥柱也、出納請取テ
膳部ニ渡之、

一、六日、當番酒、於船戸屋有之、惣社來臨也、大
御酒、職人衆數多來了、御供所之下部四人來テ
祝之、一獻式如例、
一、御神事、日並朝夕・大田（大和國式上郡）節供本式備進之、
一、社司見參同前、中臣氏人無之、
大中臣氏人、時久・經長・時昌・家綱（奧）・師信・
時仍、
一、御神供以後、神主殿嘉例祝義於渡屋有之、船戸
屋衆各參也、一獻之式如例、
一、七日、御强御供、兩惣官二ケ度、
一、晝御神事如例、雨故不參也、又遠忌也、
一、日次朝夕・⊂出合・西山（大和國添下郡）、四ケ度、音樂無之、
一、御供以後、白散宿直人ニ持セテ、南鄕常住船戸（梅木春房）
屋ヘ付之、
一、八日、不參了、從昨日雨下、八日大雨、從曉天
降了、
一、北鄕方・若宮神主（千鳥祐紀）方今日退出也、

節供箸尾庄
*梅木春房へ祈禱の禮
妙德院祓
金勝院祓
*庄屋百姓年頭の禮
*大宮神主千壽萬歳
*鏡明神祈念竹ノ谷春照
大乘院信尊御參社
*爆竹を作る
*曉天御粥
御田植
*節供松本庄
正預嘉例祝儀
*見參社司

一、箸尾庄(大和國廣瀨郡)本六種職事神人御供所ニ取置、來十一日鍛冶ニ下行、十一日早〻從彼方社頭へ請ニ來者也、
一、九日、不參、代官經長雇了、
一、妙德院(堯恩房)秡、代官ニ祐長遣之、日中以後、金勝院秡有之、
一、舟戸屋本宮登山無之、一獻如例、酒從當家用意之、
一、天晴、十一日、寒氣故不參、神前式不記之、
一、御神供以前、大門樣(大乘院信尊)御參社、祝詞師祐長懃仕之、
一、御供以後、金勝院秡、祐長沙汰之、例年也、
一、ｃ參籠結願、當家祝義如例、正眞院殿(經長)、各來臨也、
一、御田殖、天氣吉兆故、群集參懃之衆事〻敷ト云〻、
一、十二日、當職嘉例之祝義有之、職人禰宜衆各來入了、社中、若宮神主殿(千鳥祐紀・祐榮)父子・正眞院殿(經長・經忠)父子・今西(祐定)

殿・治部殿(中東時昌)・向井殿(師信)・左馬助(辰市祐長)、餅・酒・スイ物、如例年大酒、主計神人(春經)音曲・笛有之、
一、如例、梅木(春房)ニ祈念申遣、今日御供禮ニ遣之、久米・鈴持參了、
一、十二日、日中ニ庄內庄屋・百姓等禮ニ來了、餅・酒給之、皆〻年玉持參了、
一、十三日、大神主殿(中東時廣)千壽萬歳、如例日中飯惣社參會也、予雨降故不參、膳送給了、御懇意也、
一、鏡明神祈念形(刑)部神人(竹ノ谷春照)沙汰之、仍爲布施今日神供遣者也、則久米・伏兎三ツ到來、珍重〻〻、
一、十四日、曝(爆)竹作之、竹從大柳生(大和國添上郡)上之、
一、曉天御粥之役、兩物代・當番懃仕之、(官脫)
一、十五日、雨晴了、社參申者也、
一、日並朝夕・松本(大和國添上郡)節供本式、三度備進之、音樂無之、
一、社司見參、時廣・祐範・時家・延豐・師治・延通・祐爲・祐長・祐榮・祐定・延種、祐紀、不

*紙縒にて結付
船戸屋にて恆例祓
旬御供等備進
*地藏講
見參社司
*關高清連歌興行
*中坊秀政連歌興行
四御殿御簾帽額落御
*心經會
*幸德井家職相傳なく延引

參、延倫、
大中臣氏人、時久・經長・時昌・家綱・師信、
一、松本節供并朝御供一膳番匠へ下行、社頭へ直ニ請ニ來了、下行神主方同前、
一、十六日、恆例秡於船戸屋有之、頭役祐爲五・祐長六沙汰之、從先夜大雨故、不參了、
一、廿一日、天晴、旬・日並朝夕三度、音樂奏之、
一、白杖三基慶・御幣四守理・散米基久、
見參社司、時廣・祐範・時家・師治・延通・祐爲・延倫・延種、祐紀、不參、延豐遠忌、・祐長上洛、・祐榮同、・祐定同、
大中臣氏人、時久・經長・時昌・師信・時仍・經忠・時房、
一、旬菓子上野老次・山芋次・串柿、
一、鹽引・干鮭、燒物鹽鯛一備進之、
一、新權神主師治云、四ノ御殿御簾ノ冒額一落御ト云〻、則當住（常）召メ可鉤直下知了、予南鄕常住召メ紙ヨリ用意申付了、則御供已後、四足ヲ常住退之、其後延通・祐爲鉤直之了、新權神主評定餘ニ卒忽也、先以各及談合、正預へモ可申理事次第義也、卽時ニ常住ニ下知無分別義也、以來者能〻令見知、無落御以前可致注進、少〻者先以無落御樣ニ、爲常住可奉結付由申付了、
一、廿三日、悲母御忌日、學順房齋ニ來臨也、
一、廿四日、地藏講、御經一把書寫之、豆腐スイ物ニテ御酒如嘉例也、亭子振舞也、
一、廿五日、嘉例之關才次（高清）連歌興行、祈禱也、發句所望也、從粥出座、終日種〻馳走、滿座以後音樂、大御酒也、晩雨也、
一、廿六日、中坊左近殿（秀政）嘉例之連歌、依所望發句沙汰之、從朝飯出座、終日濟〻馳走也、左近殿朝飯後上洛也、七右衞門殿（辻良政）・甚介殿（服部）御代官奔走也、
一、心經會有之、延引子細者、幸德井（友景）指合ト云〻故不成也、然者子（幸德井友種）ニ其式無相傳、俄ニ用意故、今

迄會式延引、成人ノ子ニ今迄無指南事無屆也、以外御寺家大門さま御腹立ニテ堅被仰付ニ依テ、今日相調ト云〻、家職無沙汰以外次第也、

一、廿八日、於時廣月次有之、

丁酉
二月大

天晴、
一、旬・日並朝夕三度、音樂奏之、

一、白杖春格一〻・御幣春在二〻・散番春祇〔米〕三〻、南郷旬始、神殿守各襷褌引之、

一、社司見參、時廣(中東)・祐範(東地井)・時家(中)・延豊(上)・師治(西)・延(新祐爲)通(辰市)・祐長(千鳥)・祐榮(富田)・延倫(今西)・祐定(大東)・延種(千鳥)、祐紀、不參、延通(大東)遠忌、中臣氏人無之、大中臣氏人、時(中西)久・經長(正眞院)・時昌(中東)・師信(向井)・時仍(奥)・經忠(正眞院)、

一、旬菓子野老上・山芋次・串柿次、

一、鹽引・干鮭備進、燒物鹽鯛一備進之、

一、御神供以後、如例年於若宮神主(千鳥祐紀)館一萬卷心經有之、出米壹斗宛也、旬御神供肴ニテ御酒濟〻也、

*船戸屋にて毎月祓

中東時廣月次連歌

*一乘院尊覺にて藝能あり

旬御供等備進

見參社司

*春日講頭役新祐爲

*呪師走三座

*觀世座闕如

*神主正預御供下行

若宮神主一萬卷心經

神人衆數多來了、別座敷ニテ酒給之、

三日、於舟戸屋每月秡有之、頭役一時家・二延豊、取肴ニテ酒有之、

一、同日、於一乘院樣(尊覺)藝能有之、中坊左近殿(秀政)・町衆・猿樂・寺僧混雜也、十三番沙汰之、左近殿三番・金春大夫(重勝)三番・大藏大夫(氏紀)三番・高安(重政)一番・寺僧大藏院一番、其外町衆沙汰之ト云〻、可致見物由、兼而被仰出了、老足故見物不申者也、大宮神主殿(中東時廣)・左馬助(辰市祐長)・采女(千鳥祐榮)ナト計也、中食被仰付了、大門樣(大乘院信尊)モ御成ト云〻、

一、四日、春日講、頭人新殿祐爲、予老足不出了、膳・鈴一雙被送之、濟〻奔走也、

一、五日、咒師走三座、觀世座闕如了、如例年、從兩惣官(中東時廣・東地井祐範)日次御供一殿ツ、・瓶子二ツ、下行之、去年〔正脱〕預方(東地井祐範)二瓶出之、當年者神主方(中東時廣)二瓶可被出之ヲ、出納神人當年正預方可爲二瓶トテ、從神主

*土佐局より葩を給ふ
徳川秀忠観世に薪能勤仕を仰付らる
藤堂家中若衆観世大夫に指南
*南大門能各座二番
*観世大夫下向
*旬御供等備進
當番酒
*舞樂蘇合再興

一瓶被請取了、不審之条、記錄見之處、去年正預ニ瓶出之間、當年者二瓶可爲神主方處ニ、神人無屆故歟、追而可有糺明者也、觀世大夫(重成)モ罷上、薪之神事可致勲仕旨、從將軍(徳川秀忠)被仰付、既伊勢迄罷上ト云〻、藤堂泉殿(高虎)家中若衆、從若年藝能稽古積テ一段上手ト也、觀世大夫ニ指南也、其故歟、觀世能見事ニ成タル由也、伊勢ニ逗留シテ稽古有之歟ト云〻、

一、六日、當番不參、俄ニ火マキレ清淨難成故也、代官祐長也、

當番酒、如例於船戸屋沙汰之、番衆祐長正預代、・經長當番、・時昌渡番也、此外職人禰宜衆少〻來ト云〻、

一、日中以後ヨリ雨下故、門ニ能無之、

一、七日、昨夜ヨリ雨下不止之、南大門能無之、

一、祐父(東地井)御忌日、學順房齋ニ來臨了、

一、八日、雨止了、能之事不定也、大神主殿(中東時廣)へ中坊左近殿御出也、從日中飯予へ膳送給之、取亂中御懇意也、種〻馳走奔走也、

一、土佐御局ヨリ花ヒラ▩(赤)白十五枚ツヽ給之、一段美麗也、風流也、則宗治(竹田)籠居之所へ送之、

一、八日、九日、雨天、南大門能無之、

一、十日、雨晴、門ニ能有之、八番沙汰之、一座ニ二番ツヽ、也、觀世大夫下向、一段美麗ト云〻、

一、十日、今日迄當番不參、雨故路次惡故也、代官祐長、參籠モ同前也、

一、天晴、十一日、旬・日並朝夕三度、音樂奏之、

一、白杖(一〻)春格・御幣(二〻)春在・散米(三〻)春祇、

一、見參社司去朔同前、但延通參勲、中臣氏人無之、大中臣氏人、時久・師勝(西)・時昌・家綱(奥)・師信・經忠、

一、旬菓子野老(上)・山芋(次)・串柿(次)、

一、鹽引・干鮭備進、燒物鹽鯛一備進之、

一、御神供以後、樂人衆舞樂奏之、蘇合○(樂)久敷退轉、

*春日祭御戸開
社頭能金春沙汰
甚六狂言沙汰
*飛鳥田庄御供
徳川家康御勘當
*上卿阿野實顯
金剛大夫能沙汰
觀世大夫能沙汰
*戊日小祭
*新藥師寺北坊灌頂執行
巳祓
*阿闍梨醍醐寺寶幢院は水本法流
午日御酒

今度依叡慮再興ト也、則懃仕之、舞樂共ニ珍敷式也、一段長キ樂也、舞又同前也、社中各神供已後、各御廊縁ニテ見物之、庭上ニテ舞之也、
一、十二日、社頭之能、金春大夫三番有之、狂言甚六二番沙汰之、前〻同前、一段見事ト云〻、甚六者前將軍(徳川家康)背御意被成御勘當故、此中隱居了、然ヲ去年江戸ヘ被召出了、當將軍(徳川秀忠)御意ニ入テ、仕合無是非、依之依御下知罷上、當所神事ニ罷出了、面目至也、
一、十三日、金〇剛(吉勝)大夫能沙汰之、三番ト云〻、
一、十四日、觀世大夫能沙汰之、二番也、俄ニ雪雨以外降故、二番ニテ各退出之、殘多次第也、
一、十五日、無之、寶生座社頭之能不致沙汰也、
一、酒頭、一番延通・二番師治・三番時家也、
一、十五日、巳秡、戌刻、神主時廣懃仕之、不參故、其式不記之、
一、十六日、午ノ日御酒、兩物官代當番參懃也、若宮ヘハ當番渡之、於彼所勸盃、酌《シャク》當(常)住、盃日番神人役也、
天氣快然、
一、十八日、戌刻、御戸開、上役神宮預延豐、當職老躰難成、次座沙汰之、精進料十疋ノ代十合貳斗遣之、從神主モ同前也、祭方御供、飛鳥田迄也、
一、曉天、上卿御參社、阿野中納言殿(實顯)、御宿奥殿(家綱)也、
一、不參故、神前式不記之、
一、酒殿ノ送酒如例、社司四舛宵・曉・氏人二舛同、
一、送物饗、社司氏人平均ニ二坏ツヽ、宵・曉分也、
一、上卿御幣一本殿番神人持來之、
一、戊日小祭、饗從酒殿送之、
天晴、
一、廿一日、旬不參、神前式不記之、
一、新藥師北坊灌頂執行之、雖爲若弟、此中次第加行等懃仕故也、是者宗叔(大鋸屋《ヲカヤ》)次男也、法器奇特也、阿闍梨者醍醐住僧寶幢院ト云人也、水本法流也、事相傳受ノ仁躰ト云〻、

*旬御供等備進
地藏講
千鳥祐榮月次連歌
*見參社司
千鳥祐紀母二十五年忌
金勝院連歌興行
伊勢より躍出來
京都南都堺は躍らず

一、御神供以後、日中飯社中衆振舞、大略御出也、予拒障不參也、惣樣事〻式大會也、寺并住坊修理以下無殘所念入者也、奇特、諸人驚目所也、後日迄馳走共、臺公卿肴等數多、美麗不是非ト云〻、
一、廿三日、悲母御忌日、學順房齋ニ來臨也、
一、廿四日、地藏講、御經一把書寫了、
一、廿五日、祐榮月次沙汰之、出座了、
一、廿七日、祐紀母儀春松女廿五年追善、法花同音也、御齋、日中飯ニ參了、
一、廿八日、金勝院興行、發句所望、
露をもる木するゑ《や》の下枝いと櫻
從朝飯終日濟〻馳走、被催興了、大御酒也、
一、廿九日、昨日爲禮、金勝院來臨、樽一荷被持了、
一、此中諸國在〻躍沙汰之、從伊勢出來也、以外物入、何之在所モ借米・借銀、事外失墜也、子細何事共不知也、然共北京・南都・堺津（和泉國大鳥郡）以下、一切不躍也、南都モ邊土者皆躍沙汰之、美麗見物無是非也、
一、晦日、松林院樣（實性）被成御尋了、結樽一拜領之、

三月大

一、一日、旬・日並朝夕三度、音樂奏之、
一、白杖一〻利尚・御幣二〻德仲・散米三基慶、
一、社司、時廣（中東）・祐範（東地井）・時家（中）・延豐（上）・延通（大東）・祐爲（新）・祐長（辰市）・祐榮（千鳥）・延倫（富田）・祐定（今西）・延種（大東）、不參、師治（西）、祐紀（千鳥）、中臣氏人無之、
大中臣氏人、時久（中西）・經長（正眞院）・師勝（西）・時昌（中東）・家綱（奥）・師信（向井）・時氏（中西）・時仍（奥）・經忠（正眞院）、
一、旬菓子上野老・次山芋・次串柿、
一、鹽引・干鮭備進之、燒物鹽鯛一備進之、
一、八時分、如例節供祝義沙汰之、各御出如嘉例也、
一、若宮神主（千鳥祐紀）故〔不參脱〕、本社旬祝詞以後、末社司氏人同道シテ、神主時廣若宮へ渡テ、旬備進也、

節供福智庄奄治庄西殿庄代
*旬例の如し
*高安重政夢想連歌興行
正預嘉例夕飯
*大藏正重子息大鼓奇特
大宮神主嘉例日中飯
*良以連歌興行
高山八講
*旬御供等備進
*見參社司
船戸屋にて每月祈禱祓

雨下、
一、三日、節供、日並朝夕・神戸（大和國添上郡）福智庄、・奄治本（大和國山邊郡）式、・四種西殿庄（大和國宇陀郡）節供代、音樂奏之、
一、雨故不參之条、神前式不記之、
一、神供以後、如嘉例夕飯ニ職人衆來臨也、社中、正眞院殿父子（經長・經忠）迄也、
一、四日、如例大神主殿（中東時廣）日中飯惣社參會、予雨下故不參候、膳・鈴送給之、御懇意也、
一、良以（千貫屋）爲見廻來臨、一樽被持了、連歌興行望也、
一、從明王院（尊識房）樽一荷送給之、明日、高山八講ニ新藥師へ御出之次ニ可有御尋由也、然共明日者松林（實性）院殿へ參上、殘多次第也、
一、六日、當番不參、雨故也、代官祐長懃仕、參籠同前、
一、七日、祐父（東地井）御忌日、學順房齋ニ來臨也、
一、九日、每月祈禱於船戸屋有之、不參了、頭役三師治・四延通、
一、當家屋根葺之、ヤネ大工三人、

一、十一日、旬如例、不參故、神前式不記之、
一、十二日、高安太郎左衛門（重政）夢想連歌興行、從早天出座、終日種〻馳走、滿座以後、大小ハヤシ五番有之、大藏源右衛門（正重）子息七歳之者大鼓《ツヽミ》言語道斷奇特也、源右衛門モ一番打之、彌太郎（大藏虎時）兄弟狂言不及是非次第、舍弟十一二ノ者也、何モ名人之跡相續、不思議也、
一、十五日、良以興行、
發句
年へてもたち枝は花の若木哉
當年七十歳也、賀ノ心也、從早朝終日種〻馳走共也、
天晴、
一、廿一日、旬・日並朝夕三度、音樂奏之、
一、白杖德仲・御幣基慶・散米守理、
一、社司、時廣・祐範・時家・延豐・師治・延通・祐爲・祐長・祐榮・延倫・祐定・延種、祐紀、
中臣氏人無之、
大中臣氏人、經長・師勝・時昌・家綱・師信・

*牡丹花見
神前圓座不足
*旬例の如し
*丹坂にて藤花一覽
幸治連歌興行
*甚介見舞
*土佐國の物語
*船戸屋にて毎月祈禱祓

時氏・時仍・經忠、
一、旬菓子《上》野老《次》・山芋《次》・串柿、
一、鹽引・干鮭備進、焼物鹽鯛一備進之、
一、神前圓座不足、四ノ御殿御間二三疊不足、社司氏人不依不參、敷之者也、常住不及校合敷置事曲事也、以來者如先規可敷之、圓座於不足、員數見合可致新調旨下知了、
一、音樂田御神供、今日式日無備進、名主へモ一圓不及案內、恣仕合曲事也、來朔日可致備進通下知了、去年三月ニ來秋可致備進由侘事故、被加遠慮處ニ、秋冬ニ成テモ不致備進、當年迄延引、旁以隨意次第也、其通神殿守へ堅以被加下知了、
一、廿二日、箔屋太左衛門幸治興行、
　發句
　深く入て知人えたり山櫻
從早天終日種〻馳走、珍物者〔共〕也
一、廿三日、幸治昨日爲禮來臨、御教書五帖・樽一荷持參、左馬助(辰市祐長)へ帶一筋持ᑕ《來》也、

一、悲母御忌日、學順房齋ニ來臨也、
一、廿四日、如例牡丹花盛、振舞沙汰之、久左衛(守理)門・三郎右衛門・主水(久保利亮)・左近・圖書・彌左衛門、以上野田衆、勘兵衛・甚介・左近左衛門、以上、嘉兵衛者勸進能ニ他行、日中ヨリ晩迄酒宴也、

四月小

一、一日、旬如例、雨少下故不參、神前之式不記之、
一、日中以後、天氣一段也、長閑なる故、丹坂山陰迄立出、藤花一覽、見事也、正眞院殿(經長)・左馬助(辰市祐長)同道、甚七・甚藏召具了、御酒度〻也、歸ニ甚七宿へ立寄、又酒宴、慰老懷者也、
一、二日、甚介見廻、從舊冬土佐へ下國、久敷逗留、國之物語萬〻也、連歌晝夜有之ト云〻、美物事盡由也、酒モ此比一段勝タル由演說也、樽一荷・色紙五帖持ᑕ《參》也、金勝院同道、盃及度〻也、
一、三日、於舟戸屋毎月祈禱有之、頭役五師祐爲(新)・六

祐長（辰市）、取肴ニテ酒重疊也、

水屋神樂
水屋以下宮司上分

一、同日、水屋神樂、上分、水屋・榎本・紀伊社宮司神人ヨリ餅・肴・酒如例年進上之、

鬮にて座順を定む

一、先規者三日若宮、四日・五日南北座也、當年藝能沙汰故、鬮ニ沙汰之處、三日南郷方取當由也、

*音樂田神供延引

一、六日、當番、雨天故不參了、祐長代官ニ參懃、參籠沙汰之、

一、七日、祐父（東地井）御忌日、學順房他行トテ齋ニ無來臨也、

一、八日、神役ニ參懃了、

月次連歌

一、九日、月次沙汰之、金勝院一樽被持、治部殿（中東時昌）一盆《イカ》五、・鈴當〔到〕來、

*神前燈籠掃除を三方座に命ず

一、十日、昨今不參了、

旬御供等備進

一、十一日、旬・日次朝夕三度、音樂奏之、

一、白杖《一ゝ》春格・御幣《二ゝ》春在・散米《三》春祇、

見參社司

一、社司、時廣（中東）・祐範（東地井）・時家（中）・延豐（上）・師治（西）・延通（大東）・祐爲・祐長・祐榮（千鳥）・延倫（富田）・祐定（今西）・延種（大東）、祐紀（千鳥）、

中臣氏人無之、

大中臣氏人、經長（正眞院）・師勝（西）・時昌（中東）・家綱（奥）・師信（向井）・時仍（奥）・經忠（正眞院）、

一、旬菓子《上》山芋・《次》串柿、今一種ノ代赤小豆切餅、

一、鹽引・干鮭備進、燒物鹽鯛一備進了、

一、豆腐ノ代竹子、蓮備進了、

一、常住披露云、音樂田御神供秋迄御延引、手前難調由也、近比不謂申分也、去年三月ヲ秋迄ト種ゝ致侘事、秋冬終ニ不致備進、當年如此申候處、甚以不可然義也、然共爲名主口入之条、各被加遠慮者也、名主ノ拘モ無其理次第也、乍去予モ不及違亂、惣次第也、

一、神前灯呂數年不致掃除故、年ゝノ油落凝テ火難一段機遣之条、急度可致掃除通三方座中ヘ下行〔知〕事ゝ了、神前其外御廊ノ軒・廻廊何モ念入無災難樣、灯呂持タル人ゝ可致覺悟ノ旨堅被申付了、內ゝ

*菊岡水坊一生不免罪科
高野山燈籠堂火事
*法華寺村の知行を掠取る
社家講衆伊勢參宮
*庄屋は中坊に籠舍
*笠坊但馬一生不免罪科の跡
大東延通日次連歌興行
大乘院信尊御見舞
敕撰集御書寫

兩常住(大宮守通代・梅木春房)來テ申分也、此方分トシテ申付無許容間、爲社家被成下知樣ニト言上也、高野山(紀伊國伊都郡)灯呂堂火事モ、灯呂ヨリ火燃出故ト也、
一、十二日、祐長・講衆大勢參宮也、正眞院殿(經長・經忠)父子・同女房衆・祐勝房・釆女殿(千鳥祐榮)・今西殿(祐定)・治部殿・同女房衆・專艮房、各乘物・馬以下也、大略初參衆也、
一、十四日、於大東殿(延通)日次連歌興行開闢、出座了、亭主發句、松林院殿(實性)御出座也、
一、從大門樣(大乘院信尊)、因幡法眼(福智院長舜)御房爲御使、結樽貳ッ拜領了、爲私因幡殿吉野紙十帖、同寺主房(福智院永舜)扇五本、南院殿(泰重)扇五丁〔本〕、爲御見廻被懸御意了、日並出座故、不懸御目殘多儀也、習〔翌〕日以使札御禮申送了、大門樣此中誓〔撰〕集被成御書寫、八代集ト被仰出候へハ、千載集迄進上了、同廿一代集モ次第ニ書寫可被仰付条、本ヲ可致進上旨被仰出、則御請申了、

一、今日、爲衆中菊岡(侍從公)・水坊(舜賢房)兩人一生不免罪科也、其子細者、衆中其外十三ケ寺知行法花寺村(大和國添上郡)ニ有之、然ヲ其中田地ヲ過分ニ庄屋ト被申合被掠取事現形故也、則庄屋ハ中坊ニ籠者也、別所宮內卿(宗永)・小和田(大輪田民部卿)モ可有同科由及評定、然共此兩人者立〔笠〕坊・但馬殿從一門樣(一乘院尊覺)一生不免ニ罪科被仰付、其跡へ新入之衆中也、此田地由來一向不存知、兩人知行ノ跡ニ任テ拜領也、聊以私曲非宿意候、此中被入タル分遂算用可致返辨由、達而懇望故、遠慮ト云々、菊岡・水坊古衆也、子細存知シテ見隱シ、私曲難遁重科由也、此中方々內儀調法事盡了、大門樣・喜多院樣(空慶)種々被仰宥トモ衆中無同心、一生不免落居也、不便也、
一、十五ヨリ十六日迄晝夜大雨也、參宮路次難儀ト推量了、
一、十七日、未晴雨天也、
一、十九日、月經讀誦、宗專齋來臨也、於鶴女(東地井祐範室)追善

日次連歌
參宮衆歸宅
鈴鹿越
大津にて土佐
局道迎御沙汰
*昔の輪にて餅
調進
旬御供等備進
*地藏講
*宗治連歌興行
*旬御供等備進

也、
一、廿日、日次、頭役、發句沙汰之、赤飯其外三重・樽一ッ持參了、松林院殿御出座也、
一、參宮衆歸宅、鈴鹿越(伊勢國鈴鹿郡)歸路也、禰宜衆五六十人道迎、木津(山城國相樂郡)ニテ中飯用意、事外之馳走ト也、大津(近江國滋賀郡)ヘハ京ヨリ土佐御局道迎御沙汰ト也、是又種〻御念入ト云〻、
一、廿一日、旬・日並朝夕三度、音樂奏之、
一、白杖春格(一〻)・御幣春在(二〻)・散米春祇(三〻)、
一、社司見參去十一日同前、
一、大中臣氏人、時久(中西)・時昌・家綱・師信・時氏(中西)・時仍・經忠、
一、旬菓子山芋・串柿、今一種ノ代赤小豆切餅、
一、鹽引・干鮭備進、燒物鹽鯛一、
一、南北座ヨリ兩職事以テ言上、先度依御下知雜仕調進之饗、大方無相違相調申候、今日ニ至テ無異儀候、然共餅者同前ニ御座候条、返シ遣候由

申候、雜仕舟戸屋ヘ餅持參シテ、此中一二ツ少キモ御座、以來者彌〻結構ニ可致調進、先此度者無申事樣ニ被仰付候樣ニト申候条、以職事其通申付了、餅モ神前ヘ參ル餅ヨリ大キ也、昔ノ輪有テ調進申候由、雜仕ハ言上也、昔ノ輪有ラハ餘恣ニ申事不調歟、
一、廿三日、悲母御忌日、學順房齋ニ來臨也、
一、廿四日、地藏講、御經二把書寫之、
一、廿八日、宗治(竹田)連歌興行、月次之式也、終日馳走也、

五月大

一、一日、旬・日並朝夕、音樂奏之、
一、白杖德仲(二〻)・御幣基慶(三)・散米守理(四)、
一、社司見參去廿一日同前、中臣氏人無之、
一、大中臣氏人、時久(中西)・時重(中)・經長(正眞院)・師勝(西)・時昌(中東)・家綱(奧)・師信(向井)・時仍(奧)・時氏(中西)・經忠(正眞院)、

*旬御供等備進

一、旬菓子山芋・串柿、今一種代赤小豆切餅、

一、苑豆備進、蘲《ハイ》〔蘲、以下同ジ〕・竹子備進、蘲・苑豆今日始テ備進之、

*見參社司

一、鹽引備進、干鮭代鰑、燒物鹽鯛一備進之、

節供西殿庄代
神戸奄治庄

一、五日、御節供、日並朝夕・八種（大和國宇陀郡）西殿庄節供代、・神戸（大和國山邊郡）奄治本式、名主正預、（東地井祐範）・名主時廣、（中東）音樂奏之、二ノ御殿日並朝夕、御供《樂》所へ下行、

一、予不參之条、神前式不記之、

一、御供已後、如例職人衆夕飯ニ來了、

一、六日、當番不參、代官ニ祐長（辰市）參社之、參籠モ沙汰之、

*圓座新調

一、七日、祐父（東地井）御忌日、學順房他行トテ無來臨也、

*燈籠掃除下知

一、八日、雜仕彌左衛門振舞、日中飯ヨリ終日馳走也、大神主殿（中東時廣）・若神主殿（千鳥祐紀）・大東殿（延通）・久左衛門（守理）・三郎右衛門迄也、

正眞院經長を
竹田坊療治

一、去從二日正眞院（經長）殿療治、竹田坊也、至于今無別事也、藥一段相當之躰也、脈之式モ少驗之樣也、

一、十一日、旬・日並朝夕三度、音樂奏之、

一、白杖《二ゝ》德仲・御幣《三》基慶・散米《四》守理、

一、社司、時廣・祐範（東地井）・時家（中）・延豐（上）・師治（西）・延通（大東）・祐爲（新）・祐長・祐榮（千鳥）・延倫（富田）・祐定（今西）・延種（大東）、祐紀（千鳥）、

中臣氏人無出仕也、

大中臣氏人、時重・師勝・時昌・家綱・師信・時氏・經忠、

一、旬菓子《上》山芋・《次》串柿・《次》枇杷、

一、鹽引備進、干鮭代鰑、燒物鮎鮓十三、始テ備進之、

一、竹子・蘲《ハイ》備進之、

一、評定云、先段下知候圓座于今無調進、無沙汰近比曲事也、廿一日以前ニ可致新調旨被下知了、

一、神前灯呂其外モ早ゝ可致掃除旨下知候處ニ、于今無沙汰、以外次第、火難大事也、不及下知、人ゝ可致機遣儀也、油斷太以不可然事也、不慮出來有テハ無其詮、灯呂之主其外藏奉行衆へモ

燈籠萬多寄進
不燃を退け新調を鉤くべし
*葬送
*引導眞言院
八龍神にて雨乞啓白
*寺門三方入
*地藏講
船戸屋にて恆例祓
*伊勢物語講釋
正眞院經長逝去
*旬御供等備進

能〻可申聞通下知之、
一、此比新寄進灯呂萬多也、雖然一圓不燃之、近比不可然事也、何モ結構ニ可燃之旨下知、若又於闕如退之、新調之灯呂ヲ可鉤之旨、三方座中幷藏奉行ニ被申付了、
一、此比以外炎天、數日雨不降、萬民愁歎也、先立願可然トテ、御神供以後、兩惣官代（中東時廣・東地井祐範）八龍神へ參テ啓白也、千座祓・三十頌千巻・百日參籠三ケ條也、去年モ此通ト云〻、則雨下ト云〻、嘉例珍重也、
一、十六日、於舟戸屋恆例祓有之、頭役七祐榮・八延倫、コツケ濟〻馳走也、
一、廿一日、旬參、雨後路次惡故不參了、神前式不記之、
一、今日、午剋、正眞院經長逝去、三十七、去年以來所勞、療治種〻事盡了、不及叮簡、卽體覺悟、隨分之仁躰也、衆躰零落、予別而力落也、從幼少子同前ニ自他賴入、生長之處、老後ニ如此愁嘆、長命無曲者也、不便〻〻、手跡モ隨分、風雅ニモ器用也、諸事可惜人也、
一、廿三日、悲母御忌日、學順房用所トテ齋ニ無來臨也、
一、今日、午剋、經長葬送、引導眞言院（東大寺）也、葬以後大夕立也、此中時〻夕立降トモ、一向用水程無之、以外炎干、祈禱立願事盡了、
一、寺門三方入有之、今日高山へ登山ト云〻、
一、廿四日、地藏講出仕、御經二把書寫之、
一、廿七日、經長初七日、日月無程、不便〻〻、
一、今日ヨリ伊勢物語講尺始之、金勝院依所望也、同聽、祐長・祐榮也、

六月小

一、一日、旬・日並朝夕、音樂奏之、
一、白杖《一〻》春格・御幣《二〻》春在・散米《三〻》春祇、

見參社司

一、社司、時廣(中東)・祐範(東地井)・時家(中)・延豐(上)・師治(西)・延通(大東)・祐爲(新)・祐長(辰市)・祐榮(千鳥)・延倫(富田)・祐定(今西)・延種(大東)、祐紀(千鳥)、中臣氏人無出仕、大中臣氏人、時久(中西)・時重(中)・師勝(西)・時昌(中東)・家綱(奥)・師信(向井)・時氏(中西)・時仍(奥)、

一、旬菓子 上楊梅《ヤマモ、》次・山芋・次枇杷、

一、鹽引備進、干鮭代鯣、燒物鮎鮓十一備進之、

神前燈明闕如を安居師申す

一、安居師ヨリ新權神主師治ヲ以テ被申云、當年始而安居師懃仕之、毎夜曉天ニ神前へ參懃之處、四所御前灯明一圓無之、幷樓門灯呂火一切無之、此段五日十日事無之、此中數夜同前也、時ノ番衆糺明之處ニ、一向不取入申事也、剰御廊ノ中ニ籠居テ罷出式也、結句タハコヲ翫之、太以曲事也、神前灯明闕如事以外之義也、若從社中難被申付子細候者、御寺務へ言上候テ可有糺明、急度可被仰付由也、幷若宮同前也、是又能〻可被申付通也、此中番衆・常住無所存無是非、安居師紏明候段尤也、則兩常住(大宮守通代・梅木春房)召寄候處、種〻陳申處曲事也、只今可有成敗義ナカラ、被加遠慮、以來於同前者嚴重ニ可被處科怠由下知也、第一常住・日番等一向若輩之者ヲ代官ニ置故也、以來於無沙汰者、別而可有糺明旨下知也、殊ニタハコナト翫之事、限沙汰ノ悪事也、現行次第堅固ニ可被成敗由也、則若宮へモ牒送之處、以來之事堅可申付、意得存由返事也、第一常住越度也、

*夏中屋參籠衆鬪諍

番衆を糺明

タハコ

*罪科延引

一、去晦日朝、夏中屋參籠衆山ノ上寶住〔壽、以下同ジ〕院ト淨瑠璃院ト以外鬪諍、既ニ寶住院半死半生、限沙汰、物忩義也、寺門衆儀嚴重也、乍去罪科以下之無沙汰、寶住院既ニ死去、於然者淨瑠璃院者一生不免可爲罪科處、大乘院様(信尊)・喜多院殿(空慶)へ從寺門被尋申候處ニ、其返事何共不事行故、罪科延引也、寺法既破滅、上下驚次第也、

一、一日、於知足屋金勝院振舞、御神供以後、直ニ參了、終日濟〻也、慰了、

伊勢物語講釋成就

一、二日、伊勢物語講尺成就也、七日八日ニ讀終事勿論也、乍去時分柄彼是用所故、急キ如此也、從金勝院樽一荷・唐木綿帷一被持了、

一、折節禰宜金丞鈴一雙持參了、各同席、酒宴也、大神主（中東時廣）殿御出也、金丞當時名物之扇一本、懇意也、

寶壽院死去
淨瑠璃院一生不滅罪科

一、寶住院既死去之間、淨瑠璃院一生不滅被處罪科也、兩人坊領及百石有之、學道迄經上テ如此次第、佛神冥罰〻〻、連〻兩人身躰不用故ト云〻、

*旬例の如し

船戸屋にて毎月祈禱祓

一、三日、於舟戸屋毎月祈禱有之、頭役七祐榮・八延倫、取肴ニテ酒濟〻也、

正眞院經長追善連歌

一、四日、經長（正眞院）二七日爲追善月次衆興行、於當家沙汰之、發句依所望、

月は猶涼しき道のしるへ哉

船戸屋にて雨乞祈禱祓
法華經供養導師新藥師寺北坊
高山にて祓
御經を納む

一、五日、於船戸屋乞雨祈禱有之、秡千座・法花經四品書寫之、序品・方便品・藥草喩品・普門品、供養導師新藥師北坊懃仕之、若衆各高山へ上テ秡沙汰之、御經モ高山ニ納之、

一、六日、從曉天雨下、今日ニ至テ大雨也、大慶〻〻、

一、當番、雨故不參、代官祐長懃仕之、參籠同前、

一、七日、祐父（東地井）御忌日、學順房齋ニ來臨也、

一、八日、九日、十日、當番不參、雨故也、代官祐長參懃了、

一、十一日、旬如例、雨後道惡故不參了、神前式不記之、

一、十九日、宗專房月經ニ不來也、老母死去也、

一、廿一日、旬、雨降故不參也、神前式不記之、

一、旬燒物鮎鮓一段少分之物躰備事、不謂之間糺明也、此中久大雨故、小魚無叮簡由也、依之十五備進也、惣別者大ナルハ七、次ハ九、又次ハ十一、十三備進也、十五珍敷事也、然共川本魚少キ故如此ト言上ト云〻、十五備進尤也、

一、廿三日、悲母御忌日、學順房齋ニ來臨也、

地藏講

源氏抄物
瑠璃壺

甘味丸藥

金勝院にて月次連歌

旬御供等備進

*船戸屋にて每月祈禱祓

*曉天索餅役

見參社司

*節供西殿庄代
神戸大庄小庄

一、廿四日、地藏講、御經二卷取寄書寫之、

一、廿六日、於金勝院、連衆社中衆迄也、

一、廿七日、源氏抄物書遣之、爲禮良以(千貫屋)來臨、瓜十、ホンテン、・林檎五・一樽持參、又瑠璃少キ壺被持、一段美麗物也、中ニ甘味丸藥有之、風味也、

一、廿八日、於金勝院月次被始之、七八人町衆、依懇望出座了、祐長一人同道了、

乙未
七月大　今日如例節供振舞、各如例御出也、

一、一日、旬・日次三度、音樂奏之、

一、白杖三基慶・御幣四守理・散米五基久、

一、社司、時廣(中東)・祐範(東地井)・時家(中)・延豐(上)・師治(西)・延通(大東)・祐爲(新)・祐長(辰市)・祐榮(千鳥)・延倫(富田)・祐定(今西)・延種(大東)、祐紀(千鳥)、

中臣氏人無之、

大中臣氏人、時久(中西)・時重(中)・師勝(西)・時昌(中東)・家綱(奥)・師信(向井)、

一、旬菓子桃上・アコタ瓜四、今一種代赤小豆切餅、

一、鹽引代鮑、干鮭代鯣、燒物鱧鮓一並半、

一、若根備進之、

一、此中雨故鮎不出、依之鱧鮓備進先例也、乍去鱧鮓一段陵爾ニ調進曲事也、鮎無之時、代ヲ以テ備進先規也、乍去麁品之式不可然、重而於同前者可被處科怠旨下知了、

一、若根ノ上置、兩方へ長ク指出、備進難義也、幷アコタ瓜ノ串、是又長クサシ出不可然、以來之儀致覺悟(衍)可致覺悟由、同下知了、

一、三日、於舟戸屋每月祈禱有之、頭役九祐定・十延種沙汰之、取肴濟々、酒有之、曉天索餅役兩物代〔官脫〕役也、今度敬神ノ參勤延種也、

。
一、七日、御節供、日並朝夕・四種西殿庄節供代(大和國宇陀郡)・神戸・大庄・小庄、音樂奏之、一ノ御殿日並朝夕樂所へ下行也、

一、社司參懃朔日同前、但延豐不參也、中臣氏人無之、

前田利光より使者
珠姫祈禱につき巫女拜殿入
*生見玉
判金上著小袖到來
*節供乙木庄
金一枚十八石
*見參社司
大宮神主日中飯
*大宮神主嘉例振舞

大中臣氏人、時久・時重・師勝・時昌・家綱・
師信・時房（中東）、
一、如例神供已後、神人衆晩炊沙汰之、
一、從加賀使者（前田利光）若神主（千鳥祐紀）へ被相越、子細者、御女中様（珠姫）
御煩ニ付御祈禱事也、藤福（辰市）七拜殿へ可被入義也、
則判金壹枚到來、上著小袖貳被下了、小袖ノ見
事さ驚目者也、一ツハ惣薄《ハク》ノ小袖、一ツハフク
サノ小袖、何レモウラハ紅也、并虎市へ去年分
トテ、薄ノ小袖一ツ・銀子三枚被下了、御念入
次第也、則明日八日拜殿入沙汰之、昔ニ替テ金
ノ代米過分之相違也、乍去種々調法ニテ相調者
也、金一枚昔者五十石餘ノ往來也、今者一枚十
八石餘也、大行事二条法眼（宣乘）無遠慮存分被申故、
物様モ其通ニ成行者也、以來拜殿入事難成爲躰
也、
一、八日、如例大神主（中東時廣）殿日中飯、惣社參會也、
一、十日、大神主殿生見玉、從日中飯晩迄也、酉下
剋ヨリ雨下、
一、十一日、旬參不叶、昨日雨故路次悪故也、神前
之式不記之、
一、如例年生見玉祝義、八時分飯沙汰之、
大神主殿・治部殿父子（中東時昌・時房）・若神主殿父子（千鳥祐紀・祐榮）・今西（祐定）
殿・向井殿（師信）、晩迄也、奥殿（家綱）へハ膳・鈴送之、酉
剋ヨリ雨下、打續雨、萬民悦也、
一、若神主殿・今西殿女房衆各御出也、
一、十四日、大神主殿御出、嘉例振舞、八時分ヨリ
晩迄、金丞被召具了、
一、十五日、御節供、日並朝夕・乙木庄（大和國山邊郡）本式、名主正預（東地井祐範）、音樂無之、
一、社司、時廣・祐範・時家・師治・延通・祐爲・
祐長・祐榮・祐定、祐紀、不參、延豐・延倫遠忌、・延種、
大中臣氏人、時久・時重・師勝・時昌・師信、
一、嘉例大神主殿振舞、八時分ヨリ晩迄也、

一、廿日、時廣母儀十三年忌、齋ニ參了、一樽持參了、

一、廿一日、旬參不參了、暑氣煩故也、神前式不記之、

＊渡屋にて毎月祈禱祓

松齋へ晩炊振舞沙汰之、大神主殿御同道、鮎一種也、又牛福四郎右衛門ヨリ松茸二本到來、肴ニ調之、一段見事也、九月盛之時分同前、風味無類者也、時分柄珍物也、

正桂月次連歌

一、廿二日、正桂月次沙汰之、終日馳走共也、

一、廿三日、悲母御忌日、學順房齋ニ來臨也、

大東延通月次連歌

一、廿四日、於大東(延通)殿月次、地藏講不出了、

＊尊敎院死去

一、廿六日、大神主殿鮎振舞、從日中晩迄、慰了、

一、廿七日、南北出納御神供下行、惡米無正躰物下行致迷惑由訴詔了、何共笑止之爲躰也、

＊若宮神主名月の酒

＊東九條より祭の餅酒を上ぐ

一、廿九日、從夜半大雨下、終夜絕事無之、翌日午上剋了、此中不雨下及難儀、當毛珍重、萬民安堵也、

八月小

一、一日、旬不參了、大雨ニ路次難儀故也、

一、御神供以後、職人衆來テ鮓・酒給之、

一、三日、於渡屋毎月祈禱有之、頭役時廣(中東)、雨故不參了、

左馬助(辰市祐長)振舞、大神主殿(中東時廣・時昌)父子・若神主殿(千鳥祐紀・祐榮)父子、從日中飯晩迄也、鮎一段見事也、

一、六日、當番雨故不參、代官祐長(辰市)、參籠モ沙汰之、

一、七日、祐父(東地井)御忌日、學順房齋ニ來臨也、

一、九日、尊敎院死去、久病也、終夜大雨、雷電以外也、

一、十日、雨降也、此中番役不參、去晦日比ヨリ雨不晴也、田畠ニハ一段可然由申、萬民之悅也、

一、十一日、不參、此中大雨故、路次惡間、老足難堪故也、

一、十五日、若宮神主殿(千鳥祐紀)名月之酒有之、幷從東九條(大和國添

(上郡)祭之餅・酒上之、各次ニ賞翫之、

宮一へ投薬

一、十八日、今西殿大上様宮一殿祐紀(千鳥)妹、此中腹氣御煩也、既以外大事成下了、此間療治無相當、一藥事達而御所望之間、與之處、則相當、十九日、廿日、廿一日ニ至テ無異儀、於此分者次第ニ不可有相違歟、

彼岸講

一、廿日、彼岸入、講演有之、頭役大東殿延通懃仕之、拙子依用所出仕無之、

旬御供等備進

一、廿一日、天晴、旬・日並朝夕三度、音樂奏之、

一、白杖二春在・御幣四春玉・散米六春能(若宮)、

一﨟春格神前にて倒る

一、一﨟春格白杖役懃仕之、御前上之テ目クレテ倒之間、次座神殿守次第ニ上テ、神役無異儀、今日南市甚藏酒進之、其醉歟、又中風歟、卽躰無殊事由、各申了、

*南市甚藏社中に酒肴を送る

見參社司

一、社司見參、時廣・祐範(東地井)・時家(中)・延豐(上)・師治(西)・延通・祐長・祐榮(千鳥)・延種(大東)、祐紀、不參、祐爲(新)指合、・延倫(富田)煩、・祐定(今西)、

*南ノ屋衆

一、大中臣氏人、時重(中)・師勝(西)・師信(向井)・時氏(中西)・時仍(奥)・時房(中東)、

一、鹽引代鮑、干鮭代鰑、燒物鮎鮓十一、

一、菓子柿・梨子、今一種代赤小豆切餅、

一、時家評定云、今日旬餅一段軟ニテ、備進及難儀了、曲事也、重而雖及臨期、調進之儀可改直由、雜司ニ下知了、膳部モ請取備進申事越度也、重而者可及糺明通下知了、

一、同評定云、近盤御飯盛下ノ土器本式ノ御カイハシニ非ス、赤土器同前ノ物躰ニ盛之、次第無法量新儀沙汰候段、以外之曲事也、以來者能〻遂糺明、先規無相違樣ニ可致沙汰旨、出納殿番等ニ下知了、朝夕同前也、

一、南市甚藏ヨリ社中兩種・樽送之、舟戸屋へ一樽・肴等、從神主殿(中東時廣)送給之、則船戸屋ニテ各賞翫之、南ノ屋衆ハ皆渡屋ニテ御酒有之ト云〻、

一、廿三日、悲母御忌日、學順房他行、齋ニ無來臨

*嘉例節供祝儀
金勝院月次連歌
*月次連歌頭役辰市祐長
大乘院信尊栂尾開帳御沙汰
*鏡明神祈念竹ノ谷春照
*梅木春房に祈念を申遣はす
旬御供等備進
見參社司
*節供神戶三橋庄西殿庄
氷室祭につき樂所幕を貸す

也、
一、廿四日、地藏講不出、於金勝院月次連歌、出座了、
一、廿五日、大神主殿(中東時廣)川魚振舞、日中飯ヨリ晩迄、終日慰了、若宮神主殿モ御出也、
一、廿七日、栂尾開帳(山城國葛野郡高山寺)、大門様(大乘院信尊)御沙汰、寺僧衆大勢上洛、左馬助・采女殿(千鳥祐榮)爲參詣上洛了、

九月小

天晴、
一、一日、一旬(マヽ)・日並朝夕三度、音樂奏之、
一、白杖利尚一〻・御幣德仲二・散米基慶三、
一、社司、時廣(中東)・祐範(東地井)・時家(中)・延豐(上)・師治(西)・延通(大東)・祐爲(新)・祐長(辰市)・祐榮(千鳥)・祐定(今西)・延種(大東)、祐紀(千鳥)、不參、延倫(富田)煩、中臣氏人無出仕、大中臣氏人、時久(中西)・時重(中)・師勝(西)・時昌(中東)・家綱(奥)・師信(向井)・時氏(中西)・時仍(奥)、
一、從樂所披露云、氷室祭付テ社頭幕致借用度由也、則許可也、可相渡由、宿直人ニ被加下知了、

一、嘉例節供祝儀沙汰之、大神主殿(中東時廣)・治部殿父子(中東時昌・時房)・若神主殿父子(千鳥祐紀・祐榮)・今西殿(祐定)・正眞院殿(經忠)、各女房衆御出也、正眞院殿者重服者也、然共別火次テ有之故申付者也、奥殿(家綱)へハ膳・鈴送之、
一、三日、月次連歌有之、頭役祐長沙汰之、
一、四日、鏡明神祈念形部(刑)(竹ノ谷春照)ニ申遣了、則今日御神供布施ニ遣之、
一、五日、如例祈念梅木(春房)ニ申遣了、則今日御神供布施ニ遣之、
一、六日、當番參勤、參籠祐長沙汰之、
一、六日〻〻七日、○八日、風氣故不參、代官祐長勤仕之、
一、七日、父(東地井祐父)御忌日、學順房齋ニ來臨了、
天晴、
一、九日、節供、日並朝夕・神戶六本立・三橋名主同(大和國添上郡)・西殿庄名主同(大和國宇陀郡)神主方(中東時廣)、兩物官(中東時廣・東地井祐範)・當年上役南鄕方、
一、社司去朔日同前、
大中臣氏人、時久・時重・師勝・時昌・師信・時氏・時仍・時房(中東)、

夕御供曲事

出納の出仕を止む

*中坊秀政惣社に酒を送る

*中東時廣月次連歌

*船戸屋にて恆例祈禱祓

*旬御供等備進

一、延豊披露云、去五日夕御供焼物、以外少分之鯛
備進、殊更無正躰朽損、香氣以下太以曲事次第
也、可止出仕旨被披露了、各尤之被申分也、則
出納被止出仕了、
一、從若宮常住ヲ以テ牒送云、神戸御飯調進之式相
違候、一段圓形ニ候、如例式ニ相好一段別ニ候、
如何様候哉、可有御糺明由候、則相尋處、役人
無之テ大勢ニテ舁之故、御飯半ハ頽レ下候ヲ盛
直候而如此由申候、其後無届也、時ニ臨テ頽《ク□》ル
事不珍、役人ノ非越度、有様言候テ、少手間入
共、有様ニ可致調進儀也、以來之事可有分別、
雜掌神人下知、其通則若宮へ被申送了、
一、二ノ御殿日並朝夕樂所へ下行了、
一、如例夕飯ニ職人禰宜衆來了、
一、良作一鉢兩種カザメ二・エソ(鰌)五、・樽一ツ持參了、
一、左太郎樽一荷持參了、則酒再三進之、
一、十日、如例大神主殿日中飯、惣社參會也、予雨
降故不參也、膳・小鈴一送給之、御懇意也、
一、十一日、旬如例、依所勞不參、神前之式不記之、
一、中坊左近(秀政)殿ヨリ樽ユイ樽、惣社賞翫之、殘酒猶
於神主在之、予不出仕、鈴一雙送給之、
一、十二日、於時廣月次連哥有之、朝飯ヨリ出座之、
一、十六日、恆例秡於船戸有之、頭役九祐定・十延
種、懃仕之、予依所勞不出仕也、
天晴、
一、廿一日、旬・日並朝夕三度、音樂奏之、
一、白杖《二々》徳仲・御幣《三》基慶・散米《四》守理、
見參社司、時廣・祐範・延豊・師治・延通・祐
爲・祐長・祐榮・祐定・延種、祐紀、不參、時
家・延倫、中臣氏人不參、
大中臣氏人、時久・時重・師勝・時昌・○師
信・家綱・時氏、
一、旬菓子柿・柘榴、今一種代赤小豆切餅、
一、鹽引代鮑、干鮭代鯣、焼物鮎鮓十一、
一、予出仕、然共神役ニ不立、小刀ニテ指ヲ少々損

*旬例の如し
*船戸屋にて毎月祈禱祓
地藏講
金勝院月次連歌
宗利月次連歌
*旬御供等備進
大乘院にて春日社御本尊等御開帳
御代一度
*見參社司
小松十三年忌

〆血垂故也、
一、祐定四ノ御殿ニ副役懃仕之處ニ、御供ノ串手ニ當テ、少〻血垂故退散、替役延種沙汰之、祐定者則退散之、
一、廿三日、悲母御忌日、學順房齋ニ來臨了、
一、廿四日、地藏講、頭役予、如例經木十把四本結・茶一器・煎大豆一盆出之、御經三把書寫之、
一、廿五日、金勝院月次、從早朝出座了、
一、廿七日、宗利月次、從早天出座、種〻振舞、滿座已後、名物之墨跡・花瓶以下其外道具共數多被見之畢、
一、廿八日、於大門樣(大乘院信尊)當社御本尊・累代之御靈寶御開帳也、貴賤群集ト云〻、御代一度之御開帳也、今度者舞樂有之、
一、廿九日、小松女十三年忌、於正眞院(經忠)追善沙汰之、齋ニ參了、予子同前ニ生長者也、若年ニテ死去、不便也、年月無程移行者也、

十月大

亥ノ日、
一、一日、旬如例、雨下故不參了、神前之式不記之、
一、三日、於船戸屋每月祈禱秡有之、頭役予、酒肴沙汰之、
一、六日、當番不參、代官祐長(辰市)參懃了、渡屋ニ參籠了、去朔日ヨリ神主(中東時廣)當番籠ヨリ打續參籠了、時昌(中東)在京故也、
一、七日、祐父(東地井)御忌日、學順房齋ニ來臨也、
一、十日迄番役不參也、
天晴、
一、十一日、旬・日並朝夕、〔四〕音樂奏之、
一、白杖春格(一〻)・御幣春在(二)・散米春玉(五)、
一、社司、祐範(東地井)・時家(中)・延豐(上)・師治(西)・延通(大東)・祐爲(新)・祐長・祐榮(千鳥)・延倫(富田)・延種(大東)、祐紀(千鳥)、不參、時廣(中東)風氣、・祐定(今西)、
大中臣氏人、時久(中西)・時重(中)・師勝(西)・家綱(奥)・師信(向井)・

*地藏講
*維摩會成就
*延年
永世月次連歌
旬例の如し
*松平忠明小堀政一中坊秀政御見物
維摩會執行
講師一乘院尊覺
講師坊へ社中祇候
*御能大夫禰宜彌三郎
*維摩會に徳川秀忠米千石進上

時氏(中西)・時房(中東)、
一、旬菓子柿・柘榴、今一種代赤小豆切餅代ニ備進之、
一、鹽引代鮑、干鮭ノ代鯣、焼物鹽鯛一ツ備進之、
一、予土立役家綱雇申者也、
一、當職祝詞役懃仕之、音樂催役、南郷職事懃仕之、
一、十三日、永世月次沙汰之、從朝飯出座、終日馳走共也、
一、廿一日、旬如例、昨日雨故路次悪之条、不參也、神前式不記之、
一、從今日維摩會執行之、講師一乘院様尊覺法親王、當今(後水尾天皇)同袍〔胞〕御舎弟、十六才、御母中和門院(近衛前子)龍山(近衛前久)御息女、
一、廿三日、講師坊へ可致參上由、中東(時廣)迄御奉書被相付了、社中各祇候了、如例御一獻被下云々、御一獻之後、臺公卿・折等被出テ、大御酒也、其後御對面有テ、皆々退出也、予老足行歩難叶故、不能祇候了、

一、悲母御忌日、學順房齋ニ來臨也、
一、廿四日、地藏講、御經二把書寫之、
一、廿七日、大會闕〔結〕日、無爲ニ御成就、珍重也、
一、廿八日、今日者御門跡(一乘院)ニテ御閑座、此中御窮屈御慰日也、
一、廿九日、延年有之、事々敷結構美麗ト云々、
一、正面ニハ御門主様(一乘院尊覺)御一人、其末ニ公家衆十人餘、烏帽子・直垂着メ祇候也、其次屛風ヲ立テ寺僧・院家・社家・公家衆ノ侍衆以下見物也、殿上御廊ニハ松平下總殿(忠明)・小堀遠江殿(政一)・中坊左近殿(秀政)見物ト云々、
一、東ノ方假屋ヲ立テ、寺門衆・東大寺衆見物ト也、
一、晦日、御能有之、大夫禰宜彌三郎重時孫、沙汰之、一座盡々禰宜也、近年兩御門跡(一乘院尊覺・大乘院信尊)ニテ舞之能〔臺脱カ〕禰宜ニ被仰付、末世之躰也、
一、今度大會ニ付、從將軍(徳川秀忠)八木千石被進上也、

旬御供等備進
*足宮照高院門跡に定めらる
見參社司
*御知行千石
*土佐局は中東時廣息女
*旬御供等備進

十一月小

天晴、
一、一日、旬・日並朝夕・四種《音樂田》コレハ三月廿一日延引分也、音樂奏之、
一、白杖《二》徳仲・御幣《三》基慶・散米《四》守理、
一、社司、時廣(中東)・祐範(東地井)・時家(中)・延豐(上)・師治(西)・延通(大東)・祐爲(新)・祐長(辰市)・祐榮(千鳥)・延倫(富田)・祐定(今西)・延種(大東)・祐紀(千鳥)、
中臣氏人無之、
大中臣氏人、時久(中西)・時重(中)・師勝(西)・時昌(中東)・家綱(奥)・師信(向井)・時氏(中西)、
一、旬菓子柿《上》・柘榴《次》、今一種代赤小豆切餅、
一、鹽引代鮑、干鮭備進、燒物鹽鯛一、今日者一段大也、見事也、
一、□(予)土立役家綱ヲ雇中者也、
一、曉天、雨下風吹、乍去聽而止了、大會中前後少モ風雨ノ難無之、一段天氣快然、冥慮御納受、奇特〻〻、

一、六日、當番不參、代官祐長、渡屋ニ參籠了、
一、七日、祐父(東地井)御忌日、學順房齋ニ來臨也、
一、七日、八日、九日、雨也、番役不參也、
一、十日、土佐局之腹ニ御出現之宮樣(足宮)、白川御門跡(照高院)ニ被相定候、將軍(徳川秀忠)御意ニテ、板倉伊賀殿(勝重)幷周防(重宗)殿ニ被仰付、今日御入寺也、依叡慮公家衆モ五六人供奉ト云〻、其外御供衆北面之侍等萬多ト也、四五百人有之、當分御知行千石ト云〻、此土佐御局者、神主時廣息女也、先院樣(後陽成院)御位ノ時ヨリ御奉公被申而、御意ニ入タル故也、
天晴、
一、十一日、旬・日並朝夕三度、音樂奏之、
一、白杖《二》徳仲・御幣《三》基慶・散米《四》守理、
一、見參社司去朔日同前、中臣氏人無出仕、
大中臣氏人、時久・時重・師勝・家綱・師信・時氏・時房(中東)、
一、旬菓子柿《上》・柘榴《次》、今一種ノ代赤小豆切餅、
一、鹽引代鮑、干鮭備進、燒物鹽鯛一備進之、

*諸大夫に昇進
*春日祭
*上卿清閑寺共房
*月次連歌頭役祐範
*田樂頭屋妙徳院へ見舞
法華寺尊盛御社參
巳祓
一乘院尊覺御悦參
*旬例の如し
*御旅所縄棟顚倒につき祈禱
*御幣役中沼元知
*當山鳴動

一、評定云、旬燒物以外朽損之物躰備進、此比世間萬多流布也、如此之物調進太以不可然、雖可被處科怠、祭禮前以別義遠慮也、以來可致覺悟通下知也、并鹽引以代備進曲事也、此物躰者年中可有備進事理運也、時分柄代ヲ以テ調進不謂次第也、以來代物不可有叶通下知了、
一、法花寺殿(尊盛)御社參、八九計之御童女也、堀川殿(康胤)御息女也、近衛殿(信尋)御養子分也、法花寺(大和國添上郡)八宮歟攝家歟之御相續也、御師檀ニ付テ、辰市祐長祝詞懃仕之、御幣紙十枚取之、御供以前之条、昨日番ニ付テ當職給之、
一、十三日、巳秡、代官祐長沙汰之、
一、同日、酒殿下行物相渡者也、委曲祭記ニ有之、
一、十五日、一門様(一乘院尊覺)御參社、御遂講已後御悦參也、御車也、扈從以下結構也、社家ニモ御迎ニ可罷出由內ゝ被仰出候間、各衣冠・淨衣ニテ秡殿迄致參向者也、非理運儀也、
一、御幣役、中沼左京亮元知沙汰之云ゝ、衣冠ニテ騎馬御供ト也、諸大夫ニ昇進進(衍)ト云ゝ、
一、十六日、春日祭執行、前後天氣快然、無事成就、珍重ゝゝ、上卿清閑寺(共房)中納言殿、御宿奥館(家綱)也、諸式次第祭記ニ書之、
一、十八日、月次連歌、予頭役沙汰之、朝飯ヨリ出座也、
一、十九日、妙徳院(堯恩房)頭屋、爲見舞左馬助(辰市祐長)并甚七遣之、爲音信銀子壹枚遣之、左馬助自分禮ニ樽代三十疋持參也、坊主先日從病氣打續煩故、此比者正氣無之、狂氣狂言、無正躰也、一圓人ヲモ不被見知躰ト云ゝ、第一酒故也、酒風ニ成タル歟、頭屋中如何ト機遣也、
一、廿一日、旬如例、不參故、神前之式不記之、
一、廿二日、於船戶屋祈禱有之、頭役懃仕、酒肴用意之、進之、是者來月之祈禱引上テ沙汰之、子細者、御旅所縄棟一圓顚倒ト云ゝ、又當山十九八日晝夜鳴働(動)ト云ゝ、祈禱可然由、中坊左近(秀政)殿

妙德院祓
*旬例の如し
*馬出橋替の古物
若宮夜宮御出
還御
若宮神主嘉例の糝
田樂御幣支配
*立德歸國
*三十八所屋にて每月祈禱祓
旅殿を壞つ
*東地井祐父二十五年忌

ヨリモ內儀申來故也、
一、從妙德院秡之事申來候条、代ニ左馬助遣之、坊主自言ニ、火氣惡之由被申候条、如此ト云〻、
一、廿三日、悲母御忌日、學順房齋ニ來臨了、
一、廿六日、若宮夜意(宮)、寅剋御出如例、
一、廿七日、諸事無爲、珍重〻〻、渡物彼是當年別而早〻成就也、
一、戌下剋、還御無事成就了、
一、廿八日、若神主(千鳥祐紀)殿嘉例之糝《コナカキ》有之、予所労故不參也、此方糝・一瓶送給者也、御懇意也、
一、田樂御幣一本拜領、兩物官(中東時廣・東地井祐範)者金幣也、若神主・權神主(中時家)銀幣也、
一、前後天氣一段快然也、珍重〻〻、
一、廿九日、旅殿壞事、人夫如例、南鄉常住(梅木春房)一人・酒殿一人、雜仕二人、近年一人、其外職人禰宜衆如例年也、當職ヨリ日並御供朝夕一殿・酒三升下行、人夫共當家庭ニテ給之、

十二月大

一、一日、天晴、旬如例、所労故不參候間、神前式不記之、
一、先日大鳥井ノ東馬出橋被替了、古物兩物官(中東時廣・東地井祐範)へ給事先規之通、以兩職事、別會五師三學院(顯實房)幷當時奉行衆花嚴院・觀音院へ申届處ニ、意得通ニテ今迄延引、承仕來テ、今日可相渡候、寺中へ取ニ可給之由申來候条、兩物官ヨリ人足二人ツヽ遣之、板七枚・ヌキ柱七八本、其外朽損ノ古柱持來了、一人一荷ツヽ也、神主殿(中東時廣)同前、
一、立德江戶去年以來逗留、歸國、ミヤケトテ生鮭一尺被持了、一段見事也、懇意也、
一、三日、於卅八ケ所屋每月祈禱有之、頭役祐紀(千鳥)沙汰之、所労故不參了、
一、六日、當番、所労故不參了、代官祐長(辰市)、參籠モ沙汰之、
一、七日、祐父(東地井)御忌日、來月七日正忌月、廿五年ニ相當、

*廣橋兼勝御逝去

千鳥祐榮月次連歌

*先祖追善

旬例の如し

東地井家煤拂

辰市祐長上洛

*旬例の如し

大炊煤拂

*神前替物

引上テ聊追善沙汰之、法花同音、出家五人、羅漢供沙汰之、日中齋ニ大神主殿(中東時廣・時昌)父子・若神主殿(千鳥祐紀・祐榮)父子・今西殿(祐定)申入了、若神主殿・今西殿女房衆各御出也、正眞院殿(經忠)服者、別所ニテ用意之、大神主殿(中東時廣)一樽・若神主殿(千鳥祐紀)一樽・今西殿一樽、御音信也、

一、雨下、寒ノ入、珍重〻〻、萬民悦也、

一、十日、祐榮(千鳥)月次連歌沙汰之、從朝飯出座了、濟〻振舞也、戌剋ヨリ雨下、終夜不止、打續雨降了、草木ニ可然由也、

一、十一日、旬如例、雨故不參了、神前式不記之、

一、十三日、當家煤拂、例年也、

一、左馬助(辰市祐長)上洛、治部殿(中東時昌)・釆女殿(千鳥祐榮)同道了、

一、十四日、戌剋ヨリ大雨、終夜不止也、

一、十五日、雨晴了、大炊殿煤拂、如例朝御供一膳、酒直四十八文下行、此外無之、神主方同前ト云〻、

出納・膳部等各酒給之ト、酒用意ハ雜仕沙汰之、從社務下行請取テ也、

一、吉日トテ、兩出納市立沙汰之、如例無鹽鯛一懸・大根五本・鈴一雙持參了、酒給之、

一、十七日、廣橋前内府兼勝公、六十四、御逝去也、叡慮悉皆御執權、出頭無是非傳奏也、隙哉偏執ノ衆モ有之、國母中和門院(近衞前子)・前内府朝政悉御諳知、將(德川秀忠)軍御前モ一段御許容也、學業ハ無之、

一、十八日、左馬助下向了、

一、廿日、例年先祖追善沙汰之、出家七人、法花同音、羅漢供有之、宗專服者之間、布施・齋料送之、

一、廿一日、旬如例、所勞故不參、神前之式不記之、

一、廿三日、悲母御忌日、學順房齋ニ來臨了、同日、覺情上人正月忌之条、良勲房齋ニ申入了、

一、同、從曉天正月餅用意、廿四日巳刻ニ成就了、

一、廿六日、吉日之条、神前替物下行、南郷常住平(梅

次請(木春房)ニ來了、御灯呂綱一丈三尺五寸三ワリニメ、若宮殿御分迄也、中部ノ布四丈五寸、若宮迄也、御灯呂張絹生絹也、四尺五寸・フノリ一帖・杉原十三枚、常住ニ渡之、酒給之、障子爲修覆御幣紙五十枚遣之、

*若宮燈籠綱古物

若宮燈籠綱古物切るは私曲

一、若宮灯呂綱、去正月ニ持參候處、以外相違、散々ニ斷切リ持來了、後ニ見付了、限沙汰曲事也、以來私曲之沙汰有之者一角可有糺明通申付了、常住代右衛門神人持參了、綱切斷事、太以私曲也、中部ノ布者御若宮棚巾〔取〕切所事先規也、其外兔角私之沙汰不可然次第也、

雑仕歳末

一、廿六日、如例雑仕歳末、圓鏡二面・酒三舛一瓶ノ代、當宿所へ送之、

樂所疊新調

一、廿七日、樂所疊新調之、高畠源太郎沙汰之、紫縁重縁疊一帖・白縁ノ薄縁二帖用意之、大晦ニ船戸屋へ宿直人取ニ來テ、元日ニ敷替之、古物疊・薄縁二帖、宿直人役トシテ舟戸屋へ持來之者也、

一、サシ賃八十文ノ代十合壹斗六升下行、如例年也、

*鍛治座燈械等を上ぐ

一、大晦、鍛治五社灯掻上之、幷鐵輪火筋〔筯〕ニ煎上之、兩物官同前、

一、若宮御灯呂綱古物常住持參之、當年者無相違也、

（原表紙）

着到續番神主（中東時廣）方也、白散神主取之、

（異筆）「大東家」

元和九年癸亥記

副番織事、當年者當職也、

正預從三位中臣祐範（東地井）（花押）

（縦二六・二糎、横一九・七糎）

年頭書上

長者殿下九條殿忠｜公（榮）　[redacted]（南）曹辨（光長）竹屋殿

寺務一乘院殿尊覺法親王　權別當松林院家權僧（正脱）實性

五師

窪轉經院延宗房　三學院顯實房

明王院尊識房　妙德院堯恩房

摩尼珠院賢勝房

兩惣官

神主從三位時廣（中東）　正預從三位祐範（東地井）　若宮神主祐紀（千鳥）

權官

一 權神主時家（中）　二 神宮預延豐（上）

三 新權神主師治（西）　四 次預延通（大東）

五 權預祐爲（新）　六 權預祐長（辰市）

七 權預祐榮（千鳥）　八 加任預延倫（富田）

九 權預祐定（今西）　十 新預延種（大東）

中臣氏人

冠者延高（上）　冠者祐隆（辰市）

大中臣氏人

左京亮時久（中西）　宮內少輔時重（中）

刑部少輔師勝（西）　治部少輔時昌（中東）

民部少轉（輔、以下同ジ）家綱　中務少轉師信（向井）

散位時氏（中西）　散位時仍（奥）　散位經忠（正眞院）

冠者時房（中東）　冠者師直（西）

南鄉神殿守

春格《タチ》　春在《リ》　春祇《マサ》　春玉《タマ》　春重〔經カ〕（若宮）　春能

北鄉神殿守

*旬御供等備進
*節供大柳生庄
*白散
*八丈紙を配る
船戸屋祝儀
御强御供
*正預嘉例祝儀
畫御神事
*御强御供

利尙　德仲　基慶　守理　基久　永益 正月三日死去、從舊冬久病、七十八才ト云〻、

南鄕常住春房（梅木）　北鄕常住守通（大宮）

若宮常住 上番 宗名（和上谷） 下番 春種（若宮）

元和九年癸亥正月以來御神事記

天下太平、國土安全、寺社繁昌、幸甚〻〻、

正月小

一、元日、一日、船戶屋早天祝儀、從當職沙汰之、餠・酒如例用意之、

一、御强御供、（中東時廣・東地井祐範）兩物官分迄也、音樂奏之、

一、御强御飯大采〔菜〕桶ニ一坏、大豆・鹽副テ〇大炊ヨリ送之、各賞翫之、

一、酒殿新左衞門圓鏡一面・樽一ツ持參、例年祝儀也、酒給之云〻、

一、畫御神事如例、

一、旬・日並朝夕・臨時四種・神戶（大和國添上郡）大柳生庄、從勸修坊名主神主、（中東時廣）調進、

一、出仕之次第如例ト云〻、各裾引之、氏人狩衣・淨衣等也、

一、神殿守襷褌引之、

一、音樂奏之、

一、白散供之、

一、常住八丈引之、兩物官三十枚、權官十枚、氏人三枚宛也、

一、御神供以外遲〻也、戌刻ニ至ル、御神供不出來故ト云〻、社中油斷故、神人等モ無沙汰、言語道斷也、

一、予所勞無平愈、又舊冬大雪一切不消、氷幷氷角《ツラ》、以外也、寒氣無是非故、不參申者也、

二日

一、船戶屋嘉例、餠・酒從當職用意之、如例也、

一、御强御供二ケ度、兩物官分迄也、音樂無之、

一、從大炊御飯・大豆・鹽如昨日送之、
一、晝御神事如例、
日並朝夕・出合柑子庄〻〻藤井(大和國山邊郡)、名主兩物官、
一、音樂奏之、二御殿日並朝夕樂所ヘ下行、圓鏡者神主ヘ取之、
一、三日、船戸屋祝儀如例、
一、御强御供二ケ度、兩物官分迄也、音樂無之、
一、從大炊御飯如例送之ト云々、
一、晝御神事如例、
一、日並朝夕・出合柑子庄、・西殿庄(大和國宇陀郡)節供本式、名主正預方、(東地井祐範)
一、日並朝夕樂所ヘ下行、圓鏡者留之、正預取之、
一、白散供之ト云々、
一、(マヽ)

四日

一、從早天、兩御門跡(一乘院尊覺・大乘院信尊)幷權別當(松林院實性)ヘ、予代官祐長(辰市)參上了、
一、船戸屋御魚始、去朔日旬從當職出之、各賞翫之、

晝御神事
節供藤井庄
*節供合場庄
船戸屋祝儀
*社司四人束帶其外衣冠
御强御供
晝御神事
*新免庄御供
節供柑子庄西殿庄
*當番酒
*節供大田庄
兩門跡權別當へ代官參賀
*船戸屋一獻
*御强御供
船戸屋御魚始

當年者船戸屋、新殿(祐爲)・左馬助(辰市祐長)兩人迄也、
一、里ヘモ送之、祝之、內ノ者共各參社了、
一、今日御供、若宮灯明ノ方ヘ下行、宮內(若宮春種)取之、
一、日並朝夕・合場(大和國山邊郡)節供本式、名主祐定(今西)、
一、音樂無之、
一、從今日、社司上首四人束帶、其外衣冠也、
一、氏人各淨衣、

五日

一、日並朝夕・四種(大和國添上郡佐保田)新免庄、是者去年十一月延引分也、

六日

一、當番始御酒申之、惣社御參會、タウフス卄物其外肴如例、予不參、左馬助代官沙汰之、

七日

一、日並朝夕・大田庄(大和國式上郡)本式、音樂無之、
一、船戸屋一獻如例、
一、御强御供二度、兩物官分迄也、
一、從大炊如例御强御飯上之ト云々、

松林院實性御社參

一、松林院(實性)殿御社參、祝詞師今西祐定ヨリ御幣紙十枚被送之、此三年不被送之、內〻雖申驚無同心、當年奇特也、一段若年無案內故歟、

喜多院空慶御社參

一、喜多院(空慶)殿御社參、御師經忠(正眞院)服中故、祝詞師祐長代官懃仕之、於船戸屋如例一獻進上ト云〻、

晝御神事

一、晝御神事如例、

＊本宮登山

節供西山庄片岡庄

一、日並朝夕・西山(大和國添下郡)名主神主、・出合片岡庄(大和國宇陀郡)、名主兩惣官、

＊妙德院祓

一、音樂無之、

一、白散供之、當年者神主拜領之、

節分

一、節分、大豆御供米舛ニ一舛大炊ヘ下行、請ニ來也、此外無之、

＊金勝院愛染院來臨

一、節分、船戸屋一獻如例、芋ノスイ物・大豆等調之、

八日　大雪、去年雪一切不消ニ、又降積了、

御神事

一、御神事如例、

＊旬例の如し

節供箸尾庄代吐田庄

一、日並朝夕・新《本》六種箸尾庄(大和國廣瀨郡)節供代、名主時廣(中東)、・吐田郷田庄(大和國葛上郡)八種是者去年九月九日延引分也、名主祐紀(千鳥)、

＊一乘院尊覺御代官大乘院信尊御參社

一、本六種職事神人御供所ニ取置テ、十一日ニ鍛治方へ下行之、社頭へ請ニ來了、如先例、

一、北鄕方・若宮神主(千鳥祐紀)退出也、

一、早天、正桂爲禮來臨、古酒樽一荷被持之、共〻悅之、

一、九日、船戸屋本宮登山、一獻如例、酒ハ從當家進之、

一、妙德院(堯恩房)祈禱秡ニ、祐長代官參懃了、

一、十日、番役、代官ニ祐長參懃了、

一、金勝院・愛染院爲禮來臨、昆布二束金勝院、紙《シヤウカミ》一束愛染院、金勝院者內儀・孫女(辰市藤福)・內〻者迄面〻ニ年玉有之、

一、宗治(竹田)十疋、三右衛門十疋、○年玉也、嘉例也、古酒一樽彥左衛門、ミコイ《鯉》ニ宗治被持了、

一、十一日、旬如例、不參之間、其式不記之、

一、當方衆結願也、

一、一門樣(一乘院尊覺)御代官參、大門樣(大乘院信尊)御自身也、

德川賴宣へ祈禱物持參

一、紀伊國へ、新殿・向井殿、(師信)禰宜孫左衛門・忠左衛門下向也、守護殿(德川賴宣)去年以來御煩、御祈禱之物被持下了、殊更失墜也、

正預嘉例祝儀

一、十二日、早朝、當職嘉例祝儀、餅・酒等、スイ物鯛、

若宮神主殿(千鳥祐紀・祐榮)父子・今西殿・治部殿(中東時昌)、向井殿者紀伊國へ御越也、從宮本御見廻、新殿幷禰宜衆同道、去年以來御煩也、御祈禱物持參也、職人禰宜衆各來臨、主計(春經)笛、神樂之祕曲吹之、

神樂祕曲

知行所庄屋百姓禮に來る

一、大柳生・東九条(大和國添上郡)・中城(大和國添上郡)・大江庄屋(大和國添上郡)・百姓等禮ニ來了、何モ餅・酒給之、

節供松本庄

油煙一丁　扇二本

一、正順房・永俊房來臨、正順房八十五才、一段堅固、食事別而此比受用之由雜談也、兩人何モ舊友也、

大宮神主千壽萬歲

一、十三日、神主殿嘉例千壽萬歲有之、予所勞故不參也、膳送給之、御懇意也、

喜多院殿祓

一、左太郎爲禮來臨、油煙一裹被持了、

一、十四日、佐儀長作之、注連燒有之、

曉天御粥

一、曉天御粥役、兩物官代、神主代時昌(中東)、氏人、・正預代祐長、衣冠、社司、當番延通(大東)衣冠、若宮ヘハ當番渡之、支配、一二御殿兩惣官、三御殿延通、四御殿祐長赤土器、・時昌白土器、

爆竹

一、十五日、早天粥悅之、爆竹《サキチヤウ》ホコラカス、

一、一樽專《善》春房、一樽良意房、扇五本敎春房、宇治柿二袋・極揃一袋紹意、各來臨、盃出之、モチナトニテ酒有之、皆下戶也、

一、樽一荷甚介《カウシヤ》、一樽・杉原二帖三《スタレヤ》右衛門、來臨也、酒・餅、祝儀之躰也、

一、十五日、松本(大和國添上郡)節供本式、朝御供一膳大工方へ下行、夕御供ハ此方へ取之、社頭へ請ニ來了、直ニ遣之、神主方同前、

恆例祈禱祓

一、十六日、恆例秡有之、所勞故不參、其式不記之、頭役者氏人衆也、

一、祐長社頭ヨリ直ニ喜多院殿へ秡ニ祗候了、經忠

代官也、
一、從早天雨下、終夜不止也、

御田植

一、十七日、申、御田殖、一圓從拜殿執行也、
以外雨降了、乍去參詣群集ト云々、

大乘院信尊嘉例御祝儀

*旬例の如し

一、大門様嘉例御祝儀有之、社中、大宮神主(中東時廣)・若宮
神主・大東(延通)・新・富田(延倫)・左馬助被召了、大東・
左馬助・富田迄祗候了、藝能有之云々、禰宜治
左衞門大夫沙汰之、盡々禰宜座也、五番有之、

紀州より宮本使衆歸參

御取次衆油煙納められず

*千鳥祐榮室懷妊

一、紀州ヨリ宮本使衆被歸了、祈禱一段御祝着由也、
御煩一段御減氣之由也、秡卷數・大樽一ツ進上
ト云々、御取次衆各々へ油煙持參也、然共一所
モ不被納、何方モ無拜領由、理也、
使衆、新殿へ小袖二ツ、向井殿へ二ツ、禰宜孫左
衞門小袖一ツ、忠左衞門小袖一ツ、拜領之、重而
以使者可有御禮由、懇ニ被仰聞ト云々、
一、十八日、雨下了、

一乘院尊覺嘉例御祝儀

一、十九日、日中以後ヨリ雨也、一門様嘉例之御祝

儀、社中衆、大神主父子(中東時廣・時昌)・若神主父子(千鳥祐紀・祐榮)・富田・
左馬助祗候了、
藝能、禰宜彌三郎大夫沙汰之、惣座禰宜也、
一、廿日、祐長上洛、今西殿同道也、
一、廿一日、旬如例、不參故、神前之式不記之、
社司氏人無人ト云々、
一、從喜多院様、爲御祝儀、諸白兩樽拜領了、左馬
助へ油煙二裹被下了、
一、廿二日、大東殿見廻、豆腐五丁被持了、
一、廿三日、悲母御忌日、學順房齋ニ來臨了、同祐
勝房齋ニ申了、
一、采女殿(千鳥祐榮)御方懷妊也、爲見舞忠兵(城)衞殿夫婦來臨也、
若神主殿(千鳥祐紀)雜作也、爲音信予ニモ杉原一束、忠兵
衞殿ヨリ給之、御機遣如何、
產月ハ三月ト云々、
一、終日終夜雨也、
一、廿四日、嘉例之地藏講延引也、客人故歟、

一、廿五日、左馬助下向、板倉伊賀殿(勝重)・同周防殿(重宗)へ、從惣社年頭禮、左馬助爲使參了、伊賀殿ハ無對面、御酒被出之、乍去火氣不呑之、色代百疋給之、先〻如此也、惡物也、周防殿者對面、一段懇ニ被申ト云〻、

一、冷泉殿(爲賴)御住宅、松林院殿安內〔案〕者ニテ令見物ト云〻、次第〳〵ノ座敷驚目躰也、結構美麗事盡ト云〻、從將軍樣(德川秀忠)金五十枚拜領也、居所無不便樣ト御內證故也、御家之名譽也、洛中ニハ無之程ノ儀式ト云〻、

一、廿五、廿六、大雨也、

一、廿六日、關才次(高清)年頭爲禮來臨也、油煙一丁念入タルヲ被持了、左馬助へ扇二本祝義也、

一、廿七日、少天氣也、若神主殿客人衆被歸了、

一、廿八、廿九、雨也、

二月大

雨晴畢、
一、一日、旬如例、此中大雨故、路次一段惡故、不參了、神前式不記之、

一、若神主殿(千鳥祐紀)嘉例之一萬巻心經有之、不出仕也、心經百五十巻讀誦之、

一、東北院殿(兼祐)去月御離寺也、依不儀也、去年御子誕生ト云〻、此中之行儀言語道斷次第也、廣橋前(兼勝)內府御子息也、御容儀・人愛隨分之院家也、先途モ探題マテ遂業、既被任僧正、知行者修南院・東北院兩院兼帶、非不足、心易御身上ニテ、如此惡行之心中、佛神之冥罰、前業不知、如何、院家之大小諸道具・院內之竹木迄沽却之躰也、中〳〵不及言語成下也、內府者舊冬御他界也、無念ニ可思召ト御心中哀也、一段被懸御目、預御許容候つる故、思出致愁嘆者也、

一、四日、春日講、頭役中宮內少輔時重沙汰之、如

板倉勝重重宗へ惣社年頭禮

*旬例の如し

*若宮神主一萬巻心經

冷泉殿御住宅美麗

*東北院兼祐御離寺

德川秀忠より金五十枚拜領

*修南院兼帶

*春日講頭役中時重

禰宜大小鼓亂曲
＊猿樂衆上洛により能なし
＊徳川義直御成観世座以下能
呪師走三座観世座闕如
＊旬例の如し
當番酒
＊刀狩に召されざる刀を支配
＊知行高により竹を支配

例年、從〇(兩)物官(中東時廣・東地井祐範)日並御供一殿宛出之、予所勞故不能出仕、膳・鈴一雙送給之、一段奔走也、一入念入タル馳走也、事外雜作也、
晩ハ禰宜衆來テ、大小鼓ニテ亂典〔曲〕有之云〻、
一、五日、從曉天大雨也、連續ノ雨不正之式也、
一、呪師走、三座ト云〻、観世座闕如也、從兩惣官如例御供(×殿)一殿・兩瓶宛出之、二瓶從神主(中東時廣)出之、去年可被出事理運之處ニ、出納申トテ不被出、不謂、乍去神主殿間之儀候故、不及申事、毎度隔度也、正預(東地井祐範)方ハ御供・瓶子以下大炊ノ下部致始末、猿樂へ交替スル事先規也、道具共又里へ持來之者也、
雨晴、
一、六日、當番、雨後路次惡故、不參了、如例當番酒、番衆、師勝(西)當番、・時昌(中東)渡番、・祐長(辰市)正預代、禰宜衆出納職事・殿番・膳部等一獻ニ來者也、御供所之下部二人一獻ニ來テ、酒給之、
一、從今夜參籠、左馬助(辰市祐長)沙汰之、

天晴、
一、七日、祐父(東地井)御忌日、良勳房齋ニ來臨也、學順房ハ他行也、
一、八日、九日、南大門能無之、仍テ社頭ニモ無之、
一、猿樂衆皆上洛、從今日門ニ能可有沙汰也、
一、尾張中納言(徳川義直)殿御成申沙汰之、事〻敷御用意ト云〻、大藏源右衛門(正重)大鼓《ツヽミ》、・大藏長右衛門(大倉宣安)小鼓、・彌(大藏虎清)右衛門狂言、被召置ト云〻、御成御能観世大(重成)夫・七大夫(金剛長能)沙汰之歟ト云〻、
天晴、
一、九日、門ニ能無之、社頭ニモ無之、
一、十日、霰、事外降了、南大門無之ト云〻、
天晴、
一、十一日、旬如例、所勞故不參了、路次惡ト云〻、神前之式不記之、
一、先年諸庄刀大小、大閤〔閤〕(豊臣秀吉)依仰地衆へ被召置候、社中分少〻失墜了、相殘今度支配之、ワキサシ一ツ予取之、祐長一ツ取之、何モ不用之物躰也、
一、大柳生(大和國添上郡)ノ竹、去年被切置分今度支配之、知行之高ニ付テ取之、予分大竹一荷・ナヨ竹二三荷有

*知行算勘
南大門能
金春大夫社頭能沙汰
下﨟分一﨟遅參
*旬例の如し
*巳祓
*作り社司
金剛大夫社頭能沙汰
*午日御酒
佛涅槃
御經書寫

之、祐長モ有之、
一、今日、南大門能有之云々、
一、十二日、天氣也、門ニ能有之云々、
一、十三日、金春大夫(重勝)社頭之能沙汰之、脇ノ能白樂天一番ニテ、雨降出了、今日能既ニ及申剋、以外遅々也、猿樂遅參歟、又中坊左近殿(秀政)遅參歟、尋處ニ、何モ早々參社也、下﨟分一﨟遅參、御廊不納故ト云々、限沙汰隨意仕合不可然義也、及末代了、社中酒頭時廣(中東)順役沙汰之、如例タウフノスイ物・取肴ニテ御酒有之ト云々、
雨晴了、
一、十四日、金剛大夫(吉勝)能ヲ沙汰了、酒頭祐範(東地井)、順役沙汰之、一獻之式如例、予不參、左馬助代官也、
一、十五日、薪ノ能昨日ニテ相濟了、佛涅槃拜見了、
一、十六日、精進、御經書寫之、
一、十七日、曉天ヨリ雨下、日中風吹了、
一、十八日、猶雨也、

天晴、
一、十九日、上ノ知行奉行向井殿(師信)・釆女殿(千鳥祐榮)算勘被遂之、舊冬延引故也、今日モ氣合煩敷之条、左馬助局ニテ沙汰之、餅二十・豆腐三丁・鈴被持了、
一、京ノ喜右衛門先日下向、ミヤケトテ、豆腐五丁持下之、今日上洛之条、粽一桶遣之、
一、廿日、雨也、於靏女(東地井祐範室)忌日、祐勝房齋ニ來臨也、
一、廿一日、旬如例、先夜終夜大雨、猶降下了、然間不參、神前式不記之、
少雨下、
一、戌刻、巳ノ秡、神主代治部少輔時昌勤仕之、作リ社司ニテ氏人沙汰之、先規也、御棚役九十定役也、是モ作リ社司ニテ沙汰之事、先例有之ト云々、
天晴、
一、廿二日、午ノ日御酒、兩物官代當番參勤之、其外者隨意也、
一、廿三日、悲母御忌日、祭中、學順房無來臨、齋斷〔料〕送之、
從早天雨風也、晝夜雨風事々式也、

接木*
春日祭御戸開
飛鳥田庄御供
*南鄉神人甚藏を補任
上卿三條公廣
一乘院尊覺にて能あり
*前下﨟分一﨟吉祥院罪科
*山木伐採を許し禮物を取る
*諸門番屋等を立つ

一、廿四日、雨晴了、未本式也、
一、戌刻、御戸開、祭方神供飛鳥田也、
上役神宮預延豐(上)、正預不參故也、精進料十疋代
十合二斗遣之、從神主貳斗被出之、
一、曉天、上卿御參社、轉法輪殿(三條公廣)、御宿奥家綱館也、
上卿御參社依遲參、夜明過了、神前奉取納テ、
五過ニ成了、以外延引也、天氣快然〻〻、
一、上卿ノ御幣一本、四手共ニ到來、殿番神人持來
也、
天晴、
一、廿五日、天氣也、
同、
一、廿六日、於一門樣(一乘院尊覺)能有之、大夫衆、中坊左近
殿・金春大夫兄弟(重勝)・大藏大夫父子(氏紀)・金春又右衛門(重家)・
六藏(大倉宣吉)・金剛次郎大夫(交野)、何も一番ツ、沙汰之、左
近殿・金春・大藏大夫ハ二三番ツ、沙汰之、合
十三番有之、社中、大神主殿(中東時廣・時昌)父子・若神主殿(千鳥祐紀・祐榮)父
子・左馬助・富田殿(延倫)、依被仰出見物ニ祗候申候、
寺僧衆數多也、御振舞有之ト云〻、

同、
一、廿七日、雜仕彌左衛門ニツキ木賴入テ沙汰之、
五六本アリ、
同、
一、廿八日、南鄉神人甚藏(前內膳子 千菊弟)補任遣之、一段不便、朝
夕ノ炊サヘ斷絕云〻、此兄モ不便至極故、補任
一圓加扶持候条、重而難申由內〻歎由、及承候
間、遮而出之、一紙不及機遣候也、神奉公迄也、
一段忝由悅申者也、
同、
一、拙老從舊冬持病再發故、正月ヨリ至于今閑居、
一圓他出不叶、依之社參不叶、今日天氣快然、
暖氣之条、兩社ヘ致參懃者也、宮廻ハ不成也、
社頭之梅花共盛、見事也、致見物慰申者也、以
外草臥〻〻、
一、前下﨟分一﨟吉祥院罪科也、子細者、職之間山
木ヲ方〻ヘ許可〆、過分ノ禮物被取事、以外也、
依之惣寺依評定今日罪科也、此中種〻雖及沙汰
候、大門樣(大乘院信尊)御拘故延引、今度者中坊左近殿ニテ
及對決、如此也、尤也、高畠禰宜辻子小路ノ諸

*彼岸講
禰宜侘事
辻良政預かり
*旬例の如し
*嘉例節供祝儀
*土佐局より江州鮒
江州鮒

門・番屋以下迄盡〻山木也、則不空院ニ新儀ニ番屋ヲ立了、其屋ノ見事杉ノ大木ヲ引破テ造之、今度可有破却由、左近殿モ同心、從寺門公人・三塔(薫)以下迄雖被差上、禰宜內〻種〻致侘事故、先左近殿歸宅迄之儀、七右衛門殿(辻良政)預リニテ、先當分延引、此事致棟梁禰宜モ曲事之条、可有罪科儀候由、左近殿雖申モ、其段迄者追而之事可然由也、尤之被申分也、他國人ニモ非ス、山木恣ニ沙汰スル㇖、從昔堅以法度也、乍存知企惡逆事、限沙汰也、時刻來レハ如此成下、神罰歷然也、

雨、
一、廿九日、雨下、久助ヨリ江州鮒ニ到來、又治部少輔殿ヨリ二送給之、則調味、一段殊勝也、當年初物也、

一、彼岸講廻文有之、明日晦日可有沙汰由也、年預若宮神主殿(千鳥祐紀)ナリ、予春季也、御懸米當器貳升遣之、御齋有之、今日御供向井殿へ遣之、先日雇申禮也、

同、
一、晦日、彼岸講、中日、若神主殿頭役、御齋種〻馳走也、酒肴念入也、飯後又盃被出之、御酒濟〻也、昨日晝夜雨也、今日モ日中迄雨也、午時過ヨリ雨晴了、

三月大

晴天、
一、一日、旬如例、昨日之雨故路次惡故、不參也、神前式不記之、今日者天氣吉也、

一、嘉例節供祝儀沙汰之、

一、昨日、京都土左御局ヨリ、江州鮒被下候間、振舞申者也、一段見事珍物也、

一、大神主殿(中東時廣)・治部少輔殿(中東時昌・時房)〇父子・若神主殿(千鳥祐紀・祐榮)父子・今西(祐定)殿、此邊女房衆各御出也、正眞院殿(經忠)服者、別火所にて沙汰之、

一、奥殿(家綱)へハ膳・鈴送之、石藤殿(中東時房)風氣トテ無御出也、

伊勢物語闕疑抄
もしほ草
節供西殿庄福智庄奄治庄
*不空院辻子下高畠番屋破却
職人禰宜衆夕飯
鵲ノ羽
大宮神主嘉例日中飯
月次連歌頭役辰市祐長
*白毫寺一段見事

同、
一、二日、〔闕〕決疑抄伊勢物語、(細川幽齋)玄旨三光院殿(三條西實枝)ニ聽聞候聞書也、立德ニ借用、幷もしほ草一帖同借用了、

同、
一、三日、御節供、日並朝夕・○神戸(大和國宇陀郡)四種西殿庄・(大和國添上郡)福智庄、・奄治(大和國山邊郡)節供本式、名主正預、(東地井祐範)不參之条、神前之式不記之、

一、音樂奏之、一ノ御殿日並朝夕樂所へ下行、

一、御神供以後、職人禰宜衆夕飯ニ來臨也、

一、宗利從江戸歸宅、ミヤケトテ、鵲ノ羽片羽・鈴一雙被持了、(辰市祐長)左馬助へ一羽、一段見事也、當時數寄茶湯ニ一段賞翫ト云々、

同、
一、四日、(中東時廣)神主殿ニテ嘉例日中飯振舞、惣社參會也、予所勞故不參也、膳・鈴送給之、御懇意也、

同、
五日、月次連歌、頭役(辰市)祐長、從朝飯各々出座、人數之事、(中東時廣・時昌)大神主殿父○子・(延通)大東殿・(千鳥祐榮)采女殿・金勝院・永世・予・祐長迄也、執筆(今西)祐定、西上剋ニ滿座了、

同、
一、六日、當番ニ參懃、從舊冬正月・二月所勞故不參、今日暖氣、始而參社、神役沙汰之、滿足也、

從曉天雨、午剋ニ晴了、
一、七日、從曉天雨降了、午剋ニ晴了、神役不參、代官祐長懃仕之、

一、(東地井)祐父御忌日、學順房齋ニ來臨了、

一、從高畠立タル不空院ノ辻子ノ番屋幷下高畠ノ番屋、先度蜂起之砌、可有破却ニ治定之處、(辻良政)七右衞門殿拘ニテ今迄延引、寺門幷(中坊秀政)左近殿無同心ヤラン、兩所ナカラ破却了、不空院ノ番屋ハ壞テ眞中へ取出、盡々被燒失了、下高畠番屋ハ不殘三塔〔黨〕是ヲ破取之、從昔無之事ヲ興行、曲事也、(吉祥院)前一﨟依私曲山木ヲ恣ニ許可故也、

晴天、
一、八日、當番不參、代官祐長懃仕之、(守理)久左衞門・三郎右衞門白毫寺へ參詣トテ立寄了、餅・酒出之、數剋物語、白毫寺一段見事ニ成タル由也、(空慶)喜多院様御一身ノ御苦勞也、晩ニ永春來臨、盃出之、社頭へノ次也、祐長同道也、

*金勝院月次連歌
*絲櫻
西殿庄出納職任料
*大柳生順實
源氏物語初音巻
旬例の如し
立德へ振舞
*正順房月次連歌

一、九日、雨下、終日雨降了、風モ少〻吹了、番役不參、代官祐長懃仕之、夜中雨雷事〻式也、

一、十日、同、雨故不參、代官祐長、午剋少晴了、

一、久左衛門ヨリ白椿一枝、苡一折到來了、

一、内記禮ニ來了、江州鮒三・樽一荷持了、西殿庄任料銀子五十五匁上之、八木貳石代也、任例用捨了、加藤（永益）左衛門舊好故、其跡式故也、三月三日・七月七日四種、正月三日節供、三ケ度也、神主殿方モ被仰付ト云〻、

一、從今日初音巻始之、一瓶采女殿御持セ也、

一、十一日、晴天、旬如例、此中大雨故路次悪故、不參了、諸式不記之、

一、立德へ振舞沙汰之、紹意幷右衛門殿同道、八時分より也、江州鮒到來、一種也、從紹意菓子一盆到來、ャウカン以下也、

一、饅《ウスカハ》三十被持了、

一、十二日、同、金勝院月次沙汰之、從朝飯出座也、庭前之絲櫻盛也、大木一段見事也、於當所社頭幷此一本也、酒一圓不成、無曲也、永世用捨トテ不出也、

一、十三日、同、勘兵衛門ニ今日御供遣之、先日紙十五枚持參ノ返禮也、

一、大柳生順實（大和國添上郡）見舞トテ、大栗四十二持參了、月次出座ニテ無對面、

一、十四日、同、采女殿振舞、從日中飯終日濟〻也、大神主殿・予・左馬助・今西殿、無餘人、心靜一日思出也、江州鮒・鱒一段之珍物共也、鱒無鹽也、風味言語道斷也、

一、十五日、同、正順房月次沙汰之、從朝飯出座、終日種〻馳走共也、人數、予・左馬助・永俊・正桂・宗治（竹田）・宗利・亭主、七人也、宗利舊冬江戸へ下向延引分也、

一、今日御供善介ニ遣之、先日爲見舞鈴持參、則返

*旬例の如し

西京大工

*金勝院月次連歌

西大寺にて別受戒

道明寺は法華寺末寺

行儀法度自齋なし

鯨ノ內ノ物

*大藏正重夢想連歌興行

禮也、

同、
一、十六日、西京大工二人、源十郎・甚七兄弟二人南方ニ材木置處沙汰之、南ノ堀へ作リ懸タル三間・二間也、材木不事闕也、

雨少下、
一、十七日、大工有之、

同、雨止了、愛染ノ奇特也、
一、十八日、大工有之、小屋柱立之、雨止了、愛染ノ奇特也、

一、今日、於西大寺（大和國添下郡）別受戒有之云々、西大寺・法花（大和國添上郡）寺末寺之律僧・御尼衆盡々出仕ト云々、道明寺（河内國志紀郡）法花寺末寺也、行儀法度無之云々、自齋モ無之、其外戒行一向非本式、從本寺雖及糺明無其詮云々、惣樣富祐ニ御成故也、末世也、

晴天、
一、十九日、大工有之、小屋出來、屋根葺之、

從若神主殿（千鳥祐紀）鯨ノ內ノ物一鉢給之、無比類珍物也、

同、
一、廿日、大工有之、今ハ上下ノ雪隱沙汰之、

一、於靏女（東地井祐範室）忌日、祐勝房齋ニ御出也、晩ハ少雨下、夜中雨也、

同、
一、廿一日、旬如例、昨夜雨故路次難儀故、不參了、大工兩人有之、

同、
一、廿二日、大工一人、茶屋水棚沙汰之、

同、
一、廿三日、悲母御忌日、學順房齋ニ來臨也、

金勝院月次ニ出座、永俊頭役、各從朝飯出仕也、

小鮎一鉢、野田主水（久保利亮）ヨリ到來、水棚出來了、大工一人、

同、
一、廿四日、大工一人、北ノ方雪隱幷屛修理加之、柱取替了、

從金丞（神人）花三色・鈴一雙到來了、

從金勝院、昨日殘酒トテ古酒一樽到來了、

從笠坊江州鮒五送給之、

從（衍）小鮎一鉢采女殿ヨリ到來、

野田筑後（神人久保利房）爲見舞一樽持參、酒進之、

同、日中以後雨下、ヤカテ晴了、
一、廿五日、大工有之、北ノ屛柱用意之、

大藏源右衛門（正重）夢想興行、從朝飯ヨリ（マヽ）出座、終日種々馳走也、祐紀（千鳥）・時昌（中東）・祐長・祐榮（千鳥）・予、其

*土佐局御歸京

千鳥祐榮室男子平產

*旬御供等備進

*見參社司

外西里衆也、ハヤシ可有之歟ト存處、源右衛門明日紀州へ罷越、取亂故無之、連歌ハ八時分ニ滿座了、
一、同、廿六日、大工沙汰之、
ウト一盆左近左衛門ヨリ到來了、
無鹽ノ鯛一ッ正眞院殿ヨリ到來了、
一、同、廿七日、大工二人、源十郎來了、北ノ屛・雪陰（隱、以下同ジ）以下立之、
一、昨夜、采女殿御方產、ヤスヽト御沙汰、前後少モ無煩也、母子共ニ息災也、シカモ男子（千鳥祐忠）也、一段大慶也、
一、同、廿八日、大工二人、源十郎兄弟甚七少煩了、聽而無異儀也、
一、采女殿ヨリ兩種モチ、鯛ツクリテ、・鈴一雙、則賞翫了、
一、同、廿九日、大工二人、北方雪陰・屛出來也、一段可然也、
小鮎一鉢左近左衛門ヨリ到來、則賞翫也、

一、廿八日、采女殿へ餅・酒樽一荷音信沙汰之、左馬助參了、
一、廿九日、左馬助局天井沙汰之、大工二人、
一、土佐御局今日御歸京之由、喜右衛門預御使、手前取紛殘多躰也、桑柄ヌリ團扇一本遣之、滿助カ親先日扇持來返禮、桑柄團扇一本遣之、竹柄一本喜右衛門ニ遣之、
一、同、晦日、大工二人、左馬助局天井沙汰之、

四月小

一、同、一日、旬・日並朝夕・四種北郷南圓講、音樂奏之、
一、白杖春格一〻、御幣春在二〻、散米春祇三〻、
一、社司、時廣（中東）・祐範（東地井）・時家（中）・延通（大東）・祐爲（新）・祐長（辰市）・祐榮（千鳥）・延倫（富田）・延種（大東）、祐紀（千鳥）、不參、延豐（上）・師治（西）輕服、・祐定（今西）、中臣氏人無出仕、大中臣氏人、時久（中西）・時重（中）・師勝（西）・時昌（中東）・家綱（奥）・師信（向井）・時氏（中西）・時房（中東）、

*南郷方能沙汰
*水屋以下宮司上分
新歌仙歌
水屋神樂
拜殿沙汰
*立德振舞
*雁の汁
牡丹花盛
*當座
御影堂扇

一、旬菓子山芋・串柿、今一種赤小豆切餅代ニ備進之、
一、鹽引・干鮭備進之、燒物鹽鯛一備進也、
一、正月以來、今日始而旬參、老足難堪也、神役ニハ斟酌了、老躰故也、
一、大工二人、左馬助(辰市祐長)局天井大略出來也、
一、笠坊ヨリ難去承故、新哥仙哥書之、今日出來也、老筆迷惑也、
二日、一、大工二人、左馬助局ノ用也、
同、一、二日、水屋神樂、拜殿ヨリ沙汰之、大東(延通)殿御尋、豆腐五丁御持セ也、
一、牡丹花盛也、嘉例之振舞沙汰之、野田久左衛門(守理)・同三郎右衛門・同(久保利亮)主水・同理兵衛・同(久保利房)筑後・左近・同圖書・同彌左衛門・高畠左近左衛門・同勘兵衛・同嘉兵衛・同甚介、以上、從日中飯、中段、後段沙汰之、理兵衛御影堂扇二本箱ニ入テ持來、箱一段念入見事、御影堂扇似セ物出來〆笑止之躰ナルニ、門前ノ物共皆拂出〆、以外結構ニ成タルト也、名物限ニ退漸之躰ナルニ、近比ノ義也、
同、一、三日、水屋神樂、南郷方藝能沙汰之、水屋上分宮司衆上之、
○《大》白餅・赤小豆餅二・ワカメ一把・串柿一串・フキ・ヲコシ米・ハス・○《シトキ・》イリマメ等也、一鉼《一ス、》、
以上、水屋、左近左衛門、一銚子・アツキノ餅二・ヲコシ米・ハス・シトキ等、孫右衛門、榎本分、一銚子・アツキノ餅二・ヲコシ米・シトキ・マメ・ハス以下、紀伊社、久次、
一、立德振舞、珍物共濟〻也、雁ノ汁・鹽引有之、一段見事也、無比類風味也、從奥州持上了、此一種ノ約束也、自餘物無益也、牡丹花下終日興遊、當座アリ、人數、采女殿(千鳥祐榮)・左馬助・予・永俊・正桂・紹意等也、美麗肴有之、
同、一、四日、水屋神樂、南郷方能有之、
一、牡丹見物トテ、正順房・永俊房・正桂・宗治(竹田)・

*郡山年寄衆と指引
若宮方能あり
*穢物取退を願ふ
水屋付近にて殺害
*松平忠明の仰せ
郡山衆中坊衆と闘諍
*狼藉の者切腹知行召上
一乘院尊覺使者大藏正重等

宗利來臨也、酒肴預懇志也、志也、
同、一、五日、水屋神樂、若宮方能有之、
一、笠坊諸白兩樽被持了、哥仙ノ禮也、
一、大神主殿（中東時廣）日中飯振舞也、笠坊御出也、終日慰了、
一、兩常住（大宮守通代・梅木春房）注進上、只今水屋近邊ニテ一人殺害、死人在所ハ水屋ノ辰巳方、安居ノ北邊也、早々穢物可然由申、則兩常住兩職事相副、一﨟并別會五師へ申遣處ニ、意得通返事也、
一、其後廳而、最前死人ノ親兄弟衆馬上ニテ從郡山（大和國添下郡）カケ上リ、水屋邊ニテ左近殿（中坊秀政）ヲ尋、則及闘諍、左近殿衆取合、當座ニ四人殺害了、左近殿衆モ三人死了、其外雙方手負萬多也、郡山衆百餘寺中ニ逗留シテ、種々存分不相果、是非左近殿ニ懸御目、自他存分ヲ不承屆郡山へ可罷歸樣無之トテ逗留ス、從一門樣（一乘院尊覺）種々被仰出候へ共不成、寺衆老僧數多出合懇望ナレ共、無同心、其中ニ從一門樣大藏源右衛門（正重）・同長右衛門（大倉宣安）・同彌左衛（右カ）門ニ御使被相副、郡山へ被差下、然者郡山年寄衆罷上、大方指引相濟躰也、兩惣官代（中東時廣・東地井祐範）・若神主（千鳥祐紀）代、御門跡樣（一乘院尊覺・大乘院信尊）兩所・喜多院殿（空慶）・權別當（松林院實性）へ申入、社頭之事笑止之式也、早々穢物取退候樣ニト申入了、六日ニ至テ其マ、有之、雙方同前也、
同、一、六日、當番不參了、代官祐長沙汰之、參籠同前、
一、從一門樣郡山へ左亮（京脫）殿（中沼元知）・宮內卿殿（別所宗永）御使ニ被遣候處、下總殿（松平忠明）被仰樣一段有樣結構也、惣別奈良中見物之事、從最前堅致抑止了（又候）、見物ニ罷出事近比曲事也、剩致狼藉、太以曲事也、及當座殺害尤之義也、於下總聊以存分無之、罷上タル仁躰共、何モ腹切歟、知行召上歟、可被申付由也、又兩惣官代・若宮（神脫）主代（千鳥祐紀）一門樣并左近殿へ申屆、兔角是非ノ沙汰、追而可有御糺明、先以一時モ急キ穢物ヲ退ケ申候樣ニ可被仰屆由、申屆處、郡山返事ヤカテ可相聞、今少之間也、無油斷由左近殿返事也、雙方死人于今有之、郡山返事ヲ

牛黄圓

*夏酒

千鳥祐紀嫡孫誕生祝儀

*鮒鮓ナマナリ

*枸杞

*旬例の如し

被待由也、餘以水屋神樂增長、新儀非例無法量仕合故、如此之義出來也、

一、午下剋ヨリ雨下、此中待カネタル雨也、先以珍重也、

一、從正桂牛黄圓一貝幷堺(和泉國大鳥郡)ガサウ一箱到來了、懇意共也、

一、同、七日、番役、祐長代官ニ參勤了、祐父(東地井)御忌日、學順房齋ニ來臨也、

大工有之、內儀ノ東ノ方修造了、

サ□□ヤ〔カ〕三右衛門菓子一折・古酒兩瓶持セ也、菓子三種念入たる義也、

一、同、八日、當番代祐長參勤也、

一、若神主殿嫡孫(千鳥祐忠)誕生祝義トテ、各へ御振舞、日中以後、鮑ヲ入テ餅シタ、メタル也、スイ物鯛、其外鮒鮓ナマナリ、鯨ノ內ノ物、此兩種珍物也、其外種〻肴、無是非大御酒也、庭前藤盛也、一段當年者別而見事也、又盃被出、酒宴有之、人數、中殿(時家・時重)父子・大東殿(延通・延種)父子・新殿(祐爲)・形(刑)部殿(西師勝)・向(師信)井殿・左馬助・治部殿(中東時昌)・予也、大神主殿客來有トテ無御出也、

一、若子可奉見由被仰間、產所近〻ニ罷寄、乳母抱テ出了、息災ニ無比類美麗ノ男子、尤自愛也、皆〻滿足也、產婦モ無事也、珍重〻〻、

一、宗治夏酒アケタルトテ、一樽幷醬一桶被持了、鈴一雙甚七ニ、別而之懇志也、

一、大工一人、內儀修造無出來也、

一、同、九日、酉下剋ヨリ雨下、當番代祐長參勤了、

一、左近左衛門振舞、從日中飯晩迄終日種〻馳走也、大神主殿・若神主殿・治部殿(中東時昌・時房)父子・左馬助・予、外人無之、終日慰也、振舞過タル躰也、

一、雨天、十日、當番代祐長參勤了、先夜雨也、明テ止了、

一、枸杞一折、兵庫ヨリ到來了、

一、少雨下、十一日、旬如例、雨少降故、不參了、若神主殿

大東延通月次連歌
大東延通日次連歌
*萓
生貝
*アマ茶
鳩
宗治月次連歌
*旬例の如し
*戒重御供

モ不參ト云々、若宮ヘ大神主殿御渡ト云々、
(×同)天晴、
一、十二日、於大東月次有之、連衆如例、從朝飯出
座了、八時分ニ滿座也、振舞一圓精進也、
天晴、
一、十三日、
同、
一、十四日、於大東殿毎年之日次連歌有之、出座了、
晩炊振舞也、乘物人足來了、
少雨下、
一、十五日、中沼左京殿ヨリ生貝十送給之、七ツ宗
治へ遣之、爲明會也、檜物屋與一郎爲見舞來臨了、鳩
鹽鳥五持參了、一段重寶也、餅・酒給之、
從先夜大雨、一段珍重々々、
一、於宗治月次有之、從朝飯出座、終日種々馳走共
也、
十六日午剋迄大雨也、萬民安堵也、久敷雨不降
也、
午下剋ヨリ雨止了、末々迄酒・飯給之云々、奇
特心付也、毎度也、
晴天、
一、十七日、大東殿日並、祐榮發句也、予昨日之連歌

草臥故不參了、
同、酉下剋ヨリ終夜降了、
一、十八日、宗治先會禮トテ來臨也、鈴一雙被持了、
宗利來臨了、夏酒アケタルトテ鈴一雙被持了、
一段殊勝也、
くこ一折大東殿ヨリ到來了、粽一盆采女殿被持
了、
雨天、雨ハ止了、
一、十九日、くこ・萓若宮禰宜左近ヨリ來了、
三郎右衛門・彌左衛門爲見舞來了、アマ茶一器
三右持セ了、夏酒アケタルトテ鈴一雙彌左持セ
了、肴用意〆酒有之、
鮓二正眞院(經忠)ヨリ到來、當年初物也、
晴天、
一、廿日、明日旬相調、如例時刻ト云々、出納長右
衛門案内也、
大神主殿内儀ヨリ饅(×五)九送給了、大神主殿次第無
殊事由也、
於鶴女(東地井祐範室)忌日、祐勝房齋ニ來臨也、
同、
一、廿一日、旬如例、所勞故不參了、今日戒重(大和國式上郡)御供

*京土産麩
*産所開
*藤菊社參
百日參籠
*藤菊と名付く
*名付親
地藏講
金勝院月次連歌
*旬例の如し
*嘉例節供振舞
草花到來

備進也、名主料米到來也、従中坊左近殿豆飯・結樽一被送
之、於社頭賞翫、相残於神主殿(中東時廣)各參會、予不罷
出也、三方神人中・拜殿へ被送之云〻、今度ノ
祈禱也、豆飯一重・鈴一雙送給了、御懇意也、
未下剋ヨリ雨下、終夜雨大風也、従曉天ヨリ(衍)止
了、
晴天、一、廿二日、百日參籠可有沙汰由也、番帳披見了、
同、一、廿三日、悲母御忌日、學順房齋ニ來臨也、
赤小豆餅一重祐勝房被持了、則受用、一段吉也、
雨天、風吹、一、廿四日、地藏講有之、雨故不參、御經二三行書
之、巻ノ末也、
天晴、戌刻雨下、一、廿五日、金勝院月次、従朝飯出座、正知(堺屋)頭役、
種〻馳走也、
天陰、一、廿六日、少雨下、
同、晴天、一、廿七日、従彌左衞門草花色〻到來、芍藥二色・
杜若二色・芥子二色、菊一枝、是ハ初花也、イツ
レモ見事也、

大神主殿内儀ヨリ竹子五本給之、
京ミヤケトテ、麩十今西殿(祐定)ヨリ到來了、
晴天、一、廿八日、
同、一、廿九日、若神主殿産所開也、若子(千鳥祐忠)社參也、當家
ヘモ祖父(千鳥祐紀)同道ニテ御出也、赤飯一箱・カマス(鰤)一
連・コフ一束・樽一荷被持了、名御所望之間、
藤菊殿(千鳥祐忠)ト付了、従是兩金扇一本末ヒロカリ遣之、
親父祐榮モ名付親也、達而雖及辭退、嘉例之由
御理故同心了、珍重〻〻、酉下剋ヨリ雨、終夜
降了、

庚寅
五月大

一日、旬如例、不參了、老足不如意故也、
一、如嘉例節供振舞沙汰之、若神主殿父子(千鳥祐紀・祐榮)・治部殿(中東時昌・時房)
父子・今西殿(祐定)、大神主殿(中東時廣)御煩故無御出、膳送之、
奥殿(家綱)ヘモ膳・鈴送之、
若神主殿・今西殿女房衆各御出也、

甚藏服開
髪洗垢離搔散花
甘味の唐物
京ノ粽
神人補任
*日次連歌
*鱒ノ鮓
節供西殿庄神戸奄治庄

正眞院殿(經忠)別火ニ申付了、甚藏者一廻服開了、川ニテ髪洗、コリカキテ、散花沙汰之、菩提山(大和國添上郡)識舜房爲見舞來臨也、唐物一袋、一段甘味、軟ニメ菓子無比類也、京ノ粽三十從若神殿送給之、

晴天、午去度々雨下、夕立キタリ、
二日、久助次男四郎五郎補任出之、鮓五・鈴一雙持了、任料ハ秋迄延引也、竹子一段見事之一箱、從正眞院殿到來了、

晴天、
三日、見事之竹子從大神主殿給之、御煩氣色無異儀、脈躰可然由、醫者被申由也、

午剋ヨリ雨少下、
四日、戊剋ヨリ、(マヽ)從正桂兩瓶到來、一ハ古酒、一ハ當夏酒ハシリ、何モ殊勝也、

晴陰、端午、
五日、御節供、日並朝夕・八種西殿庄(大和國宇陀郡)、名主祐範(東地井)、・神戸名主時廣(中東)、・奄治(大和國山邊郡)名主祐範、音樂奏之、二御殿日並朝夕樂所へ下行也、予不參故、神前之式不記之、神主殿(中東時廣)モ煩故不參也、

一、如例御神供已後、夕飯ニ職人禰宜衆來儀也、從宗治(竹田)祝儀トテ諸白・鈴一雙到來了、

晴天、
一、六日、當番不參、代官祐長(辰市)、參籠モ沙汰之、大神主殿日中飯如例參了、煩候儀雖無異儀、次第機遣也、日並、發句沙汰之、

月は秋ゆく影久し天原

一獻、餅・菓子・豆腐・コンニヤク・干蘿・芋・竹子等、一樽送之、懷紙出之、松林院殿(實性)御出座、宗治鱒ノ鮓一、正知(堺屋)古酒兩瓶持セ也、日並同道了、

一、清祓ノ事、一門樣(一乘院尊覺)幷寺門・左近殿(中坊秀政)へ相届了、何モ意得由也、兩惣官(中東時廣・東地井祐範)代ニ大東殿(延通)加テ使節也、

雨風、
一、七日、當番、祐長代官ニ參懃也、

燈籠を鉤く
*妙徳院祓
中東時廣を笠坊療治
*投藥
*中東時廣死去
*土佐局等男女子息六人
*中時家神主西師治權神主中西時久新權神主轉任
旬例の如し

祐父(東地井)御忌日、學順房用所トテ無來臨也、
南郷一﨟與介(春格)明日灯呂鉤之トテ、鈴一雙持參了、
在所ハ舞殿丑寅ノ角、何ニモ不相構由直ニ承了、
雨風也、風ハ戌亥ノ時ヨリ止了、雨終夜隨(降)也、
大神主殿同前也、昨日ヨリ笠坊寮(療)治也、藥無異
儀、先以珍重〻〻、
雨天、
一、八日、當番、代祐長參懃也、
同、
一、九日、當番、祐長代官ニ參懃了、
一、大神主殿酉剋絶入トテ、左馬助(辰市祐長)急ニ注進、走付
處ニ、雪陰(隱)ヘ御出ニテ、手間入、絶入ト云〻、
無異儀蘇生也、當番、籠向井殿(師信)雇申者也、從兼
而約束申者也、九日・十日番役モ向井殿賴申者
也、
天氣、
一、十日、大神主殿今日ハ無異儀躰ト也、乍去落居
大事也、笑止〻〻、
同、
一、十一日、旬如例、不參了、大神主殿煩之儀、從
曉天樣子一段惡成タル故、左馬助モ不參也、無
心元故、■看病ニ無隙也、大事也、
雨天、
一、十二日、大神主殿大事ニ成タル由、中來了、
今日御供向井殿ヘ遣之畢、
一、妙徳院(堯恩房)秡ニ、向井殿雇遣之、大神主殿見舞參了、
今や〳〵ト成て于今延引、藥一包可出由、女房
衆依懇望遣之、樣子今ハノ躰也、
雨風、
一、十三日、辰剋、神主時廣死去、六十七、神主職
廿年治世也、冥加者也、男女子息六人、京都土
佐御局腹ニ先皇(後陽成院)ノ宮樣二人誕生、兄宮(足宮)十歳樣者白川(照高院)
御門跡也、御領千石、御門家一段見事ト云〻、
從將軍家(徳川秀忠)依御意板倉殿(勝重・重宗)父子一段馳走也、次ノ宮(清宮)
樣モヤカテ可有御有付由也、
一、中殿(時家)ヘ使ヲ以テ、當職珍重ノ禮申遣了、明日御
神供祝儀トテ遣之、使ニ酒給之云〻、西殿權神(師治)
主殿・中西殿(時久)新權神主轉任ノ一禮申遣之、
一、十三日、一ノ御殿御供拜領之、未補故也、諸神
ノ中水屋三坏・庭主曲(典)二坏、少神供有之、取之、

*恆例祓

*祐範神主兼帯

中東時廣葬送

西殿庄出納改易に助言せず

*拜殿南圓堂講

*犬皮

*西師治へ旬祝詞傳授

二坏久助・三坏三郎右衛門ニ給之、只今者此外
無之ト云〻、
一、十四日、天晴、従中殿宮内殿（時重）ヲ以テ昨日之返禮、今日
神供祝着之由也、
小神供昨日之通、久助・三郎右衛門ニ給之、
一、十五日、雨下、一ノ御殿拜領、小神供如昨日三郎右衛
門ニ申付了、
時廣葬送、日中以後ト云〻、雨故笑止也、
一、西殿庄出納可有改易由、内記・若宮忠左衛門歎申、
度〻申來了、乍去、此職久敷持來躰、替目之時
面替ノ禮出之、持來也、今度可有改易トテ従正（東地井祐範）
預助言不成、他方ノ義也、惣様定モ無之上者、
兎角不及指引、跡職上次第ニ被申付之間、其時
ノ社務ノ可為分別次第、幾度モ侘事、可然由申
聞了、
一、十六日、天陰、一ノ御殿拜領了、小神供同前三郎右衛
門ニ申付了、

恆例祓有之、雨後道悪故、不參、頭役氏人衆ト
云〻、
一、十七日、天晴、中殿京上ト云〻、長者宣申也、事外遅
參也、
一ノ御殿御供拜領、兼帯故也、小神供同前也、
三郎右衛門ニ申付了、
一、十八日、同、一ノ御殿御供并小神供拜領也、神主兼
帯也、
拜殿南圓堂講臨時備進之、一二御殿拜領之、
犬皮一箱・諸白兩瓶、従紹意到來、宇治（山城國宇治郡）へ越由
申云〻、
一、十九日、同、一ノ御殿御供并小神供拜領也、神主兼
帯也、
權神主殿鈴一雙被持了、旬祝詞相傳之事懇望之
条、則傳受了、念入奇特也、
若宮勘兵衛爲見舞鈴一雙持參了、則對面、菓子
出了、

*京ノ大佛餅

神主職長者宣下著

*船戸屋井にて鹿子死ぬる故清めを申付く

旬例の如し

正眞院經長一回忌作善

西師治舊記所望

*地藏講

國替以前の記錄五帖

*正桂月次連歌

同、
一、廿日、左太郎爲見廻來臨、諸白樽一荷持セ也、一段殊勝也、

一、十三日ヨリ今日迄、神主兼帶、御神供・小神供以下拜領之、未補故也、

一、明日御供案内來了、何も相調、鮎無到來候間、燒物鯛備進云〻、

同日、申剋、神主職長者宣下着候由申來了、立文也、使北郷職事也、彥右衛門ト云、先職より職事也、長者宣一紙寫進由之文躰ナル共、不來也、失念歟、則拜見之通返事沙汰了、則長者宣正文持セ給候間、拜見候て返進了、

同、
一、廿一日、旬如例、不參了、其式不記之、

一、經長(正眞院)一廻作善有之、法花同音、羅漢供有之、日中齋ニ參了、西殿(師治・師勝)父子・道七御出也、

一、權神主舊記所望之条、撰之、五帖有之、乍去國替以前之記錄、當時分之式ニ不相當、乍去昔之跡可有糺明トテ、記錄五帖遣之、形部殿(刑、以下同ジ)(西師勝)へ交替了、經忠(正眞院)直ニ渡候、一覽之後可返給由也、

一、金勝院爲見廻御出也、饅頭十四被持了、

一、鮓五・鈴一雙、爲見廻從奥殿送給之、

一、京ノ大佛餅《大》三、從釆女殿(千鳥祐榮)送給之、

一、終日正眞院殿ニテ日記撰之、晩炊麥飯振舞也、戌剋ヨリ雨下、終夜不止也、

雨天、
一、廿二日、奥殿爲振舞申入共、參籠トテ無來臨也、

一、大東殿爲見廻御尋、竹子五六本持セ也、一段見事、大サ驚目物也、

舟戸屋井へ鹿子落入テ死了、則職事ヲ以テ下﨟分下《一》﨟へ屆候處、意得由返事也、ヤカテ清メ可申付通也、

天氣、
一、廿三日、悲母御忌日、學順房齋ニ來臨也、宗治爲見廻來臨、諸白兩瓶持セ也、

同、
一、廿四日、地藏講、御經取寄、二把書寫之、

同、
一、廿五日、正桂月次、頭役、朝飯ヨリ出座、終日種〻念入タルコマヤカナル事共、馳走不及是非、

豆飴
*阿治佐比
*白ツヽシ
*サワラ木
副番を織直す
*金勝院月次連歌
奥時仍番入
*旬例の如し

連哥八時分滿座了、夕飯迄抑留也、一段慰共也、
同、
一、廿六日、葵三本・竹子一把、梅木持參了、
マメアメ一袋五十餘南鄉形部持參了、
一、高安太郎(重政)左衛門ヨリ、羊羹幷白瓜一送給了、瓜
初物也、
時(昨)夜、終夜雨也、
雨下、
一、廿七日、副番織直了、祐紀(千鳥)・師信(向井)雇申者也、日
中飯ヨリ御出、夕ハ粥振舞也、
神主孫時仍(奥)番ニ可入由、內〻向井殿〆尋處ニ、
秡ニモ未出仕如何由被申トモ、神役之儀尤可然
トテ入了、一段成人也、十五才、
番帳清書、祐紀へ憑申者也、
鮎五正眞院殿ヨリ初物トテ到來也、
一、從左近左衛門草花色〻幷豆アマ一裹五六十到來
了、
一、彦六見舞トメ、ムスコ召具來了、筆二對、赤飯
大
一箱持參了、筆則試之、一段吉也、赤飯ハ部

屋・釆女殿・正眞院殿・甚七母所へ送之、內衆
無殘賞翫也、
一、才六大柳生(大和國添上郡)歸ニ阿治佐比一本持來了、一段見事
也、北南兩所ニ植之、白ツヽシ約束シタルト云、
庄屋善右衛(マヽ)所ニ有之ト云〻、
一、サワラ木(椹)從金勝院持セ給了、則西ノ方ニ植之、
祝着〻〻、
雨下、
一、廿八日、金勝院月次、從朝飯出座、頭役宗治、
酒・茶・菓(×同)子種〻、其外肴色〻、念入タル馳走
也、終日慰共、難忘次第也、
同、
一、廿九日、雨也、
少雨、
一、晦日、

庚申
六月大

天晴、
一、一日、旬如例、不參故、神前之式不記之、
一、旬菓子串柿・山芋・枇杷、
一、鹽引代鮑、干鮭代鰑、燒物鮎鮓、當年始而備進

正眞院經忠除服
*船戸屋にて毎月祈禱祓
元服
*祓相傳
直垂大小刀
*牛福四郎右衞門連歌興行

之、
一、正眞院經忠、一廻過テ除服、河原ニテ髪洗、コリカキテ社參也、
今日吉日トテ元服、髪切事時廣(中東)約束ナレトモ、去十三日死去之間、予被賴而沙汰之、小刀ニツ送之、其外當旬御供・樽一荷遣之、御神供已後振舞也、權神主殿(西師治)・若神主殿(千鳥祐紀)・形部少輔殿(刑、以下同ジ)(西師勝)・今(祐定)西殿・予、種〻馳走也、抑留故、晩迄枕ニテ雜談也、中段入麵也、晩ハ所望故麥飯也、一段出來也、度〻酒也、形部殿加冠ノ副役、髻トリ、烏帽子着事、悉皆沙汰之、其後直垂、新調ノ大小ノ刀差之、各同道ニテ社參、祝儀トテ餅・酒一獻有之、若神主殿御出也、
一、歸宅後、爲禮經忠來臨、兩種サヽチマキ・スシ、・樽一荷、其外紙三束持參也、寒酒ニテ祝儀沙汰了、
同、
一、二日、牛福四郎右衞門來臨、古酒一樽持也、永俊・三右衞門同道、酒進之、京ノチマキ・スシ以下出之、來五日興行之脇沙汰之、若神主殿知音故御出座、第三沙汰之、一順次第ニ廻之、
同、
一、三日、毎月祈禱於船戸屋有之、頭役五祐爲(新)・六祐長(辰市)、鈴一雙・肴兩種、祐長分從是調進、猶從上衆酒肴用意、
祐長忌中也、秡授之事、若神主殿ニテ沙汰之、予モ不參也、
同、
一、四日、若神主殿ヨリ、祈禱トテ日中飯膳・鈴送給之、重〻肴也、心靜ニ賞翫了、
一、正眞院殿衆振舞、日中飯沙汰之、鮎一味也、
一、左近左衞門爲見廻、菊・石竹・鈴一雙・スヘリ莧一盆持參了、何モ懇意也、則酒催之、一段之吉酒也、
同、
一、五日、牛福四郎右衞門興行、發句所望、雖及斟酌、久敷煩テ在京、本服〆下向、祝儀トテ達而懇望故、從朝飯出座、八時分ニ滿座了、

一、同六日、當番、代官ニ師信(向井)雇者也、參籠モ頼入了、左馬助(辰市祐長)一廻之間、一圓正預(東地井祐範)代ニ雇申者也、禮式來秋可申談故約束了、
一、昨日爲禮四郎右衛門來了、白布一端持參了、
一、同七日、當番、不參了、代官師信參懃了、
一、從神主殿(中時家)御使、將軍(徳川秀忠)若君竹千世(徳川家光)〔代〕様當所爲見物御越之由申候条、社頭掃除之事可申付由、從寺門申來由也、則當方分職事ニ申付了、
一、祐父(東地井)御忌日、學順房齋ニ來也、

*辨才天十六味

一、辨才天十六味、如嘉例供之、
一、正眞院殿十六味頂戴トテ參了、今日吉日之条、秘相傳了、

*正眞院經忠官位につき意見

一、終日、正眞院ニ有之、晩麥飯振舞也、官位之事競望之間、職原抄相當、大膳亮代々付來候間、不相替可然ト申了、又其外神祇少副・修理助・右馬助ナト意次第可申、先々從五位下敍爵申上了、一門様宮様(一乗院尊覺)ヨリ被仰上由也、

一、同八日、當番代師信參懃也、

*林逸抄を返す

一、林逸抄借用分正順房ヘ返進了、其次又申遣了、
一、同九日、當番代官師信參懃也、參籠モ沙汰之、

*指物大工
*小魚飼育の船を誂ふ

一、サシ物ノ大工西殿(師治)被召具、從早朝御出也、間中餘ノ船沙汰之、老後慰ニ小魚ヲ可飼用也、早々日中時分ニ出來、一段ノ手早仕立見事、一滴不漏、則水ヲ入テ、魚遊之様ヲ、西殿御意見ニ任セ申、古石三四置之、其才覺共奇特也、一時モ急キ所望處ニ、早速成就、滿足也、西殿御キモ入故也、御芳恩也、又板之殘有之間、小船ヲサヽセ申候處、漸時之間ニ出來、以上八已前ニ出來、一段達者也、方々ヘ被召寄無寸隙、尤也、
一、甚藏・小佐久一野院ヘ行テ、イカニモ小キ魚廿ハカリ持來ヲ、先々放之、遊魚之式先以慰《ナクサミ》也、隨分之上手也、
一、同十日、當番代師信參懃、參籠モ沙汰之、

*徳川秀忠家光御上洛

一、今度將軍様(徳川秀忠・家光)御父子御上洛ニ付、日本國諸大名不

*中東時廣追善連歌興行
御見物に備へ社頭寺中掃除
旬例の如し
*徳川秀忠へ御禮につき寺門社家禰宜上洛
*徳川頼宣へ御禮
*東九條百姓小魚持參
*タヒラコを求む

殘在洛也、當所御見物ニ可有御下向歟由及沙汰故、社頭・寺中掃除一段念入也、社頭・社中手取分、在〻人足召寄、社中各〻檢知〆、此中掃除也、別而情(精)入故見事ト云〻、當家ヨリ下部遣之、其外奈良中里外所〻迄掃除沙汰之、寺中ハ方〻ノ衆所〻請取テ、寺僧衆自身及檢知、此間沙汰之、一段ノ見事ト云〻、眞砂ヲマキ、以外之念入事也、社頭モ于今至□皆〻社頭ニ有之テ念入ト云〻、

一、酉剋雨、終夜不止也、

雨天、
一、十一日、旬如例、不參故、神前之義不記之、午剋ヨリ晴了、

天晴、
一、十二日、社頭掃除未相調トテ、日〻下部出之、

一、今日御神供向井殿(師信)へ遣之、

一、橘左衛門爲見廻竹子一把持參了、則左馬助へ遣之、彼ヨリ豆腐十丁到來、方〻音信ニ來テ有之由也、

同、
一、十三日、時廣命日、於金勝院追而興行有之、金(金勝院)院種〻馳走也、從朝飯出座、執筆左太郎、懷紙爲清書也、人數、祐範・實光(東地井)・祐紀(千鳥)・延通(大東)・永俊・宗治(竹田)・正桂・正知(堺屋)・永世也、各目(マヽ)也、

一、十三日、今日モ社頭トテ下部遣之、御神供又出之、

同、
一、十四日、社頭今モ掃除、下部出之、

一、社頭掃除、今日ニテ盡〻成就、珍重由、若神主殿・向井殿被御察而演說也、此中御辛勞不及是非也、何處モ一段見事、近代無之由也、又將軍樣へ御禮近日之条、寺門・社家・禰宜十一(衍)七日ニ上洛、社中使新殿(祐爲)・向井殿也、今日於神主殿秡以下用意、各參會ニテ被示合由也、次ニ紀伊(徳川頼宣)國中納言殿へも御禮可申由也、寺門并禰宜モ御禮之由也、社中殘而ハ如何由也、尤也、

一、東九条(大和國添上郡)百姓小魚被持下、小鮒・ハヱナト四十疋有之、則舟へ入之、タヒラコ(ヌカ)ト云魚可持來由申付

了、聽而近所ノ川ヲ求メ可致持參由言上也、
同、
一、十五日、左近左衛門菊見振舞、八時分、若神主殿・大東殿（延通）・金勝院種〻馳走也、鮎有之、日入テ、後園花下ニテ遊覽、御酒肴濟〻也、園ノ柚・木瓜《キウリ》翫之、又座敷へ歸テ酒有之、從金勝院白瓜・茄子・サヽケ等給之、

東九条ヨリ魚持來、タヒラコ一疋アリ無之由申、如何、

十六日、
一、俄ニ各上洛、采女殿（千鳥祐榮）上洛、是ハ若神主自分也、前モ御禮申タル、其首尾也、天氣快然、

一、昨日爲禮、左近左衛門菊三本白・黄・紫到來、一段見事也、懇意也、

同、
一、十七日、將軍樣へ大名衆其外諸禮有之云〻、進物之事及聞ニ、言語道斷也、美麗雜作、一〻申モ中〻愚也、

同、
一、十八日、酉下剋、上洛衆下向、將軍樣へ御禮、昨日十七日被申上云〻、進上物、千座秡・杉原三束也、嘉例也、新殿・向井殿使也、衣冠也、

＊大柳生順實

諸禮

一、寺門衆使節、窪轉經院（延宗房）・花嚴院、曝布三十端進上也、

一、禰宜衆御禮手前最下ニ有之ト云〻、下賀茂（山城國愛宕郡）後最末ト云〻、

一、寺門衆、自分御禮衆數多也、一束一本進物也、洛中洛外諸衆出家御禮一束一本也、此御禮以後寺門・社家有之、

同、
一、十九日（×廿）、早旦、大柳生（大和國添上郡）順實來臨、鮎十持參了、極暑故夜中ニ被出由申申（衍）之、煩之式養性之故也、覺悟之樣可加意見也、

同、
一、廿日、於靍女（東地井祐範室）忌日、祐勝房齋ニ來臨也、宗專者服中不來也、

一、從東九条川魚二桶上之、小鮒其外小魚萬多也、重而不可有持來由申付了、タヒラカ（コ）一切無之、

一、向井殿約束ノ川魚被持了、コレハ大略タヒラコ也、此時分水ノ替ニテ無之、秋ニ成テ可召寄申合者也、晩炊成次第ニテ御酒催之、

旬例の如し
*徳川秀忠御參內
*千鳥祐忠京都城忠兵衛に逗留
地藏講
經木
奈良中札往來停止
金銀を以て賣買を命ず
*高安重政

今度御禮之式、具ニ演說也、一段洛中靜也ト云〻、賣買ノ物共何モ事外往來、心靜躰也、酒ナトモ、(マヽ)

一、同、廿一日、旬如例、不參故、神前之式不記之、

一、同、廿二日、從正眞院殿鮎三到來了、晩ニ成テ雨也、

一、雨下、廿三日、悲母御正忌日、學順房齋ニ來臨也、良懃房・祐勝房齋ニ申入了、良懃房晩迄御出也、粥申付了、

一、雨下、廿四日、地藏講、頭役予、經木十把四十本ユイ・イリ大豆・キリコ・茶一器出之、雨故不出、御經取寄、二把書寫之、

一、雨晴了、廿五日、奈良中札ノ往來、俄ニ停止了、其故ハ、將軍樣御家中衆、金銀ヲ以テ物ヲ可買由被申候處、奈良中ハ札ヲ用、金銀ノ往來不成由申テ及諍論、依之左近殿(中坊秀政)札ヲ被召上、札ノ往來禁制ト被申付了、此故此中トリ置タル札盡〻被取返了、忩〻也、

一、月次延引了、宗利在京故、下向次第可有沙汰也、

一、庭前之木ノ枝茂リタル處〻扐(伐)之云〻、

一、天晴、廿六日、昨日將軍御參內云〻、酉剋、采女殿下向、將軍樣へ御禮被申之、其外近所出頭衆へ少〻禮ト也、御參內乍餘所見物ト云〻、御身ハ御乘車、諸大名・諸大夫等冠裝束・騎馬ニテ供奉、事〻敷儀式ト也、藤菊殿(千鳥祐忠)此中京都トニ御出、同道メ下向、御方樣同前、此間城忠兵衛宿也、孫ヲ祖父・祖母自愛不斜ト云〻、藤菊殿ミヤケトテ餅大十被持了、事外成人也、一段息災也、

一、天陰、廿七日、高安太郎左衛門(重政)爲見舞來臨、久敷無對談、漸時雜談也、振舞可沙汰由、再三雖被申、行歩不自由候条、他出一圓不成由申返了、何も不沙汰ニ成了、有增也、

一、雨下、廿八日、三郎右衛門鈴一雙持參了、

天晴、
一、廿九日、

*源氏物語書寫

臨時御供拜領番を著到にて糺明

同、
一、晦日、臨時參了、名主不知、拜領無之、神供打捨テ有之由申テ、宿直尋來、參懃之番衆若輩衆ニテ、着到不及糺明之由申候、則着到召寄披見之處ニ、七祐榮(千鳥)・八延倫(富田)也、此前五六迄拜領也、乍去備進之處不知、恆例・臨時不分明之条、神主殿歟權神主殿歟へ可尋由申付了、着到遣之、

七月小　鈴一雙正眞院(經忠)殿ヨリ到來了、

*中東時廣忌中開

旬例の如し

雨下、
一、一日、旬如例、不參候条、神前式不記之、八時分、嘉例節供祝儀沙汰之、若神主殿(千鳥祐紀)・今西殿(祐定)・正眞院殿、采女殿(千鳥祐榮)服中故、別火ニ申付了、若神女房衆、今西殿・正眞院殿女房衆モ御出也、

梵天瓜

雨天、
一、二日、諸白兩瓶・丸山ひしほ・小食籠一到來、梵天瓜二十、從喜多院(空慶)さま拜領了、同瓜五、采女殿ヨリ到來了、善春爲見廻尋也、諸白一樽被持了、近比思立テ源氏ヲ書寫テ、二三帖被持、披見候處、扨々見事言語絶了、手跡ヨシ、雙紙ノ躰當時ハ不可有之、一筆可然由申渡了、少々助筆ハ無用也、桐壺卷口二三枚所望也、難成由達而理申候へ共、後代形見ニ是非ト懇望也、先料紙預置了、末ハ左馬助(辰市祐長)書續樣ニト也、

一、雨故、明日連歌延引、重而天氣次第也、

同、
一、三日、從曉天大雨、巳刻止了、時廣(中東)忌中開了、左馬助未歸也、振舞在之歟、從奥殿(家綱)後園瓜十一送給也、一段見事也、

天晴、
一、四日、永俊早々來臨、月次伺也、只今從是可申入覺悟處也、各々尋返事可申由ニテ、ヤカテ各々同心ノ返事アリ、ウツクシキ懷紙送給、懇志也、

一、内記ヨリサ、ケ・茄子一籠到來了、

一、三折齋ヨリ梵天瓜十・鈴一雙送給之、酒去年以來念入タル壺中之由申來了、則可有吟味者也、

月次連歌
*嘉例職人夕飯
*大宮神主嘉例日中飯
節供西殿庄代神戸大庄小庄
*盆ノ魚

一、茂兵衛ヨリ瓜十一到來了、
一、諸白一樽、宗治(竹田)ヨリ到來了、
天晴、
一、五日、月次沙汰之、朝飯ヨリ出座、正順房・永俊房・宗治・正桂・宗利・予迄也、正順房鈴一雙御持了、八前ニ滿座、枕ニテ晩迄各雜談也、執筆於成、懷紙見事也、手跡吉也、懷紙各再見、紀明了、
同、
一、六日、當番代師信(向井)勲仕之、參籠同前、予老躰、神役難叶故也、左馬助者親ノ服中也、曉天索麵、役人兩惣官代(中時家・東地井祐範)也、
同、
一、七日、祐父(東地井)御忌日、學順房齋ニ來臨也、
一、御節供如例、日並朝夕・四種・西殿庄(大和國宇陀郡)節供代・神戸・大庄・小庄、音樂有之、一ノ御殿日並朝夕樂所ヘ下行、
一、今日、急故御神供早〻備進、當神主(中時家)殿念入故也、不參条、神前式不記之、
一、爲祝儀從宗治諸白兩瓶到來也、

一、爲祝儀紹意ヨリ諸白兩樽到來了、
一、奥殿ヨリ鈴一雙送給之、
一、如嘉(例脱)、夕飯ニ職人神人衆來臨也、
一、御神供以後ヨリ雨下了、
天晴、
一、八日、當番代師信、參籠同前、
嘉例大神主(中時家)殿日中飯、惣社參會、予行歩不叶故不參、然者可參由使也、最前言傳ニ申入候、行步不叶間不可參由返事也、內〻若神主殿・正眞院殿ニテ申候、不屆者也、
從三折齋約束之白砂持給了、魚ノ舟ニ入テ一段見事也、
同、
一、九日、當番代師信參勲、參籠モ沙汰之、
一、淸祓致勲仕通、南鄕常住(梅木春房)案內ニ來了、
一、南鄕新左衞門桑柄團扇一本持參了、左馬助へも同前、
一、從正眞院殿盆ノ魚五サシ到來也、鯵ノサシ也、
當年ハ鯖邂逅也、何モ同前、

社頭清祓

祓祭物配分

＊旬例の如し

＊嘉例祝儀

＊社頭掃除成る

＊徳川秀忠郡山へ御越

一、社頭清秡ノ事、粢〔祭〕物ノ義ニ付テ、四月ヨリ至于今延引也、於此分者神慮如何、笑止之由、花嚴院曖ニテ、六石六斗尤之義ナレトモ、時分柄寺ニモ無物故、神供モ難調、及借物之条、彼院達而今舛五石ニテ清秡懃仕可畏入、公儀及申事候者、自他不可然由內儀ニ付、種ゝ被申曖故、各同心、當分難調候条、只今半分貳石五斗可相渡、殘半分者秋早ゝ可渡遣由堅約束、則彼院出狀沙汰之云ゝ、貳石五斗之通銀子ニテ渡了、八木ニ取替各配分也、何かサシ引テ其中壹石八斗九升二合、兩惣官分此ワリ四斗七升五勺ツヽ、兩惣官拜領之、權官次第ニ配分之、ワリ形權神主(西師治)役ニテ沙汰之、

一、常住分一處之通被相渡處ニ、三所ニテ懃仕之条、一處分者迷惑之由歎申、尤也、然者三所之分可有下行由、各同心也云ゝ、常住申分不及是非事也、

社頭二所・野田東口一所、三所也、供物モ三所備進之、

一、主計(春經)ヨリ瓜十到來了、

一、左近左衞門尉ヨリ瓜十・不老サヽケ一結到來了、

同、
一、十日、當番代師信參懃、參籠同前、

同、
一、十一日、旬如例、不參故、神前之式不記之、

一、嘉例祝儀振舞沙汰之、若神主殿・向井殿(師信)・今西殿・正眞院殿、奥殿へハ膳・肴・鈴一送之、若神御方樣・宮一殿・正眞院殿女房衆御出也、

一、別火方、治部殿(中東時昌・時房)父子・采女殿・惣一さま・愛藤樣・左馬助、一處ニ別火申付了、

一、御神供以後、廰而中飯沙汰之、各晩迄之振舞也、

同、
一、十二日、正眞院殿嘉例之祝儀アリ、八時ヨリ夕飯振舞也、

一、社頭掃除昨日被申付、成立タルト也、將軍樣(德川秀忠)昨日郡山(大和國添下郡)へ御越ト也、今朝何共無沙汰也、

一、團扇桑柄一本、梅木持參了、

一、團扇一本桑柄、見事也、・醬一重、從正順到來モ念入
タル事也、

墓參

一、墓參沙汰之、供物持遣了、出家學順房也、
同、
一、十三日、瓜十、嘉兵衞ヨリ到來了、

德川家光御京著

一、大納言樣(德川家光)將軍御息御京着ト云々、伏見城(山城國紀伊郡)ニ御座ト云
々、事外多人數ト云々、
一、花一枝・瓜十、宗治ヨリ到來了、

玉祭

同、
一、十四日、玉祭沙汰之、供物種々著立之、

節供乙木庄

同、
一、十五日、御節供、乙木庄(大和國山邊郡)備進之、正預(東地井祐範)沙汰之、
不參故、其式不記之、心太備進之、音樂無之、
一、權神主殿御見舞、瓜十被持了、御酒申之、

*旬例の如し

同、
一、十六日、若宮神主殿(千鳥祐紀)鮎三到來了、見事也、

不老サヽケ

一、從正眞院殿園ノ不老サヽケ一盆到來了、

能登鯖

一、能登鯖少京より下、風味一段也、別也、當年者
當所ニ一圓無之、皆々アチ(鰺)ヲ用之、
同、
一、十七日、未申ヨリ大夕立、此中不降、一段吉也、

新祐爲向井師信上洛

同、
一、十八日、新殿(祐爲)・向井殿大納言樣へ爲御禮上洛了、
銀子四十日餘引替遣了、
一、美濃紙十一束餘召《メシ》寄、則銀子遣之、幸向井殿上
洛也、土佐樣喜右衞門方へ申遣了、
同、
一、十九日、
同、
一、廿日、前惣一殿靏女(東地井祐範室)忌日、宗專房月經ニ來臨、
齋相伴也、祐勝房齋ニ來臨也、從正眞院作茄子
十餘到來了、
一、京都ヨリ歸了、大納言樣へ御禮未相知由也、今
日二條(山城國京都)へ御座也、使衆者伏見へ被越可待由也、
飯米取ニ來了、
一、美濃紙十束下了、前ヨリハ紙可然由申之、
同、
一、廿一日、旬如例、不參故、神前式不記之、前日
出納及案內了、惣別盡々相調、早キ時ハ不及案
內、近年每度案內申之、代ニテ備進物有之故也、
何ニテモ代物備進候時、案內申事先規也、不及
案內代物備進候事、一向不謂曲事也、舊記慥也、
一、菓子桃・アコタ瓜、今一種赤小豆切餅代ニ備進

*大江庄屋八朔禮
*大雷
*中城庄屋禮
*鏡のヤキ餅
*東九條庄屋禮
*神人補任
蕨餅

之、
一、鹽引代鮑、干鮭代鰑、焼物鮎鮓十一備進之、
一、甚七鮎振舞了、三ツ賞翫也、懇意也、
一、日中以後、大夕立也、大雷、萬民消魂畢、事々敷也、但一度大鳴以後靜了、
天晴、
一、廿二日、佐久衛門ヨリ鮎三到來了、
同、
一、廿三日、悲母御忌日、學順房齋ニ來臨也、
ツケ瓜十甚七母ヨリ到來了、
同、
一、良以（千貫屋）爲見廻來臨也、新古酒鈴一雙ツ、被持了、何も風味無比類也、古酒殊更也、時分柄一段珍物也、則對酌了、漸時閑談、色々不審共也、徒然ヲ慰了、炎天時分、遠々尋さへ也、懇意也、
同、
一、廿四日、地藏講へ不出了、後刻ヨリ雨下、八專入子丑日也、
正眞院殿ニテ枯たる竹四五本申請、槿ノませ沙汰之、
一、祐勝房蕨ノ餅五持參了、一段珍物、別而賞翫了、

同、
一、廿五日、園トテ從治部殿（中東時昌）茄子十餘・不老サヽケ一結・あさ瓜二到來了、
一、大江庄や（大和國添上郡）八朔爲禮ツケ瓜十持參了、
一、中城庄屋（大和國添上郡）八朔爲禮鱧三本持參了、
一、祐勝房鏡のヤキ餅二持來了、一段珍敷風情吉也、一ツ賞翫也、此邊久しく退轉也、昔被思出了、
同、
一、廿六日、京上衆昨夜被歸也、御禮調たる歟、未對面樣子不知也、
同、廿七日、
一、○八朔爲禮東九条庄屋（大和國添上郡）麵五把持參了、酒給之、
一、出納孫左衛門子梅千世補任出之、任料今日ニ可持通也、十合貳石四斗上之、一段結構之沙汰也、補任出始ヨリ如此事無之、俵以下迄不及侘事、勿論一粒モ無所望也、珍重々々、
一、爲祝義左近左衛門ヨリ麵五把到來了、
一、主計ヨリ鮓五到來、
一、茂兵衛ヨリ鮓五到來、
一、白瓜十向井殿ヨリ到來了、

徳川家光御參內

將軍宣下
*ウチ丸

徳川秀忠左大臣御轉任

大柳生庄屋禮

*旬例の如し

一、久助ヨリスシ五・不老二把・桃一鉢・鈴一雙到來了、

一、東九条彦九郎麩〔麺〕三把持參了、

一、去廿三日、御參內ト云々、進上物式幷內裏末々迄、公家・門跡盡々大御所様(徳川秀忠)之時同前ト云々、當社御禮廿五日ニ相調了、杉原三束・杦千座進上了、方々御禮、ソレ〳〵何ニテモ進上也、其人々ノ道具不依大少ト云々、

一、將軍宣下有之、大臣ハ達而御斟酌ニテ、大納言大將ト云々、

一、大御所様太政大臣ニト叡慮懇(度)々也、然共御辭退ニテ、左大臣ニ御轉任ト云々、

同、
一、廿八日、大柳生庄(大和國添上郡)屋善右衛門爲禮麺十把持參了、

一、麺三(×五)把、市助ヨリ到來了、

一、麺十把・鈴一雙、三郎右衛門持參了、

一、鮓五・不老サ、ケ二把、正眞院殿ヨリ到來也、

一、スシ五、奥殿ヨリ到來了、

一、スシ三ツ、勘三郎ヨリ到來也、

一、タウフ五丁、今西殿ヨリ到來了、タウフ二丁、祐勝房ヨリ到來也、

同、
一、十日(マヽ)、檜物屋與一郎ヨリヱソ(鱠)十・草花色々到來、每度懇意也、

一、若神主殿ヨリ鮓五・遠來花ひら一盆到來、何も一段見事也、

一、若宮職事庭□(主)典、鮓三到來了、

見事ノ
一、ウチ丸三、彦六音信也、大根ツケ二本、新六、

一、野田民部(秀能井時守)ヨリ鮓三到來了、

一、スシ三、左三郎ヨリ到來了、

一、スシ五、久次ヨリ到來了、膳部鈴一雙槿ノ四郎右衛門ヨリ、

八月大

同、
一、朔日、旬如例、不參故、神前式不記之、

一、旬菓子桃・アコタ瓜、今一種赤小豆餠代ニ備進

*喜多院空實御忌日
千鳥家相良家は師檀
*白毫寺參詣
金剛長能取持
*喜多院空慶御再興
*閻魔堂
閻魔は本堂に安置
覺情上人に歸依

之、何共不及案內、何ニテモ代ノ時ハ案內申事
先規也、
一、鹽引代鮑、干鮭代鯣、焼物鮎鮓十一備進之、
一、天氣故、參詣群集ト云々、
一、麺五把、采女殿(千鳥祐榮)御持セ也、
一、麺五把主水《野田》(久保利亮)ヨリ到來、左馬助(辰市祐長)返事沙汰ト云々、
一、若神主殿(千鳥祐紀)今度相樂《ツクシ》(良、以下同ジ)殿(長毎)へ御禮アリ、此仁者從往古
若神師壇(檀)也、其子細、於江戸金剛七大夫(長能)理申、
則自他書物被見合處、昔之證跡慥也、一段祝着
也、今度將軍樣(徳川家光)爲御供在京也、向後先代由緒無
相違可得御意通也、此事覺情上人之時被申通故、
若神被引合可被遣由、雖加意見、無同心テ相過
了、今七大夫內證能々被申理テ相濟了、上人者
歸依僧ニテ祈禱沙汰之、年中過分之施物被送之、
當所へ被越時者每度櫟屋へ見舞也、相樂殿久侍
也、備(肥)後也、代々知行所無相違、古城以下見事
ト云々、當分御前帳十萬石餘也、然共於所者四

十萬餘ノ知行ト云々、一段名譽ノ家也、昔無隱
能書也、
一、西ノ剋ヨリ終夜ソヽク、
一、ウナギ十、大東殿(延通)被持了、
一、二日、雨下、午剋ヨリ晴了、
一、本院古僧正(喜多院空實)御忌日、白毫寺參詣了、喜院樣(喜多院空慶)御再
興以來始也、一段見事也、惣門出來、道モ前ニ
替リテ、西ヨリ入道被尼《差》簺、其壇下ヨリ南へ行
廻リテ、南ヨリ正面ニ本堂へ參也、南ニ門出來、
西ノ方ニ如昔魔《焔》摩堂、其北方ニ沙彌宣旨所ニ廊
ツ、キタリ、何モ瓦葺、一段相當之躰也、焰摩
ハ未無安置、本堂ニ御座アル也、
本堂佛壇以下不首尾、大方出來之躰也、奇《キ》得ノ
御再興也、
一、堂ノ緣ニ枕ニテ休息、持參之餅・酒取出テ賞翫
之處、正眞院(經忠)持セ鈴・肴箱種々也、大豆・クル
ミノ餅一段殊勝也、再三味之、肴種々也、酒新

*高山八講
*妙徳院見舞
辰巳坊
*弟子不義理
*三折齋より薬
毎月祈禱祓
*正桂脈に來臨

古アリ、新酒別而風味勝タル故、度〻給之、召具タル者共乗物舁迄餅・酒、滿足也、歸ニ辰巳坊へ立寄、留守ゐニ餅・酒給之、坊主ハ今朝ヨリ下山、于今無歸寺、殘多也、樣子申置、罷歸了、寺前之景氣、昔ヨリ寄〔奇〕勝也、眼前ニ南西一國目下也、近山之松、谷〻ノ松茂リ、其外草木森〻タリ、言語道斷也、路次ヨリ〔中〕モ昔ヨリ坂柔和ニメ、登山ニ苦勞少キ也、

一、歸宅シテ麵申自〔付〕、賞翫之、一段吉也、正眞院殿・祐勝房・於〔マヽ〕鶴女（東地井祐範室）・佐久衞門相伴了、終日慰了、乍去以外草臥也、路次中田家之躰、涼風、うき世を忘了、

同、
一、三日、鮎有之、鱠ニ調味了、社頭秡有之、不參了、

祐勝房蕨ノ餅ニ・センヘイ持來了、蕨一段風味吉也、

同、
一、四日、雨少ツ、ツ〔ヽソ〕・ク也、曉天ヨリ大雨也、

同、
一、五日、高山八講ヨリ爲見舞妙徳院（堯恩房）御尋也、麵十把被持了、餅・酒申之、今度煩申事御物語也、內衆弟子新發意二人被召合、衣服以下其外諸道具、重寶・數寄之道具迄、皆〻被相京〔掠〕取了、內衆事ハ尤也、眞實之弟子二人私之段、言語道斷也、無曲次第也、乍去不及糺明也、妙院大樣至也、摩尼珠院（賢勝房）モ先代之少ツ、未下札を尋出、及算勘、八木五十石餘被勘之、時分柄見懸餘ナル沙汰、比興〻〻、不足也、義理法度一モ無之、哀〻〻、

一、三折へ疵藥申請ニ遣了、則付藥・膏藥到來了、

同、
一、六日、當番代師信（向井）參懃了、參籠同前也、晩ヨリ夜入雨也、

同、
一、七日、祐父（東地井）御忌日、用所トテ、學順房齋ニ無來臨也、同、

同、
一、八日、正桂脈ニ來臨也、日中飯用意、相伴ニ宗〔竹〕〔田〕治來臨也、鮎振舞了、枕ニテ終日雜談、晩ニコ

ツケ用意了、
一、同九日、正桂へ禮書遣之、一薬召寄、二包到來、
自分之療治如何之由申候条、如此也、
一、宗治ヨリ氷サタウ到來、昨日鈴持セ了、禮書遣、
昨日ハ慰トテ祝着也、雨同前、夜明テ晴了、
一、同十日、當番代師信參懃也、參籠同前、
一、將軍宣下以後、去六日御參內、輦儀式、言語道
斷ト云々、
一、淳和奬學兩院別當氏長者征威〔夷〕大將軍上〔正〕二位內大
臣源朝臣家光（徳川）二十才、
一、伏見城（山城國紀伊郡）ニ御座、前將軍（徳川秀忠）者二條御所（山城國京都）へ御座也、京
都ノ間往反無是非ト云々、聽而御能可有之由也、
一、所勞無異儀、正桂へ薬取ニ遣之、
一、爲見舞正順房・永俊房御出也、鈴一雙正順房持
セ、麵五把永俊房持セ也、草臥故無對面、左馬
助內へ申入テ、心靜ニ雜談也、
一、同十一日、旬如例、不參故、其式不記之、

氷サタウ
鯨*
徳川家光官位
木綿綿布團*
伏見城御座
徳川秀忠二條城御所御座
旬例の如し

一、菓子梨子・桃、今一種赤小豆切餠備進之、
一、鹽引代鮑、干鮭代鯣、燒物アユノ鮓十一ト也、
一、同十二日、若神御方樣ノアソ五、ウスカハ十五送
給之、
一、同十三日、從金勝院マン十五送給之、
一、マン十、マン十五、若神御方樣へ送之、
一、宗治爲見舞クシラ一鉢持參也、一段珍味也、
一、同十四日、宗利此中者關東下向トテ見舞、鈴一雙
持也、無對面、左馬助〆禮申遣了、
一、宮一殿ヨリ祐勝房使ト〆、フトン一帖送給之、
面木綿アサキ、文コマカナル文付タリ、ウラ木
綿ウス草（茶）ニ染タリ、中へ木綿ワタタフ〳〵ト入
タル物也、則返進可申候へ共、別而御志ノ由承
候条、留申候、我等モ此比煩、寒氣成行候ニ、
御志別而過分由申遣了、當分先疊ノ上ニ置之、
吉也、是ハ去年七八月比痢病以外煩也、諸醫師
不叶、予依療治平愈也、此外蕨餠一箱給之、是

*旬例の如し
名月
*祐範逝去八十二歳
徳川家光大坂へ御越
*葬送
*輿の上棟に榊枝を挿す

者各〻賞翫之、種〻御懇情之由、祐勝房〆返事
了、
天陰、
一、十五日、(×十)名月、散〻也、正桂迎ニ遣了、煩無異
儀レトモ、
終夜月不見、無曲也、
同、
一、十六日、正桂へ藥取ニ遣了、順式、只今無異儀
也、
一、將軍樣去七日御參內、其後諸大名御禮、銀子千
枚五百枚其身知行次第也、五萬石、(×則)知行取已下
者御禮計也、
天陰、
一、十八日、正桂迎ニ遣了、煩異儀ナケレトモ、
同、
一、十九日、煩無異儀、正桂へ藥一包取ニ遣了、
一、昨日、將軍樣大坂へ御越也、
終夜大雨大風也、夜明て止ミ了、
一、□□御□□へ□□郡山(大和國添下郡)へ御出也、□へ御出
也、
同、
一、廿日、於靍女忌日、祐勝房齋來、專宗房(宗專)他行、

同、將軍樣大坂ニ御越也、
一、廿一日、旬如例、菓子、當(所脱カ)へ御越ハ不定也、堺(和泉國大鳥郡)
へ御下行云〻、
同、
一、廿二日、
同、
一、廿三日、祐父(東地井)御忌日、學順他行、齋ニ不來、祐
勝齋ニ來臨也、

〔閏八月〕

○ここより巻末まで、辰市祐長による補記、
養父前正預從三位祐範(東地井)去七月比ヨリ勞煩、終ニ
無本服、閏八月一日子刻ニ逝去了、此記去八月
廿三日迄被記了、老後、八十二才、長病之內寄(奇)特無比類事
也、後代可爲明鏡者也、
一、二日、酉ノ剋ニ葬禮取行之、其式、去月廿六日
ニ、予、同彥右衞門尉町人也、重代披官也、・甚七數ケ年奉公之物、同、・甚藏等
ヲ呼寄テ遺言也、コシヲ新クサシテ、其上ニ日
比神前へ着シタル袍ヲ打カケ、上棟ニ榊ノ枝ヲ
サシ、同コシノ前へ小作奉公ノ小姓、ニ榊ノ枝ヲ持セ、立烏

忌中籠僧西大寺尊胤房
*神主未補中正預死去
*船戸屋は辰市家支配
*水屋小神供を押取らる
七歳より東地井家に入る
*神供拜領につき問答
歌道大事等傳受

帽子・淨衣令着用可遣之由也、コシカキハ彦衞（右脱）門尉・甚七、ヱホシ・イロ直乘（垂）ニテ可令隨身、其外引導人、灯呂・行器・花等之諸役者、女房衆以下同出家衆數多出之事、堅不可有沙汰、名聞カマシキ事、外聞如何ナト云テ、此遺言ヲ返〻不可背之由被仰置之間、其式少モ不違令沙汰也、西大寺（大和國添下郡）尊胤房予親類之間、忌中籠僧ニカタラヒ申之間、則葬禮之時被遣了、其外出家衆等一人モ無之、町衆少〻出之、葬禮之事、日比之名匠、學問等之驗、此度猶以顯之由世間取沙汰ト云〻、但又且ハ予非實子故疏略ト云者有之由、取〻風聞也、無是非物也、

一、予七歳ノ冬ヨリ當家ニ入來了、廿五六年之間ニ一日モ養父母之勘當不免等無之、臨終見遂事別而滿足也、殊ニ去廿七日ニ、哥道之大事等無殘傳受、但古今集之儀者四十以後猶〻口決之箱ヲ開可見之由、許狀ヲ給者也、祐範筆勢難叶之故、若宮神主殿祐紀（千鳥）助筆、判形ハ自身沙汰也、色〻之大事等如此傳受之事、予不勘之躰、殊ニ不及禮式之仕合、神慮冥迦之程如何ト朝夕不安者也、猶以當社之御威光、祖親之可信仰靈魂也、年來之恩德難報事、今又家財等拜領、返〻冥迦有恐事也、

一、神主時廣（中東）去五月十三日死去、當職時家（中）未拜賀之內、又〻正預（東地井祐範）不慮之儀、言語道斷、不思儀之仕合也、諸式時家兼帶、御神供等未補ニ付拜領也、就其舟戸屋ハ辰市支配之儀也、然者水屋社小神供彼屋之留主居取之事無紛者也、今度未補ニ付、神主時家方へ被押取之由申之間、以內證色〻雖理、無之同心也、則六日ニ予以使申屆子細ハ、彼ナウライノ事自前〻限之、未補ニ不落之由承了、但只今予忌中之間、社頭舊記以下可撰樣無之候、追而可懸御目候、早〻被相渡可然候、但其方ニモ被取付候舊記有之上ハ、無是非候、追

*千鳥祐紀以下社中同道
*寄合の砌公事對決
*出納膳部職改易
正預上延豊拝任
關白未定につき長者宣延引
南鄉牧務大東延通出納膳部補任訴訟につき上洛
*水屋小神供船戸屋留主居へ渡さる

而相方見合可得御意之由申遣了、返事ニ云、神主職近〻所持之故無案内也、但其方記祿〔録〕不及拝見者、水屋神供之儀ハ被渡間敷之由返状了、先以其分ニテ置者也、此儀者上古ニモ事外出入雖有之、辰市申分相立、未補ニ不落之由、慥ニ聞傳候也、追而穿醫〔鑿〕可申者也、

一、正預當職上神宮預延豊拝任也、但關白殿九條殿（忠栄）去八月末ニ御職御辭退也、當職未定之由ニテ、長者宣久〻延引也、其內ニ時家未補ニ付、當知行納所過分ニ有之由笑止也、併延豊今少不仕合也、

一、今度將軍（徳川家光）御上洛ニ付、南鄉牧務大東延通ト禰宜藤左衛門尉、廿一日出納并膳部重職之申事、未落居之儀ヲ此度可決之旨、彼藤左衛門尉・同親類共野田筑後（久保利房）神人色〻及訴訟之故、御奉行年寄衆より召狀ヲ付候間、則延通朔日ヨリ上洛了、中坊左（秀政）近殿南都諸司〔所〕ヨリ物社中へ自然御尋之儀可有之、二三人大東ト令同道可有上洛之由、被□越候間、若宮神主祐紀・新祐爲・中東時昌・向井師信等同道了、閏八月十日ニ御寄合之砌、公事對闕〔決〕了、再往之不及申分、禰宜筑後曲事之由被申付、失面目退出之由也、膳部職ハ重代無紛ヲ、出納同事ニ不被申付候者、持間敷之由、右ニ申之間、只今彌〻兩職共以改易也、下トメ上ヲ計之条、神慮今以直也、可仰〻〻、

一、雖重代職、其神人家不在又曲事有之候時改易之例、古今及數度、舊記等明鏡也、此以後猶以可爲其通候、

一、閏八月十八日ニ、彼水屋小神供舟戸屋留主居理運ニ取之候舊記、延通ヨリ才覺之条、此方家之記不及尋、神主時家方へ神人三郎右衛門尉ヲ以先例慥ニ有之由申處ニ、此上無申分之由ニテ、則今日ヨリ彼留主居方へ被渡了、同右二十八杯被取籠分返シ給者也、併神主不堪候故、如此之

*中陰
*竹田坊へ醫斷の禮
*稱名寺眉間寺五劫腫院等へ參詣
神主中時家拜賀
*矢田寺參詣
*水風呂
*西京藥師寶前にて道迎
*東之觀音堂開帳
忌中仕舉
*節供
新權神主中西時久拜賀
*拜領御供を諸方へ遣はす
堂場開

沙汰事ゝ有之事、笑止也、末代ニモ、神主・正預職之替目ニ、此ナウライ之事カマイ有間敷物也、

〔九月〕

一、九月一日ニ、神主時家(中)拜賀有之、越近來結構之由也、予方へ兩錫・柿卅・餅卅、折紙相添送給了、

一、同内儀へ錫一・柿廿・餅廿、同當息藤福(辰市)へ同前、札ヲ相添送給也、順錄(祿、以下同ジ)ノ代貳石之内壹石用捨□此内四斗ハ報答也、

一、三日、當家忌中仕舉、法花同音十部、五旬之作法隨分力盡沙汰了、

一、四日、新權神主時家(中西)久拜賀有之、順錄一圓ニ指置了、錫一雙・餅廿(〆柿廿)送給了、同内儀へモ、藤福へモ小錫一ツヽ・餅十ツ、被送之也、

一、五日、堂場開ニ尊胤(西大寺)房來儀、御齋用意之、

一、六日、中陰、禮ニ甚藏遣了、樽一荷・兩種(麵子十把・サクロ十五、)・銀子廿五匁遣之、使ニ御酒給之由也、

一、竹田坊へ醫斷禮ニ參了、五十疋・麵子十把持參了、同若宮神人甚介、妻死去ニヨリ忌中之間、令同道、稱名寺・眉間寺・五劫腫院等へ參詣了、

一、七日、矢田寺(大和國添下郡)へ參詣、彥衞門(右脫)尉同道、然ニ跡ヨリ彼彥右衞門尉女房沙汰歟、餅・錫・水風呂、肴色ゝ持せ、道迎了、西京(大和國添下郡)藥師寶前ニテ取ゝ賞翫申也、西京地藏院長厚房別而知音之間、呼ニ遣了、濟ゝ御酒以後、東之觀音堂開帳拜見、堂内佛像・御殿幷境地等無比類見物也、

一、(〆日)九日、御節供、今日三橋(大和國添上郡)五六拜領、當家忌之内ナル間、若宮神主殿(千鳥祐紀)へ遣之也、日並等少ゝ遣之、又方ゝへ音信ニモ遣之、當月ハ鏡明神神主刑部(竹ノ谷)(忠照)へ一殿遣之、爲祈禱也、從前ゝ如此也、同梅木宗大郎ニ今日之日並御供給之、尊父時廣(中東)病中奇

*忌明
氏長者近衛信尋
上延豊正預轉任長者宣
*正預上延豊拜賀
神宮預上延高中西時久次男
*上延高拜賀
*延豊禮式を取り正預方職人に出狀判形
*春日祭廻文
祐範追善連歌
*御戸開神供深野庄奉行中東時昌
恆例祈禱
唐招提寺釋迦念佛參詣

特ニ看病仕之間、又祈禱旁遣之、一段不辨之躰
也、
一、神宮預延(上)豊正預ニ轉任、殿下(信尋)近衛殿様、後陽成院第四ノ宮也、長者宣去月廿一日到來
候由、追而聞付者也、神宮預職同息延(上)高拜任、
十六才ト云々、但非實子、大中臣時久(中西)ノ次男也、
南郷方衆中男子無之故、如此也、正預方職人・
膳部・出納、其外諸職不依大小、十ケ年廿ケ年
以前ヨリ少々禮式ヲ取、約束之由也、言語道斷、
比興之儀也、就其今度及當座申事等有之、雖然
延豊出狀、判形慥候上ハ、不及是非悉持せ了、
先代ニモ如此之儀有之付申事有故、中比堅停止
也、今以此次第外聞旁々卽躰之曲事也、
一、十五日、町智音之衆追善連歌、於當家興行、各
ヨリ色々持參共有之、朝飯後ヨリ來臨也、
一、十六日、恆例之祈禱、神主時家頭役ト云々、
一、廿日、於靏女(東地井祐範室)忌日、宗專房齋ニ來臨、
一、廿一日、爲結緣招提寺(大和國添下郡)釋迦念佛ニ參詣了、永□

父子・宗專同道了、
一、廿二日、當家忌明了、改火サンケ了、
一、廿五日、正預延豊御拜賀有之、爲祝儀錫一雙・
餅卄送給也、同內儀へ錫一雙・餅十五給之、藤
福拜殿御子タル間、可給儀也、如何、順祿貳石
之內五斗指置也、但四斗ハ報答也、
一、廿六日、神宮預延高拜賀有、如昨日音信給之、
順錄一圓指置者也、

十月大

一、晦日ニ春日祭廻文有之、來四日之由也、予幷時(中東)
昌ハ服者トテ、廻文不相觸候、先規如何之由內
々相尋候處ニ、如此也、時昌ハ當季御戸開御神
供深野庄(大和國山邊郡)奉行也、殊以不觸之事越度也、併社務
無案內故也、

*假に祓を遂ぐ
春日祭上卿三條西實條
替節
*田樂頭屋福園院勤觀房
御八講
御施主中和門院
一乘院尊覺御奉行
*佛名講御齋
薪之行道
祐範百ケ日追善
*月次連歌
六道に醉死體
*節分祝儀
*歳末圓鏡
清祓は三十一日後

十一月小

一、四日、庚申、上卿西三条大納言殿（三條西實條）、御宿時家（中）、上役延（上）豐、但社頭之諸式、不參候条、不知之、

一、當季神事四日第二ノ申□、去十月十六日替節候条、如此也、

一、八日、御八講有之、御施主中和門院（近衞前子）當今（後水尾天皇）御母子也、一乘院尊｜（覺）入道親皇御奉行、于時御寺務也、季頭五人也、委細之記別ニ有之、

一、十日、中日也、大雨、社家方副曳之出入ニ付、時刻延引、薪之行道戌ノ刻ト云〻、副引不依大小社中□人別ニ追而給之、色〻有之、別ニ記ス、

一、十二日、三位祐範（東地井）百ケ日、爲追善法花同音十部勤之、

一、去十日、御八講ノ時、六道ノツラ南ノ方ニ醉死ノ躰有之、則穢□之間、注連引之、

一、此死人穢所、若宮祭禮御神幸路次也、清秡之事ハ卅一日已後有之、但穢所ノ邊、先以假ニ遂秡可然之旨、惣社評定也、則廿五日ニ御寺務并ニ別會へ申屆、竹垣高ク沙汰之了、秡之事兩常住（大宮守通代・梅木春房）勤之、本式清秡ハ卅一ケ日已後可有之者也、

十二月大

一、祭禮典（田）樂頭屋、福園院勤（×勸）觀房沙汰之、

一、十三日、例年雖爲今日、予精進日ノ間、十四日マテ令延引了、

一、十五日、如例年、佛名御齋沙汰之、良勤房・專良房・北坊・學順房・良學房・宗專房、六人、理趣經・羅漢供等沙汰之、少施行之、

一、十七日、月次沙汰之、予定宿也、頭役祐榮（千鳥）、八木壹斗給之、

一、十八日、節分、祝儀如例之、

一、廿五日、御供所ヨリ、歳末圓鏡一面上之、使ニハ何も不給之、

餅搗

一、昨日、當家餅付之、如例之圓鏡一面神前へ《元日ニ》備進、
南郷久助へ遣之、

新薬師へ正月三日の行の餅

一、新薬師へ正月三日之行之餅五十枚、同酒代當舛
貳升遣之、

嫡孫誕生の千鳥祐紀へ圓鏡を遣はす

一、當年三月、若宮神主殿(千鳥祐紀)孫嫡子、祐榮息男子(千鳥祐忠)誕生
之間、圓鏡小餅用意之、遣之、
一、廿九日、御神供、正眞院殿(經忠)へ遣之、

晦日祝儀

一、晦日、祝儀如例之、

「(異筆)墨附五拾八枚　春日社家
大東家傳來」

編纂校訂　春日大社
中臣祐範記研究會
大宮　守友　一般財團法人氷室神社文化興隆財團代表理事
川崎佐知子　立命館大學文學部准教授
神津　朝夫　茶道史家
千鳥　祐兼　春日大社權禰宜
幡鎌　一弘　天理大學文學部教授
松村和歌子　春日大社國寶殿主任學藝員

解題

春日社の神職組織、記主の中臣（東地井）祐範の家族および書誌などについて概要を記し、『中臣祐範記』を読み解く一助とする。

一　春日社の社司と神人

Ⅰ　社司

春日社の組織の上層を占める神官であり、神主（大中臣姓）、正預《しょうのあずかり》（中臣姓）、若宮神主（中臣姓）を惣官《そうかん》とする三方（北郷・南郷・若宮）に分かれ、神主・正預の下には権官《ごんかん》複数名がいた。『中臣祐範記』の時代には、神主方（大中臣姓）の権官は権神主《ごんの》・新権神主《しんごんの》（各一名）、正預方（中臣姓）の権官は権預《ごんの》・新預《しんの》（あわせて五名）、神宮預《じんぐうの》・次預《つぎの》・加任預《かにんの》（各一名）、合計十名であった（『中臣祐範記』の各年年頭書上参照。なお本書からの引用は日付のみを記す）。

社司は平安から鎌倉初期までは管理する神供領に分住したことが知られるが、鎌倉中期頃から大中臣姓社司は、春日社の北側に集住したことから北郷社司と呼ばれ、中臣姓社司は、南側に集住したことから南郷社司とも呼ばれた。

社司に任官しうる家を社家といい、大中臣系は本家筋が中東家で『中臣祐範記』の時代には、その分流に奥家・正

			北郷	南郷	若宮
社家	社司	三物官	神主	正預	若宮神主
社家	社司	権官 ＊年代によって人数等に異動あり、また記載の順番は上下関係を示さない	権神主 新権神主	権預（複数） 次預 新預（複数） 神宮預 加任預	なし
社家	氏人		大中臣氏人	中臣氏人	
神人		惣禰宜 ※燈籠領配分に預かる上位45人 ｜ 平禰宜	常住神殿守 （世襲1名） 神殿守（上位6人） ｜ 識事 諸職人 番入 （上位31人） ｜ 座入	常住神殿守 （世襲1名） 神殿守（上位6人） ｜ 識事 諸職人 番入 （上位31人） ｜ 座入	常住神殿守 （世襲2名） 職事 諸職人 拝殿沙汰人 神楽男 拝殿巫女 ｜ 番入 （上位31人） ｜ 座入
神人			末座主典など	末座主典など	末座主典など

三方組織図　※矢印は補任権を示す

真院家・西家・向井家・中家・中西家があった。中臣姓社司の本家筋が大東家と辰市家で、前者の分流に上家・富田家、後者の分流に千鳥家・今西家・東地井家・新家があった。

社家所生の男子は、初参して位階（江戸時代は従五位下）を授かると氏人として社司を補佐する役割を果たした。

権官ポストが少ない割に社家数の多い大中臣方は出仕する氏人が多かった。一方、中臣方は権官への就任が早く、幼少の氏人が元服前に社司に任官する例も見られた。社司名に童形と傍記されるのがこれである（元和四年〈一六一八〉年頭書上など）。

大中臣姓あるいは中臣姓の権官に欠員が生じると、それぞれの氏人の一臈がその官を拝任する。例えば中臣氏人一臈は、新預が欠員すれば、新預を、加任預が欠員すればその加任預を拝任することとなる。官により職録や神人の諸職の補任権に差があるが、どの権官ポストに当たるかは時の運であり、任官をしぶる例があった（慶長二十年〈一六一五、元和元〉五月五日条）。

位階や官の補任は正式には藤原氏の氏長者の長者宣をもって行なわれ、社内では拝賀の儀を終えるまでは、実際の職務に当たることはできなかった。祭典時の見参社司に不参の理由として未拝賀が上げられるのはこれによる。拝賀は一世一代のことで、経済力のあった若宮神主千鳥家の祐栄が新預になった時の拝賀の式は、実に華やかなものであった（慶長十八年〈一六一三〉十一月二日条）。

十名の権官は﨟次の順により各種の拝領に預かった。年頭書上の権官の横に振られる数字がこれであり、神供拝領の際に記される数字はその﨟次を指す。

神主が欠員すれば、大中臣系社司の最上﨟が任官し、正預が欠員になれば中臣系社司の最上﨟が任官した。祐範は永禄五年（一五六二）二十一歳で従五位下を授かって氏人となり、天正十一年（一五八三）四十二歳ではじめて加任預として社司となり、慶長四年（一五九九）五十八歳で正預に転任、元和九年（一六二三）閏八月一日、八十二歳で逝去するまでその地位にあった。

若宮社を統括する若宮神主は、保延元年（一一三五）若宮社の創建とともに成立したポストで中臣系社家千鳥家の嫡子に世襲されるが、千鳥家の子弟も一旦は本社の中臣姓社司として任官し、先任神主の死去に伴い嫡子が若宮神主となった。神主、正預とともに三惣官を構成したが、権官は置かれなかった。

重事には社司が集っての惣社集会が催され、評定を経て一決が下される。また三惣官による協議もこれに次ぐ役割を果たした。

社司の根本的な用務は、神供備進を中心とする祭祀を執行することで、組織はこれに基づいて構成されている。

月三度の旬祭、節供祭、本社大祭春日祭・若宮神社大祭（いわゆる「おん祭」）などは社司全員の出仕が原則だが、日常祭祀は当番制の出仕で、神主が一～五日、正預が六日～十日、権官は三日宛の当番として、社頭の屋に出仕、日供や臨時御供の奉行としてその祭祀に当たるほか、種々の社務に当たった。日記に当番とあるのがこれで、上臈になるにつれ代番の勤仕も目立つ。

当番の日に神前に詰め、参拝者の対応に当たる神人の殿番の任命権を持つほか、出仕した祭祀に応じ神供の拝領に預かったが、成立の遅かった新権神主や加任預などは、この当番から外れ、同時に得分からも外れていた。このほか、副番も設定され、当番神官の補助に当たった。

各種の御神供にはそれぞれ名主が設定され、節供や臨時御供には荘園名が冠されている。中世までは荘園からの神供米徴収の責任も含むものであったであろうが、太閤検地以後は、社領荘園に実態は無く、大和国添上郡にある大柳生村、東九条村、中城村、大江村にある春日社領約三千百石中、神供田として千五百五十石余が社家分に設定された。

これを配分した個々の社司の職禄、家禄の中には各種の神供料が含まれ、それぞれの神供に名主として責任を持つという点では前代のあり方を継承していた。名主は実際の神供調進に当たる神人の出納職、膳部職などを任命する権利を持ち、彼らにより滞りなく神供が調進されることに責任を持った。

旬御供、日並御供については、名主の名が記されないが、元来摂津国垂水庄内にあった東西御牧が料所であり、東御牧は中東家が、西御牧は大東家が牧務であったのであり、引き続き牧務の名のもとに名主の役割を果していた。

このほか、春日御神供御修理祭礼諸下行並学問領として認められた興福寺領中五千五百八十七石余中、唐院管理の分から一箇月に五十七石余の御神供料の下行があり、これにより神供の調進が遂行された。このシステムが確定するのは、元和三年（一六一七）九月七日に江戸幕府老中が出した「春日社興福寺御修理祭礼諸下行等下知状」（元和三年九月十四日条にある「寺門諸事掟」のこと）によってである。それ以前は寺門下行が滞り、旬祭が夜になることもあった。慶長二十年には五師による出納分百石余の未進があり（慶長二十年四月一日条）、元和三年には千四五百石の不正といわれており（元和三年八月十日条）、こうした状況に幕府が介入したのである。

神供備進にまつわる用務のほかには、恒例では惣社での毎月の祈禱祓、臨時として皇室や将軍家の病気平癒の惣社としての祈禱、雨乞祈禱などが公的な社務として目立つものだろう。

Ⅱ　本社神人

社司の被官として神事や社務の補助にあたったのが本社の神人（禰宜）で、黄色い狩衣たる黄衣を着した。神主に従う神人が北郷神人、正預に従うのが南郷神人であり、若宮神主に従うのが若宮神人である。

神人の補任は各惣官から出されるが、同時に三方各座への加入（座入り）は、座衆の加判状をもって認められ、各座の独立性は高かった。

座の構成に基づく神人の諸職

常住神殿守《かんとのもり》・神殿守・日番があった。各座の﨟次の上位三十一人は番入りし御殿の日番を勤め、上﨟六名は神殿守に任じられ、その上に世襲の常住神殿守がいた。それぞれの概要は以下の通りである。

〔常住神殿守〕神人の最重要役職で南北郷各一名が世襲した。南郷常住家は名に春が付き采女と称する梅木家であり、北郷常住は、名に守が付き宮内と称する大宮家であった。若宮上番は、若宮神主の傍系で名に宗が付き和上谷縫殿と号し、下番は、南郷常住の分家で、やはり名に春が付き若宮宮内を号した。

毎日の御殿の番、諸祭礼の重要な役、清祓など職務は多岐に渡り（多くは代番で勤務した）、それに応じた得分を得る。若宮は、上番、下番が半月交代で勤番した。世襲で座の臈次とは独立の職だが、座の代表としての側面も持つ。近世は補任と同時に日番や神殿守から外れることになった。

境内に不浄があった時に執行される清祓は、常住の独占で、不浄をもたらした者に課せられる祭物料の配分に社司とともに預かった。

社司惣官の職が遷代（家を移る）であるのに対し、職を世襲することから、故実に詳しい者として、惣官を補佐し、社務の要となった。身分的には、社家と厳格に区別されたが、有力武家などの御師も勤め、社会的にも経済的にも有力な家であった。

〔神殿守〕各神人座の上臈（一～六臈）として、旬祭を始め恒例臨時の祭典に御供役を勤仕、全ての課役を免除された。御供役とは、旬の白杖《ずばえ》、御幣、散米などのほか、日並朝夕、小御供、御節供の上役である。中世には、南北どちらの神殿守が上役を奉仕するかで、頻繁に争論が起こるほど重要な役であったが、近世にはしばしばその懈怠が問題になっている。また遷宮など臨時の祭礼には様々の重要な所役を勤め、所役に応じ、撤下された神供などの祭典奉仕料を得る。そのほか座中よりのあらゆる給付も別格であった。

〔日番〕大宮は南北座の上座三十一人が輪番で昼夜、御殿に詰めた。三十人目までは月一日、三十一人目は二箇月に一日勤めた訳である。仕事の内容は神殿の掃除、神殿付近の灯火の世話、参拝者の応対などで、賽銭や臨時の供物を番全員（南北郷日番・両郷常住神殿守・殿番）で配分した。

参拝者への応対は、決まった御師がある場合は、御師へ取次ぎ、無い場合は、応対者が拝領したのである。中近世に一般の参拝が増え、賽銭も増えるに従ってこの得分の重みは増した。

社司直接補任の諸職

多くは一代限り競望の職で、補任権を持つ社司に得分に応じた補任料を納め、補任状を貰った。

①神供にまつわる諸職人

〔出納〕 日並、旬祭、節供など神供毎の牧務、名主（神供備進の責任者）の社司よりそれぞれ補任。神饌の材料を調達、備進にも責任を持った。中世では、社領からの搬入にも責任を持った。近世では、神供領米の蔵より下行を受けた米で神供材料を調えた。

〔膳部〕 神饌の調理、盛付けに当たる。神主、正預補任の社務膳部と、牧務（北郷中東家・正真院家、南郷大東家）補任で日供と旬神供にあたる膳部各六名があった。

②社頭番

〔殿番〕 仕事の内容は、日番と同様で、当番社司からそれぞれ補任された。

③中社宮司

中社（摂社）を預かる役職で、そこでの参拝者の応対にあたり、遷座ほかの祭祀にあたった。榎本社・水屋社・紀伊社は正預に補任権があり、三十八所社は若宮神主に補任権があった。

④**職事**
職事は、三惣官から公式に任じられる職で、各郷全体の用務につき惣官の下知で動く。惣官相互、寺家や各座相互の命令や連絡を伝える使者で、各郷社司全体に奉仕するものと考えられ、また中近世を通じ、神人のまとめ役として行動する局面もあった。

⑤**若宮社**
〔拝殿沙汰人〕 若宮神主の補任であり、若宮神主傍系の神人である拝殿家の世襲。拝殿五郎左衛門を名乗り、実名に清が付く。春日社領中の拝殿分八十三石、そのほか唐院よりの下行米などを預かり出納する。神楽銭の配分など、拝殿の経営全般をマネージメントした。また若宮神主の補佐役として働いた。
〔中の者〕 若宮神主より補任。沙汰人の下役として神人の内より四人が、若宮座中より補された。
〔神楽男〕 若宮拝殿に属し、神楽の奏楽を勤めるもので、十三人が三方の神人の内より任じられるが、ほぼ世襲に近く、事実上神楽男内で内定し、若宮神主と興福寺大行事の両方によって補任され、臈次は順次繰り上がった。

（松村和歌子）

二　中臣（東地井）祐範について

家族関係　中臣（東地井）祐範は、天文十一年（一五四二）に、東地井祐父《すけおや》（永正十一年〈一五一四〉～慶長四年、社家の系譜については大東延篤編『新修春日社社司補任記』による）の子として生まれた（系図参照）。元和九年閏八月一日逝

春日社社司関係系図

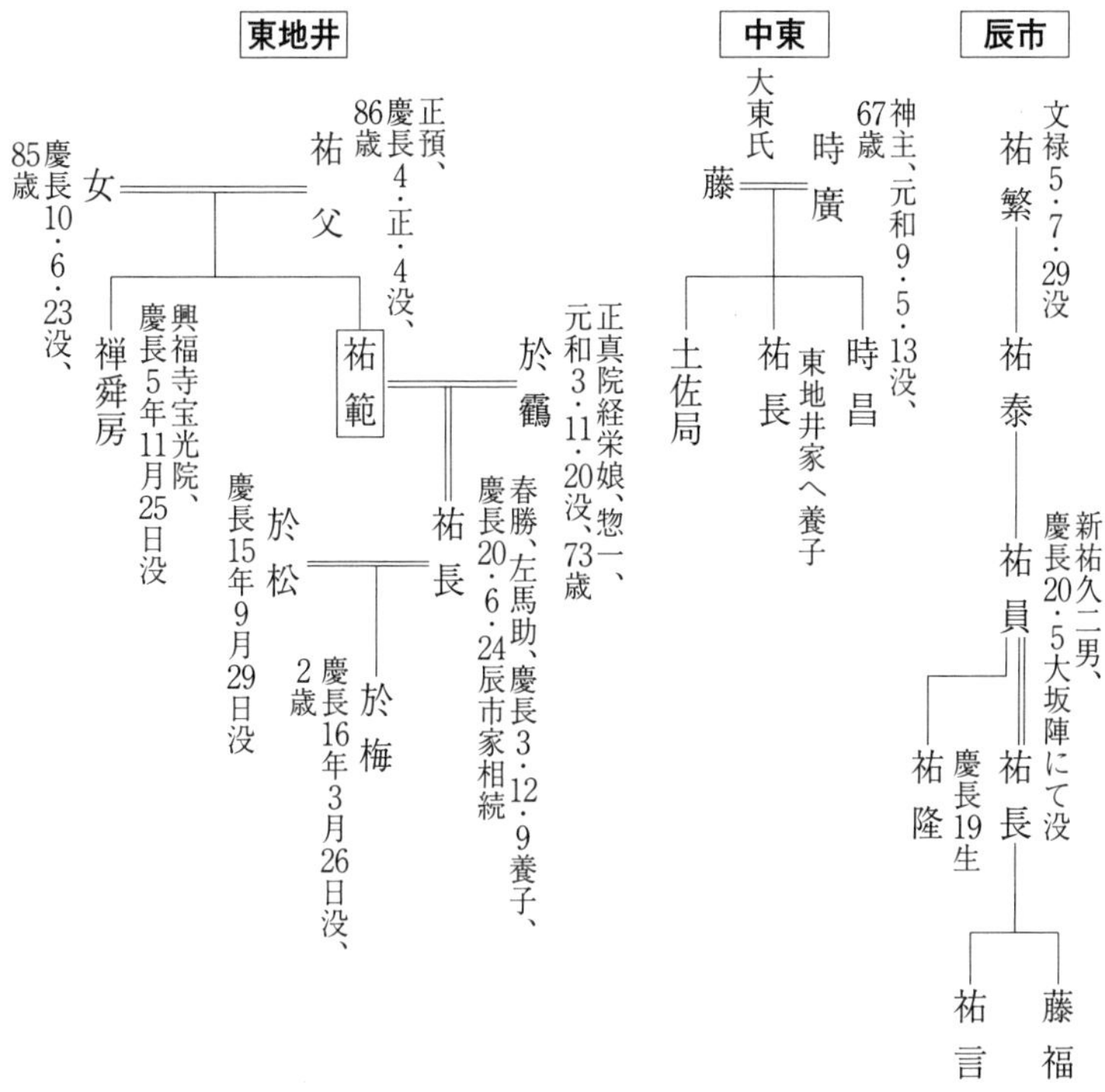
辰市
祐繁
文禄5・7・29没
祐泰
祐員
新祐久二男、慶長20・5大坂陣にて没
祐長
慶長19生
祐隆
藤福
祐言
中東
時廣
神主、元和9・5・13没、67歳
藤
大東氏
時昌
祐長
東地井家へ養子
土佐局
東地井
祐父
正預、慶長4・正・4没、86歳
女
慶長10・6・23没、85歳
祐範
禅舜房
興福寺宝光院、慶長5年11月25日没
於靏
正真院経栄娘、惣一、元和3・11・20没、73歳
祐長
春勝、左馬助、慶長3・12・9養子、慶長20・6・24辰市家相続
於松
慶長15年9月29日没
於梅
慶長16年3月26日没、2歳

去。八十二歳。三人兄弟で、弟には興福寺学侶の要職である五師をつとめた宝光院禅舜房がいた（慶長五年〈一六〇〇〉三月八日条・同十月晦日条）。他の一人の動向は不明で、慶長十六年（一六一一）には兄弟の中で生き残っているのは自分一人と書き留めている（慶長十六年六月二十三日条）。母については、慶長十年（一六〇五）六月に八十五歳で没したこと以外、詳しいことはわからない（慶長十年六月二十二日条）。

妻は於鶴といい、正真院経栄《つねしげ》（明応九年〈一五〇〇〉～天正九年〈一五八一〉）の娘である（慶長二十年五月六日条）。晩年には春日社の巫女の長である惣一《そのいち》になっている（慶長十七年〈一六一二〉二月七日条など）。祐範夫婦には子供がなく、慶長三年（一五九八）、中東時広（弘治三年〈一五五七〉～元和九年、慶長九年〈一六〇四〉八月神主襲職）の次男祐長（幼名春勝、左馬助、文禄元年〈一五九二〉～明暦二年〈一六五六〉）を養子に迎え（慶長三年十二月九日条）、慶長九年に正真院家から於松（小松とも表記）を迎えて夫婦とした（慶長九年十二月十三日条など、正真院家の出身であることは、遠忌が正真院家でも行なわれていることによる）。於松は慶長十五年（一六一〇）九月に没し（慶長十六年九月二十八日条）、後を追うようにして、慶長十六年三月に孫娘の於梅が二歳で亡くなった（慶長十六年三月二十六日条）。祐長は再婚し、元和二年（一六一六）に娘の藤福が誕生している（元和二年十二月三日条）。

慶長二十年、祐長は一乗院尊政の命により辰市家を相続した。社家のなかでもっとも古い由緒をもつ辰市家は、祐員が大坂の陣で籠城して行方が分からなくなったため断絶を余儀なくされた。尊政がこのことを嘆き、祐長を指名してその継承を許したのである（慶長二十年六月二十一日条・同二十四日条）。この結果、祐範は辰市家を後見することになった。祐範没後は、祐長が東地井・辰市両家を後見し、祐長の長男祐言《すけこと》（寛永元年〈一六二四〉～明暦三年〈一六五七〉）が東地井家の跡をとった。

なお、祐長の妹に、十歳で後陽成天皇に出仕し（慶長十年三月二十八日条）、道周親王・慈胤親王の二人を生んだ土佐局（慶長元年〈一五九六〉〜延宝八年〈一六八〇〉）がいる。後陽成院の没後、元和五年（一六一九）ごろからしばしば奈良へ帰り、祐範などと交流を重ねている（元和五年五月十四日条など）。

祐範は永禄五年に二十一歳で従五位下宮内権大輔に任官し、天正十一年に加任預となった。慶長四年（一五九九）正月七日、正預であった父の東地井祐父が亡くなると、後任の正預には今西祐國が就いたが、慶長四年三月二十二日、わずか三か月の在任で死去し、次の﨟次に当たっていた祐範が正預の職に就いた。以後、元和九年閏八月に死去するまでの約二十五年間、豊臣政権から徳川政権へと移行する激動の時代に、春日社を支え続けた。

事件など　日並記の記述は、繰り返される神事の奉仕者や神供に関する、どちらかといえば単調なものである。神への奉仕を日々無事に務めることこそ、神職にとって最も重要な責務だったに違いない。とはいえ、大きな変動があった時期であり、神社もその埒外ではありえなかった。日並記には社会の変化を反映した事件も書き留められている。

慶長五年九月の関ケ原合戦後、東軍の徳川方が大和国に入った。笠置に着陣した筒井定次に対し、狭川氏による大柳生の年貢抑留や社領安堵の交渉をしている（慶長五年九月二十六日条）。所領安堵は郡山へ入った本多正純から伝えられた（慶長五年十月五日条）。

慶長七年（一六〇二）には奈良町の検地があった。社役を務めていた下級役人の居住地（号所）の年貢免除を復活する動きが続いている（慶長七年六月十二日条など）。この年には、東大寺正倉院の開封もあった（慶長七年六月十二日条）。

慶長十年には薪能の鞍掛をめぐり興福寺と奈良町が対立し、奈良町惣年寄の処罰が決まった。祐範は年寄の縁者に頼まれて助命を願い出ている（慶長十年五月十八日条）。

二十年に一度の春日社造替を徳川家康に願い出たものの、なかなか実現しなかった。慶長九年に、猿楽の大蔵家の人で奈良に住んでいたことのある大久保長安（慶長七年六月二十五日条・慶長九年正月十七日条）の寄進により大鳥居が造替された（慶長九年正月二十六日条）。慶長十六年、徳川家康が認めた春日社・興福寺領の替地の話を握りつぶしたという長安（慶長十六年四月二十一日条）が社参した時の「権威によって恣の事共なり」（同年六月二十一日条）という祐範の怒り交じりの感想は、長安の権勢をよく示していよう。

慶長十九年（一六一四）・同二十年の大坂の陣における大和国内、奈良周辺の動向がうかがえるほか、大坂城は堅固で落城しない（慶長十九年十一月十一日条）、豊臣方・徳川方の和睦の内容を知る人はいない（同年十二月二十六日条）といったような風聞が書き留められている。戦の当事者ではないかわりに、豊臣方・徳川方のそれぞれが、当時の人々にどのように認識されていたのかがうかがえて興味深い。

晩年の祐範は、「一社の亀鑑」（元和二年巻末押紙）として、春日社で重きをなし、しばしば一社の代表として幕府に相対した。

春日社は、徳川幕府から現米二万石の寄進をうけ、慶長十七年十二月十八日外遷宮、同十八年十二月二十五日に正遷宮を行なった。造替料二万石は以後の慣例となり、江戸時代には遅滞することなく、二十年毎の造替が行なわれていくことになる。慶長十九年三月、祐範は社家を代表して駿府・江戸へ造替成就のお礼に出向いている。祐範は駿府で幕閣相手に「伊勢物語」を講釈した（慶長十九年三月から五月条、川崎佐知子「『東地井祐範東行之記』の翻刻および解題」〈『上方文藝研究』一〇、二〇一三年〉も参照）。

元和三年四月、日光に徳川家康を祭る神社として東照社が創建され、南都からは猿楽や楽人が奉仕のために下向した（元和三年三月十八日条・同二十一日条）。このとき幕府は、春日社を参考にして東照社の神供や神拝式を創出しようとし、祐範と若宮神主千鳥祐紀が上京して板倉勝重に春日社の作法を説明した（元和三年八月五日条・同七日条）。元和五年、徳川秀忠が東大寺・興福寺とともに春日社に参詣するに際し、源頼朝の社参の様子にこだわる秀忠側に対し、一社を代表して、神社に頼朝時代の記録がないことを説明して参拝の作法を伝えている（元和五年九月十日条）。祐範は連歌・猿楽・茶道などさまざまな文人と交流した。彼の周囲の人物にはいまだ不明な人物も多く、本書を手掛かりとして当該期の奈良の文化動向がいっそう深められることが望まれる。

ところで祐範は、日並記を記す一方で、重要な行事などについては「別記」を作っていた。たとえば、春日祭に関する祭記や若宮神主に代わって若宮祭礼を務めた時の祭記（元和五年十一月二十七日条）、室生山善如龍王社の正遷宮（慶長十九年二月十五日条）や興福寺内弁才天社の遷宮（元和五年六月二十七日条）などの臨時祭に関する記録である。新祐為の喧嘩口論一件（慶長十三年七月二十四日条）や後陽成院十宮（のちの尊覚）の一乗院への入室出迎え（慶長十七年十一月十五日条）など、特別な事件も別記されている。

これらのなかで、おそらく最も重要な記録が造替記であろう。慶長九年と寛永十年（一六三三、祐長記）の「大鳥居造替之事」と慶長十七年から十八年の記録である「春日御造替之記」（上・中・下巻の三冊）が辰市家に伝わり（春日大社寄託）、写が国立公文書館蔵「祐範記」に含まれている。

この中で特に興味深いのは、慶長十八年の中巻である。ここには、古物の取り扱いをめぐって興福寺代表する一乗院尊政と社家の対立が記されている。日並記慶長十八年四月十四日条に、祐範が家康へ上訴するため木津迄出向いたものの、五師や一乗院奉行の証文などによって松林院や蓮成院に引き留められたことが書かれている。この時、「其次第、具に別に記し置くものなり」とした、その記録である。ここで詳細に論じるつもりはないが、造替記にみえる興福寺側との対立は、日並記から受け取る印象以上にかなり難しい状況であった。一乗院尊政によって寺社の慣例が破られるため、一身を賭して社法を守ったのだという後日の回顧（元和四年十一月十一日条）が本当のところであり、日並記を記しているまさにその時点では、そこまで書けなかったということだろう。

祐範は、亡くなる直前の元和九年八月二十三日まで日並記を書き続けた。絶筆に近づくにつれ文字は大きく崩れ、判読は大変難しい。それでも日並記を書き続けようとする祐範の強い執念にはただただ敬服するばかりである。

体調が芳しくなく、神事に奉仕できずにいて、元和九年の日並記は個人的な動向が多く記される。先が長くないと思った旧友が祐範を見舞った例も多かった。しかし、絶筆の直前まで徳川家光の上京、将軍任官やその動向が書き継がれている。秀忠・家光の社参のうわさもあり、幕府とりわけ将軍の動向に関心を抱き続けるのは、神社のトップとしての責任感を失うことはなかった証である。最後の記述が父親の命日だったことを重ねてみれば、祐範が神社と社家としての家を最も大切にしていたことを象徴し、それが日並記を書き続けさせた原動力だったのだろう。

その一方、春日社のトップとしても祐範個人としても重いある事実が書かれていない。辰市祐員が大坂の陣に参加して、辰市家が断絶したことは先に記したが、その祐員に男子（祐隆）がいたことである。幕府に祐隆の存在が咎めだてられれば、祐範も当然苦しい立場に立たされることになっただろう。そのような目で一乗院尊政側とのやり取りを読むと、尊政を上手に抱き込み盾にして、辰市家そして春日社を守ったようにみえてくる。

一揆の咎で処刑された龍雲院聖禅房実栄が、処刑した奈良奉行中坊秀政の一族だった（『多聞院日記』天正九年八月十日条・十一日条）ことにも、祐範は口を噤んでいる。秀政が真っ先に実栄を処刑したのは、中坊の家の安泰を図るためだった可能性が高い。あえて記さなかったことに、私たちが考える以上に厳しい戦後状況があったことや、それに立ち向かう祐範の強い意思の存在を予想させてくれる。

三　所蔵者など

史料纂集に収めるにあたり、現在知りうる限りの祐範の日並記（別表）を収集・翻刻した（川崎佐知子「慶長期南都連歌壇の様相」〈『連歌俳諧研究』一〇八号、二〇〇五年〉、幡鎌一弘・及川亘「史料紹介『春日社司中臣祐範記』元和九年」〈『東京大学史料編纂所研究紀要』第二三号、二〇一三年〉参照）。校訂にあたっては自筆本を底本とし、自筆本の所在しない慶長十三年（一六〇八）・元和三年は転写本により、自筆本の一部が欠損している慶長五年は欠損部分を写本で補った。

元和九年本は、祐範没後、息子の辰市祐長が書き継いでいる。『中臣祐範記』とはいえないが、一冊の日記として伝存していること（祐長は祐範が用意した料紙を用いて書き継いだと推定される）や祐範の遺言・葬儀などの様子が記されていることなどにより、あわせて翻刻した。

自筆本は仮綴冊子本。江戸時代にすでに傷んでいた冊子があり、慶長二十年本は辰市祐長の生存中に鼠食により表紙から正月二日条まで失われていて、祐長によって表紙が補われた。元和二年本も正月五日条まで失われ、現在の表紙は辰市祐寛（元禄一二年〈一六九九〉～宝暦七年〈一七五七〉）の手による。祐寛を名乗っていた享保六年（一七二一）

中臣祐範記（日並記一覧）

年次		丁数（内墨付）	所蔵者
慶長三年	自筆本	61（61）	春日大社〈日記六九〉
慶長五年	自筆本	75（75）	国立公文書館内閣文庫大乗院文書〈二一一-三七三〉
	転写本		国立公文書館内閣文庫大乗院文書〈二一一-三七三〉
慶長六年	自筆本	69（67）	春日大社〈日記七三〉〔東大・史料謄写本２０７３-３７７〕
慶長七年	自筆本	85（85）	春日大社〈日記七四〉〔東大・史料謄写本２０７３-３７７〕九月二九日条は、「社家筆蹟」、十月二五日条から晦日条は旧社家蔵自筆切筆により補う。
慶長八年	自筆本	75（75）	春日大社〈日記七五〉
慶長九年	自筆本	57（57）	春日大社〈日記七七〉〔東大・史料謄写本２０７３-３７７〕
慶長十年	自筆本	44（44）	春日大社〈日記七八〉〔東大・史料謄写本２０７３-３７７〕
	転写本		国立公文書館内閣文庫紅葉山文庫旧蔵「春日記録」六〈一四二-一一七五〉
	転写本		国立公文書館内閣文庫水野忠央旧蔵〈一四二-一一八一〉※元和五年記と合綴
	転写本		「歴代残闕日記」巻百七
慶長十一年	自筆本	42（41）	春日大社〈日記八二〉
慶長十三年	転写本	44（44）	京都大学総合博物館勧修寺家文書〈三六三〉〔安永三年に神主中時康蔵本（祐範自筆本）を書写〕
慶長十六年	自筆本	53（52）	春日大社〈日記八七〉〔東大・史料謄写本２０７３-３７７〕

慶長十七年	自筆本	44（44）	辰市家〔東大・史料謄写本2073-378〕
慶長十八年	自筆本	56（55）	春日大社〈日記八八〉〔東大・史料謄写本2073-377〕
慶長十九年	自筆本	40（40）	春日大社〈日記八九〉〔東大・史料謄写本2073-377〕
慶長二十年	自筆本	47（47）	春日大社〈日記九五〉〔東大・史料謄写本2073-377〕
元和二年	自筆本	43（43）	辰市家〔東大・史料謄写本2073-379〕
元和三年	転写本	48（48）	国立公文書館内閣文庫大乗院文書〈二二一-三七三〉
元和四年	自筆本	71（71）	個人蔵
元和五年	自筆本	63（63）	春日大社〈日記一〇一〉〔東大・史料謄写本2073-63〕
	転写本		国立公文書館内閣文庫紅葉山文庫旧蔵「春日記録」七〈一四二-一一七五〉
	転写本		国立公文書館内閣文庫水野忠央旧蔵〈一四二-一一八一〉※慶長十年記と合綴
	転写本		「歴代残闕日記」巻百七
元和七年	自筆本	54（52）	春日大社〈日記一〇五〉〔東大・史料謄写本2073-63〕
元和八年	自筆本	48（47）	春日大社〈日記一〇七〉〔東大・史料謄写本2073-63〕
元和九年	自筆本	59（58）	個人蔵

※川崎佐知子・幡鎌一弘作成。丁数は後補の表紙等を除く。（ ）内は墨付丁数。所蔵先で目録化されているものについては〈 〉内にその番号を付した。また〔東大・史料謄写本〕としたものは、東京大学史料編纂所に謄写本があることを示し、あわせて架番号を付した。拝賀記・造替記等は除いた。

出典：幡鎌一弘・及川亘「『春日社司中臣祐範記』元和九年」（『東京大学史料編纂所研究紀要』第二十三号、二〇一三年）を一部修正

から享保二十一年（一七三六、この年までに祐智と改名している）ごろの修理である。慶長三年本・八年（一六〇三）本・九年本は辰市祐睢（寛政六年〈一七九四〉～天保四年〈一八三三〉）によって表紙が付けられている。元和三年本（転写本）によれば、転写本作成段階で底本がかなり傷んでいた。

辰市祐長が旧記を抜き書きした「旧記勘例」（春日大社蔵）によって、祐範の日並記は慶長二年（一五九七）から元和九年までの二十七冊が存在していたと推定される。しかし、その後ほどなくして散逸し始めた。

享保末年の作成と推定される辰市祐智「当家旧記目録」（辰市家蔵）では、すでに慶長五年、慶長十一年（一六〇六）～十五年、元和三年は欠本になっている。これらの本が東地井家に保存されていたとも考えられるが、「当家旧記目録」には、祐範の父の東地井祐父や祖父祐園《すけその》（文明九年〈一四七七〉～天文十七年〈一五四八〉）の記録も書き上げられており、東地井家に記録が残されていた可能性は低いだろう。「当家旧記目録」を参照すれば、寛政七年（一七九五）に普門院教映が大乗院に進上した慶長五年本（慶長五年表紙押紙）は、享保末年段階ですでに辰市家から出ていたことになる。同じように慶長十三年本は、安永三年（一七七四）に勧修寺経逸が中時廉《ときやす》所蔵の祐範自筆本を写している（慶長十三年本勧修寺経逸識語）ので、この本もすでに中家の所蔵になっていた可能性が高い。「当家旧記目録」で所蔵となっている元和二年本は、享保十六年（一七三一）に辰市祐寛（祐智）により正真院家から取り戻されている（元和二年本辰市祐寛識語）。「当家旧記目録」の元和八年本の記載は後筆のようにみえるので、目録作成当初は所在が不明だったと思われる。

時期はわからないが、「当家旧記目録」には所蔵確認の際に付したと思われる合点がある。慶長二年、慶長四年、元和六年（一六二〇）にはこの合点がない。これらの本は「当家旧記目録」作成後散逸したのだろう。現在も所在が不明である。

なお、慶長十五年本は、『後陽成天皇実録』に慶長十五年二月五日条（三〇頁）・十一月二十六日条（九七九頁）が引用されているので、自筆本・転写本の別は不明ながら、大正期まで現存していたと思われる。

（幡鎌一弘）

中臣祐範記《なかとみすけのりき》　第3

史料纂集 古記録編〔第192回配本〕

2017年11月20日　初版第一刷発行

定価（本体15,000円＋税）

編集　春日大社

校訂　中臣祐範記研究会

発行所　株式会社　八木書店　古書出版部
代表　八木乾二
〒101-0052 東京都千代田区神田小川町3-8
電話 03-3291-2969（編集）-6300（FAX）

発売元　株式会社　八木書店
〒101-0052 東京都千代田区神田小川町3-8
電話 03-3291-2961（営業）-6300（FAX）
https://catalogue.books-yagi.co.jp/
E-mail pub@books-yagi.co.jp

印刷　平文社
製本　牧製本印刷
用紙　中性紙使用

ISBN978-4-8406-5192-9